Jaime A. Restrepo

Computadoras para todos

Jaime A. Restrepo es un reconocido experto en computadoras. Ha publicado varios libros acerca de las computadoras y sus múltiples usos. El señor Restrepo vive en la ciudad de Norwalk, en el estado de Connecticut.

También escritos por Jaime A. Restrepo

Internet para todos, segunda edición

Windows 98/Me para todos

Windows XP for Everyone

Computadoras para todos

tercera edición, revisada y actualizada

Jaime A. Restrepo

VINTAGE ESPAÑOL
UNA DIVISIÓN DE RANDOM HOUSE
NUEVA YORK

TERCERA EDICIÓN VINTAGE ESPAÑOL, ENERO 2009

 Publicado en los Estados Unidos de América por Vintage Español, una división de Random House, Inc., Nueva York y en Canadá por Random House of Canada Limited, Toronto. La primera edición fue originalmente publicada en español en el 2001 por Random House Español, una división de Random House, Inc., y en 2006 por Vintage Español, una división de Random House, Inc.

Información de catalogación de publicaciones para ***Computadoras para todos*** está disponible en la Biblioteca del Congreso de los Estados Unidos.

ISBN: 978-0-307-39051-6

www.grupodelectura.com

Impreso en los Estados Unidos de América
10 9 8 7 6 5 4 3 2 1

Tabla de contenido

Capítulo seis: El sistema operativo Windows XP

Capítulo diez: El Explorador de Windows o Windows Explorer

Capítulo dieciséis: La función de imprimir

Capítulo diecisiete: Guía para usar cámaras y escáneres en Windows

Capítulo dieciocho: Guía al mundo de multimedios en Windows

Capítulo veintiuno: Los navegadores

Capítulo veintidos: Cómo navegar la Web

Dedicatoria

Este libro está debidamente dedicado a la memoria de mi amigo, Mr. William F. Buckley Jr., quien me introdujo por primera vez a Random House. También quiero agradecerle a mi editora, Milena Alberti Pérez, a Jackie Montalvo y a Jaime de Pablos de Vintage Español, por darme tantas ideas para esta actualización, y por contribuir tanto a estos proyectos míos.

Prólogo del autor

Hace doce años salió al mercado mi primer libro, *De DOS a Windows,* y en estos doce años el mundo de las computadoras (u *ordenadores,* como también suelen llamarlas), especialmente el Internet, ha cambiado para siempre el panorama cultural y político de nuestra sociedad. Es decir, sin importar donde viva o donde trabaje, las computadoras asumen papeles en partes en donde nunca ni siquiera pensábamos que fueran necesarias.

Ahora la carrera de las diferentes compañías por sacar procesadores más rápidos deja sin descanso a los ingenieros que trabajan para ellas, y ahora somos nosotros los que nos beneficiamos del tiempo adicional que tenemos para hacer nuestro trabajo y de la baja en precios que estos adelantos nos traen.

En este libro nos dedicaremos a hablar del mundo de las computadoras personales de tipo IBM PC compatible. Esto se debe a que éstas representan casi el 90 por ciento del mercado de las computadoras personales a la venta alrededor del mundo.

Hoy como siempre la compañía Microsoft está por delante en el mundo del *software;* sin ésto una computadora no podría realizar tareas tan sencillas como sumar dos más dos. O sea, todavía en el mundo de las computadoras compatibles de tipo IBM PC no hay una alternativa buena al sistema operativo fabricado por la compañía Microsoft. Sólo la compañía Linux parece estar ganando un poco de terreno en el campo de los servidores Web, y en las computadoras que ofrecen aplicaciones científicas.

En este libro aprenderá mucho acerca de los diferentes sistemas operativos de la compañía Microsoft y de las ventajas de usar cada uno. Por favor piénselo muy bien antes de actualizar una computadora al sistema operativo Windows Vista, como por ejemplo una que tenga el sistema operativo Windows XP y que esté funcionando bien. A menos que su computadora sea muy rápida o tenga mucha memoria RAM, este cambio le puede decepcionar, debido a que algunos de sus programas tal vez no funcionen.

También recuerde que si alguna vez tiene un problema con una computadora que le parece serio, y la computadora está protegida por una garantía de servicio, es importante que primero trate de solucionar el problema con la ayuda de los técnicos de la compañía que se la vendió antes de llamar a un familiar o un amigo, ya que en la mayoría de los casos, las compañías le pueden ayudar de manera más rápida.

Es muy importante recalcar que hoy en día cerca del 68 por ciento de los hogares de habla hispana poseen una computadora personal. Esto es una manifestación increíble de nuestra comunidad de mantenerse al día usando las nuevas tecnologías como el Internet.

Finalmente, muchas gracias por comprar el libro, que ha sido un gran esfuerzo para llevar un poco de este mundo de las computadoras personales a aquellas personas que prefieren aprender en su propia lengua, y por favor escríbame, si le interesara discutir la posibilidad de organizar una charla o clase de computadoras, basada en el material que encontrara en este libro, mi dirección de correo electrónico; JRestrepo@aol.com.

—Jaime A. Restrepo

Introducción a las computadoras personales

1

Introducción a las computadoras personales

La compañía IBM introdujo al mercado la primera computadora personal el 12 de agosto de 1981. Pero debido a su alto costo, al principio comprar una computadora personal era sólo un sueño para la mayoría de los hogares en los Estados Unidos.

Una computadora personal es un conjunto de piezas electrónicas, o *hardware,* que, combinadas con programas, o *software,* hacen de ésta una de las herramientas de conocimiento más útiles creadas por el hombre. Estas piezas son ensambladas, en el caso de las computadoras personales IBM PC compatibles, por centenares de compañías alrededor del mundo.

Hoy en día es posible comprar una computadora personal del tipo IBM PC compatible por menos de 500 dólares, con la ventaja adicional de ser mucho más rápida que una computadora que pudo haber comprado por más del doble el año anterior.

La computadora en la siguiente gráfica es una Dell Dimension XP 420 Series (foto cortesía de Dell), equipada con un procesador Intel® core™ 2 Q6600 Quad-core.

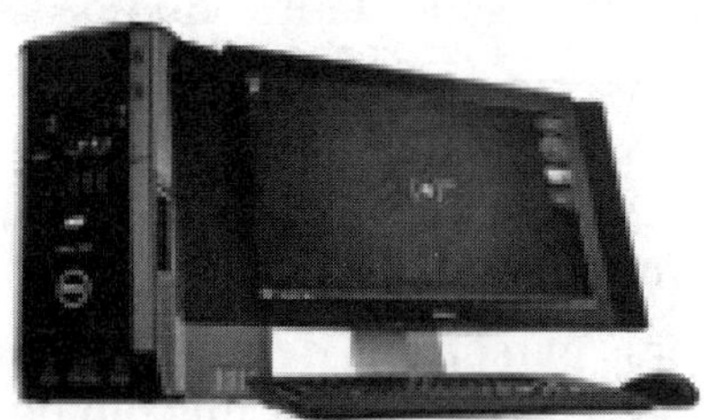

A pesar de que esta computadora usa uno de los procesadores más avanzados hoy en día, su precio es menos de 1.000 dólares.

Las diferencias entre una computadora del tipo IBM PC compatible y una del tipo Macintosh

Los dos tipos de computadoras personales más usados son las IBM PC compatible y las del tipo Macintosh. En este libro hablaremos de las computadoras de tipo IBM PC compatible por el hecho de que éstas representan casi el 90 por ciento del mercado de computadoras personales.

También es importante subrayar que aunque las Macintosh son sólo fabricadas por la compañía Apple, las IBM PC compatible son fabricadas por un sinnúmero de compañías diferentes alrededor del mundo.

Las computadoras IBM PC compatibles y las Macintosh son muy fáciles de diferenciar. Las diferencias principales son:

- La mayoría de las IBM PC compatibles usan procesadores fabricados por compañías como Intel y AMD.
- Las computadoras del tipo IBM PC compatible usan sistemas operativos como Windows y Linux.
- Las computadoras personales fabricadas por la compañía Apple llevan un procesador fabricado por la compañía Intel.
- Las computadoras personales del tipo Macintosh usan un sistema operativo gráfico, diseñado por la compañía Apple, llamado System 10.X.
- Las computadoras personales del tipo Macintosh también se distinguen por usar un ratón con un solo botón.

Las computadoras del tipo IBM PC compatible

Este es el tipo de computadora que se une a los protocolos de la primera computadora fabricada por la compañía IBM pero con todos los adelantos modernos.

Hoy en día muchas compañías fabrican computadoras del tipo IBM PC compatible, como Dell o Gateway, y también es posible ensamblar una computadora usando piezas de diferentes compañías.

La siguiente gráfica representa una computadora personal del tipo IBM PC compatible.

Como puede ver en la gráfica anterior, una computadora personal tiene que ser complementada con algo llamado un sistema operativo, como por ejemplo el nuevo sistema operativo Microsoft Vista.

La gran mayoría de computadoras personales de tipo IBM utilizan procesadores fabricados por tres compañías. Estos a su vez vienen en diferentes velocidades de reloj, o MHz:

- *Intel:* sin lugar a dudas esta es la compañía que vende la mayoría de los procesadores para computadoras de tipo IBM PC compatible.
- *AMD:* los procesadores de esta compañía se pueden encontrar en algunas computadoras de la marca Compaq.
- *Transmeta:* una compañía nueva cuyos procesadores se están empezando a ver en algunas computadoras portátiles.

Las computadoras del tipo Macintosh

Este tipo de computadora ha sido fabricado por la compañía Apple desde 1985. Hoy en día su producción constituye casi el 10 por ciento del mercado de las computadoras personales. Sobre todo, su enfoque empresarial se centra en surtir sistemas escolares de computadoras buenas.

Esta compañía siempre ha tratado de estar en la vanguardia de todas las nuevas tecnologías y esto les ha permitido sobrevivir en este ambiente de mucha competencia.

Las Macintosh usan un ratón con un solo botón y un procesador fabricado por la compañía, y estas, al igual que las computadoras del tipo IBM PC compatibles, también usan procesadores fabricados por la compañía Intel. El sistema operativo más reciente para este tipo de computadora personal es el Mac OS X v10.5 Leopard.

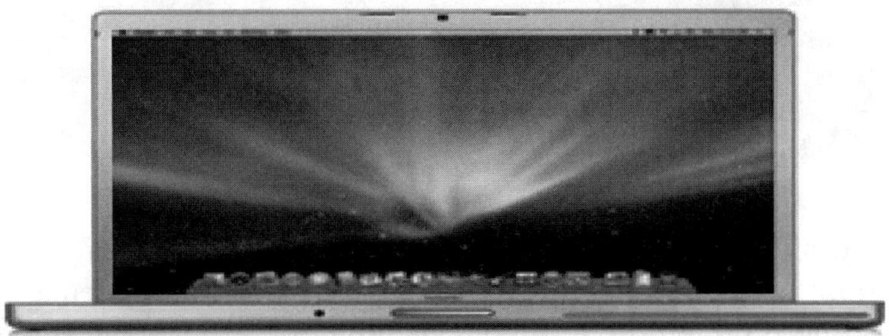

En la gráfica anterior puede ver un MacBook Pro de solamente 1 pulgada de grosor, con un procesador 2.5GHz Intel Core 2 Duo y con una pantalla de 17 pulgadas. Es portátil, y sólo pesa 6.8 libras.

Mi recomendación a la hora de comprar una computadora personal del tipo IBM PC compatible se basa en el hecho histórico de que éstas abarcan cerca del 90% del mercado de computadoras personales. Esto significa que hay una gran cantidad de compañías compitiendo por su dinero, lo que a su vez le dará la oportunidad de conseguir más equipo por un precio más bajo.

Los monitores son los componentes que menos desgaste sufren y los que más pueden afectar su capacidad de ser productivo. Por este motivo consiga siempre el monitor más grande que pueda comprar. Hoy en día se puede conseguir monitores de 17 pulgadas por menos de 200 dólares.

Los componentes principales de una computadora personal

Una computadora personal está compuesta de muchas partes diferentes cuyos nombres usted podría haber escuchado antes: por ejemplo, la unidad de disco duro, que le permite almacenar su trabajo de una manera permanente.

En este capítulo usted aprenderá a reconocer algunos de los componentes más importantes de una PC.

Éstos son los dos grupos principales de componentes encontrados en una computadora personal:

- *Hardware:* un componente del *hardware* es algo que usted puede tocar con sus manos, como por ejemplo, el teclado o el ratón.
- *Software:* un componente del *software* es un componente que funciona virtualmente dentro de su PC, haciéndolo comprender sus órdenes: por ejemplo, el procesador de palabras Word for Windows de Microsoft.

Los componentes principales del *hardware* que usted debería aprender a reconocer son:

- El chasis de la computadora o CPU
- El monitor
- El teclado
- El ratón

Los componentes principales del *software* son el sistema operativo (por ejemplo, la Edición de Windows XP Home) y la aplicación o programas de computadora (como por ejemplo el procesador de palabras Word 2007).

Aunque la idea básica de una PC no ha cambiado mucho a través de los años, las PCs son mucho más rápidas, y su capacidad de almacenamiento es centenares de veces mayor que sistemas de hace apenas unos 10 años. También ha habido otros cambios más sutiles.

Por ejemplo, al principio de la era de las PCs, la forma preferida para compartir datos era usando discos removibles de plástico o "Floppies". Ahora, sin embargo, muchos fabricantes de la computadora han dejado de ofrecer estas unidades, y en lugar de eso los usuarios hoy en día hacen respaldos de su trabajo a unidades removibles (que casi siempre se conectan a un puerto USB) del tipo "Flash".

Ahora me gustaría explicar por qué es importante que usted se familiarice un poco con las diferentes partes que componen su PC. Por ejemplo, usted ha estado trabajando en una compañía por un número de días, y en el segundo día la computadora que ha estado usando falla. Si la compañía para la que usted trabaja es pequeña, digamos de sólo 4 personas, y usted llama a la tienda de donde compraron la computadora. Si le aconsejan que lleve sólo el CPU pero usted no sabe qué es un CPU, usted tiene que llevar todas las partes a la tienda en lugar de simplemente llevar el chasis de la computadora.

El chasis de la computadora o "CPU"

El **CPU** de la computadora es el compartimiento o chasis donde las partes principales de una PC residen, y al cuál usted conecta los componentes periféricos que le dejan usar la computadora, como el teclado y el ratón. El chasis de la computadora es también donde el CPU o la unidad central de proceso (este es el chip que le da a la computadora personal su habilidad para solucionar problemas) reside fijado o soldado permanentemente encima de una tarjeta de circuitos llamada la tarjeta madre o "Motherboard".

En la tarjeta madre, también hay muchas otras partes, algunas conectadas por cables, y otras simplemente fijadas dentro de ranuras internas de expansión. Algunas de estas partes podrían incluir, por ejemplo, una tarjeta de red inalámbrica que le permite conectarse al Internet.

La siguiente gráfica le muestra el CPU de un modelo de computadora personal en una configuración tipo torre. La ventaja principal de este tipo de PC es que es más conveniente para poner en el suelo en lugar de sobre su escritorio.

Generalmente hablando, este tipo de computadora, cuando se usa en casa, es también llamada una computadora de escritorio. Está primordialmente supuesta a realizar trabajo para individuos. Para comparación, las computadoras que almacenan cantidades grandes de información para compañías y aceptan entradas en el sistema de usuarios en una red de computadoras son llamadas computadoras servidoras o "Servers".

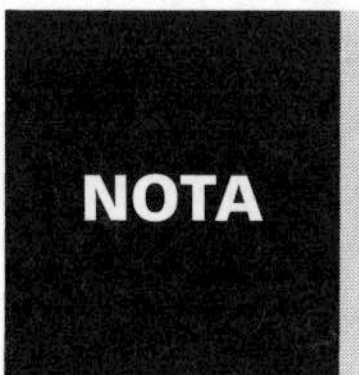

Otro propósito de este capítulo es el de desmitificar las computadoras un poco, mostrándole que son simplemente un grupo de partes juntas, y que necesitan de usted para estar completas.

El monitor

El monitor de una computadora personal es muy similar al monitor de una televisión, y su propósito principal es mostrarle la información que usted necesita ver para poder comunicarse con su computadora.

Los monitores para computadora están disponibles en dos tipos principales:

- Voluminoso o de tubo de rayos catódicos o CRT.
- De cristal líquido o "LCD", que puede ser no más grueso que dos barajas de naipes. La ventaja principal de este tipo de

pantalla es que le es posible, si tiene un escritorio con poco espacio, colocar su computadora y el monitor ahí.

Las pantallas de cristal líquido o LCD hace un par de años solían costar más de 1.000 dólares para una de 17", pero hoy en día usted puede obtener una de 19" por menos de 300 dólares.

Ésta es una foto de una pantalla de cristal líquido o LCD. En este caso, un 173P-Silver de Samsung. (Foto cortesía de la compañía Samsung.) Note el perfil delgado de esta pantalla de cristal líquido, lo cual lo hace ideal para usarlo en lugares donde usted no tenga el espacio para uno grande de tipo tubo de rayos o CRT.

Otra diferencia muy importante en pantallas para computadoras es algo designado el punto de separación o "Dot Pitch". Esto se refiere a la distancia entre los puntos diminutos que componen la imagen en una pantalla para computadoras. Cuanto más separados estén los puntos más fáciles son de notar y hacen la imagen verse granulada. Así que mientras más pequeño el tono del punto, más detallada será la imagen. Si usted está buscando un monitor, escoja uno con un punto de separación de .25mm o más pequeño.

El teclado

El teclado le permite comunicarse con su PC. Supongamos, por ejemplo, que usted quiere escribir una carta para uno de sus socios comerciales. Después de abrir un procesador de palabras, usted usa el teclado para escribir la carta y también para escribir su nombre para guardarla en su computadora.

Los teclados típicos de la computadora tienen cuatro tipos de teclas:

- *El teclado de mecanografía:* éstas teclas son similares a las de máquinas de escribir estándares.
- *El teclado de tipo numérico:* éste es un conjunto de teclas numéricas que pueden funcionar como una calculadora de 10 dígitos.
- *Teclas de funciones o "Function Keys":* las teclas de funciones (del F1 hasta el F12) están localizadas, en fila, en la parte superior del teclado. Algunas de estas teclas han sido asignadas, en casi todos los casos, un valor predeterminado por la mayoría de los programas para Windows, y las otras se pueden programar.
- *Teclas de control o "Control Keys":* estas proveen control del cursor y de la pantalla, dejándole mover el cursor a lugares diferentes en una página simplemente presionando una tecla.

La siguiente gráfica muestra un teclado para una computadora personal.

Este es un teclado inalámbrico —modelo di Novo Edge— manufacturado por la compañía Logitech Que le permite usar su PC desde varios pies de distancia (Foto cortesía de la compañía Logitech.)

Por favor note que el uso de estas gráficas/fotos de los productos de *hardware* de las compañías en este capítulo no constituyen una recomendación de los excelentes productos que un compañía particular tiene para la venta, sino más bien para ilustrarle las muchas alternativas que le están disponibles a usted como un usuario de computadoras.

A continuación encontrará una descripción más detallada de algunas de las teclas especializadas en un teclado para PC, y su propósito:

- *Las teclas de función programables:* se encuentran en la parte superior del teclado y están numeradas del F1 al F12. Cuando usted las presiona, la computadora recibe una orden para abrir un menú o realizar una función específica.
- *La tecla de insertar o INSERT:* le ayuda a reemplazar palabras con el texto nuevo que usted escribe. Para usarla, presiónela y haga un clic sobre el principio de la palabra(s), que usted desea reemplazar. Ahora, cuando usted mecanografía, el texto nuevo pasa sobre la disposición del viejo texto. Para dejar de insertar texto, presione la llave otra vez.
- *La tecla de borrar o DELETE:* le permite suprimir archivos en carpetas usando programas como el Windows Explorer. También puede suprimir texto o gráficas en programas que aceptan texto o gráficas o ambos.
- *Las teclas de comienzo o HOME, final o END, subir una página o PAGE UP, bajar una página o PAGE DOWN:* si usted, por ejemplo, está trabajando en un documento de Word que tiene varias páginas y usted presiona la tecla de bajar una página o PAGE DOWN, la pantalla le mostrará la siguiente página en su documento.
- *Las teclas con flechitas o "Arrows":* le dejan mover el cursor o barrita a una posición deseable dentro de un documento con el que esté trabajando en un procesador de palabras o en cualquier otro programa que acepte texto, con la ventaja de no cambiarlo.
- *El teclado pequeño numérico (en la mano derecha del teclado):* imita a una calculadora de 10 dígitos. Estas teclas son muy útiles para entrar información en bancos de datos o en la página de una hoja de cálculo. Para habilitar el teclado pequeño numérico, presione la tecla NumLk en su teclado.
- *La tecla de escape o ESC:* le permite literalmente librarse de lo que usted está haciendo por el momento; suponga por ejemplo, que mientras está usando un programa, oprime una de las teclas de funciones varias, como por ejemplo la F7, y no desea usar el corrector de palabras. Para cerrarlo rápidamente sólo tiene que oprimir la tecla ESC.
- *La tecla CTRL (para usarla manténgala oprimida):* se usa en combinación con otras teclas. Le deja realizar funciones como copiar y pegar una selección.
- *La tecla ALT (para usarla manténgala oprimida):* también se usa en combinación con otras teclas para realizar funciones como

guardar, abrir archivos, apagar y prender la computadora (CTRL + ALT + DEL, en Windows 98), por ejemplo.

El teclado de las computadoras portátiles (debido a las restricciones del espacio) es ligeramente diferente al que encontrará en una computadora regular, aunque usando la tecla de funciones o la llave FN usted todavía puede lograr un buen nivel de funcionamiento. Por ejemplo, usted puede usar la característica Numérica del Teclado Pequeño de esta manera: presione la tecla FN y después la tecla NumLk. Ahora mire el teclado de la computadora portátil y lea los números que comparten espacio con las letras regulares en este teclado. Por ejemplo, en el teclado de mi computadora portátil, cuando presiono FN + NumLk, y la letra *k*, esto produce el número 2 en mi página.

Si desea practicar usar el teclado de una computadora, lo puede hacer visitando un sitio Web en esta dirección virtual o URL: http://www.*Type-lessons.org*. Este sitio Web ofrece instrucciones en línea sobre el uso del teclado de la computadora.

Cómo crear los acentos del español usando combinaciones de teclas

Si vive en los Estados Unidos y sólo tiene acceso a un teclado sin los acentos en español, puede usar la información en esta página para hacerlos usando combinaciones de teclas. Esto le será muy útil saber cuando esté enviando correos electrónicos o escribiendo sus cartas personales.

En general, este proceso consiste en sostener la tecla ALT mientras se escribe una combinación de números.

Los acentos de más uso son:

ALT + 160 = á

ALT + 130 = é

ALT + 161 = í

ALT + 162 = ó

ALT + 163 = ú

ALT + 164 = ñ

ALT + 165 = Ñ

CTRL + SHIFT + : + u = ü

ALT + CTRL + ? = ¿

ALT + CTRL + ! = ¡

Por ejemplo, para hacer la *ñ,* sostenga la tecla ALT y escriba el numero 164.

El ratón

El ratón o "Mouse" que se conecta a una computadora personal es un dispositivo electrónico que se usa con la mano, tiene dos o tres botones y es el componente más importante para ayudarle a usar una computadora personal. Hoy en día, casi todas las computadoras están equipadas con un ratón.

Usando un ratón, usted puede completar la mayoría de las funciones necesarias para usar una PC, como por ejemplo imprimir un documento o abrir un archivo.

Algunos ratones también tienen una rueda en el medio. Esta rueda es muy apropiada para navegar páginas en el Internet o para trabajar entre las páginas en un documento que haya creado usando un procesador de palabras.

La siguiente gráfica muestra a un ratón típico para uso con una PC.

La compañía Microsoft fabrica al ratón que usted ve en esta foto. Hoy en día hay muchas otras marcas de ratones en el mercado. (Foto cortesía de la de compañía Microsoft.) Estas son algunas de las funciones que usted puede hacer usando el ratón:

- abrir y cerrar programas
- mover ventanas
- copiar archivos
- trabajar con menús

Los ratones para computadoras son vendidos en dos tipos principales, y usted debe conseguir uno según el tipo de puerto disponible en su computadora. Estos son estos los dos tipos: PS2 (puerto redondo) y USB (puerto rectangular). Si su computadora no tiene un puerto tipo PS2 entonces tiene que usar un ratón del tipo USB. Pero si su sistema tiene ambos puertos, usted puede usar un ratón de cualquiera de estos dos tipos.

Cómo usar el ratón en Windows

El sistema operativo Windows se basa en lo que en el mundo de las computadoras se conoce como una Interfaz Gráfica del Usuario, o GUI. Y el usuario de una computadora, para aprovechar de esta interfaz gráfica, necesita usar un ratón.

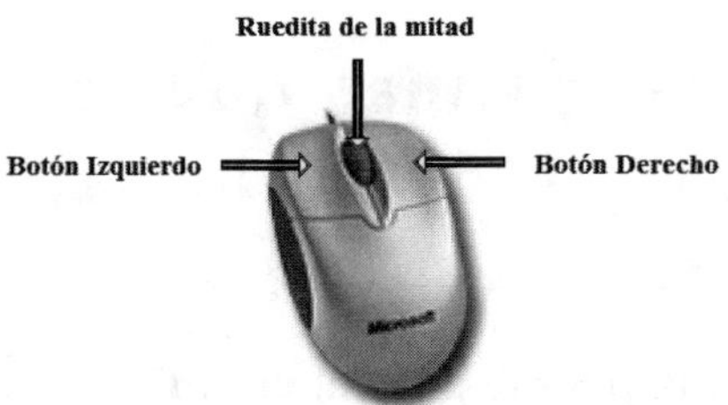

Esta gráfica muestra las partes más importantes de un ratón para computadoras personales (en este caso, uno hecho por Microsoft):

- El botón izquierdo se usa para abrir programas de computadora o hacer selecciones. A todo lo largo de este libro, la instrucción "hacer clic" quiere decir que presione el botón izquierdo del ratón una vez. Cuando usted lee la instrucción para hacer doble clic, presiónelo dos veces (sin hacer una pausa).

- El botón derecho se usa para abrir menús desplegables, como el menú de Propiedades o "Properties" que se abre cuando hace clic con el botón derecho sobre "My Computer", y después clic con el botón izquierdo sobre "Properties".
- La rueda intermedia, presente en la mayoría de ratones de computadora vendidos hoy, puede usarse en lugar de la barra de desplazamiento en la ventana en la que usted está trabajando para acercarse de modo amenazador a un documento (ruédelo hacia usted) o regresar a la página previa (ruédelo fuera de usted). Es su elección. Algunos programas aún le dejan usar la rueda del ratón como un tercer botón del ratón.

El indicador, con forma de una flecha, que se mueve por la pantalla cada vez que usted mueve el ratón, representa la posición de éste en el monitor de la computadora. Si usted sube el ratón, el indicador se mueve hacia arriba en la pantalla. Si usted baja el ratón, el indicador se mueve hacia abajo en la pantalla.

Las diferentes formas que toma el indicador del ratón en la pantalla de su computadora

Como usted vió en la página previa, el indicador del ratón le indica la posición exacta donde si usted hace un clic (con uno de los dos botones del ratón), hará algo en la computadora.

Por este motivo también es importante reconocer las diferentes formas que toma el indicador del ratón cuando usted lo mueve alrededor de la pantalla. Por ejemplo, si usted mueve el indicador del ratón sobre:

- cualquier parte en el escritorio virtual o "Desktop", el menú de comienzo o "Start" o los menús de cualquier programa, este retendrá la forma de una flecha

- el área de trabajo de un documento de procesamiento de texto, retiene la forma de una "I" (llamada la herramienta de seleccionar texto);

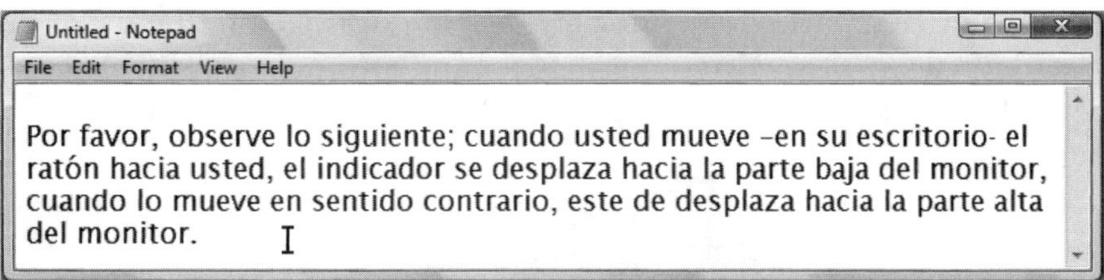

- un enlace en una página Web, cambia a una mano pequeña.

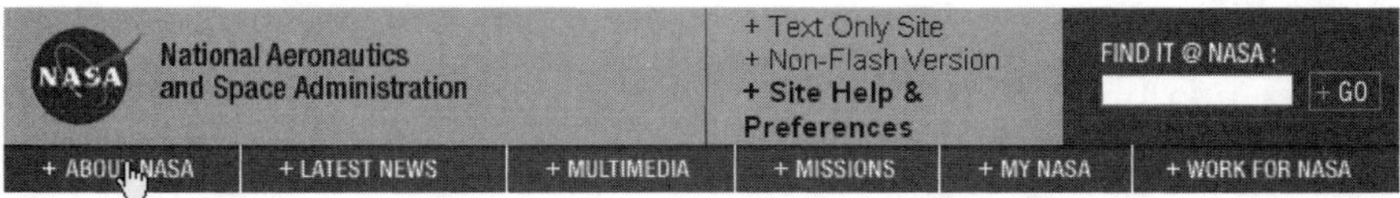

Por ejemplo, si usted presiona el botón izquierdo del ratón, mientras el indicador del ratón se encuentra sobre el escritorio virtual o "Desktop" sin iconos nada ocurrirá. Pero si usted presiona el botón derecho del ratón sobre el escritorio virtual o "Desktop" sin iconos, un menú desplegable se abrirá ofreciéndole una lista de nombres, sobre la cual puede hacer una selección, como por ejemplo nuevo o "New".

Los diferentes tipos de memoria

La idea principal de usar una computadora personal es crear algún tipo de documento, como por ejemplo, una carta a su hermano o un currículum vitae para buscar trabajo. Una vez que usted termina de redactar tal documento, usted puede o guardarlo o cerrarlo sin guardarlo.

Estos son los dos tipos principales de memoria que encontrará en una computadora personal:

- La memoria de tipo temporal
- La memoria de tipo permanente

La memoria de tipo temporal (como por ejemplo, el banco de memoria que puede ver en la siguiente gráfica) o RAM, es usada por sus programas para almacenar su trabajo mientras la computadora está prendida. Cuando la computadora está apagada, esta información es borrada de esta barra de memoria y sólo la información que usted ha guardado a un dispositivo de almacenamiento permanente es conservada.

Esta es una barra de 128MB de memoria del tipo PC133 SODIMM 133MHz. La compañía de tecnologías PNY hace esta barra de memoria.

Generalmente hablando, RAM es el tipo de memoria que hará la mayor diferencia cuando usted necesita tener muchos programas diferentes abiertos al mismo tiempo para completar su trabajo. Por ejemplo, si usted tiene a una computadora con un Gigabyte de RAM y a veces le parece lenta (cuándo usted tiene varios programas abiertos al mismo tiempo), y si todo lo demás está funcionando bien (también teniendo en cuenta que su unidad de disco duro no está lleno hasta casi su máxima capacidad), el comprar más RAM (como por ejemplo otro gigabyte) mejorará mucho el rendimiento de su computadora.

En el capítulo nueve usted aprenderá paso a paso a guardar su trabajo a una unidad de memoria no volátil (como lo es la unidad de disco duro), a fin de que no lo pierda cuando apague la computadora.

Hoy en día hay dos tipos de dispositivos ampliamente usados en PCs para almacenar datos permanentemente:

- La unidad de disco duro: éste es el dispositivo de mayor uso para almacenar datos en una PC.
- Las unidades de memoria del tipo "Flash": estos son dispositivos electrónicos sin partes movibles. Se usan para transferir datos entre computadoras y también para guardar las fotos que usted toma con su cámara digital.

Ambos tipos de memoria le permiten a usted encontrar la información (en forma de archivos) que ha guardado ahí, aun después de mucho tiempo, inclusive después de que la computadora y/o la cámara (que también usa memoria del tipo flash) haya estado apagada por mucho tiempo.

Las siguientes dos fotos muestran los dos dispositivos más ampliamente usados que están disponibles para guardar el trabajo que crea con su computadora de manera permanente.

Esta es una unidad de disco duro de 500 gigabytes fabricada por la compañía Seagate.

Esta es una unidad de memoria removible tipo SanDisk Cruzer® Micro 8GB (Black) del tipo "Flash" fabricada por la compañía SanDisk.

La ventaja principal de usar la memoria del tipo "Flash", sobre el disco duro es que estas memorias no tienen partes movibles, así que buscar el trabajo que usted guardó es bastante rápido. Su inconveniente principal es que, debido a su portabilidad, si usted guarda trabajo importante sólo a esta unidad de memoria y usted la extravía, no le quedará ningún otro recurso que volver a hacer el trabajo que perdió.

¿Qué es un sistema operativo?

Un sistema operativo es como un policía de tráfico virtual dentro de la computadora. Realiza tareas básicas como reconocer los comandos que usted le da a la computadora usando el teclado, como también enviar la información al monitor para permitirle ver el trabajo que usted está creando y guardando en su computadora. Además controla dispositivos periféricos como las impresoras. Sin un sistema operativo, nada ocurriría dentro de la computadora personal. Con él, la orden y la productividad son posibles.

El sistema operativo de más uso en el mundo es el de Windows, producido por la compañía Microsoft. La versión 95 —que recibió este nombre porque 1995 fue el año en que salió, es una de las versiones más importantes de esta familia de sistemas operativos.

Ahora, la mayoría de las computadoras vendidas hoy en día tienen alguna de las diferentes ediciones del sistema operativo de Windows, como la nueva versión de Windows Vista. Algunas computadoras todavía pueden tener la versión XP (para la cual Microsoft proveerá soporte hasta el 2012). De hecho, usted puede aprovecharse de la mayoría de las instrucciones en este libro aunque usted todavía use Windows 98.

Siga estos pasos para averiguar qué versión de Windows está instalada en su computadora:

1. Primero vaya al escritorio o "Desktop" y haga clic con el botón derecho del ratón sobre el icono "My Computer".
2. Ahora dé un clic sobre "Properties".

En el "General Tab", usted podrá ver claramente el nombre del sistema operativo que está instalado en su computadora.

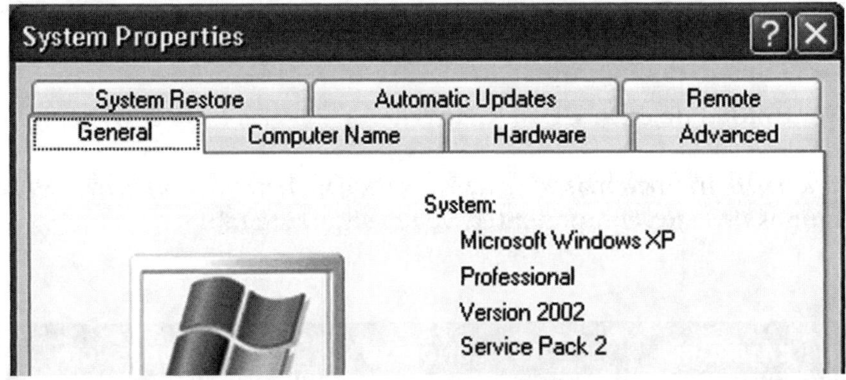

En la gráfica de arriba, por ejemplo, puede ver la ventana de propiedades del sistema o "System Properties" de la computadora Hewlett-Packard Pavillion que compré en CompUsa para escribir este libro. Debajo de la sección de información del Sistema, puede ver la información completa acerca de la versión del sistema operativo Windows que esta computadora tiene, y a qué nivel. Como usted puede ver en esta gráfica, mi computadora está actualizada al paquete de servicio 2 o Service Pack 2.

Guía para aquellas personas que quieran comprar una computadora personal

Hoy en día es casi seguro afirmar que cualquier computadora que compre, si gasta al menos $1.000, tendrá suficiente memoria y la cantidad adecuada de dispositivos necesarios para cubrir las necesidades computacionales que pudieran tener la mayoría de los usuarios para la casa, los cuales sólo necesitan usar el Internet, el correo electrónico o e-mail, un procesador de palabras o guardar e imprimir las fotos que sacan con una cámara digital.

A continuación verá una lista de los elementos que debe tener en cuenta si está en el mercado para comprar una computadora personal, en orden de importancia:

- El tipo de procesador y la velocidad de éste
- Cantidad de memoria RAM
- Espacio en el disco duro
- Tamaño del monitor
- Unidad de crear CDs ("CD Writer") o DVDs ("DVD writer")

Para darle un poco más idea de las ventajas de tener más o menos de algunos de estos componentes, vea la siguiente tabla:

CATEGORÍA	CONCEPTO	SUGERENCIA
El Procesador o CPU	Este es el cerebro de la computadora, y junto con el sistema operativo de Windows, hace que la computadora sea una herramienta de trabajo útil	Mi recomendación es que si tiene la opción de conseguir más RAM o un procesar mucho mas rápido, que consiga mas RAM
Memoria RAM	Este es el tipo de memoria que le permite usar programas mientras la computadora esta prendida	Para una computadora con Windows Vista, debe conseguir al menos 2 gigas de RAM
Los dispositivos de memoria permanentes, como lo son el disco duro o las unidades removibles de tipo USB Flash	Este es el tipo de memoria que le permite guardar su trabajo, inclusive después de que la computadora haya estado apagada por mucho tiempo	Hoy en día cualquier computadora que consiga con un disco duro de al menos 250 gigas debe ser suficiente para la mayoría de los usuarios

Unidades de medida pertinentes en el mundo de las computadoras:

1 Megabite = 1024 kilobites. Por ejemplo, piense que 1 megabite es suficiente para guardar cerca de 4 cartas en Microsoft Word (sin gráficas). 1 gigabite o giga = 1.000 megabites. 1 giga es suficiente para guardar cerca de una hora de vídeo digital.

¿Qué marca de computadora personal le conviene comprar?

Esta pregunta fue resuelta hace como 10 años, cuando la mayoría de las compañías que manufacturaban computadoras personales se fueron a la quiebra, dejando el mercado de las computadoras personales a las compañías más grandes, como: Dell, Hewlett-Packard, IBM y unas cuantas más. Y aunque no le puedo recomendar una en particular, fui al Internet para comparar precios. Tal vez hayan cambiado un poco cuando este libro salga al mercado, pero por lo general todos los precios que vi me parecieron favorables.

Por ejemplo, mientras escribía este libro, encontré en el Internet dos paquetes de computadoras del tipo IBM PC compatible de dos marcas muy conocidas: Dell y HP. A continuación verá sus detalles. La primera es para una computadora Hewlett-Packard m9100t series y la segunda es para una Dell Dimension XPS 210 (Vista) que tiene especificaciones muy similares a la computadora de Hewlett-Packard.

Estas son las especificaciones más importantes que encontré en este paquete de la computadora HP m9100t series tipo "Desktop":

- Intel® Core™ 2 Duo processor E6550 (2.33GHz) processor
- Genuine Windows Vista® Home Premium (32-bit) operating system
- HP 20-inch LCD Wide Flat Panel Monitor
- Primary CD/DVD Drive LightScribe 16X max. DVD+/–R/RW
- 2GB DDR2-667MHz dual channel SDRAM (2x1024) edit
- Graphics Card 256MB NVIDIA GeForce 8400, DVI-I, VGA adapter, HDMI

- 320GB 7200 rpm SATA 3Gb/s hard drive
- TV & Entertainment Experience ATSC-NTSC TV tuner with PVR, FM tuner, remote
- Sound Card Integrated 7.1 channel sound w/front audio ports
- Precro: $1.059

Estas son las especificaciones más importantes que encontré en este paquete de una computadora Dell XPS 210 series tipo "Desktop":

- Intel® Core™ 2 Duo Processor E6420 (4MB L2 cache,2.13GHZ,1066FSB)
- Genuine Windows Vista® Home Premium
- 19-inch SE198WFP Widescreen Flat Panel Monitor
- 24X CD-RW/ DVD Combo Drive
- 2GB1 Dual Channel DDR2 SDRAM at 667MHz- 2DIMMs
- 320GB2 Serial ATA 3Gb/s Hard Drive (7200RPM) w/Data-Burst Cache™
- Intel® Graphics Media Accelerator 3000
- Integrated 7.1 Channel Audio
- DellCare Value
- Precio: $1.239

En realidad, si compara estos paquetes, componente por componente, verá que son muy similares. Tampoco difieren mucho en cuanto al precio. Aunque el paquete de Dell ($1.239) cuesta cerca de 180 dólares más, esto se debe a que pertenece a una línea de computadoras de más rendimiento. Pero si le gusta más una HP, puede ahorrar un poco de dinero comprándola en vez de comprar la Dell. Es su decisión.

Estas son las diferencias más importantes entre estos dos paquetes que tienen también precios bastante similares:

- La Dell cuesta 180 dólares más, pero también es de la línea XPS, que es muy acreditada en esta compañía.
- La HP incluye un dispositivo, TV & Entertainment Experience ATSC-NTSC TV tuner, que le permitirá ver televisión en su computadora.

- En paquete original de la Dell que encontré incluye un monitor, y el paquete de la HP no incluía un monitor, pero encontré uno similar, aunque es un poco más grande (20 pulgadas), y lo añadí a la lista de compras.

Recuerde que cuando esté comprando una computadora en línea, a contraste de los paquetes cerrados que pueda encontrar en una tienda en su ciudad, usted puede añadir o quitar componentes a un paquete, como por ejemplo memoria extra, o escoger un disco duro de más capacidad. Por ejemplo, en ambos paquetes, es muy fácil quitarles o añadirles ciertos componentes con sólo hacer clic sobre "Customize" para crear paquetes a la medida.

Mi última recomendación es que considere comprar una computadora que incluya una de las nuevas unidades Blu-ray Disc™. En esta gráfica de un disco de Blue-ray puede ver la presentación comercial de un disco de este tipo. Lo que es más impresionante es la capacidad que puede guardar: 50 gigas, o sea, cerca de 10 veces más que un DVD regular.

También es importante considerar las recomendaciones de amigos o familiares. Si ellos le recomiendan que compre una computadora marca IBM porque ellos han tenido una buena experiencia con las computadoras que han comprado de esta excelente compañía, entonces puede que éste sea el mejor camino a tomar.

Ventajas de usar una computadora personal

Algo indiscutible es que el uso de las computadoras personales ha cambiado por completo la sociedad en que vivimos. Es decir, tendríamos que viajar muy lejos para encontrar un sitio que no haya sido afectado por esta revolución, que en la mayoría de los aspectos ha sido muy positiva.

Las siguientes son algunas de las ventajas de una computadora personal:

- La de permitirle crear documentos y guardarlos por mucho tiempo. En la mayoría de los casos los archivos que usted prepare en una computadora personal estarán disponibles hasta el día en que los borre de una manera permanente.
- La rapidez con la cual puede encontrar información. Es decir, si tuviera que buscar una carta en un archivo de 50.000 cartas, tardaría tiempo en encontrarla, mientras que con una computadora este proceso no toma más de varios segundos.
- La de poder comunicarse con parientes y amigos con el correo electrónico casi instantáneamente.
- La de poder terminar las tareas escolares en menos de la mitad de tiempo que tomaba antes, gracias a las enciclopedias en línea.

Si vive en los Estados Unidos, se ha podido dar cuenta que la mayoría de la gente está usando computadoras personales en sus trabajos, y este uso aumenta cada día. Esto se debe al hecho de que el precio de una computadora personal ha bajado tanto a través de los años, de más de cinco mil dólares por una computadora muy lenta en 1985, a una computadora mil veces más rápida por menos de mil dólares en 2005.

Cómo escoger un lugar apropiado para usar la computadora

Esto a veces puede que no sea una decisión fácil de tomar, ya que a veces una casa o apartamento sólo tiene determinado espacio libre en el cual se puede instalar una computadora personal. Otro elemento importante es el escritorio que usará, ya que idealmente éste debe tener una bandeja para el teclado y el ratón.

En la siguiente gráfica se puede ver claramente cómo el escritorio tiene una bandeja para el teclado y el ratón. La bandeja es muy útil si le permite mantener los codos a un ángulo de 90 grados; de lo contrario, puede tener problemas de salud.

Las siguientes son mis recomendaciones para escoger un área de trabajo:

- El área de trabajo debe estar bien iluminada. Es decir, el monitor no debe ser la fuente más grande de luz en la habitación donde la usa.
- Evite colocar la computadora cerca de calentadores o de entradas de aire.
- Coloque la computadora en un salón donde la luz del día no pegue directamente en la pantalla.

Cómo proteger las muñecas cuando usa una computadora personal

Una computadora personal puede ayudarle en muchos aspectos, pero su uso frecuente también le puede causar problemas a diferentes partes del cuerpo debido a una posición incorrecta que toma mientras la esté usando.

En la siguiente gráfica puede ver la posición **incorrecta** de mantener los codos mientras se usa una computadora personal.

Posición incorrecta

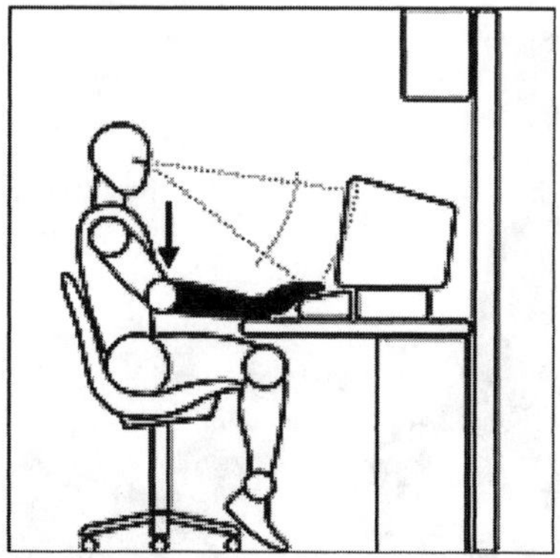

Si las muñecas le comienzan a molestar después de usar la computadora por largos ratos, puede que se deba a uno de los siguientes motivos:

1. El teclado está a un nivel muy alto y le es preciso doblar las muñecas para escribir con él.
2. Su asiento está muy bajo, y por eso tiene que doblar los codos para alcanzar el teclado.

Si siente dolor, entumecimiento, debilidad de manos, hinchazón, tiesura en las manos o en cualquier parte del cuerpo, como por ejemplo la espalda, entonces debe consultar con un profesional calificado de salud. Este es el único que le puede decir con certeza cuál es el problema que usted tiene y recomendarle los pasos a tomar para que se mejore.

Es muy importante que SIEMPRE asuma una posición correcta para protegerse las muñecas, ya que éstas son muy propuestas a enfermedades que le puede hacer muy doloroso efectuar cualquier movimiento con las manos.

En la siguiente gráfica puede ver la posición **correcta** para usar el teclado. Es decir, los codos deben estar en un ángulo de 90 grados.

Posición correcta

Para evitar problemas con las muñecas si le es preciso usar la computadora por un rato largo, debe hacer lo siguiente:

1. Sólo use un teclado cuya posición no le requiera doblar la muñeca. Fíjese en la gráfica anterior y vea cómo los codos están en un ángulo de 90 grados y el resto del antebrazo forma una línea casi recta.
2. Si su asiento está muy bajo, consiga con el cual no tenga que doblar los codos para usar el teclado.
3. Tome descansos frecuentes. Por lo general, nunca debe trabajar más de una hora sin tomar un descanso.

Si tiene alguna duda acerca de un dolor en el cuerpo, no espere ni un día y consulte a un doctor inmediatamente. Si desea más información acerca de la postura correcta para usar una computadora personal, visite este sitio Web: http://www.officebydesign.com/ergonomics/index.htm

Las impresoras personales

Una impresora es un dispositivo electrónico que copia con mucha fidelidad lo que se ve en la pantalla al papel. Así se puede hacer cincuenta copias de una carta sin tener que hacer fotocopias, ya que la impresora hace copias con una fidelidad parecida a la de una fotocopiadora.

Las impresoras personales vienen en muchos tamaños, calidades y hasta en colores diferentes. Los siguientes son los dos tipos principales de impresoras:

- **Impresoras de tinta o *inkjet printers*.** Tienen un costo inicial más bajo pero a largo plazo (si las usa muy a menudo) pueden llegar a costar más que una impresora de tipo láser.

  En la gráfica anterior puede ver que las impresoras de este tipo tienen bandejas de papel externas, y siempre es posible ver cuánto papel le queda en la impresora.

- **Impresoras de tipo láser.** Tienen un costo inicial más alto, pero a largo plazo pueden llegar a costar menos que una impresora de tinta.

  En la gráfica anterior puede ver que esta impresora de tipo láser también tiene una bandeja externa. Pero en la mayoría de las impresoras de este tipo las bandejas de papel son internas.

Las impresoras de tinta

Una impresora de tinta, como su nombre indica, funciona inyectando tinta al papel. En casi todos los casos, este tipo de impresora puede imprimir a color. Lo hace al mezclar sus tintas para formar miles de colores.

El costo inicial de estas impresoras es más bajo comparado con el costo de las impresoras de tipo láser, pero si usted añade el costo de los cartuchos de tinta, a largo plazo las impresoras de tinta pueden resultar más costosas que las de láser.

En la foto de abajo puede ver una de las mejores impresores de tinta disponibles hoy en día, la EPSON Stylus Photo R280 (Foto cortesía de Epson).

Esta impresora puede imprimir en diferentes tipos de papel. Por ejemplo, pueden imprimir copias fieles de fotos tomadas por cámaras digitales en papel de fotografía.

En una impresora de tinta lo que más cuesta son los cartuchos de tinta. Estos dan unas 600 páginas de texto y 420 páginas de gráficas. Los cartuchos de color sólo dan unas 300 páginas, y cuestan casi lo mismo que los de blanco y negro.

Las impresoras de tipo láser

Las impresoras del tipo láser funcionan de manera semejante a las copiadoras Xerox. Es decir, tienen un rodillo que es magnetizado por un láser, y éste a su vez recoge partículas de plástico que son fundidas al papel usando un elemento que calienta el papel. Este proceso es bastante rápido y muy eficiente.

Por lo general, las impresoras del tipo láser son mucho más costosas al principio que las de tinta, pero a largo plazo pueden ser más rentables, ya que los cartuchos duran mucho más. Pero su mayor desventaja es que la mayoría de estas impresoras sólo pueden imprimir en blanco y negro. Existen impresoras del tipo láser a color, pero su costo es tan alto que están fuera del alcance de la mayoría de las personas.

La siguiente gráfica muestra una impresora láser modelo LaserJet P1006, fabricada por la compañía Hewlett-Packard, que también se conoce como HP.

Esta impresora tiene la ventaja de ser un poco más rápida que las impresoras de tinta y también usa cartuchos que duran más.

Las impresoras del tipo láser tienen muchas funciones opcionales, como por ejemplo, imprimir en ambos lados del papel. Esta opción se llama "Duplex printing", y le ayuda a ahorrar papel. No se olvide de leer el capitulo doce, "La función de imprimir". Allí encontrará más detalles acerca de cómo usar una impresora personal para reproducir su trabajo.

La importancia de usar un buen protector de voltaje

Las computadoras personales contienen miles de piezas electrónicas muy delicadas que se desgastan más rápidamente en la presencia de corrientes de voltajes altas. En algunos casos, como durante las tormentas eléctricas, los truenos pueden dañar permanentemente las piezas internas de la computadora.

En la mayoría de los casos, estos daños no están cubiertos por su garantía de servicio, y por este motivo siempre es muy importante que use un protector de voltaje. Será la mejor inversión para proteger su computadora las 24 horas del día de los cambios del voltaje.

En la siguiente gráfica se puede ver un protector de voltaje, el SurgeMaster II, de ocho enchufes de corriente, fabricado por la compañía Belkin.

Este protector de voltaje cuenta inclusive con una entrada para proteger la línea de entrada al módem, ya que a veces ésta también puede recibir una sobrecarga de corriente.

Para recordar

- Los dos tipos más usados de computadoras personales son las IBM PC compatible y las del tipo Macintosh.
- Una computadora personal necesita un sistema operativo, como por ejemplo el sistema operativo Microsoft Windows XP.
- Una computadora personal está compuesta de componentes de *hardware* y *software.*
- El procesador o CPU es el componente más importante de una computadora personal.
- El disco duro es la unidad de almacenamiento permanente de más uso en las computadoras personales.
- La memoria RAM es miles de veces más rápida que el disco duro.

- Los acentos del español se pueden hacer usando combinaciones de teclas.
- Hoy en día se puede comprar un sistema IBM PC compatible completo (CPU y monitor) de muy buena calidad por menos de 1.000 dólares.
- Evite colocar su computadora cerca de calentadores o de entradas de aire.
- Un protector de voltaje puede proteger a su computadora las 24 horas del día de los cambios de voltaje de la corriente.

La familia de sistemas operativos Windows de Microsoft

2

¿Qué es un sistema operativo?

Un sistema operativo es como un supervisor que permite que los programas funcionen dentro de la computadora. Una computadora sin un sistema operativo es sólo un conjunto de componentes electrónicos incapaces de realizar tareas tan fáciles como hacer una suma.

Los sistemas operativos actuales han mejorado en comparación con los sistemas operativos de los últimos años. También han aumentado en su complejidad y capacidad de controlar más dispositivos nuevos que se pueden adaptar a las computadoras.

Hoy en día, la mayoría de las computadoras personales usan uno de los siguientes sistemas operativos:

- *Windows:* un producto de la compañía Microsoft.
- *Macintosh System OS 10.X:* el sistema operativo que usan las computadoras de marca Apple.
- *UNIX:* un sistema operativo muy robusto que se usa más que todo en computadoras que son usadas para programación y para servidores que administran los portales cibernéticos.
- *Linux:* una versión de UNIX.

En este libro aprenderá acerca del sistema operativo Windows de la compañía Microsoft, ya que tiene el mayor número de usuarios en todo el mundo. Puede que llegue a más de 1 billion de usuarios en los cinco continentes. En comparación, el sistema operativo de la compañía Apple sólo es usado por el 10 por ciento de los usuarios de computadoras personales.

El sistema operativo Windows

Este sistema operativo está basado en lo que se llama un *interface* gráfico para usuarios (GUI por sus siglas en inglés) y que consiste en una serie de ventanas. Cada una de estas ventanas representan un programa, y éstas, a su vez, comparten todos los recursos en una computadora.

Windows salió a la venta por primera vez en el año 1995, con una versión llamada apropiadamente Windows 95. La última versión de este sistema operativo que recibió el nombre Windows Vista ha cambiado mucho en comparación con la versión original.

El éxito de este sistema operativo se debe a muchos factores, pero se puede decir que el más importante es lo económico que ahora son las computadoras personales de tipo IBM PC compatible.

Algunos de los beneficios de usar Windows son:

- Una base instalada de cerca de un billón de usuarios alrededor del mundo. Esto significa que hay una gran disponibilidad de programas y dispositivos para esta plataforma de trabajo.
- En Windows, una vez que aprenda a usar un programa, le será muy fácil no sólo usar casi todas las funciones básicas de todos los demás programas hechos para Windows, sino también guardar y abrir archivos.
- Otra ventaja de Windows es la capacidad, dependiendo de la cantidad de memoria instalada en la computadora, de poder trabajar con varios programas al mismo tiempo.
- Poder realizar casi todas las funciones necesarias para usar este sistema operativo llevando el ratón a las ventanas y haciendo clic sobre ellas.

Las diferentes versiones de Windows

La compañía Microsoft divide sus sistemas operativos de dos maneras: los diseñados para ser usados en la casa, y los diseñados para ser usados en oficinas. Esto se debe a la necesidad de distinguir claramente la clase de soporte que deben incluir en los dos tipos de sistema.

Por ejemplo, al principio el sistema operativo Windows NT 4.0 (diseñado para ser usado en una red), ni siquiera ofrecía soporte para dispositivos USB. Pero constaba del soporte nativo para proteger archivos en redes locales (LAN por sus siglas en inglés), si usan el tipo de partición NTFS.

Las versiones del sistema operativo Windows para uso en la casa más usados hoy en día son:

- Windows Vista
- Windows XP

Las versiones del sistema operativo Windows para uso en redes locales, o LAN, son:

- Windows Vista Business
- Windows XP Pro

Windows XP Home Edition y Windows Vista Home Basic

Estos son los dos sistemas operativos de más uso para el hogar, y proveen la mayor cantidad de soporte para usar diferentes tipos de dispositivos de todos los sistemas operativos (para computadoras personales) en el mercado.

La siguiente gráfica representa el área de trabajo del sistema operativo Windows Vista Home Premium.

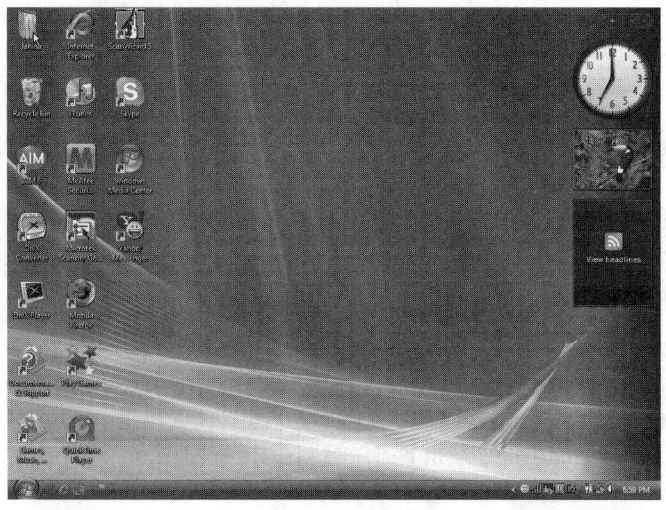

En el próximo capítulo aprenderá más acerca de este excelente sistema operativo, el cual es la última versión del sistema operativo Windows.

Windows XP Pro y Windows Vista Business

Estos son los dos sistemas operativos de más alto rendimiento, diseñados por la compañía Microsoft para ser usados en computadoras personales del tipo IBM PC compatible.

La pantalla de arriba representa el área de trabajo de Windows XP Pro.

En el capítulo número seis aprenderá más acerca de este excelente sistema operativo.

Ventajas de las diferentes versiones de Windows

Dado que son tan parecidos, no es evidente que uno de estos sistemas operativos tenga ventajas sobre otro, pero en realidad existen diferencias que son bastante marcadas entre ellos. Las diferentes versiones de Windows ofrecen ventajas para diferentes tipos de usuarios.

Las ventajas de cada uno de los sistemas operativos para la casa son:

- Mayor cantidad de programas que funcionan en éstos, lo que se debe a que hay muchos más usuarios que los usan.
- Mejor soporte para usar más tipos diferentes de dispositivos.
- La facilidad de usar estos sistemas en computadoras con procesadores de menos poder sin que se note mucha diferencia en su rendimiento.

Las ventajas de cada uno de los sistemas operativos diseñados para uso en redes locales son:

- Mejor protección de los archivos para discos duros que usan el tipo de partición NTFS, ya que ésta protege sus archivos con un nivel de seguridad adicional.
- La posibilidad de asegurar archivos. En estos sistemas operativos se puede asignar derechos a un archivo para que sólo determinados usuarios los puedan usar.
- La capacidad de usar dos procesadores. Esta es una función muy útil para compañías que usan bases de datos.
- La posibilidad de compartir archivos e impresoras. En computadoras personales conectadas a una red, el compartir recursos es una de las funciones más fáciles de realizar.

Actualizar el sistema operativo en una computadora también tiene ciertos riesgos: después de una actualización puede ser que uno o más programas no le funcionen (o que también necesiten ser actualizados). Por ejemplo, si tiene el antivirus de Norton, después de actualizar una computadora con el segundo paquete o SP2 (de Windows XP), tal vez tenga que actualizar el primero.

Para recordar

- Microsoft Windows es el sistema operativo para computadoras personales de más uso en todo el mundo.
- Casi todas las funciones necesarias para usar este sistema operativo se pueden realizar llevando el ratón o *mouse* sobre una serie de ventanas y haciendo clic sobre ellas.
- Windows Vista es el sistema operativo más avanzado para uso en la casa.
- Windows Vista y Windows XP son las dos versiones del sistema operativo Windows con el mayor número de usuarios en todo el mundo.

Usando ventanas en Microsoft Windows

3

Introducción a una ventana en el sistema operativo Microsoft Windows

Una ventana en el sistema operativo Microsoft Windows es un espacio cuadrado o rectangular con bordes bien definidos que usted ve en la pantalla de su computadora. A medida que trabaja en Windows con diferentes programas, podrá ver que ventanas de diferentes tamaños (dependiendo de su propósito) se abrirán en la pantalla de su computadora.

Cada ventana que usted ve en su pantalla representa un programa o proceso; por ejemplo, si había estado trabajando con su cuenta de cheques en línea y no ha movido el teclado o el ratón en esa pantalla, entonces una ventanita puede abrirse, recordándole que debe hacer algo en este sitio Web o la sesión se terminara.

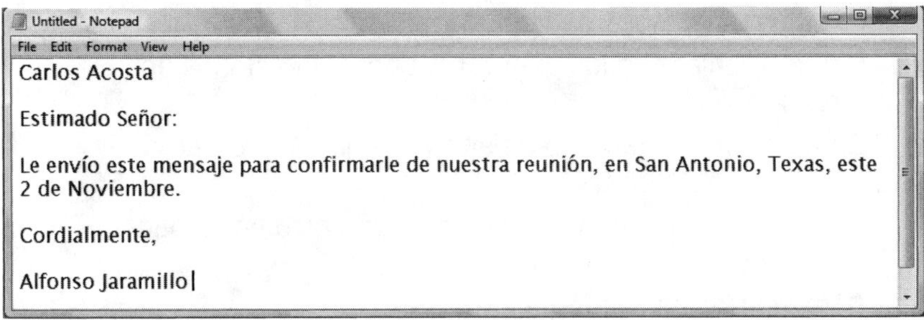

Por ejemplo, una ventana como la que ve en la gráfica de una pantalla que capturé en mi propia computadora se abrirá en la pantalla de la computadora cuando usted elije abrir el procesador de palabras Notepad, el cual está incluido en todas las versiones diferentes del sistema operativo de Microsoft Windows.

Una computadora personal del tipo IBM PC compatible, usando una versión del sistema operativo Windows y dependiendo de la cantidad de memoria RAM que tenga instalada, puede tener varios programas o procesos corriendo al mismo tiempo. Y en la mayoría de los casos, cada uno de estos programas o procesos recibirá su propia ventana.

Por favor tenga presente que cuando usted toma la acción de escribir en su teclado, esta acción sólo se aplica a la ventana activa, o sea, la más prominente en la pantalla de la computadora. Esta tiene la barra de título, donde ve el nombre del programa y del archivo con el cual está trabajando, de color azul oscuro.

RAM es la sigla de memoria de acceso al azar, y cuanta más memoria tenga su computadora (por ejemplo, en Vista 2 gigas es mejor que 1) más le será posible trabajar con más ventanas al mismo tiempo.

El concepto de un programa o proceso por ventana

El sistema operativo Windows consiste en una serie de ventanas. Por este motivo lleva el nombre "Windows", o ventanas, y cada una de éstas representa un programa o el menú de un programa.

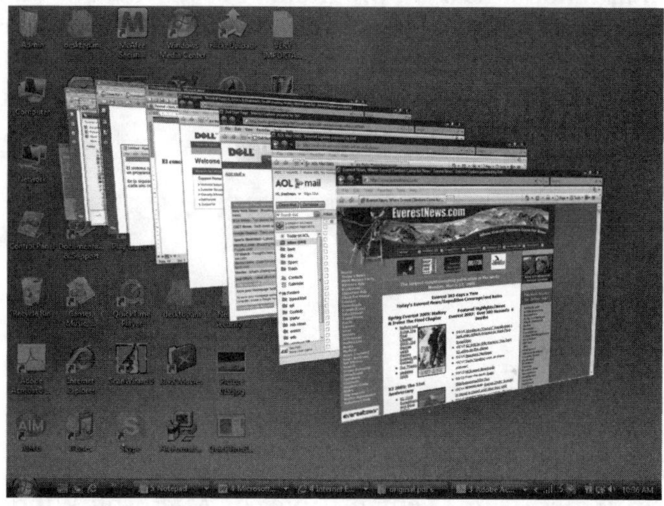

En la gráfica de arriba, que capturé en mi computadora, la cual cuenta con el nuevo sistema operativo Windows Vista, puede ver una serie de ventanas, como flotando, y en cada una de ellas puede ver algunos detalles acerca del programa que contienen.

Por ejemplo, en Windows puede tener, para darle una idea:

- Un procesador de palabras abierto
- Un navegador abierto
- Una hoja de cálculo abierta
- Una calculadora electrónica

Y muchos otros programas más, ya que esto es sólo limitado por la cantidad de memoria RAM instalada en su computadora. Mientras más RAM tenga, por ejemplo 2 gigabytes en vez de 1, más fácil le será trabajar con muchos programas al mismo tiempo.

Las partes principales de una ventana típica en Microsoft Windows

La ventaja principal de usar una computadora personal con cualquier versión del sistema operativo Windows es que, una vez que usted aprenda a usar un programa, descubrirá que su ventana tiene similitudes con la de otros programas, aun si estos programas fueron escritos por compañías diferentes. Esto se debe a que las partes principales de una ventana típica en Windows son muy parecidas de programa a programa.

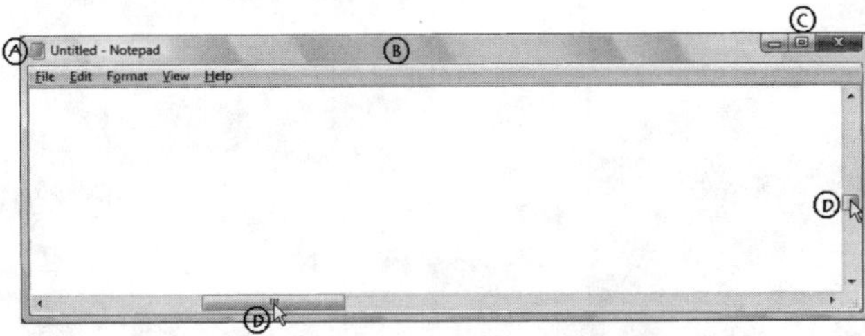

Siguiendo la gráfica de arriba aprenderá a familiarizarse con las partes principales de una ventana típica de Microsoft Windows:

A La caja de control o "Control Box": Cuando usted le hace clic sobre la esquina izquierda superior de una ventana, un menú desplegable le ofrece las siguientes selecciones: restaurar, mover, cambiar de tamaño, minimizar, maximizar o cerrar la ventana. Para trabajar con ellas, simplemente haga clic sobre la que desea usar.

B La barra de títulos es la barra fija en la parte alta de una ventana. Si usted tiene varias ventanas abiertas al mismo tiempo, la barra de títulos de la ventana activa será de un color azul oscuro; las barras de títulos de las ventanas inactivas serán de color azul claro.

C En la esquina derecha superior podrá ver tres símbolos:

- Si usted le da un clic sobre el signo de menos ("Minimize"), la ventana es minimizada. Esto quiere decir que la ventana está temporalmente escondida de vista, y todo lo que usted verá es su icono en la barra de tareas. Para restaurarla, sólo es necesario hacerle clic en su icono en la barra de tareas.
- En la mitad de estos símbolos, verá uno o dos cuadrados ("Restore Down"): Si ve un cuadrado y hace clic sobre él, hará que la ventana ocupe toda la pantalla. Si ve dos cuadrados y hace clic sobre ellos la ventana tomará menos espacio en su pantalla.
- Si usted hace clic sobre el signo de la *X* ("Close"), la ventana se cerrará.

D Para trabajar con el contenido que está fuera de vista, por ejemplo con una carta en la cual esté trabajando, haga clic sobre la guía en las barras de desplazamiento o "Scroll Bars" (ya sea la horizontal o la vertical), sostenga el botón izquierdo del ratón y muévala hacia arriba o abajo o hacia la izquierda o la derecha para ver el contenido escondido. También puede hacer clic sobre las flechita que están a cada uno de los extremos de las barras de desplazamiento o "Scroll Bars".

El área de trabajo o "Workspace" en una ventana

El área de trabajo de una ventana es el espacio que le permite escribir información en el programa, como por ejemplo: el espacio en blanco en donde usted escribe una carta usando Word para Windows, o las casillas que ve en un sitio Web cuando está llenando una forma en línea usando Internet Explorer. Más adelante aprenderá a reconocer cuándo un programa está listo, buscando el cursor destellante en su área de trabajo, para que usted escriba en él.

También es importante que recuerde que el área de trabajo de los programas instalados en su computadora puede ser ligeramente diferente de programa a programa. Pero en la mayoría de los programas que usará, su área de trabajo será muy similar, como lo son por ejemplo los procesadores de palabras, que le permiten escribir su carta inmediatamente después de que el programa se abre. Ahora, en algunos programas gráficos, usted debe tomar pasos adicionales antes de poder empezar a trabajar en ellos.

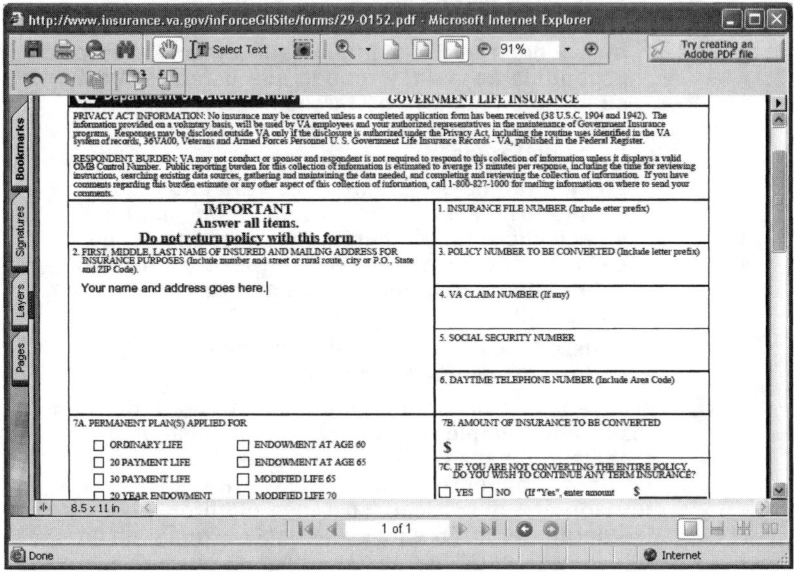

Por ejemplo, en la gráfica de arriba, usted puede ver —en el área de trabajo de esta ventana— un formulario del Departamento de Defensa de los Estados Unidos. Este formulario, el cual fue creado con una versión especial del programa Adobe Acrobat, es muy particular porque le deja escribir su información directamente antes de imprimirlo y se puede encontrar en el Internet.

Los diferentes tipos de ventanas

En una computadora con cualquiera de las diferentes versiones del sistema operativo Microsoft Windows, notará que cada vez que usted hace clic o doble clic sobre un icono o una etiqueta en un menú desplegable, una ventana se abrirá. Ahora, algunas de estas ventanas llenan toda la pantalla de su computadora y otras sólo una parte; algunas pueden ser ajustadas de tamaño mientras que otras no se pueden ajustar de tamaño.

Estos son los tres tipos más comunes de ventanas que usted verá mientras esté trabajando en cualquiera de las diferentes versiones del sistema operativo Windows:

- La ventana de programa o "Program Window" (también conocida como la ventana de una aplicación) representa un programa en la pantalla de la computadora. Generalmente, éste es el único tipo de ventana que puede ser cambiada de tamaño.
- La ventana de diálogo o "Dialog Box Window" es el tipo de ventana secundaria que se abre dentro de la ventana de un programa. Por ejemplo, cuando usted elige Imprimir haciendo clic sobre "File" y después sobre "Print", una ventana pequeña se abrirá en la pantalla de la carta que acaba de terminar de escribir y le ayudará a seleccionar la parte del documento que usted desea imprimir. Las ventanas de diálogo se cierran una vez que usted haga una selección en ellas y elija hacer clic sobre OK para confirmarla, o cuando oprima la tecla ESC. Este tipo de ventanas, por lo general, pueden ser movidas de un área a otra de su pantalla, pero no pueden ser cambiadas de tamaño.
- Las ventanas que aparecen automáticamente o *pop-up windows* también se consideran ventanas de tipo secundario, y aparecen automáticamente cuando usted está haciendo algo tan simple como visitar un sitio Web. Este tipo de ventana, generalmente, tampoco se puede cambiar de tamaño, pero es posible moverla a otro sitio en su pantalla. Y, por favor, recuerde que si usted está visitando un sitio Web, como por ejemplo, el de Amazon.com, y usted tiene Windows XP o Vista y el navegador Internet Explorer 7.0, éste bloquea algunas de estas ventanas de aparición automática que usted necesita usar para contestarle una oferta en un sitio Web. Sólo tiene que presionar y sujetar la tecla CTRL mientras la página carga para temporalmente permitir que estas ventanas de aparición automática le muestren la información pertinente. Y siempre tenga en cuenta que hacer clic sobre una ventana de aparición automática que se abre después de visitar algunos sitios Web puede hacer estropear la copia de Windows que está corriendo en su computadora o sus archivos personales.

Por favor tenga presente que cuando usted escribe en su teclado, esta acción sólo se aplica a la ventana activa, o sea, la más prominente en la pantalla de la computadora. Esta pantalla tiene la barra de título, donde ve el nombre del programa y del archivo con el cual está trabajando, de color azul oscuro.

Cómo trabajar con los diferentes tipos de ventanas en Windows

Los ejemplos a continuación le ayudarán a reconocer y trabajar con los tres tipos principales de ventanas que usted verá mientras está usando el sistema operativo Microsoft Windows.

- La ventana de un programa, o "Program Window"

Este es el tipo de ventana que usted verá cuando abre un programa de Windows. Por ejemplo, en la gráfica de arriba usted puede ver la ventana que se abre cuando le haga clic al icono de WordPad.

Si su computadora tiene suficiente memoria RAM (como por ejemplo, 1 giga), usted podrá mantener diferentes programas abiertos al mismo tiempo; inclusive le será posible tener varias instancias del mismo programa, y sobre todo podrá cambiar del uno al otro con sólo hacerle clic a su icono en la barra de tareas. El poder cambiar de un programa que haya abierto a otro es una función de Windows, y no es afectada por la cantidad de memoria que tiene su computadora.

Por ejemplo, si está redactando una carta (usando el procesador de palabras WordPad) y desea empezar a redactar una segunda carta manteniendo el documento que abrió previamente y en el cual todavía esta trabajando, haga clic sobre el icono de WordPad de nuevo para abrir una nueva instancia de WordPad en una ventana diferente.

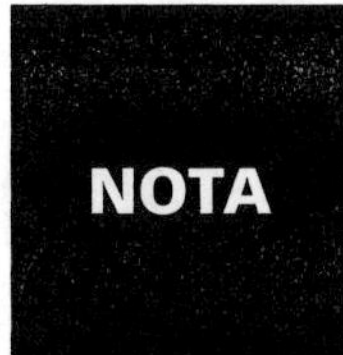

Recuerde que si abre un programa y su ventana es muy pequeña puede ajustar el tamaño hasta que ésta llene toda la pantalla de la computadora siguiendo los pasos que verá al final de este capítulo.

- La ventana de diálogo o "Dialog Box Window"

Esta es la ventana secundaria que se abre dentro del programa en el cual está trabajando cuando usted le pide a este programa que realice ciertas tareas (como, por ejemplo, que abra un documento o imprima el trabajo que ahora tiene en la pantalla).

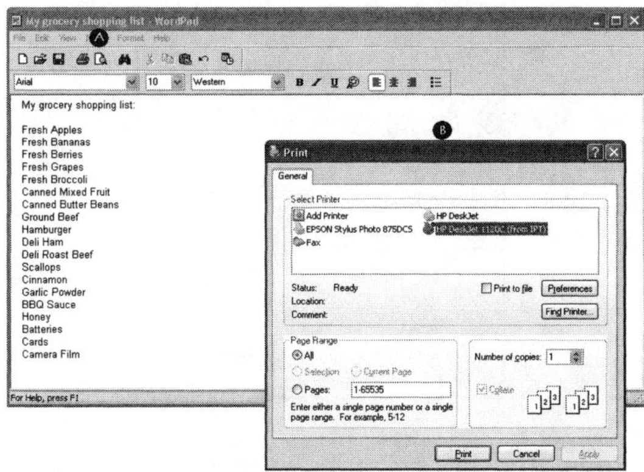

Para aprender a trabajar con las diferentes opciones que verá en este tipo de ventana, abra el procesador de palabras Windows WordPad:

Ⓐ Por favor note en la barra de títulos de la ventana del programa el nombre de archivo (si usted ya ha elegido guardarlo) y el nombre del programa al cual pertenece esta ventana.

Ⓑ Por ejemplo, para abrir una ventana de diálogo típica, haga clic sobre la opción de archivo "File" y después hágale clic a la opción de imprimir o "Print"; ahora podrá ver la ventada de diálogo de "Print" que debe abrir para imprimir su trabajo.

Una ventana de diálogo tiene que estar cerrada antes de que usted pueda regresar a trabajar en el programa desde el cual fue abierta, lo que se puede hacer o escribiendo la información que le pide y después haciendo clic sobre "Close" o "OK", o haciendo clic sobre la *X* en la esquina superior derecha de la ventana.

Recuerde que si abre una ventana de diálogo por equivocación —por ejemplo la opción de corregir ortografía en Microsoft Word— entonces lo puede cerrar con sólo presionar la tecla ESC.

Es también muy importante que usted aprenda a trabajar con las diferentes opciones que usted verá en estas ventanas de diálogo, y que usted usará para hacer cambios a la configuración de un programa.

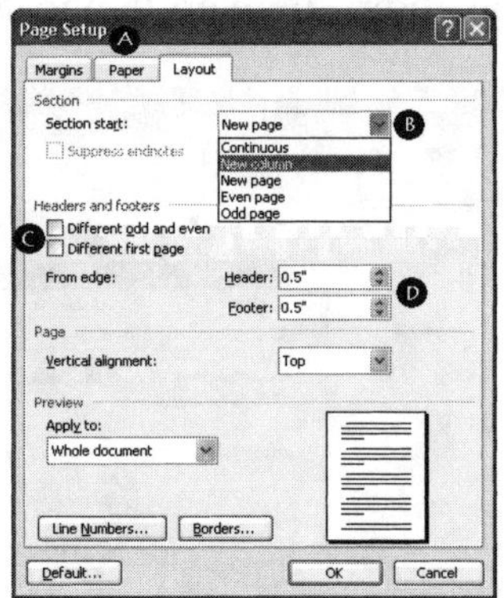

Estas son algunas de las opciones que usted verá en una ventana típica de diálogo:

A ***Pestañas o "Tabs":*** **éstas están disponibles para trabajar en ventanas de diálogo que tienen varias páginas de opciones. Para cambiar a una página diferente, sólo es necesario hacer clic en la pestaña o "Tab" que corresponde a la página con la cual desea trabajar. Alternativamente, oprima y sostenga la tecla CTRL y después presione la tecla "TAB" para cambiar entre las diferentes páginas que están disponibles en una de estas ventanas de diálogo.**

B ***Menús de despliegue vertical o "Pull Down Menus":*** **por ejemplo, si ve un nombre con una flechita al lado, haga clic sobre ella para ver una lista de las opciones disponibles en este menú desplegable. Una vez que el menú desplegable se abra, usted puede usar las teclas de la flechitas (la que apunta hacia arriba y la que apunta hacia abajo), para hacer una selección. Cuando ésta esté señalada, oprima la tecla de confirmar o ENTER. O, en esta lista, haga clic a la opción con la cual desea trabajar.**

C ***Cajitas de seleccionar o "Check Boxes":*** **estas le dejan seleccionar opciones en una ventana de diálogo. Para escoger una opción, simplemente hága clic sobre la casilla de verificación. Ahora verá una *X* o una marquita afirmativa o "Checkmark", que le indica que esta opción está seleccionada. Para deseleccionarla, simplemente hágale clic de nuevo.**

D ***Rueda de opciones o "Spinner":*** **ésta es una cajita con la cual usted —en la mayoría de los casos— puede trabajar de dos maneras: a) haciendo clic sobre el valor que muestra, escribiendo directamente el valor que desea usar y oprimiendo la tecla de confirmar o ENTER, o b) o haciendo clic sobre las flechitas para reducirlo o aumentarlo. Por ejemplo, hága clic sobre la flecha que apunta hacia arriba para aumentar un valor y en la que apunta hacia abajo para disminuirlo.**

Si usted quiere ensayar usar algunas de las diferentes opciones disponibles en una de estas ventanas de diálogo abra cualquier procesador de palabras, como por ejemplo el de Word 2003 para Windows, haga clic sobre herramientas o "Tools", y después sobre opciones o "Options". Ahora por ejemplo usted puede hacer clic en cualquiera de las pestañas o "Tabs" (para trabajar en las diferentes páginas de opciones), o también puede abrir los menús desplegables.

En la siguiente gráfica puede ver la ventana de diálogo que verá cuando haga clic sobre archivo o "File" y después sobre imprimir o "Print".

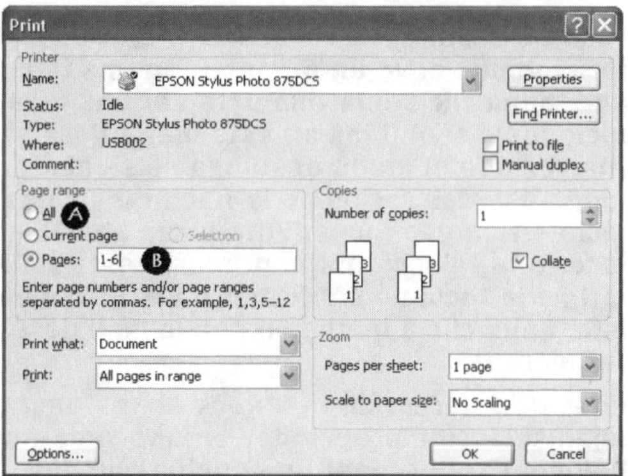

Esta es la forma de trabajar con algunas de las opciones que usted verá en algunas ventanas de diálogo o "Dialog Box":

A ***Botones de radio o "Radio Buttons":*** **ésta es una lista de opciones mutuamente exclusivas. Si usted ve un punto junto al nombre de una opción, esto quiere decir que la opción ya ha sido seleccionada. Usted sólo puede escoger una opción en una de estas listas, haciendo clic sobre ella.**

B ***Celdas de escribir valores o "Text Field":*** **estas le permiten escribir valores que le ayudan a un programa a ejecutar su petición. Para comenzar a trabajar con él, haga clic en el espacio en blanco.**

Por ejemplo, en esta ventana de diálogo, usted puede escribir el número de la primera y de la última página que usted desea imprimir y hacer clic sobre imprimir o "Print" para, de esta manera, si está trabajando con un documento muy voluminoso, imprimir sólo las páginas con las cuales quiere trabajar.

La guía movible o "Slider" se usa para aumentar o disminuir un valor (por ejemplo, la resolución de su monitor).

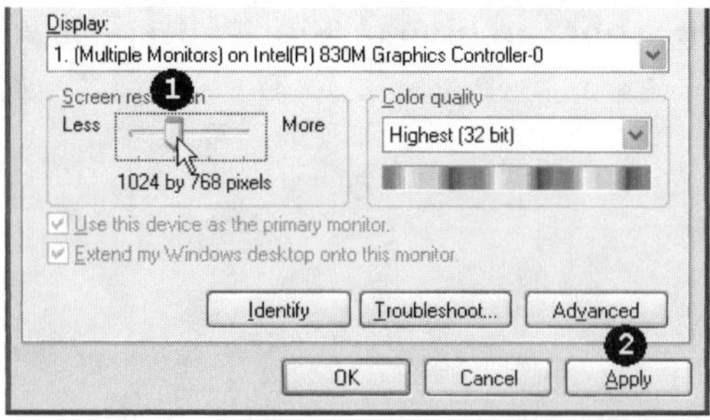

Para aumentar un valor, coloque el indicador del ratón encima de esta guía y, mientras usted presiona y sostiene el botón izquierdo del ratón, muévala hacia la derecha. Si mueve la guía hacia la izquierda disminuirá el valor del ajuste que usted está tratando de cambiar.

- La ventana de aparición automática o *pop-up window*

  Este es un tipo diferente de ventana secundaria que es usada en su mayor parte por compañías para enviarle anuncios de publicidades comerciales a su computadora. Estas ventanas, por lo general, se abren automáticamente cuando usted visita un sitio Web. Ahora, en la mayoría de los casos, si hace clic sobre la información que ve en una de estas ventanas de aparición automática su navegador abrirá una página completa nueva mostrándole información acerca de un servicio o producto que ellos le quieren vender. Usted no tiene que cerrar una ventana de aparición automática para regresar al trabajo que estaba haciendo antes de que apareciera en su pantalla, porque si usted desea la puede mover a otra parte de la pantalla, o cerrarla haciendo clic sobre la *X* en la parte superior derecha de la ventana.

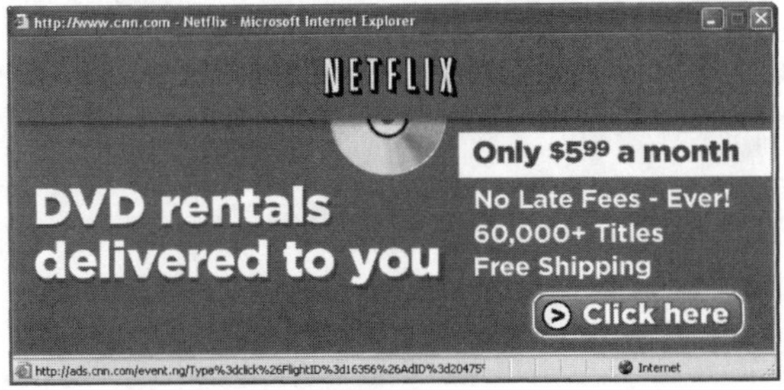

En la gráfica de arriba usted puede ver una ventana típica de aparición automática o *pop-up window.* (Esta apareció cuando visité el sitio Web cnn.com.) Para contestar a la oferta, simplemente haga clic sobre ella.

Cómo ajustar el tamaño de una ventana del programa usando el ratón

La ventana de un programa que no cubre toda la pantalla puede ser ajustada de tamaño (i.e., hacerla más grande o más pequeña). Si la ventana cubre toda la pantalla, sólo puede hacer clic sobre el cuadrado de Minimizar o Maximizar localizado en la esquina superior derecha para reducirla de tamaño. Una vez que la ventana no esté tomando toda la pantalla, usted puede ajustarle el tamaño manualmente o cambiarla de posición en la pantalla. Haciéndole clic dos veces a la barra de títulos (donde ve el nombre del archivo y del programa), de una ventana que está tomando toda la pantalla también hará que ésta ocupe menos de la pantalla completa. Para restaurarla a que tome la pantalla, hága doble clic de nuevo sobre su barra de títulos.

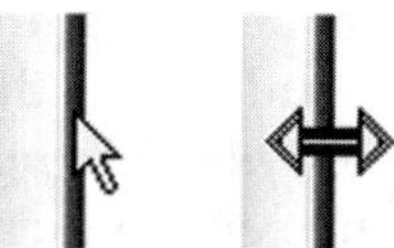

Antes de manualmente ajustar el tamaño de una ventana que no esté tomando toda la pantalla, coloque el indicador del ratón sobre cualquier de sus lados, e inclusive una de sus esquinas, y espere a que éste cambie de forma a una flecha doble.

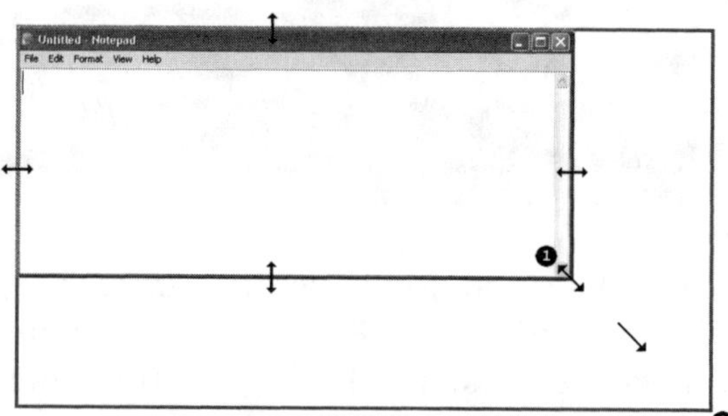

Estos son los pasos para ajustar el tamaño de una ventana en Windows que no está tomando toda la pantalla:

1. Para comenzar, lleve el indicador del ratón sobre cualquiera de las esquinas o uno de los cuatro lados de cualquier ventana

de programa que desee cambiar de tamaño. Después de que el indicador del ratón se haya convertido en una flecha doble, oprima y sostenga el botón izquierdo del ratón y después arrastre la esquina o el lado con el que desea trabajar hasta que esté del tamaño deseado.

2. Para terminar, retire sus dedos de los botones del ratón y podrá ver la ventana con el tamaño nuevo. En la mayoría de los casos, si usted cierra la ventana de un programa después de ajustar el tamaño y la abre de nuevo, debería ocupar el mismo espacio que ocupó en la pantalla de la computadora en el momento que usted la cerró.

Por favor recuerde que usted no puede ajustar el tamaño de ventanas de diálogo ni de aparición automáticas, y que estos tipos de ventanas sólo pueden ser cambiadas de lugar en la pantalla o cerradas.

Cómo mover una ventana de un lugar a otro en su pantalla usando el ratón

A medida que usted usa su computadora con el sistema operativo Windows, notará que a veces la pantalla se puede ver un poco desordenada con las diferentes ventanas que ha abierto, y por este hecho a veces la ventana con la cual usted desea trabajar puede estar tapada por otra ventana que usted abrió previamente. Por este motivo, a veces le puede ser necesario saber cómo mover una ventana que no está ocupando toda la pantalla de la computadora a un lugar diferente en la pantalla.

Siguiendo la siguiente gráfica, usted aprenderá a mover la ventana de un programa —en este ejemplo usé la calculadora electrónica— a otro lugar en la pantalla para poder trabajar mejor con un programa que abrió previamente.

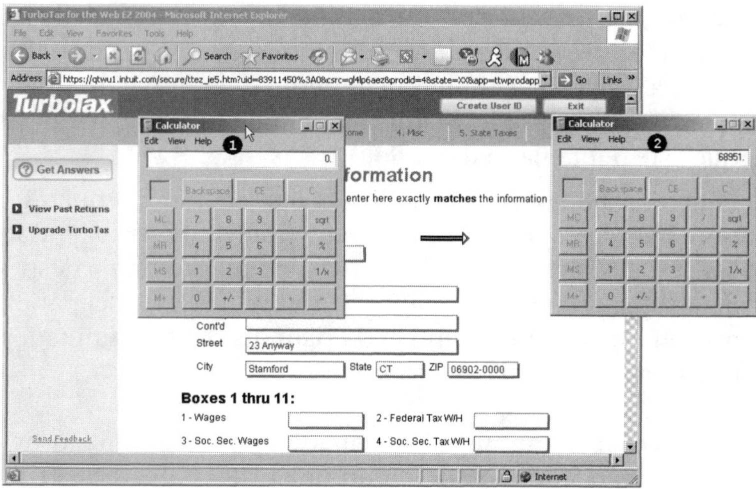

Estos son los pasos, como usted puede ver en esta captura de la pantalla, para mover un programa en la pantalla con el fin de que no cubra la información con la cual usted desea trabajar:

1. Por favor note que cuando usted abre un programa para Windows, su ventana se abrirá encima de cualquier otra ventana que estaba ya abierta. Por ejemplo, si abre la calculadora electrónica y esta se abre encima de la ventana de un programa en el cual necesita escribir números, cámbiela de lugar de la siguiente manera: a) haga clic en su barra de títulos y b) después oprima y sujete el botón izquierdo del ratón. Ahora puede moverla a otro lugar en la pantalla de la computadora. Cuando esté en el lugar apropiado, retire su mano del ratón.
2. Ahora puede ver que esta ventana ocupa una posición nueva en la pantalla de la computadora, fuera del área de trabajo de la ventana con la cual desea trabajar.

Usted aun puede mover una ventana hasta la parte extrema derecha de la pantalla, escondiendo la mayor parte de su contenido. En el ejemplo que ve arriba, usted todavía podrá leer los totales en la calculadora electrónica. Usted también puede trabajar con sus programas, si estos están minimizados, haciéndoles clic a sus iconos en la barra de tareas o "Taskbar".

Cómo cerrar una ventana

Una vez que la ventana de un programa se abra, le será posible trabajar en su área de trabajo casi inmediatamente. Y recuerde que si usted ha estado trabajando en un programa (como por ejemplo un procesador de palabras en el que esté redactando una carta), entonces acuérdese de guardar su trabajo a menudo.

Y cuando usted termine de trabajar en un programa, después de guardar su trabajo lo puede cerrar de una de estas cuatro maneras:

- Haciendo clic sobre archivo o "File" y después sobre salir o "Exit".
- Haciendo clic sobre la *X* en la esquina superior derecha de la ventana.
- Haciendo clic sobre la esquina izquierda superior de la ventana y escogiendo cerrar o "Close".
- Presionando y sujetando las teclas ALT y F4.

La siguiente ventana de dialogo, aparece cuando trata de cerrar una ventana sin haber guardado previamente el trabajo que estaba haciendo.

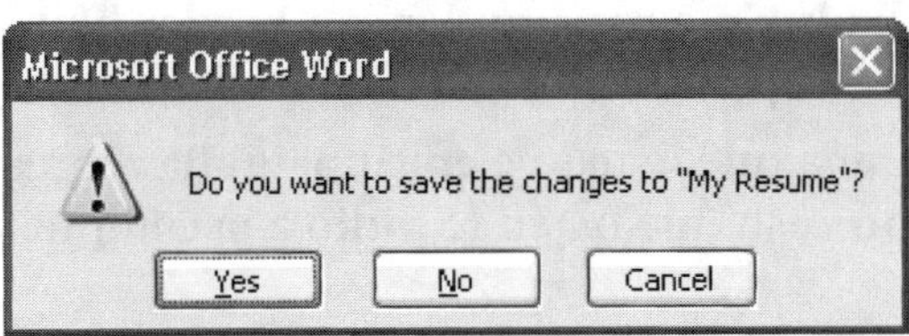

Esta es la manera de trabajar con esta ventana:

- Para guardar su trabajo como un archivo en la computadora, haga clic sobre "Yes". (Si ésta es la primera vez que guarda su documento, otra ventana se abrirá para ayudarle a guardarlo, es decir, darle el nombre que desea usar para el documento nuevo y también para ayudarle a escoger adónde lo quiere guardar.)
- Para cerrar el programa sin guardar su trabajo, haga clic sobre "No". De esta manera usted perderá el trabajo que usted ha

hecho desde que guardó el documento por última vez. (Si nunca lo ha guardado lo perderá completamente.)

- Para regresar a trabajar en su documento, haga clic sobre "Cancel."

Esta ventana de diálogo también aparecerá si usted inicia el proceso de apagar su computadora haciendo clic sobre el botón del menú de comienzo o "Start", deseleccionando apagar o "Shut Down" y todavía tiene documentos con los cuales ha estado trabajando y no ha guardado todavía.

NOTA

En el capítulo nueve, usted aprenderá los pasos necesarios para guardar su trabajo a un dispositivo de almacenamiento permanente (como lo es la unidad de disco duro) y también cómo recuperarlo más tarde.

Para recordar

- Una ventana en el sistema operativo Microsoft Windows es un espacio cuadrado o rectangular con bordes bien definidos que usted ve en la pantalla de su computadora.
- Cada ventana que usted ve en su pantalla representa un programa o proceso que usted le pidió a la computadora que hiciera.
- Un icono en Windows es una gráfica asociada con un programa, una carpeta o inclusive uno de sus archivos.
- El área de trabajo de una ventana es el espacio que le permite escribir información en el programa.

Funciones comunes en todas las versiones de Windows

El escritorio virtual o "Desktop" de Windows

El escritorio virtual o "Desktop" de una PC que usa una de las diferentes versiones del sistema operativo Microsoft Windows es la primera pantalla que verá en la mayoría de las casos, a menos que una computadora haya sido configurada para abrir automáticamente un programa en particular cuando usted la prende.

¿Por qué es importante saber esto? Porque en el escritorio virtual encontrará muchos iconos, que después de que usted les haga clic dos veces, abrirán sus programas, carpetas o archivos.

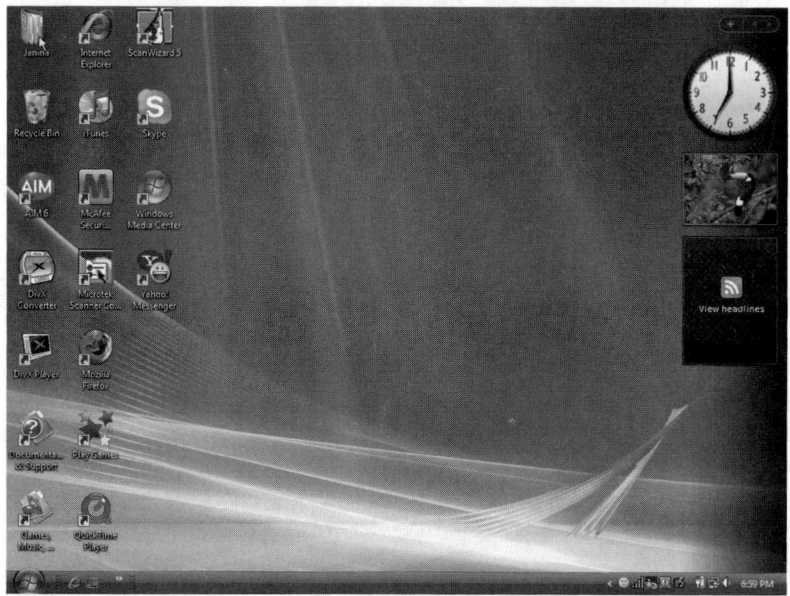

Si el escritorio virtual o "Desktop" de Windows no es visible porque está escondido detrás de una de las ventanas que ha abierto, entonces usted lo puede ver de esta manera:

a) minimizando, es decir, como pudo ver anteriormente en el capítulo de trabajar con ventanas, haciendo clic sobre el símbolo de menos en la esquina superior derecha de las ventanas de los programas que están abiertos en el momento, o b) haciendo clic (como puede ver en la gráfica anterior) sobre el botón de "Show Desktop" o Muestre el escritorio virtual, en la barra de herramientas rápida o "Quick Launch", que a su vez está en la barra de tareas o "Taskbar".

Si no puede ver el botón de "Show desktop", lo puede habilitar haciendo clic con el botón derecho del ratón sobre cualquier parte libre de iconos en la barra de tareas, llevando el indicador sobre "Toolbars" y hacia la derecha o izquierda (depende de qué lado este menú abra), hacia abajo y finalmente haciendo clic sobre "Quick Launch".

Los iconos en Windows

Un icono en Windows es una gráfica asociada con un programa, una carpeta o inclusive uno de sus archivos. Haciendo clic sobre un icono, usted puede abrir el programa, carpeta o archivo asociada con éste. Los iconos de programas en Windows se reconocen por tener una etiqueta con el nombre del programa al que pertenece. En Windows los iconos de sus archivos casi siempre pueden ser reconocidos porque el programa que usted usó para crearlos los personaliza. Por ejemplo, los iconos que son generados cuando usted crea un archivo usando el programa Microsoft Excel tienen una pequeña *X* en la esquina izquierda.

Por ejemplo, en esta captura de pantalla del escritorio virtual o "Desktop" de una computadora con Windows XP note en medio de estos iconos el icono que representa el navegador de Web Mozilla Firefox (junto a la flecha).

En Windows, para encontrar más información acerca de un icono particular, lleve el indicador del ratón sobre él y déjelo allí por unos segundos. En el ejemplo que usted ve arriba, puede leer el nombre del programa que creó este archivo: "Tipo: Microsoft Excel worksheet" o hoja de cálculo hecha con el programa Microsoft Excel.

Cómo trabajar con un icono en Windows

En una computadora personal con el sistema operativo Windows, usted trabajará con los iconos que ve en su pantalla llevando el indicador del ratón sobre ellos y después haciendo uno o dos clics con uno de los dos botones del ratón. Usted también puede trabajar con iconos usando el teclado, presionando la tecla ENTER una vez que el icono esté resaltado, pero esto es más difícil de hacer.

Cómo abrir programas usando el ratón

Si el icono de un programa está ubicado en el escritorio virtual o "Desktop", "Explore" o el programa de "My Computer" (Windows XP) o "Computer" (Windows Vista), haga doble clic sobre él. Esta acción abrirá el programa, la carpeta o el archivo que el icono representa. Para abrir programas desde el menú de comienzo o "Start", sólo es necesario hacer clic una vez sobre su nombre.

Por favor note que cuando usted hace clic con el botón derecho del ratón sobre uno de sus iconos, otro menú se abrirá ofreciéndole una cantidad de opciones que puede elegir con sólo hacer clic sobre el nombre de la opción.

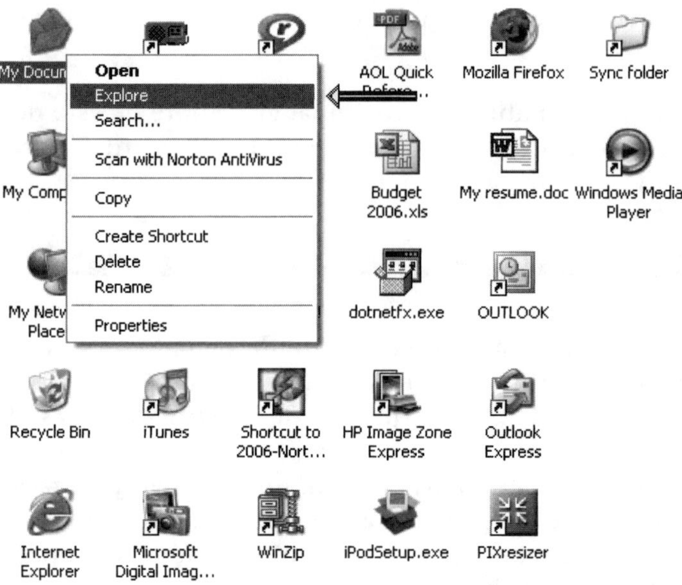

Por ejemplo, como puede ver en este ejemplo, cuando hice clic sobre el icono de "My Documents" (Windows XP) oprimiendo el botón derecho del ratón, un menú desplegable se abrió mostrando una larga lista de acciones que pueden ser ejecutadas con sólo hacer clic una vez sobre el nombre de cada acción. Para abrir, por ejemplo, el Explorador de Windows, solamente es necesario hacer clic sobre "Explore".

Usted también puede fácilmente borrar un icono que ya no necesite de esta manera: selecciónelo y oprima la tecla DELETE. Pero tenga en cuenta que si este icono es un atajo a un programa o a un archivo esta acción no suprima el programa o el archivo asociados con con el.

Cómo usar la barra de tareas o "Taskbar" para usar otro programa que está abierto

Esta es la barra que usted verá a lo largo de cualquiera de los lados (ya que usted la puede mover a cualquiera de los cuatro lados de la pantalla) de la pantalla de una computadora personal que tenga una de las diferentes versiones del sistema operativo Windows (como por ejemplo Windows Vista).

Cada vez que usted abre un programa, el nombre de éste dejará un icono en esta barra de tareas, como una huella virtual, para recordarle que el programa está abierto.

En la gráfica de arriba de una captura de pantalla que hice en mi computadora portátil (que tiene el sistema operativo Windows Vista instalado), verá en la parte izquierda de la barra de tareas el botón de comienzo o "Start" (en Windows Vista este botón es redondo y en Windows XP es rectangular), y en la mitad de esta barra verá los perfiles/huellas de los programas que están abiertos. En esta barra de tareas también puede ver otra información adicional, en la extrema derecha (si la barra de tareas está alineada horizontalmente con la parte baja del monitor), como la hora, en un área llamada area de notificación o "Systray". En esta parte de la barra de tareas también podrá ver algunos iconos que representan programas que se abren automáticamente casi todas las veces que prende la computadora.

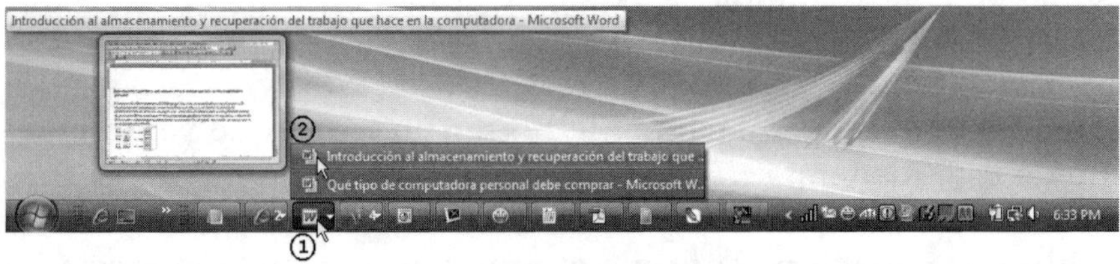

Siguiendo la gráfica de arriba de una captura de pantalla que hice en mi computadora portátil aprenderá a regresar a trabajar con los programas cuyos iconos o huellas vea ahí. Esto se hace de la siguiente manera:

1. Primero busque el nombre del programa con el cual desea regresar a trabajar. Por ejemplo, si estaba escribiendo una carta usando Microsoft Word, haga clic sobre el icono con la *W* para abrir este programa.
2. Ahora, entre los documentos de Word que tiene abiertos, que están agrupados verticalmente, busque el archivo con el que

estaba trabajando. Por favor, note que, en Windows Vista, conforme lleva el ratón sobre los iconos en este grupo otra ventana se abre mostrándole una vista previa de cada uno de estos archivos. Cuando encuentre el que desea abrir, hágale clic.

Como pudo ver anteriormente, la función principal de la barra de tareas en Windows es la de darle información acerca de los programas que actualmente están abiertos en la computadora y ayudarle a regresar a trabajar con los que puedan estar temporalmente escondidos detrás de otras ventanas porque si tiene muchos programas abiertos todas sus huellas no caben en esta barra de tareas, y entonces éstas son distribuidas a través de diferentes páginas. De esta manera, si no puede ver la huella de un programa que usted abrió previamente en la primera página de la barra de tareas, búsquela en la siguiente página.

Siguiendo la gráfica de arriba aprenderá a regresar a trabajar con los programas cuyas huellas no vea en la barra de tareas. Se hace de esta manera:

1. Para ver la segunda página de programas que ha abierto, hágale clic a "<".
2. Ahora, en las guías señaladas por el indicador, hágale clic a la guía que apunta hacia abajo para ver los iconos que están ahí.
3. Inmediatamente, en la segunda página, hágale clic al icono del programa al cual desea regresar a trabajar. Si espera mucho, la vista de la página adicional se cierra, y sólo verá la primera página de la barra de tareas.

Otra de las maneras que también puede usar para regresar a un programa que ha abierto pero que está escondido detrás de la ventana de otro programa es moviendo un poco la ventana del programa que lo está cubriendo parcialmente y después haciendo clic sobre la barra de título —es decir en la cual usted ve el nombre del programa— de la ventana del programa que desea usar, para hacer que ésta avance hasta el frente de todas las otras ventanas.

Recuerde, por favor, que sólo practicando aprenderá a usar bien el sistema operativo de Windows, y regresar a usar sus programas usando esta barra de tareas es una de las cosas que todas las personas que desean aprender a usar Windows deben saber.

El cursor destellante o "Blinking Cursor"

Esta es la barrita "|" que usted verá destellar o parpadear (por esto recibe el nombre de cursor destellante) en el área de trabajo de cualquier programa que le permita escribir texto, como por ejemplo, el cursor destellante que verá en el área de trabajo de un procesador de palabras que usted use para escribir cartas. Este cursor destellante también es visible en cualquier casilla en la cual usted pueda estar trabajando, en una página Web, en el sitio Web de una compañía que le está ofreciendo una tarjeta de crédito. También verá el cursor destellante en el momento de darle un nombre a un archivo (en frente de "File Name") en la ventana que se abre cuando usted elija guardarlo. Su propósito principal es indicarle el punto exacto en el cual, por ejemplo, si usted oprimiera la tecla *A*, esta letra aparecería en el documento con el cual está trabajando.

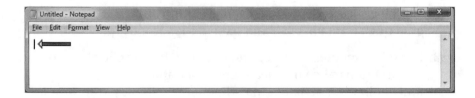

Si quiere practicar seguir el cursor destellante, abra el programa de Windows WordPad, de la siguiente manera: si tiene Windows Vista, haga clic sobre el botón de comienzo o "Start" e inmediatamente, escriba "WordPad" y después oprima la tecla de confirmar o ENTER.

Alternativamente, *si su computadora tiene Windows XP,* haga clic sobre el botón de comienzo o "Start", ahora suba el indicador del ratón hacia arriba y después hacia la derecha sobre "Run", escriba la palabra "WordPad" y después oprima la tecla de confirmar o ENTER. Ahora fíjese que inmediatamente este programa se abre presentándole una pantalla limpia en la cual puede crear un nuevo documento. Ahora note que el cursor "|" aparece destellando en la esquina superior izquierda de este programa.

Por ejemplo, escriba la siguiente frase: "The second annual Hedge Fund Polo event has been postponed due to rain". Ahora fíjese que a medida que usted escribe, el cursor destellante queda siempre a la derecha de la última letra o que acaba de escribir. Ahora presione la tecla ENTER dos veces para bajar el cursor destellante dos líneas. Por favor note que el cursor destellante está de nuevo a la izquierda de la página (directamente debajo de la primera letra de la primera línea).

La única vez que usted no verá el cursor destellante en una de estas situaciones es cuando usted ha hecho una selección de texto, o después de seleccionar una gráfica.

Cómo cambiar la posición del cursor destellante

Como vimos en la sección anterior, la posición del cursor destellante decidirá dónde en su documento lo que usted escribe aparecerá en el área de trabajo del programa que está usando. Esto la mayoría de las veces es muy fácil de determinar: por ejemplo, usted comienza a trabajar en una carta usando un procesador de palabras o en un nuevo mensaje de correo electrónico, lo cual de inmediato coloca el cursor destellante en la esquina superior izquierda de la página, y ahora usted puede empezar a trabajar. Estas son teclas que usted puede usar para mover la posición del cursor destellante:

- *La tecla TAB:* mueve el cursor incrementalmente (cada vez que usted la presiona) a una posición preprogramada en el documento con el que usted está trabajando. Recuerde que si el cursor destellante está a la izquierda de una palabra o línea de texto y usted presiona la tecla TAB que esa palabra o esta línea de texto también se trasladará a la derecha. Esta tecla también es ideal para trasladar el cursor a otro cuadrito de entrar texto en un sitio Web.

- *La tecla **espaciadora** o **"Space Bar":*** cuando usted la oprime una vez, crea un espacio a la derecha del cursor destellante. Por ejemplo, después de escribir una palabra, presione esta tecla para dejar un espacio entre la palabra que usted acaba de escribir y la nueva palabra que usted está a punto de escribir. Si el cursor destellante está a la izquierda de una palabra o frase y usted presiona la tecla espaciadora una vez, esto hará que éstos también se muevan hacia la derecha.
- *Las cuatro **flechas en la parte derecha de su teclado:*** para navegar entre el texto **que usted ha escrito** sin estropearlo. Por ejemplo, si usted acaba de escribir una carta y olvidó escribir una palabra o una letra en una palabra, usted puede usar la flecha derecha o la izquierda para situar el cursor destellante delante del punto exacto donde usted necesita añadir una letra o palabra adicional. Ahora escríbala, y la siguiente palabra se hará a la derecha de la palabra que elija. Por favor recuerde que estas teclas con las flechitas no pueden mover la posición del cursor destellante a un lugar en la página donde usted no haya escrito nada, o al menos haya presionado la tecla espaciadora anteriormente.

Alternativamente, usted también puede usar el ratón para mover el indicador (sobre una parte del documento donde puede añadir texto, usando la herramienta de seleccionar texto o "Text Select Tool", que es parecido a un cursor flotante), sobre el documento en el cual usted está trabajando, haciendo clic exactamente adelante de la palabra donde usted quiere comenzar a escribir (el texto nuevo). Por ejemplo, usted puede hacer clic al principio de una carta que desea cambiar *mientras* (antes de que usted le haga clic a enviar o "Submit") pueda ver la barra destellante en la casilla de añadir texto como por ejemplo la casilla de añadir sus anécdotas en el sitio Web de JournalSpace.

O use las siguientes teclas: HOME (presiónela para regresar al comienzo de una línea), END (presiónela para regresar al final de una línea), PAGE DOWN (presiónela para avanzar a la siguiente página) y PAGE UP (presiónela para regresar a la página previa) para mover la posición del cursor destellante en sus documentos.

Las teclas de añadir o INSERT, regresar o BACKSPACE y borrar o DELETE

Aprender cómo usar estas teclas cuando esté trabajando con programas que aceptan texto es una de las cosas más importantes que debe aprender para trabajar mejor dentro de programas que aceptan la entrada manual de texto. Estas son estas teclas, y como usarlas:

- *La tecla de añadir o* INSERT: esta es una tecla que usted puede usar alternativamente para sobrescribir/reemplazar texto con el nuevo texto que usted escriba. Para usarla, presiónela una vez. Por ejemplo, si usted necesita reemplazar la palabra "Nueva York" con la palabra "Manhattan", hágalo de la siguiente manera: 1) coloque el cursor destellante antes de la *N* en "Nueva York", y 2) presione la tecla INSERT. Ahora comience a escribir la palabra "Manhattan". Pero por el hecho de que la palabra "Manhattan" tiene una letra más que la palabra que está reemplazando usted debe presionar la tecla INSERT de nuevo después de escribir la última *a* en Manhattan para dejar de reemplazar texto. De otra manera usted se arriesga a sobrescribir otra letra en la palabra siguiente. Hay dos maneras de saber si la tecla de insertar está habilitada. Si cuando está trabajando con un procesador de palabras, como lo es Microsoft Word para Windows, ve en la barra de información inferior la palabra OVR en letras oscuras, o si el cursor destellante está a la izquierda de una palabra y a medida que escribe nuevas palabras a la derecha del cursor destellante ésta es reemplazada por las nuevas. Esto quiere decir que la función de insertar todavía esta habilitada. Para desactivarla, presione esta tecla de nuevo. En un teclado para computadoras portátiles esta tecla tiene el nombre INS.
- *La tecla de retroceso o* BACKSPACE: ésta es una tecla que cuando es presionada mueve el cursor destellante un espacio hacia la izquierda. Si hay texto a la izquierda del cursor destellante, esta tecla le ayuda a quitar letra por letra cada vez la presiona.

Por ejemplo, si el cursor está destellando a la derecha de la palabra "Triángulo" y oprime la tecla de retroceso o BACKSPACE, ocho veces, ésta será borrada.

- *La tecla de suprimir o* DELETE: ésta hace exactamente lo que su nombre indica, ayudarle a suprimir palabras, gráficas e inclusive archivos o carpetas (una vez que estén seleccionados). Por ejemplo, si el cursor está destellando a la izquierda de la palabra "Casa" y oprime la tecla DELETE cuatro veces, ésta será borrada. Para usar esta tecla simplemente presiónela. En una computadora portátil esta tecla tiene el nombre DEL.

Recuerde que la tecla de aprobar o ENTER también es bastante crucial, y cuando usted la oprime cuando está trabajando, por ejemplo, en una carta que está redactando con un procesador de palabras, esta acción mueve el cursor a la siguiente línea. Si usted presiona y sostiene la tecla CTRL y después la tecla ENTER una nueva página es creada, y si antes este documento tenía una sola página, ahora tendrá dos. Presionar esta tecla también le ayudará a trabajar con las ventanas de diálogo o "Dialog Box Windows" para contestar afirmativamente a la pregunta que le hace; por ejemplo, si la pregunta en la ventana es si desea proseguir y ve que una de las opciones es "OK" y oprime la tecla ENTER, esto funcionará lo mismo que hacer clic sobre "OK".

Cómo cambiar de un programa que está usando a otro mediante el teclado

En Windows es posible cambiar muy fácilmente de un programa que tenga abierto a otro usando la combinación de teclas ALT + TAB. En la siguiente gráfica se puede ver en el centro del recuadro lo que verá cuando usa esta combinación de teclas.

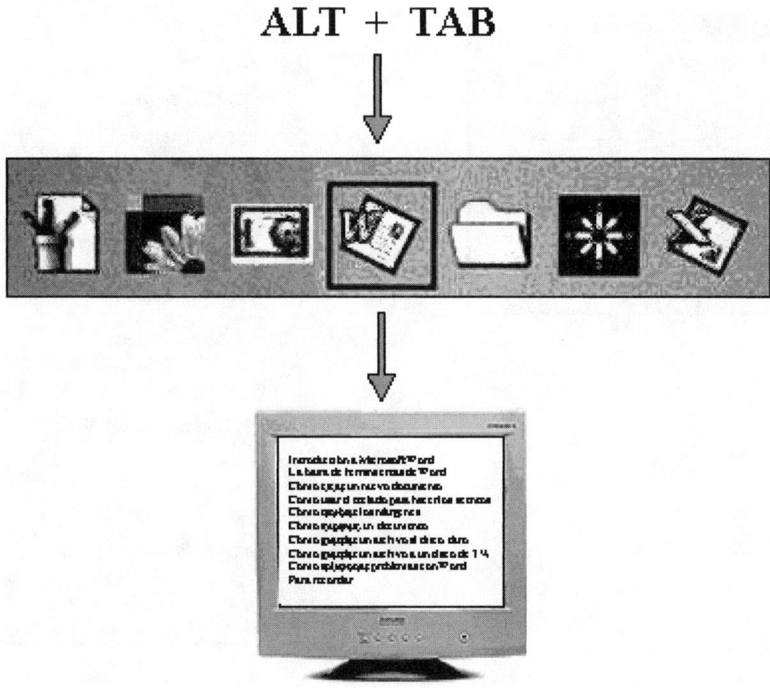

Para cambiar de un programa que esté usando a otro, sostenga la tecla ALT y después use la tecla TAB como un interruptor virtual, oprimiéndola una vez por cada programa que tenga abierto. Cuando encuentre el que desea usar, retire la mano del teclado.

Cómo usar los nuevos menús desplegables en Windows

En la siguiente gráfica se puede ver una representación de estos nuevos menús que se abren cuando usted elije un comando en algunos programas para Windows. Cuando llegue a un icono de dos flechitas, coloque el indicador sobre éste y espere hasta que se pueda ver el resto del menú.

La siguiente gráfica representa el nuevo tipo de menú desplegable en Windows.

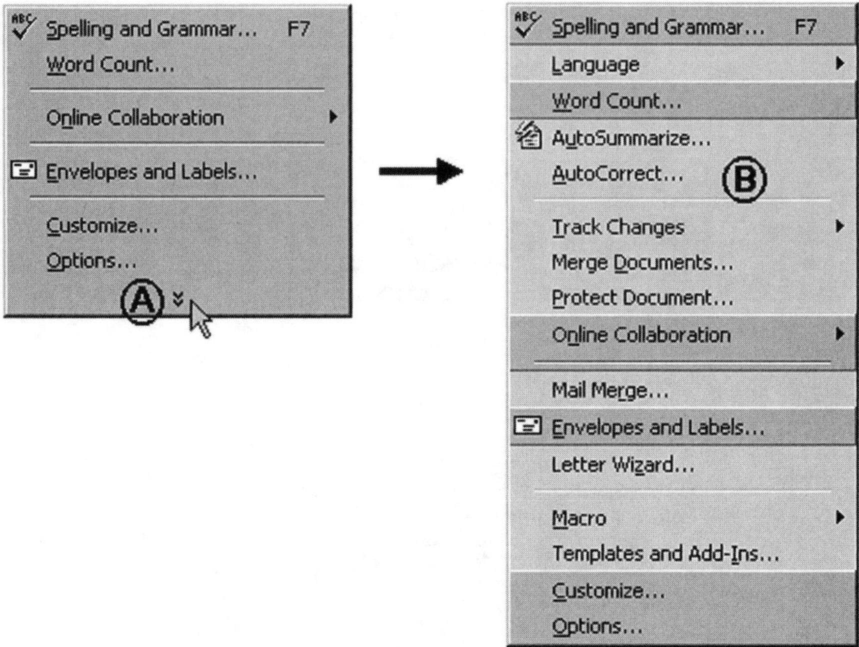

Para trabajar con este tipo de menú, hágalo de la siguiente manera:

Ⓐ Cuando elija "Tools" verá el primer menú. Si la función con la cual desea trabajar no se ve, coloque el indicador sobre las dos flechitas que apuntan hacia abajo y manténgalo en esta posición.

Ⓑ Ahora puede ver el menú completo que estaba escondido en el primer menú.

Las diferentes maneras de seleccionar texto

Primero seleccione el texto o parte del documento al que desea cambiarle el tipo o el tamaño de letra. Se puede hacer muchas veces en un solo documento hasta llegar al resultado que desea.

Las siguientes son las tres maneras de seleccionar texto para cambiarle el tipo o tamaño de letra:

- *Cómo seleccionar una sola palabra:* Coloque el indicador en un espacio anterior a la palabra que desea seleccionar. A continuación, haga clic sobre la palabra una vez con el botón izquierdo del ratón (mientras sostiene el botón izquierdo), y selecciónela (como si estuviera barriendo), jalándola hasta que esté resaltada.

- *Cómo seleccionar una línea completa en un documento:* coloque el indicador sobre el comienzo de la línea y después haga clic una vez.
- *Cómo seleccionar un documento completo:* coloque el indicador en cualquier parte del documento y use la combinación de teclas CTRL + A.

Ponga mucha atención cuando esté aprendiendo a cambiar el tipo y el tamaño de letra en un documento que no le pertenece. Hágalo paso a paso para no perder la cuenta de los cambios que hace en el documento con el que está trabajando. Si comete un error, use la combinación de CTRL + Z, ya que le permitirá deshacer los cambios de una sola vez.

Cómo seleccionar varias palabras a la vez

En Windows es posible seleccionar una o varias palabras a la vez en un documento para después cambiarlas de tipo y tamaño de letra. Esta función se usa muy a menudo para resaltar palabras que expresen ideas importantes en presentaciones o en cartas de negocios.

La siguiente gráfica le ayudará con el proceso de seleccionar una o varias palabras a la vez.

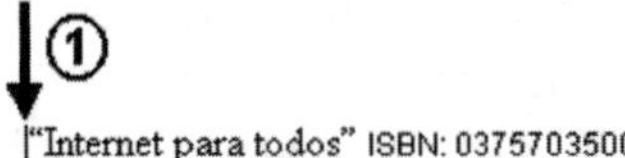

③

"Internet para todos" ISBN: 0375703500

Este interesante libro cubre todos los aspectos del uso de esta nueva tecnología llamada el Internet y cómo sacar el mayor provecho de su uso. Estos son algunos de los temas que se tratan en este libro:

- Breve historia del Internet.
- Qué es un navegador y cómo usarlo.
- Lista de direcciones virtuales de páginas Web de interés para la comunidad hispana.

Siga los siguientes pasos mirando la gráfica anterior para seleccionar una o varias palabras a la vez:

1. Coloque el indicador en el espacio anterior al comienzo de la primera palabra que desea seleccionar y haga clic una vez.
2. Después, mientras sostiene el botón izquierdo del ratón, comience a seleccionar la palabra o palabras que desea cambiar (como barriendo) y para terminar, retire la mano del ratón.
3. Finalmente, se puede ver como "Internet para todos" está seleccionado. Es decir, aparece resaltado.

Cómo seleccionar una línea completa

Se puede seleccionar una línea completa de manera muy fácil con un solo clic. A veces es necesario hacerlo para cambiar un título. También puede ser muy útil para centrar un título.

La siguiente gráfica representa la manera de seleccionar una línea completa dentro de un documento.

"Internet para todos" ISBN: 0375703500

Este interesante libro cubre todos los aspectos del uso de esta nueva tecnología llamada el Internet

tratan en

- Brev
- Qué
- Lista

la comur

"Internet para todos" ISBN: 0375703500

②

Este interesante libro cubre todos los aspectos del uso de esta nueva tecnología lla Internet y cómo sacar el mayor provecho de su uso. Estos son algunos de los tem tratan en este libro:

- Breve historia del Internet.
- Qué es un navegador y cómo usarlo.
- Lista de direcciones virtuales de páginas Web de interés para la comunidad hispana.

Siga los siguientes pasos, mirando la gráfica anterior, para seleccionar una línea completa:

1. Coloque el indicador sobre este punto a la izquierda del comienzo de la línea que desea seleccionar, indicado por la flecha, y note cómo el indicador se transforma en un ángulo de casi 45 grados. Entonces haga clic una vez.
2. Finalmente se puede ver cómo toda la primera línea de este documento está seleccionada.

Cómo seleccionar un documento completo

Ahora aprenderá a seleccionar un documento completo, o sea, todo lo que se ve en la pantalla cuando abre uno de sus documentos. Por ejemplo, esto puede ser muy útil si recibe correo electrónico con letras muy pequeñas y las quiere cambiar a letras de doce puntos.

La siguiente gráfica representa la manera de seleccionar un documento completo.

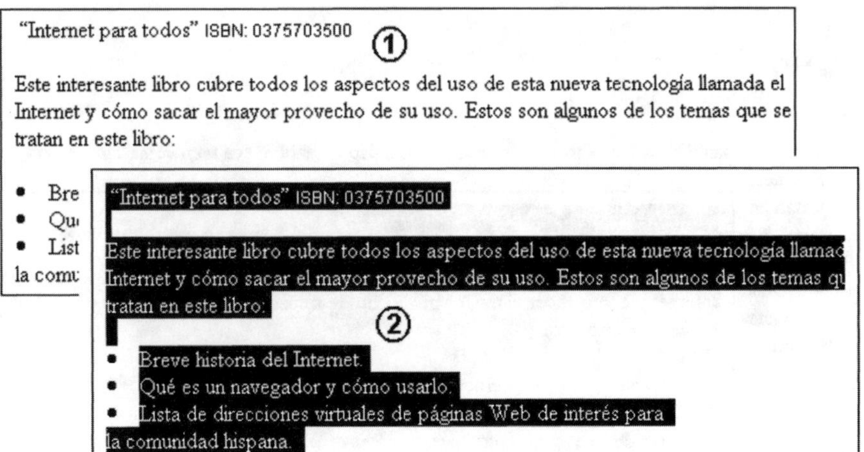

Siga los siguientes pasos, mirando la gráfica anterior, para seleccionar todo lo que se ve en la pantalla cuando abre un documento:

1. Coloque el indicador sobre cualquier parte dentro del documento que desea seleccionar y haga clic una vez.
2. Ahora use la combinación de teclas CTRL + A. Como puede ver en la gráfica anterior, todo el texto en este documento se ha resaltado. *Ahora retire las manos del teclado y lea la siguiente información.*

Cómo evitar perder trabajo cuando tenga texto seleccionado

Es muy importante que para terminar este ejemplo *retire las manos del teclado* mientras tenga el documento completo seleccionado y que sólo use el indicador del ratón. Esto se debe a que si en este momento (mientras tenga todo el documento seleccionado) pulsa cualquier tecla en el teclado, la computadora asumirá que usted desea reemplazar todo el texto seleccionado con el valor de la tecla que acaba de pulsar.

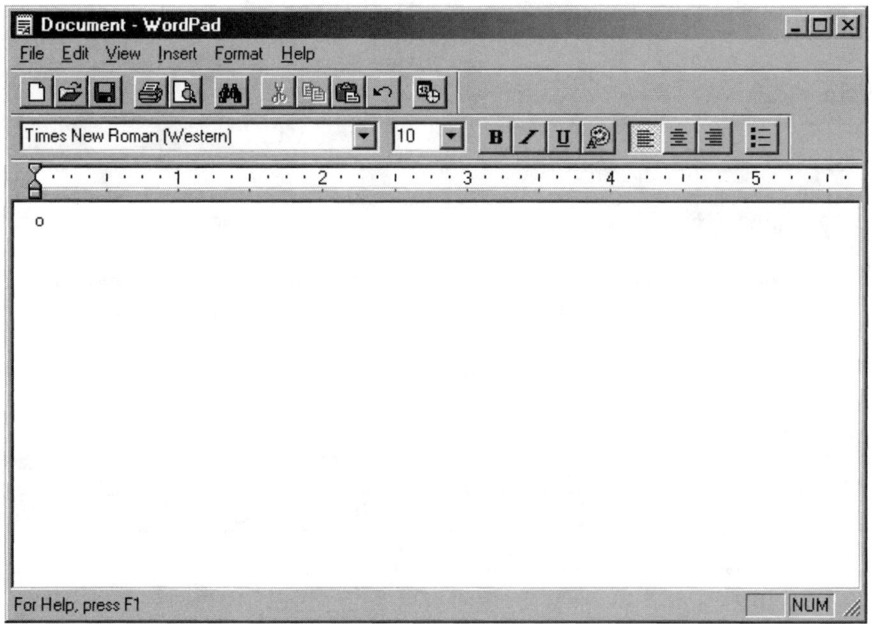

De esta manera, un documento de cien páginas puede parecerse al documento anterior donde sólo puede ver una *o* que oprimió por equivocación. Si esto le sucede, puede recuperar su documento usando la combinación de teclas CTRL + Z. Esta funciona muy bien si acaba de cometer este error.

Cómo cambiar el tipo de letra o "Font"

En cuanto ya sepa cómo seleccionar el texto que desea cambiar de tipo o tamaño de letras, siga este ejemplo para escoger de la lista de tipos y tamaños de letra que tiene instalada en la computadora.

La siguiente gráfica le ayudará con este ejemplo.

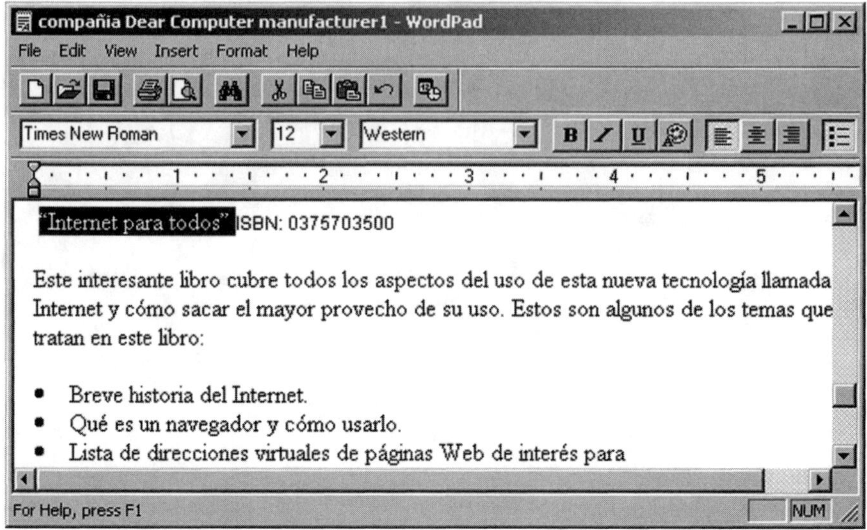

Por ejemplo, si seleccionó sólo una parte del título, lo podrá ver claramente como en el ejemplo anterior.

Ahora puede cambiar el tipo de letra a cualquier otro que esté instalado en su computadora. Un sistema operativo como Windows viene instalado con muchos tipos de letra diferentes, y si añade Microsoft Office, éste le dará muchos más tipos de letras adicionales.

Ahora siga la siguiente gráfica para cambiar el tipo de letra que desea usar para un título.

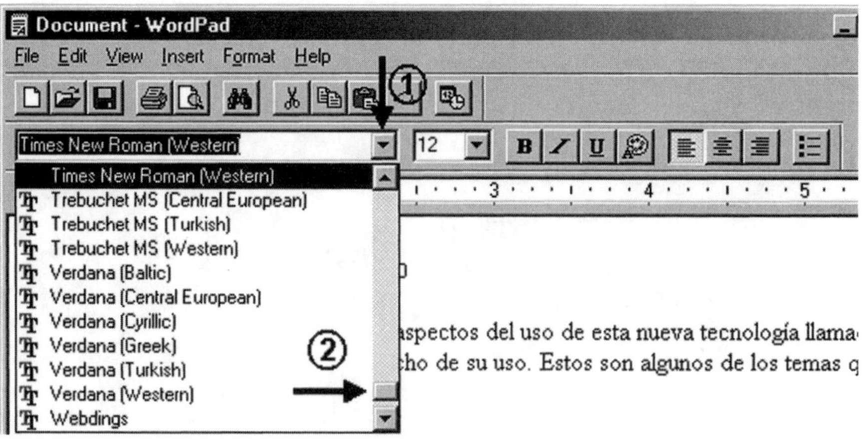

Una vez que tenga seleccionada una palabra de un documento, es posible cambiarle el tipo de letra de la siguiente manera:

1. Coloque el indicador sobre esta guía y haga clic una vez.
2. Para ver todos los tipos de letra que tiene, coloque el indicador sobre la guía mientras sostiene el botón izquierdo del ratón y jálela hacia arriba.

Ahora se puede ver en el siguiente recuadro los diferentes tipos de letras instalados en esta computadora. También puede ver cómo cada uno de estos tipos de letra tienen dos "T" a la izquierda. Esto significa que son del tipo "TrueType", los cuales se ven iguales tanto en la página impresa como en la pantalla.

La siguiente gráfica representa el menú tipo cortina para seleccionar diferentes tipos de letra.

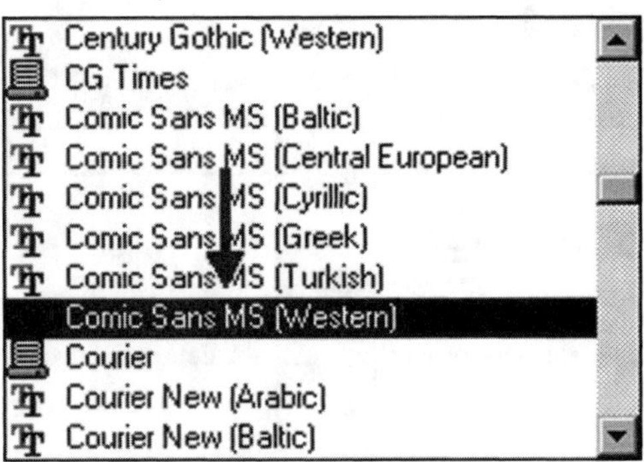

Por ejemplo, si desea usar el tipo de letra "Comic Sans MS [Western]", sólo haga clic sobre éste, después coloque el indicador en cualquier parte de su documento, y haga clic una vez.

Ahora puede ver claramente en la siguiente gráfica cómo cambió el tipo de letra de las palabras seleccionadas.

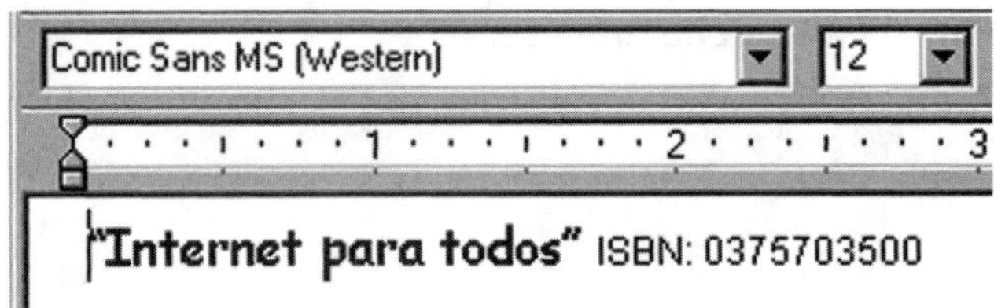

Si tiene dudas de si el tipo de letra de verdad cambió porque es tan parecida a la anterior, coloque el indicador al comienzo de la palabra y haga clic. Ahora podrá ver claramente el tipo de letra que es. En este caso, es "Comic Sans MS [Western]".

Cómo cambiar el tamaño de letra

El tamaño de letra que desea usar se puede cambiar. Por lo general, el tamaño 12 es el que más se usa en la correspondencia de negocios.

En la siguiente gráfica se puede ver cómo es necesario seleccionar primero el texto que quiere cambiar de tamaño de letra.

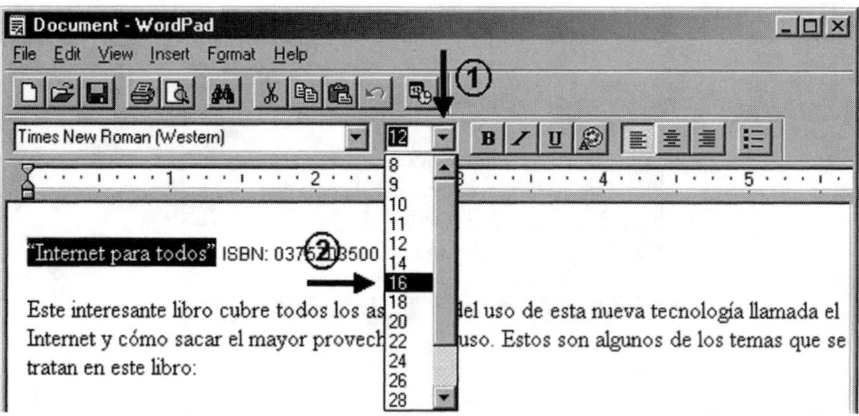

Los pasos para cambiar el tamaño de letra una vez que el texto que desea cambiar haya sido seleccionado son:

1. Coloque el indicador sobre esta guía para ver los tamaños de letras disponibles.
2. Escoja el tamaño de letra que desea usar y haga clic sobre él. Para terminar, coloque el indicador en cualquier parte del documento, y haga clic una vez.

En la siguiente gráfica se puede ver que el tamaño de letra ha cambiado.

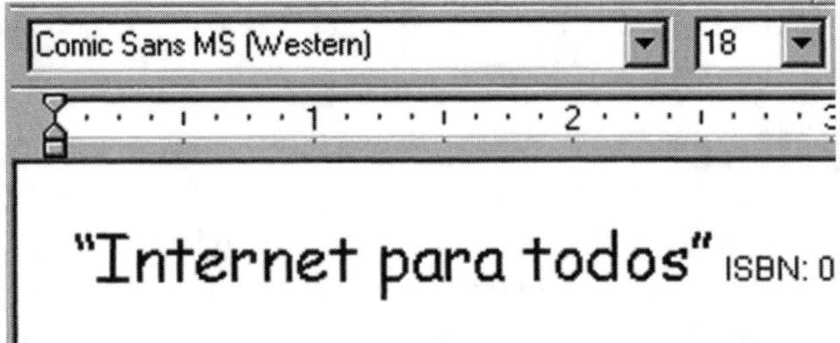

Cuando coloque el indicador delante de "Internet para todos", podrá ver claramente que el tamaño de este tipo de letra ha cambiado al número 18.

En la siguiente gráfica puede ver lo que hay que hacer si necesita usar un tamaño de letra que no está en el menú tipo cortina.

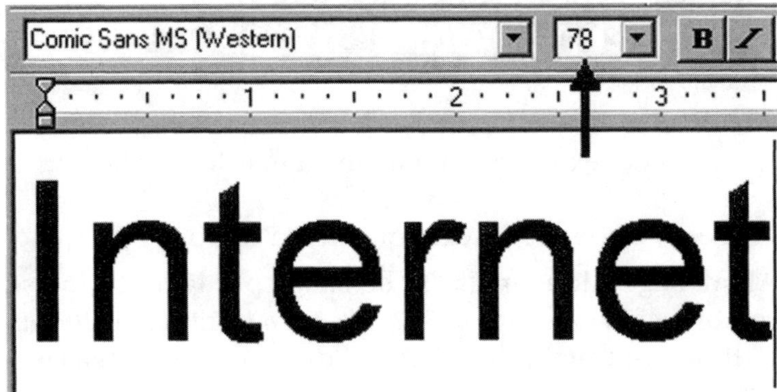

Por ejemplo, si necesita usar un tamaño de letra más grande, lo puede hacer así:

1. Seleccione el texto que desea cambiar.
2. Coloque el indicador en el cuadrito (indicado por la flecha), y escriba el número que desea usar. Si las letras son demasiado grandes una vez hecho al cambio, use la combinación de teclas CTRL + Z para deshacerlo, y luego utilice otro tamaño de letra.

Cómo usar negritas o "Bold", hacer letra cursiva o "Italics" y subrayar o "Underline"

Para enfatizar una palabra se puede usar negritas, cursivas o subrayar la palabra. Para usar estas funciones, seleccione, de la misma manera que aprendió en las páginas anteriores, la palabra o las palabras que desea cambiar.

La siguiente gráfica le ayudará a cambiar una selección al tipo de letra en negritas o "Bold".

Así se cambia de texto regular a texto en negritas o "Bold":

1. Primero seleccione el texto que desea cambiar.
2. Ahora haga clic sobre la "B" señalada por la flecha, o use la combinación de teclas CTRL + B. Para terminar, coloque el indicador en cualquier parte del documento, y haga clic una vez.

Ahora se puede ver en la siguiente gráfica como el texto seleccionado quedó más oscuro.

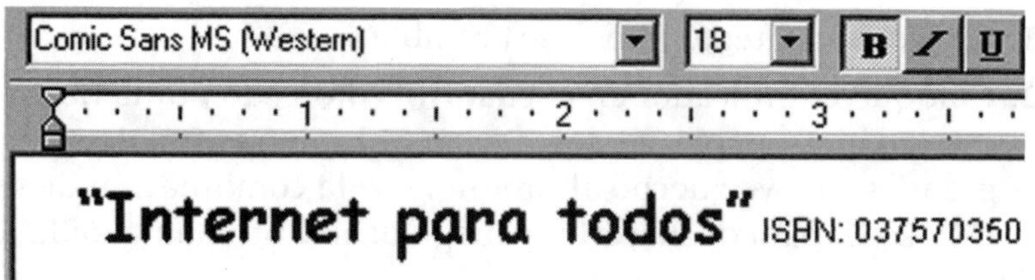

Se puede usar esta función para cambiar un par de palabras o todo un documento.

La siguiente gráfica le ayudará a cambiar una palabra o palabras a cursivas o "Italics".

Así se cambia de texto regular a cursivas o "Italics":

1. Primero seleccione el texto que desee cambiar.
2. Ahora haga clic sobre la "I", señalada por la flecha, o use la combinación de teclas CTRL + I. Para terminar, coloque el indicador en cualquier parte del documento, y haga clic una vez.

Ahora se puede ver en la siguiente gráfica cómo el texto seleccionado aparece inclinado hacia la derecha.

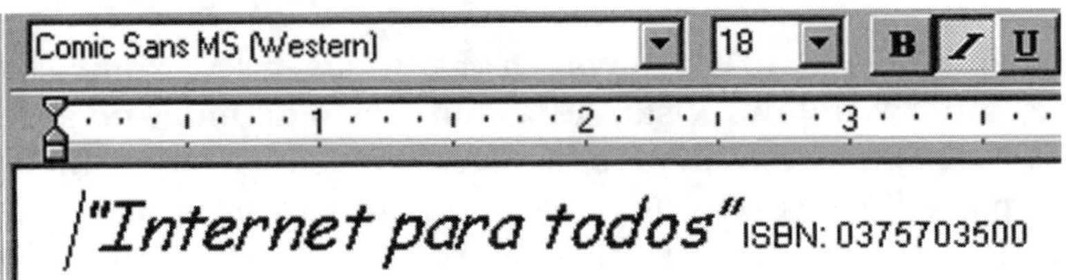

La siguiente gráfica le ayudará a subrayar o "Underline" una palabra o palabras.

Así se subraya o "Underline" texto:

1. Primero seleccione el texto que desea cambiar.
2. Ahora haga clic sobre esta "U", señalada por la flecha, o use la combinación de teclas CTRL + U. Para terminar, coloque el indicador en cualquier parte del documento, y haga clic una vez.

Ahora se puede ver en la siguiente gráfica como el texto seleccionado está subrayado con una línea.

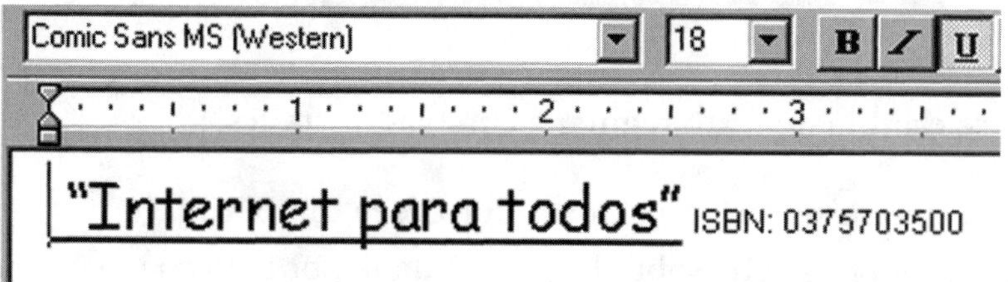

Se puede usar esta función para cambiar un par de palabras o todo un documento.

Cómo actualizar su copia de Windows

El sistema operativo Windows, en casi todas sus versiones (como por ejemplo Windows Vista), está compuesto de miles de archivos de *software.* Y por este motivo, a veces pueden surgir problemas o incompatibilidades de estos archivos con otro *software* que usted compre o baje del Internet o inclusive con la manera como los usuarios de Windows lo usan. Estas incompatibilidades pueden causar problemas con su copia de Windows.

Por esto, a veces, cuando la compañía Microsoft se entera de las incompatibilidades de una versión especifica de Windows, ellos ponen a su disposición —de manera gratuita— actualizaciones al *software* de Windows, que podrían ser tan poco como un solo archivo a muchas docenas de ellos, a personas que tienen copias legales de Windows.

Si piensa que su computadora, si usa una de las diferentes versiones de Windows, no está funcionando bien, tal vez puede considerar actualizar su *software*. Pero antes de comenzar este proceso, le recomiendo que guarde todo su trabajo, es decir los archivos con los cuales ha estado trabajando, y asegúrese de que tiene una conexión al Internet (es decir, que su módem de cable o DSL estén prendidos). A continuación verá la manera de actualizar su *software* de Windows.

En Windows Vista:

Haga clic sobre el botón de comienzo o START, e inmediatamente escriba: "*Windows update*" y después oprima la tecla de confirmar o ENTER.

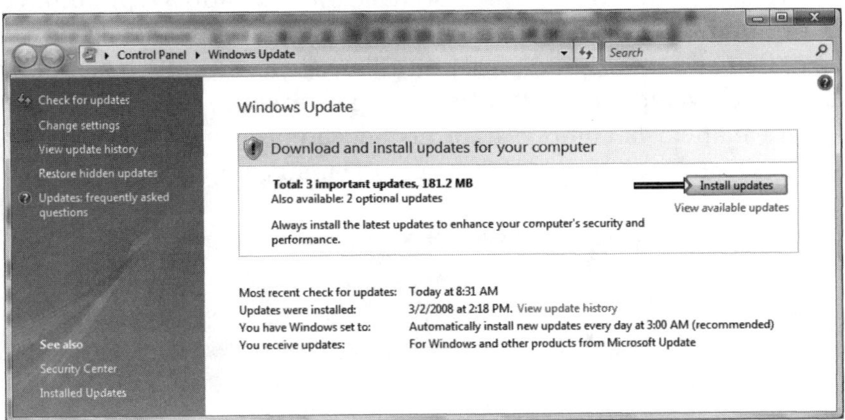

Ahora, si la ventanita que abre le avisa que hay actualizaciones disponibles para su computadora ("*Install Updates*"), entonces haga clic sobre el botón *Install updates* (señalado por la flecha) para comenzar este proceso. De otra manera ciérrela, haciendo clic sobre la *X*, en la esquina superior derecha.

Cuando este programa termine, le preguntará si desea apagar y reiniciar la computadora. Si no está muy ocupado en el momento que el sistema operativo le ofreció instalar sus actualizaciones, elija apagar y reiniciar su computadora.

El proceso de actualizar su computadora en Windows XP es muy fácil, y lo importante es que tenga una conexión al Internet; de otra manera la computadora no podrá ir al sitio Web de Microsoft para buscar actualizaciones a su *software*.

En Windows XP:

Este es el proceso de buscar actualizaciones al *software* de Windows XP:

1. Para comenzar, haga clic sobre el botón de comienzo o "Start"
2. Ahora lleve el indicador del ratón sobre "All Programs" (sin hacerle clic), y después un poco hacia la derecha y hacia arriba
3. Finalmente haga clic sobre "Windows Update" para comenzar este proceso

Si esta es la primera vez que usted visita este sitio Web, entonces una ventanita se abrirá pidiéndole permiso para que instale un *software* (llamado un *plug-in*) para permitirle a este sitio Web actualizar su copia de Windows. Para aceptar, haga clic sobre "Install" o "OK", de otra manera la computadora no podrá entrar a este sitio Web a buscar el *software* necesario para actualizar su computadora.

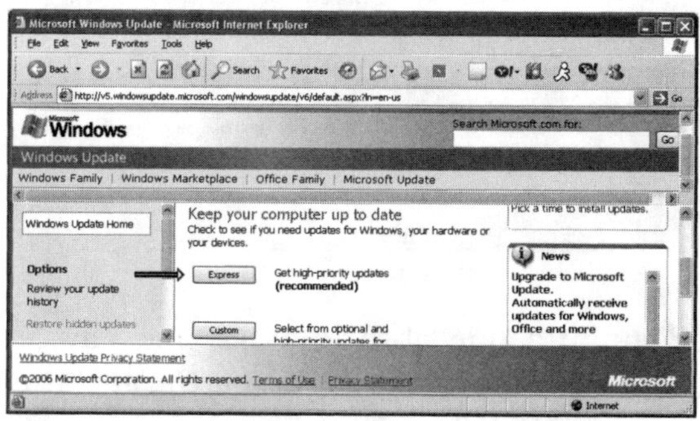

Finalmente, cuando vea la ventana de arriba, que puede o no ser un poco diferente a la que ve aquí, haga clic sobre "Express" para comenzar este proceso de instalar el *software* más reciente que necesita su computadora. Después, cuando vea el mensaje "Download and Install Now", haga clic sobre él. Cuado vea el mensaje "Instalation Completed", haga clic sobre "Close" para cerrar esta ventana. Si ve el mensaje "Continue", entonces haga clic sobre él para continuar instalando más *software*.

Alternativamente, abra su navegador de Internet y escriba el URL http://windowsupdate.microsoft.com en la casilla de direcciones de la página Web de Microsoft para actualizar Windows, y después oprima la tecla de confirmar o ENTER.

Para recordar

- El escritorio virtual o "Desktop" de Windows es la primera pantalla que verá cuando prende su computadora.
- Un icono en Windows es una gráfica asociada con un programa, una carpeta o inclusive uno de sus archivos.
- Cada vez que usted abre un programa, el nombre de éste dejara un icono en la barra de tareas.
- El cursor destellante es la barrita "|" que usted verá destellar o parpadear (por esto recibe el nombre de cursor destellante) en el área de trabajo de cualquier programa que le permita escribir texto.
- Use la combinación de teclas ALT + TAB para cambiar de un programa que tenga abierto a otro.
- Cambiar el tipo y el tamaño de letra es una función muy útil si desea hacer títulos con letras más grandes o desea usar diferentes tipos de letra.
- Si comete un error mientras cambia el tipo y el tamaño de letra, use la combinación de teclas CTRL + Z para deshacerlo.
- Windows viene instalado con muchos tipos de letra diferentes, y si le añade Microsoft Office, éste le dará muchos más tipos de letra.

El sistema operativo Windows 2000 Professional

Introducción al sistema operativo Windows 2000 Professional

Windows 2000 Professional es el sistema operativo más robusto que la compañía Microsoft ha sacado al mercado y está basado en la misma tecnología del sistema operativo Windows NT 4.0. Éste todavía es usado por miles de organizaciones por todo el mundo que todavía están esperando para hacer el cambio a Windows XP.

A pesar de que estos dos sistemas operativos fueron diseñados para ser usados en redes locales, como las que existen en las oficinas de compañías con más de 25 empleados, hoy en día muchas personas en sus hogares están pidiendo computadoras con Windows 2000 Professional ya instalado.

Es importante notar que este sistema operativo también es una selección excelente para aquellas personas que necesitan trabajar en un plataforma estable y muy segura, aunque no estén conectados a redes locales. Es más, cuando está instalando Windows 2000, no se requiere que la computadora tenga una tarjeta de red. Y si más tarde desea añadir esta computadora a una red local, sólo añada una tarjeta de red y consiga la información pertinente acerca de esta red.

La siguiente gráfica representa la presentación comercial del sistema operativo Windows 2000 Professional.

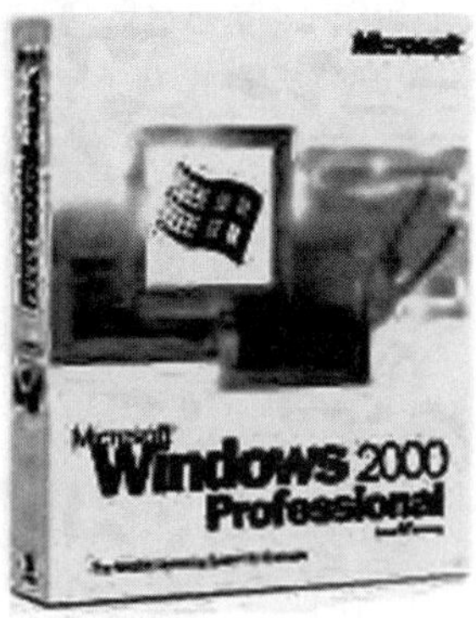

Cuando se compran computadoras para negocios pequeños de compañías como Dell, siempre preguntan si desean usar este sistema operativo.

Ventajas de Windows 2000 Professional

Windows 2000 Professional es un sistema operativo que está siendo evaluado muy favorablemente por muchísimas compañías a través del mundo. Y aunque el costo inicial puede parecer muy alto, al final este sistema operativo puede ahorrar mucho dinero en soporte técnico.

Las siguientes son algunas de las razones para actualizar a Windows 2000 Professional:

- *La estabilidad:* esto se debe a la capacidad de una computadora que use el sistema operativo Windows 2000 Professional de funcionar por mucho tiempo sin un sólo evento en el cual sea necesario apagarla. En la mayoría de los casos, el sistema operativo se repara a sí mismo, a veces sin que el usuario se percate de que hubo un problema.
- *Su eficiencia:* con la misma cantidad de memoria instalada, este sistema operativo es mucho más eficiente que Windows 95 y Windows 98.
- *La seguridad con que se trabaja:* Windows 2000 Professional es uno de los sistemas operativos más seguros para trabajar que existe. Por este motivo, es la plataforma ideal para computadoras que tienen acceso al Internet.
- *La capacidad de usar sistemas con varios procesadores:* este sistema operativo le permite usar computadoras con varios procesadores. Esta es una ventaja muy grande, ya que este tipo de computadora puede realizar muchos más procesos a la vez, y así ahorra tiempo.

El sistema operativo Windows 2000 Professional fue diseñado basado en la tecnología NT, la misma tecnología que se usa en Windows NT 4.0. Este sistema operativo añade estabilidad, movilidad y facilidad de manejo a las computadoras personales.

La siguiente gráfica representa el escritorio virtual de Windows 2000 Professional.

El área de trabajo de Windows 2000 se parece mucho a las versiones anteriores de Windows, y los iconos se parecen a los de Windows Me.

Cómo añadir y borrar cuentas de usuarios localmente

Si más de una persona tiene acceso a la computadora que usa, como por ejemplo familiares o amigos, tal vez sea una buena idea que cada una de estas personas tenga su propia cuenta de usuario.

Las indicaciones que siguen a continuación fueron escritas con el propósito de ayudar a aquellas personas que tienen Windows 2000 en sus hogares, y no sirven para añadir o borrar cuentas de usuarios en una red local (LAN por sus siglas en inglés). Esta es una tarea que siempre es realizada por el administrador de la red con un programa diferente.

La siguiente gráfica representa la ventana de "Run", que le permite abrir un programa si sabe el nombre del archivo.

Primero abra el panel de controles de la siguiente manera:

1. Coloque el indicador a "Start" y haga clic.
2. Jale el indicador hacia arriba y haga clic sobre "Run".
3. Escriba "Control" en la casilla al lado de "Open" y después oprima la tecla ENTER.

Ahora puede ver en el panel de controles el icono de "Users and Passwords".

Para trabajar con cuentas de usuarios, haga clic sobre este icono.

Para añadir o borrar cuentas de usuarios es necesario entrar en la computadora con una cuenta de usuario que pertenezca al grupo de los administradores. De lo contrario, verá un error cuando trate de abrir el programa de "Users and Passwords".

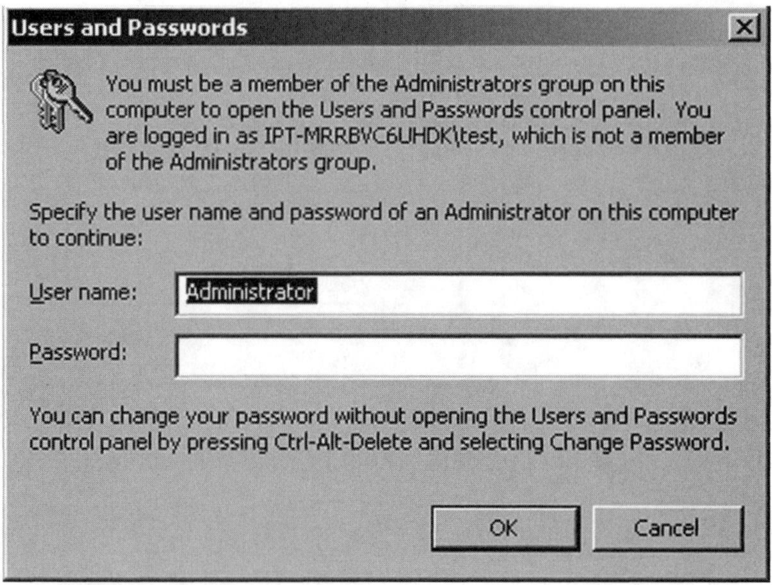

En la gráfica anterior se puede ver el mensaje que se verá si el usuario que está tratando de añadir o borrar una cuenta de usuario no tiene derecho para hacerlo.

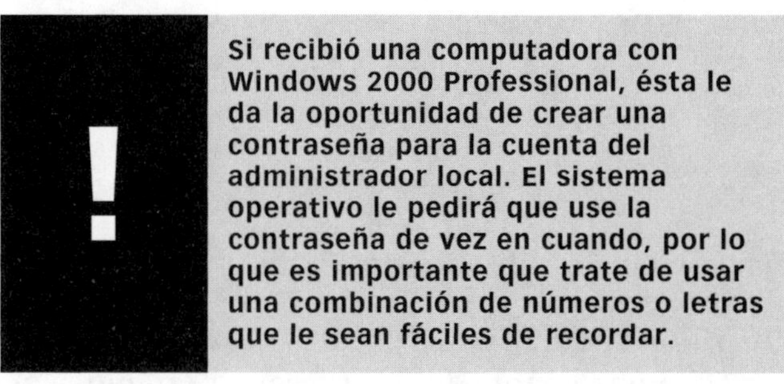

Si recibió una computadora con Windows 2000 Professional, ésta le da la oportunidad de crear una contraseña para la cuenta del administrador local. El sistema operativo le pedirá que use la contraseña de vez en cuando, por lo que es importante que trate de usar una combinación de números o letras que le sean fáciles de recordar.

Los pasos que siguen sirven para crear cuentas de usuarios locales y son muy fáciles de completar. El término *local* se refiere al hecho de que esta cuenta, una vez que sea creada, sólo servirá para permitirle acceso a la computadora en la que fue creada.

La siguiente gráfica representa el recuadro para añadir y borrar cuentas de usuarios en el ámbito local.

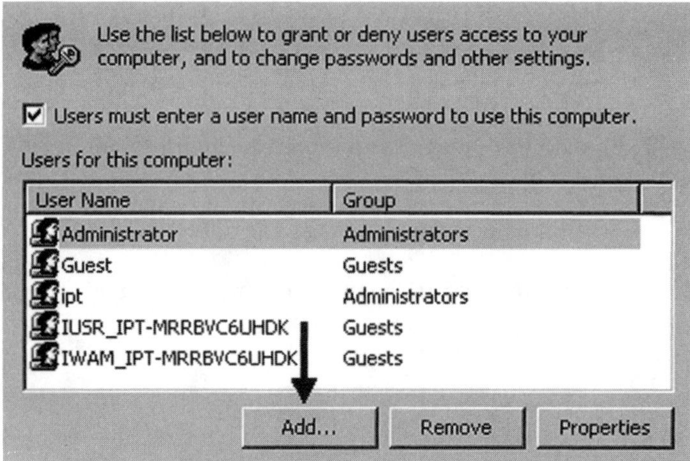

Si desea añadir una cuenta de usuario local para darle acceso a esta computadora, haga clic sobre "Add". Si desea borrar la cuenta de un usuario local, selecciónelo, y después haga clic sobre "Remove".

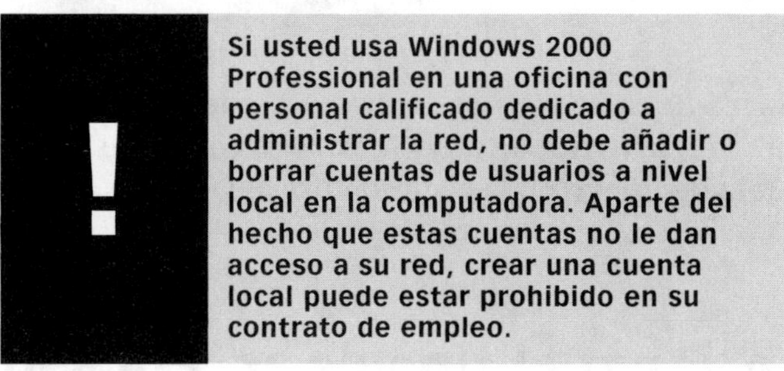

Si usted usa Windows 2000 Professional en una oficina con personal calificado dedicado a administrar la red, no debe añadir o borrar cuentas de usuarios a nivel local en la computadora. Aparte del hecho que estas cuentas no le dan acceso a su red, crear una cuenta local puede estar prohibido en su contrato de empleo.

La siguiente gráfica representa el recuadro que le ayudará a crear esta cuenta de usuario local.

Enter the basic information for the new user.

User name: PSanchez (A)

Full name: Paco Sanchez (B)

Description: Gerente de ventas (C)

To continue, click Next.

Así se provee la información para crear una cuenta local:

Ⓐ En esta casilla escriba el nombre de usuario que desea usar. Por lo general es la primera inicial más el apellido.

Ⓑ En esta casilla escriba el nombre completo del usuario.

Ⓒ En esta casilla escriba el cargo que el usuario desempeña y después haga clic sobre "Next".

La siguiente casilla le permitirá seleccionar una contraseña para esta cuenta de usuario local.

Type and confirm a password for this user.

Password: ****

Confirm password: ****

To continue, click Next.

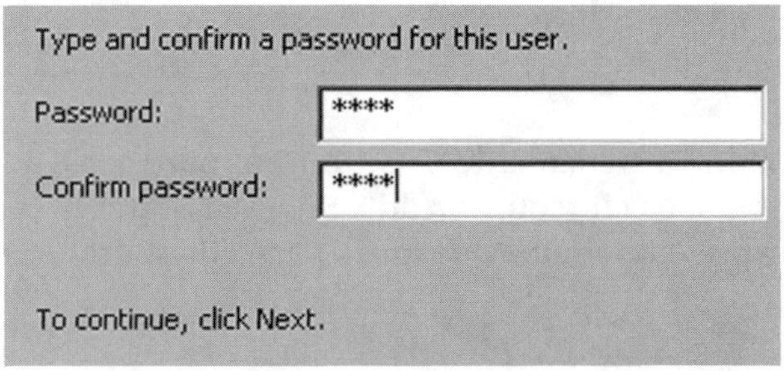

En la primera línea escriba la contraseña que desea relacionar con esta cuenta de usuario local, y después confirme la contraseña escribiéndola de nuevo en la segunda línea. Después haga clic sobre "Next".

Cómo asignar el tipo de acceso a una cuenta de usuario local

Una de las consideraciones que debe tener en cuenta es seleccionar la clase de acceso que el usuario tendrá. Por lo general, éste siempre es el "Standard user". Si elige que el usuario pertenezca al grupo de los administradores, el usuario que entre a esta computadora con esta cuenta podrá añadir o borrar cuentas de usuarios.

La siguiente gráfica representa el recuadro de asignar derechos a una cuenta de usuario local.

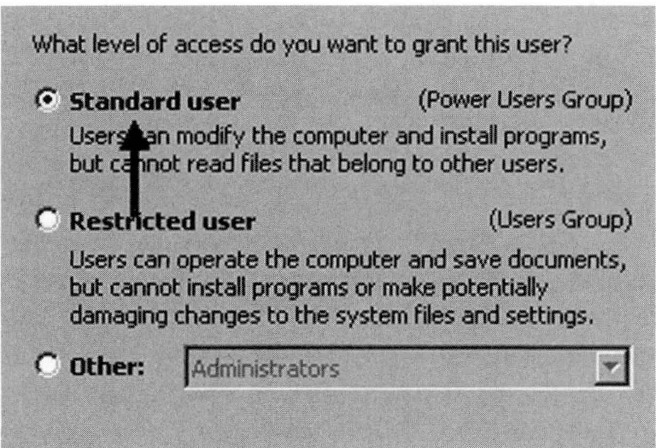

Haga clic sobre el tipo de acceso que quiera que tenga esta cuenta (en este ejemplo se eligió "Standard user") y después haga clic sobre "Finish".

La siguiente gráfica muestra todos los usuarios con acceso local en esta computadora.

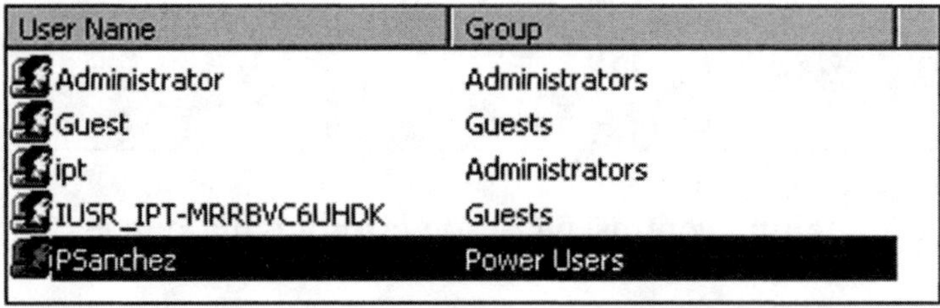

En la gráfica verá cómo el usuario "PSanchez" pertenece al grupo de usuarios "Power Users".

Cómo cambiar la contraseña de una cuenta de usuario

En Windows 2000 Professional es posible que cada usuario cambie su contraseña tan a menudo como lo considere necesario. Este proceso es el mismo si la computadora está en una red o si no pertenece a ninguna red local. La única diferencia en cómo usar esta función de cambiar la contraseña está en que algunas compañías no desean que siga usando la misma contraseña. Por este motivo, cada vez que la cambie, debe ser diferente a las anteriores.

Así comienza el proceso de cambiar una contraseña:

1. Use la combinación de teclas CTRL + ALT + DEL desde cualquier programa que está usando.
2. Haga clic sobre "Change Password".

La siguiente gráfica representa el recuadro para cambiar contraseñas.

Así se cambia una contraseña desde el programa que está usando:

1. En esta línea escriba la contraseña que está usando.
2. En esta línea escriba la contraseña que desea usar.
3. Repita en esta línea la contraseña que desea usar.

Para terminar haga clic sobre "OK". Si escribió la información anterior correctamente, recibirá un mensaje indicando que la antigua contraseña fue cambiada por la nueva.

Cómo compartir carpetas o un disco duro

En Windows 2000 Professional es muy fácil compartir carpetas o un disco duro para que los usuarios en la red en que trabajan los puedan usar. Este proceso se debe completar localmente para permitirle a otra computadora acceso a sus archivos.

La siguiente gráfica representa el menú de propiedades de carpeta.

Para compartir carpetas, abra el menú de "Sharing" de la siguiente manera:

1. Haga clic sobre la carpeta o el disco duro, con el botón derecho del ratón.
2. A continuación haga clic sobre "Sharing".

Este proceso se puede anular en cualquier momento si ya no desea que otros tengan acceso a la carpeta que deseaba compartir.

En la siguiente gráfica se puede ver el menú para compartir una carpeta.

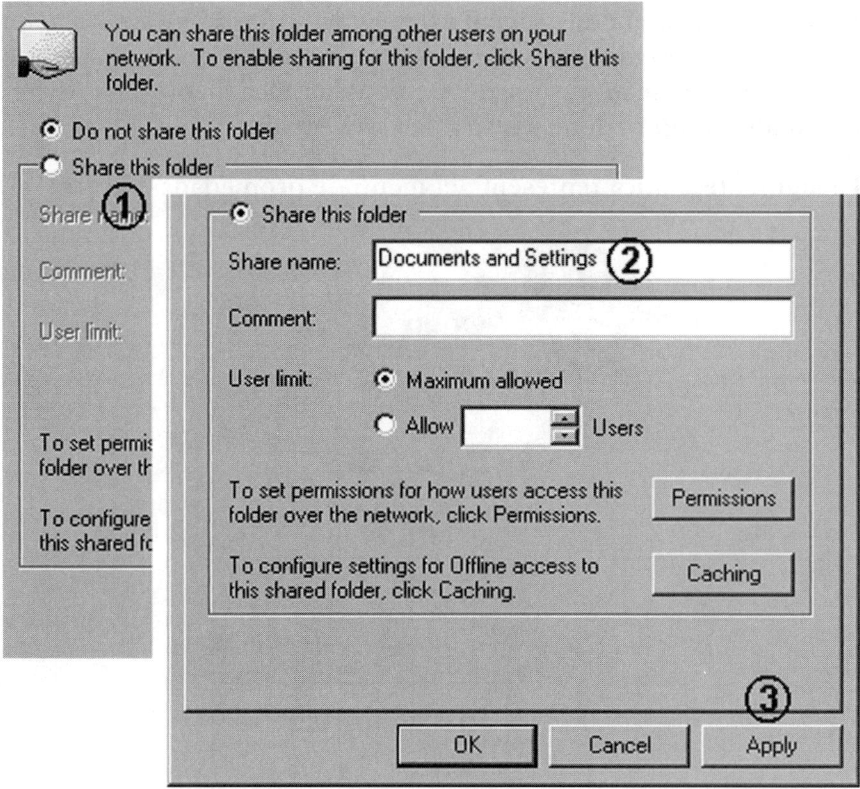

Así se comparte carpetas en Windows 2000 Professional:

1. Haga clic sobre "Share this folder". Si un día no desea que otras personas usen esta carpeta, haga clic sobre "Do not share this folder".
2. Este es el nombre que el sistema operativo sugiere que use para que otras computadoras usen este recurso; si desea cámbielo.
3. Haga clic sobre "Apply".

Cómo conectarse a un recurso compartido en la red

La carpeta de la página anterior será identificada de la siguiente manera: primero por el nombre de la computadora en la que reside, en este caso IPT, y segundo por el nombre de la carpeta, en este caso "Documents and Settings". De esta manera, los usuarios en la misma red podrán ver esta carpeta como el recurso "\\ipt\ Documents and Settings".

Una vez que un usuario decida compartir una carpeta o disco duro, le será posible a otro usuario en la misma red usarlo con la misma facilidad que usa un recurso local. Esto se consigue usando la función de conectar, o "Map", desde el vecindario de la red.

Siga los siguientes pasos para abrir el recuadro de conectarse a un recurso en la red:

1. Haga clic con el botón derecho sobre el vecindario de la red o "My Network Places".
2. Seleccione "Map Network Drive".

La siguiente gráfica muestra el recuadro de conectarse a un recurso en la red.

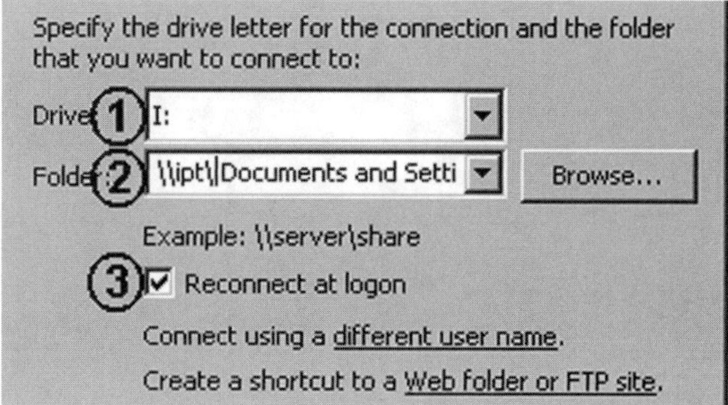

Así se comunica con un recurso en otra computadora:

1. Seleccione la letra disponible que desea asignarle a este recurso.

2. Escriba la dirección de este recurso, en este caso "\\ipt\ Documents and Settings", y haga clic sobre "Finish".
3. Haga clic sobre "Reconnect at logon" si desea usar este recurso cada vez que prenda la computadora. Ahora, le será posible usar todos los archivos contenidos en esta carpeta con la misma facilidad que usa archivos en su propio disco duro.

Cómo trabajar con la memoria virtual o "Page file"

Este es un proceso por el cual el sistema operativo le permite usar almacenamiento permanente en el disco duro como memoria temporal. Esta funciona más lentamente que la memoria RAM, pero será muy útil para tareas como imprimir documentos.

Antes de cambiar el tamaño del archivo de la memoria virtual, o "Page file", es necesario saber cuánta memoria RAM tiene la computadora. Esto se debe a que el tamaño de este archivo no debe exceder la memoria RAM instalada.

La siguiente gráfica representa la ventana de propiedades en un sistema con Windows 2000 Professional.

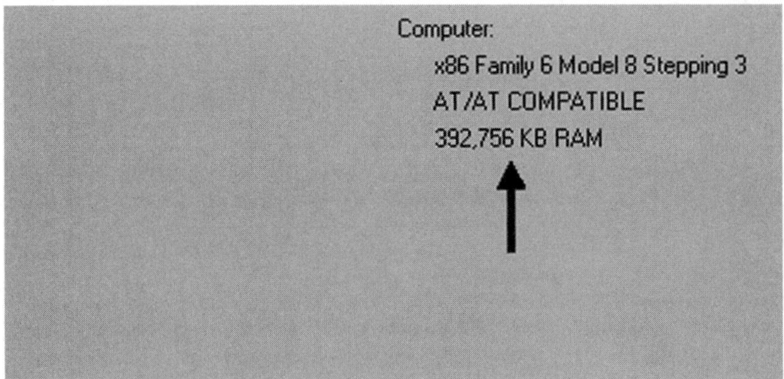

Así se abre la ventana de propiedades en un sistema:

1. Haga clic sobre "My Computer" usando el botón derecho del ratón.
2. Después arrastre el indicador hacia abajo y haga clic sobre "Properties". En la parte siguiente de este recuadro se puede

ver el tamaño de la memoria RAM instalada, es decir, 392 MB de RAM.

Cómo cambiar el tamaño del archivo de memoria virtual en Windows 2000 Professional

Una de las funciones más fáciles de realizar para aumentar el rendimiento de una computadora es la de cambiar el tamaño de memoria virtual que está disponible a programas para realizar diferentes tareas como, por ejemplo, imprimir.

Si la computadora parece estar tomándose mucho tiempo en realizar tareas, puede que se deba a que el archivo de la memoria virtual no está bien configurado.

La siguiente gráfica muestra la manera de abrir la configuración de la memoria virtual.

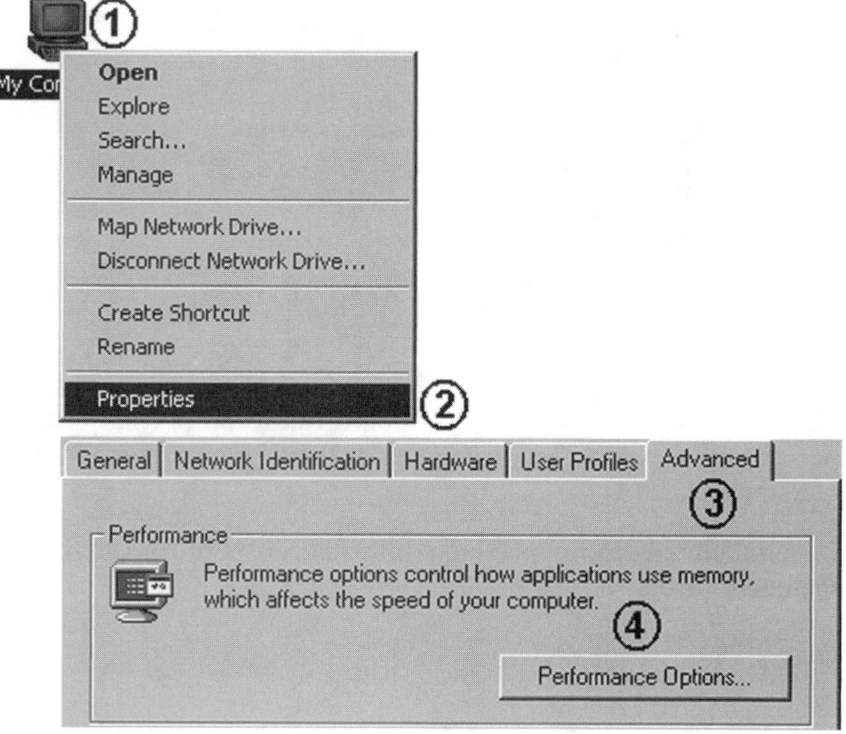

Siga estos pasos para abrir la configuración de la memoria virtual:

1. Haga clic sobre "My Computer" usando el botón derecho del ratón.
2. Arrastre el indicador hacia abajo y haga clic sobre "Properties".
3. Ahora haga clic sobre "Advanced".
4. Finalmente, haga clic sobre "Performance Options" para abrir el panel de configuración de la memoria virtual.

Cuando siga las indicaciones de la página anterior, el recuadro de "Performance Options" se abrirá. Ahora le será posible entrar al recuadro para cambiar el tamaño del archivo de la memoria virtual, o "Paging File".

La siguiente gráfica representa la ventana para cambiar las opciones de rendimiento.

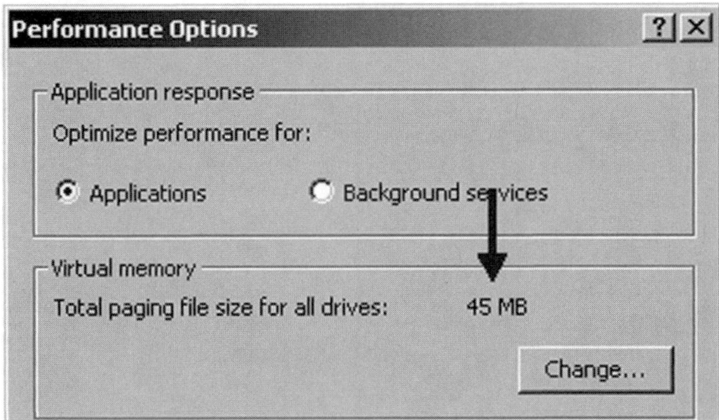

Haga clic sobre "Change" si el número (indicado por la flecha) no parece el apropiado basado en la cantidad de memoria RAM instalado en el sistema.

El siguiente recuadro presenta información sobre el archivo de memoria virtual.

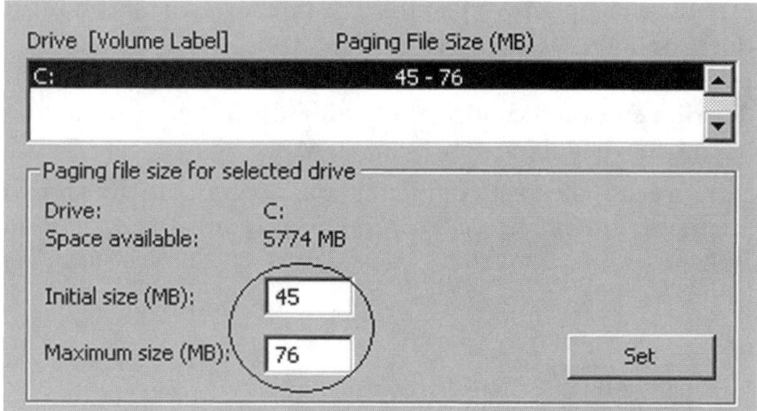

Por ejemplo, el tamaño inicial del archivo es 45 MB, y el máximo es 76 MB. Si la computadora tiene 64 MB de RAM, este archivo se debe aumentar a un tamaño inicial de 80 MB, y el máximo de 96 MB.

Si la computadora parece estar tomando mucho tiempo en realizar tareas como imprimir documentos, y este número no parece correcto basado en la cantidad de memoria instalada en este sistema, entonces lo puede cambiar.

En la siguiente gráfica puede ver el recuadro para cambiar el tamaño del archivo de memoria virtual.

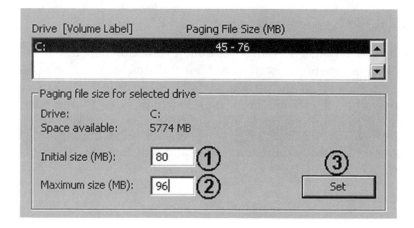

Así se cambia el tamaño del archivo de memoria virtual en una computadora con 64 MB de RAM:

1. Escriba en este recuadro el tamaño inicial del archivo de memoria virtual; en este caso, 80 MB.
2. Ahora escriba en esta casilla el tamaño máximo del archivo de memoria virtual. En una computadora con 64 MB, debe ser 96 MB.
3. Haga clic sobre "Set" para aceptar estos cambios.

Este sistema operativo le permite cambiar el archivo de memoria virtual a cualquier tamaño que escoja, siempre y cuando tenga espacio en el disco duro. Pero si el tamaño de este archivo no sigue la regla de no tener una capacidad mayor que un punto y medio más que la memoria RAM, entonces puede perjudicar el rendimiento en vez de mejorarlo.

Cómo cerrar un programa que no responde

Para cerrar un programa que no responde, abra la ventana del administrador de tareas que están corriendo en esta computadora oprimiendo la combinación de teclas CTRL + ALT + DEL.

Una de las ventajas de Windows 2000 Professional es que los recursos de cada programa están muy bien aislados los unos de los otros. De esta manera, si un programa falla es posible cerrarlo sin que afecte a otro que esté usando. En este sistema operativo es muy raro que un solo programa haga que la computadora se congele, o *freezes*.

La siguiente gráfica representa la ventana del administrador de tareas que están corriendo en esta computadora.

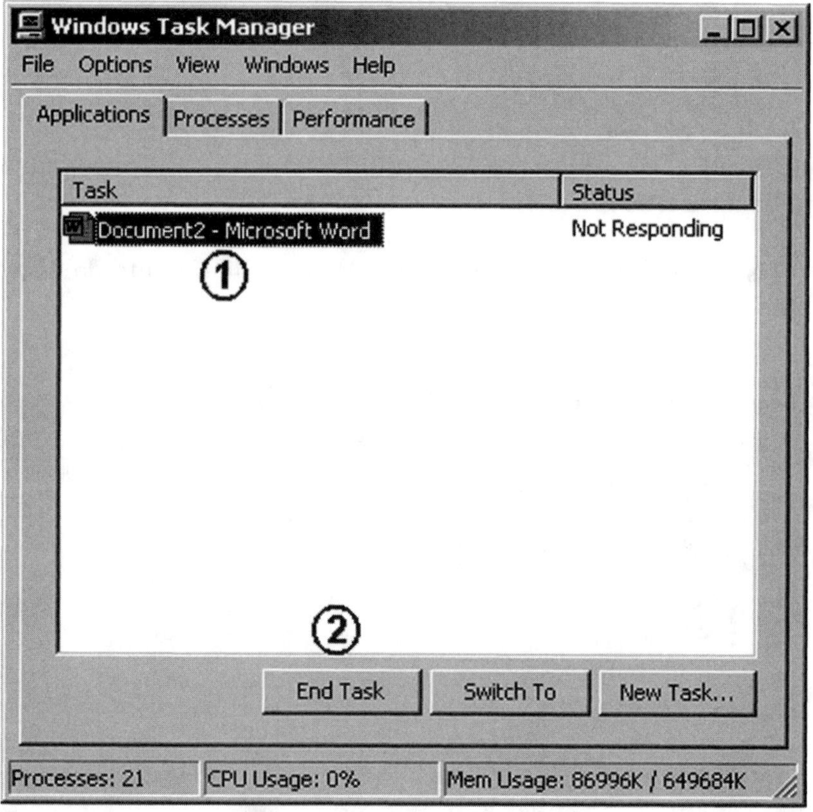

Así se cierra un programa que no está funcionando:

1. Coloque el indicador sobre el programa que no está respondiendo ("Not responding"), y haga clic una vez para elegirlo.
2. Ahora haga clic sobre "End Task".

Cómo usar el "Event Viewer"

Este es un programa que guarda mucha información acerca de muchas operaciones que la computadora realiza de manera automática, y también acerca de problemas que se puede tener con los programas. Con este programa es posible saber con certeza cuándo un programa falla y por qué.

Así se abre el programa "Event Viewer":

1. Haga clic sobre "Start".
2. Jale el indicador hacia arriba, y haga clic sobre "Run".
3. Escriba "eventvwr.exe" enfrente de "Open", y después pulse la tecla ENTER.

En la siguiente gráfica se puede ver la pantalla de entrada al programa "Event Viewer".

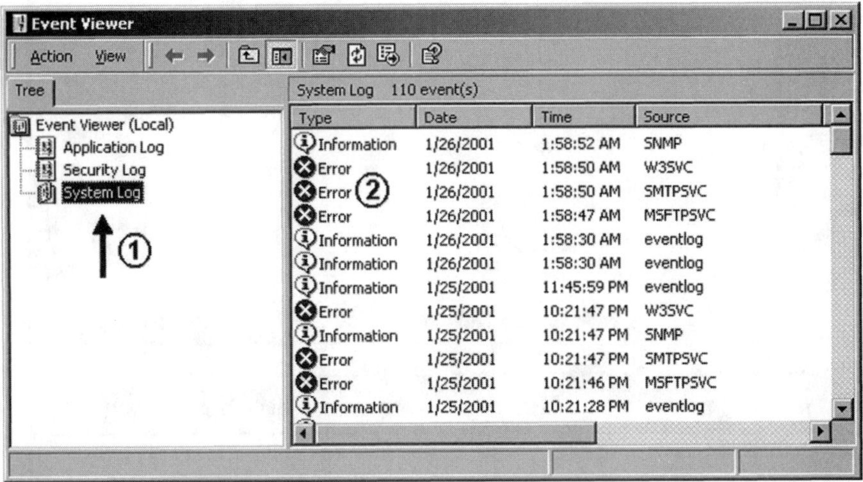

Así se averigua información acerca de los fallos en una computadora:

1. Haga clic sobre "System Log".
2. Haga clic sobre una de estas líneas, con una "X" al lado.

La información que el "Event Viewer" guarda a veces puede ser muy clara o a veces muy difícil de descifrar. En el último caso, puede ser muy útil para que el personal calificado diagnostique el problema que la computadora tuvo cuando sucedió el fallo.

La siguiente gráfica representa el tipo de mensaje típico que se puede recibir en el "Event Viewer".

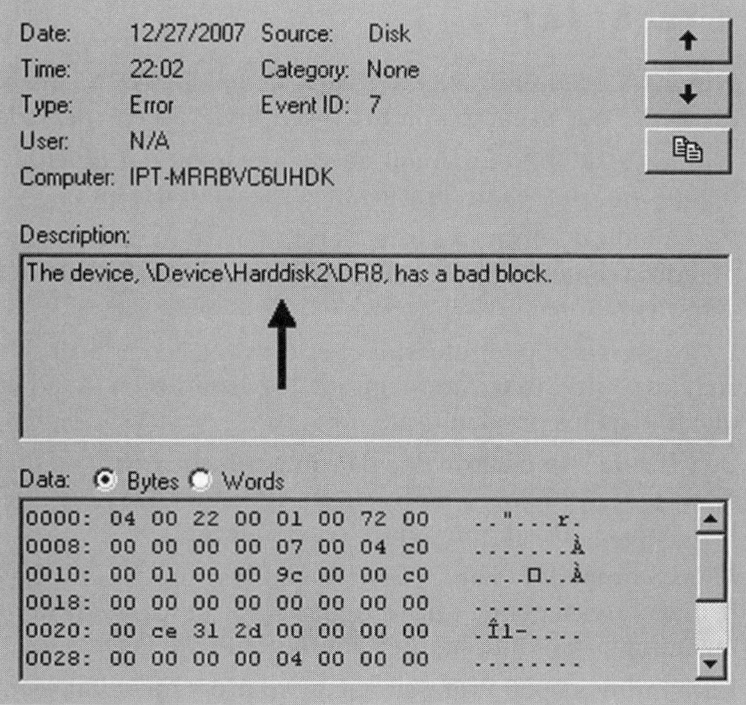

Este es el mensaje que seleccioné de la página anterior, y que dice que hay un bloque malo en el disco duro número dos.

Cuando está trabajando en un programa en Windows Professional, a veces verá que la pantalla cambia a una llamada pantalla azul o *blue screen*. Si ve un mensaje como este después de tener una pantalla azul, esto puede indicar un problema bastante serio con el disco duro, y es necesario que solicite ayuda de personal calificado.

Para recordar

- Windows 2000 Professional es el sistema operativo más resistente que la compañía Microsoft ha sacado al mercado.
- Windows 2000 Professional puede funcionar por mucho tiempo sin que sea necesario apagar la computadora.
- Para añadir o borrar usuarios es necesario entrar en la computadora con una cuenta que pertenezca al grupo de los administradores.
- En Windows 2000 Professional es muy fácil compartir archivos o un disco duro para que los usuarios en la red en que trabaja los puedan usar.
- Una vez que un usuario decida compartir un archivo o disco duro, le será posible a otro usuario en la misma red usarlo con la misma facilidad que usa un recurso local.
- Si la computadora parece estar tomándose mucho tiempo en realizar tareas, puede que se deba a que el archivo de la memoria virtual no está bien configurado.
- En Windows 2000 Professional, si un programa falla, es posible cerrarlo sin que afecte a otro que esté usando.

El sistema operativo Windows XP

Introducción al sistema operativo Windows XP

Windows XP es uno de los últimos sistemas operativos que la compañía Microsoft ha sacado al mercado y usa algunas tecnologías que primero se vieron en uso en los sistemas operativos Windows NT 4.0 y Windows 2000 (como NTFS). Estos dos últimos sistemas operativos todavía son usados por miles de organizaciones alrededor del mundo, que en el futuro se espera que cambien a Windows XP.

Windows XP está disponible en cinco versiones diferentes. En este capítulo aprenderá a hacer varias funciones que son comunes a todas estas diferentes versiones, como por ejemplo cómo trabajar con cuentas de usuarios.

Una de las mejoras de las cuales más se habla con relación a este sistema operativo es que es mucho más estable. Por este motivo es difícil (aunque no imposible) que un solo programa que haya abierto previamente que no esté funcionando bien se apodere completamente de la computadora y le haga imposible usarla.

La gráfica de abajo representa las dos ediciones comerciales del sistema operativo Windows XP de mayor uso.

Actualización a Microsoft Windows XP Home Edition con paquete de Servicio 2

Actualización a Microsoft Windows XP Pro Edition con paquete de Servicio 2

Hoy en día cuando compra computadoras para negocios pequeños de compañías como Dell, le pueden preguntar si desea usar Windows XP Home Edition (para la casa) o Windows XP Pro (diseñado para ser usado en redes locales, pero que también resulta ideal para un negocio pequeño).

Ventajas de usar el sistema operativo Microsoft Windows XP sobre versiones anteriores de Windows

Para una pequeña empresa el costo inicial de Windows XP puede parecer muy alto, pero al final cambiar a Windows XP puede ahorrarle mucho dinero en soporte técnico.

Si su computadora vino preinstalada con este excelente sistema operativo, no es necesario que piense en cuáles son las ventajas en usarlo. Pero si todavía usa una versión anterior de Windows, y su computadora reúne los requisitos de los cuales hablé en el capítulo anterior, tal vez sea hora de cambiar a Windows XP.

Según Microsoft, éstas son algunas de las ventajas del sistema operativo Windows XP en comparación con Windows 98:

- XP es al menos 10 veces más confiable que Windows 98. Esto fue el resultado de pruebas de la industria llevadas a cabo por la compañía eTesting Labs. Las pruebas también determinaron que el tiempo promedio de funcionamiento de un sistema Windows XP Professional, es decir, el tiempo que funciona sin tener ningún problema serio, es por lo menos 10 veces más que el de Windows 98SE.
- Encontrará mejores herramientas de prevención y de recuperación de archivos, los cuales mantienen sus programas de negocios activos y funcionando con un mínimo de problemas.
- Una de las ventajas de usar este excelente sistema operativo es que le exige menos esfuerzo, tiempo y frustración en administrar sus computadoras. También encontrará útil la opción de recuperar el sistema o "System Restore". Asimismo encontrará que éste tiene mejor protección para el *software* que maneja dispositivos o *device drivers* al emplear el "modo de compatibilidad". Este le permite instalar *software* compatible sin tener problemas con el sistema operativo. Por último, encontrará muy útil la capacidad de recuperar el uso de la computadora después de una falla, que sucede cuando una aplicación deja de funcionar.

- También notará que una computadora personal que use este sistema operativo reiniciará más rápidamente, y en la mayoría de los casos terminará las tareas en mucho menos tiempo. Esto le permite a usted dedicar más energía a sus negocios y menos en administrar su computadora.

El sistema operativo Windows XP está basado en la tecnología NT, la misma tecnología que se usa en Windows 2000 y NT 4.0. Este sistema operativo añade estabilidad, movilidad y facilidad de manejo a las computadoras personales.

La gráfica de abajo representa el escritorio virtual de Windows XP. En esta gráfica notará que esta edición de Windows XP es la Media Center Edition, que es una versión con programas adicionales para trabajar con multimedios.

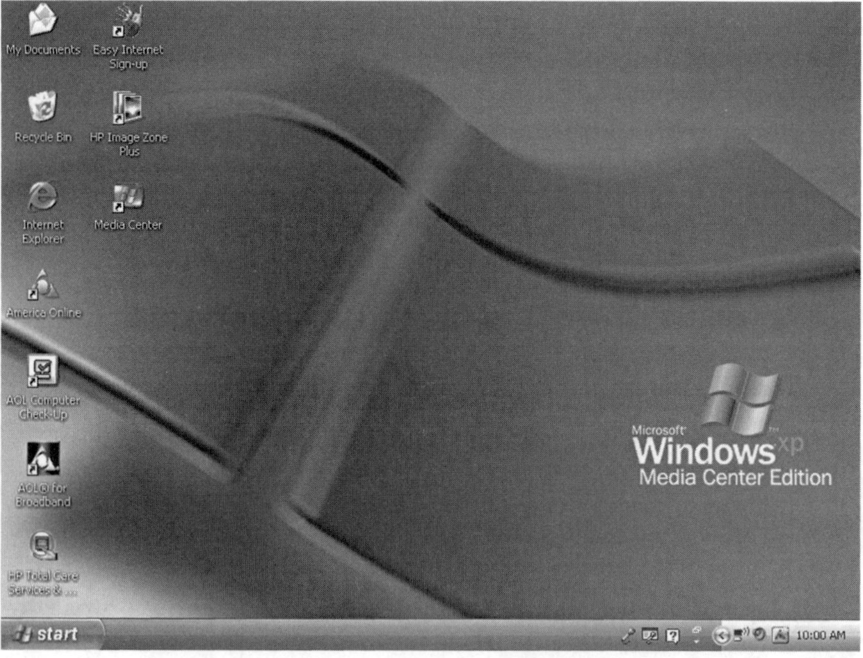

Por favor note que el área de trabajo de Windows XP se parece mucho a las versiones anteriores de Windows, como por ejemplo Windows 98, Me y 2000.

El libro *Windows 98/Me para todos* es una excelente adición a este libro, *Computadoras para todos.* Estos son algunos de los temas que se tratan en este libro: cómo trabajar con una ventana de Windows; cómo trabajar con archivos; cómo trabajar con carpetas y cómo preparar discos flexibles, entre otros temas.

El nuevo menú de comienzo o "Start Menu" en Windows XP

El menú de comienzo o "Start Menu" es una de las diferencias más fáciles de notar si usó una computadora con una versión anterior de Windows, como por ejemplo Windows 98.

Para trabajar con el menú de comienzo o "Start Menu", sólo es necesario hacer clic sobre el botón de comienzo o "Start". Después puede ver que una ventana se abre, presentándole una serie de opciones en las cuales puede hacer clic para usar la computadora.

En la siguiente gráfica puede ver que el nombre del usuario (la persona que está usando la computadora ahora) es Luis Felipe. Si en su casa hay varios usuarios, en la parte de arriba también podrá ver el nombre del usuario que la esté usando en un momento dado. De lo contrario, sólo verá "Admin" o cualquier otro nombre.

El menú de comienzo en Windows XP agrupa al lado izquierdo un número de programas que la computadora se acuerda haber usado anteriormente, y al lado derecho herramientas de trabajo, como las que debe usar para manejar sus archivos (como el icono de "My Computer") y las que usa para administrar la computadora ("Control Panel").

Si desea usar uno de estos programas en el menú de comienzo o "Start Menu" lo puede hacer de esta manera:

1. Primero haga clic sobre el botón de comienzo o "Start Menu" para abrir el menú de comienzo.

2. Después jale el indicador hacia arriba, buscando el programa con el cual desea trabajar.
3. Finalmente, haga clic sobre el icono que representa el programa que busca para abrirlo.

Si el icono del programa que desea usar no se encuentra en el menú de comienzo o "Start Menu", es necesario abrirlo navegando al menú de todos los programas o "All Programs".

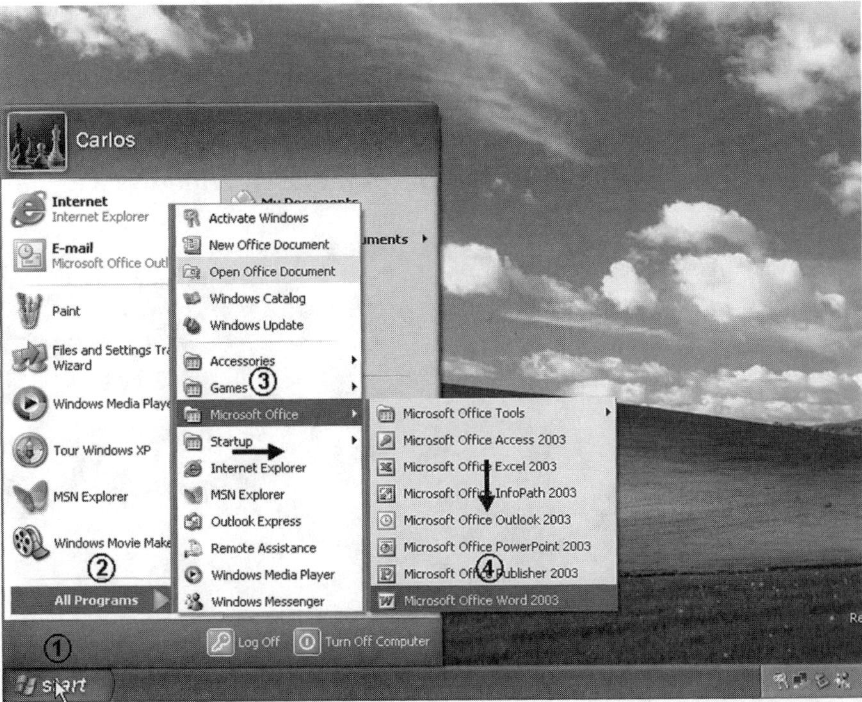

Por ejemplo, siga estos pasos para buscar en el menú de todos los programas o "All Programs" (en una computadora con Windows XP) el procesador de palabras Word de Microsoft (si este fue instalado en su computadora):

1. Haga clic sobre el menú de comienzo o "Start Menu".
2. Suba un poco el indicador del ratón y después haga clic sobre "All Programs".

3. Después lleve el indicador del ratón sobre el grupo de programas que busca, en este caso el grupo de Microsoft Office.
4. Finalmente, haga clic sobre el icono del programa que busca, en este ejemplo Microsoft Office Word 2003.

Cómo cambiar el menú de comienzo o "Start Menu" de Windows XP al menú de comienzo clásico

Si en el pasado usaba una computadora personal con una versión anterior del sistema operativo Windows, como por ejemplo Windows 98, y está muy acostumbrado al menú de comienzo que se usaba en Windows 98, también le será posible usar éste en Windows XP.

Estos son los pasos para cambiar la configuración del menú de comienzo o "Start Menu" a la versión clásica para que sea igual al de Windows 98:

1. Haga un clic con el botón derecho sobre "Start" para abrir la ventana de diálogo o "Dialog Box" y así cambiar las propiedades del menú de comienzo.
2. Después haga clic sobre "Properties" para abrir la ventana de hacer cambios en la configuración de la barra de tareas y en el menú de comienzo.

En la próxima ventana le será posible cambiar la configuración del menú de comienzo o "Start Menu" a la versión clásica (igual a la de Windows 98):

Siga estos pasos para cambiar la configuración del menú de comienzo o "Start Menu":

1. Una vez que este menú abra, haga clic sobre "Classic Start Menu".
2. Después haga clic sobre "Apply" para seleccionar el menú clásico de comienzo.
3. Finalmente haga clic sobre confirmar o "OK".

Si más tarde decide que prefiere usar el menú de comienzo o "Start Menu" de Windows XP, puede seguir estos pasos para regresar y deshacer este cambio haciendo clic sobre "Start Menu" en vez de "Classic Start Menu".

Cómo trabajar con cuentas de usuarios localmente

Como pudo ver anteriormente, una de las ventajas de usar el sistema operativo Windows XP es que se pueden proteger sus archivos de intrusos locales o ajenos (a través del Internet). Esto todo se logra en parte con el uso de cuentas de usuarios, que le permiten a cada una de las personas que usa la computadora proteger sus propios archivos.

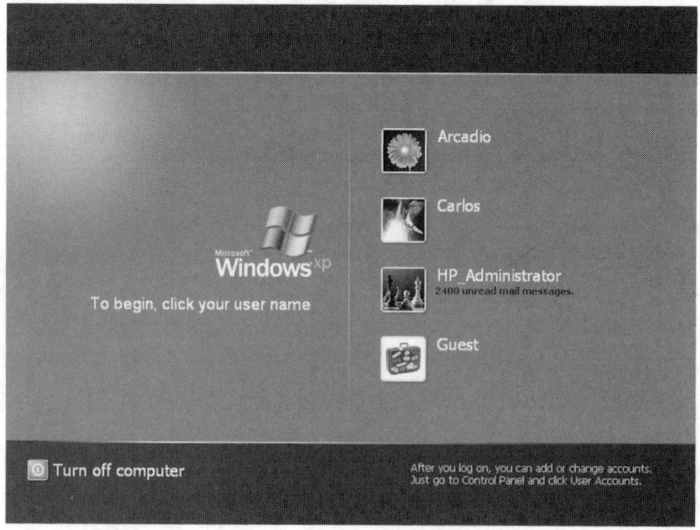

En la gráfica de la página anterior puede ver un ejemplo de la pantalla que verá en una computadora con tres usuarios. La cuenta de visitante o "Guest" es muy limitada. Si trabaja en una computadora con sólo una cuenta de usuario, y esta cuenta no tiene una contraseña, nunca verá la ventana de arriba.

Para entrar a una computadora (con Windows XP), haga clic sobre el nombre de usuario que le corresponde. Si esta cuenta tiene una contraseña o "Password", escríbala y después haga clic sobre el indicador verde para entrar a la computadora.

Una de las primeras preguntas que verá cuando esté preparando una computadora nueva por primera vez, con Windows XP instalado (o una que acaba de actualizar a Windows XP), es ¿Quién usará esta computadora? o "Who will use this computer?".

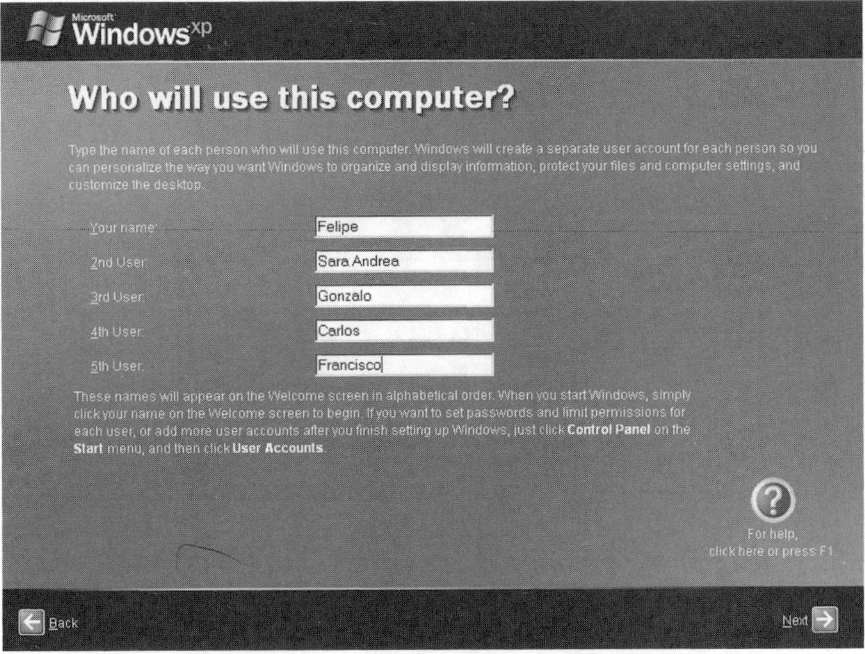

En este momento puede ser buena idea escribir los nombres o la palabra que desea usar para cada usuario (como en el ejemplo de arriba), de las personas que tendrán acceso a esta computadora. Si no está seguro de qué nombre usar, puede regresar más tarde y añadirlo. Más adelante aprenderá a añadirle contraseñas o "Passwords" a las cuentas de usuarios para evitar que otros usuarios entren a la computadora usando su cuenta.

También es importante recordar que todas las cuentas de usuarios cuyos nombres añadió a esta lista (en el preciso momento cuando prendió la computadora por primera vez, después de comprarla en la tienda), recibirán derechos de administrador de la computadora. Por este motivo tal vez pueda ser mejor sólo añadir el nombre suyo, y después añadir las cuentas de los otros usuarios más tarde.

Para trabajar con cuentas de usuarios localmente es necesario abrir el panel de controles y después el programa para trabajar con cuentas de usuarios o "User Accounts".

Para hacer esto primero abriremos la ventana de "Run"; desde ésta le es posible abrir un programa si sabe el nombre de su archivo.

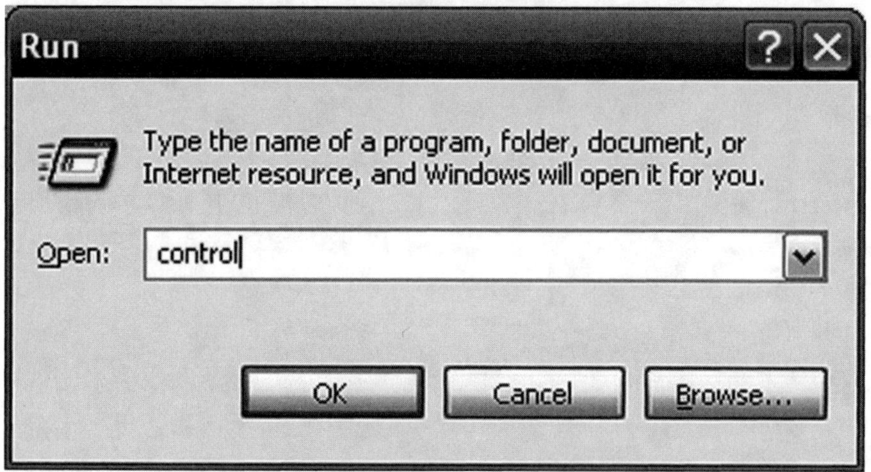

Siga estos pasos para abrir el panel de control o "Control Panel" desde la ventana de ejecutar un programa o "Run":

1. Haga clic sobre el menú de comienzo o "Start Menu".
2. Ahora busque el icono de ejecutar o "Run", y después haga clic sobre éste.
3. En la ventana al lado de "Open", escriba "Control" y después oprima la tecla de confirmar o ENTER.

Después de que se abra el panel de control, busque el icono de "Users Accounts".

Haga clic sobre este icono para abrir el programa de manejar cuentas de usuarios y contraseñas. En computadoras con el segundo paquete de servicio (SP2), tal vez sea necesario hacer clic sobre cuentas de usuarios o "User Accounts" de nuevo en la ventana de diálogo que se abrirá después de hacer clic sobre cuentas de usuarios o "User accounts" en el panel de control o "Control panel".

Cómo crear una cuenta de usuario local

A continuación aprenderá a añadir una cuenta de usuario local para permitirle a otra persona usar esta computadora.

Si cerró el programa para manejar cuentas de usuarios y contraseñas o "User Accounts", ábralo de nuevo siguiendo los pasos que aprendió en la página anterior.

La siguiente gráfica representa el programa para trabajar con cuentas de usuarios locales en Windows XP.

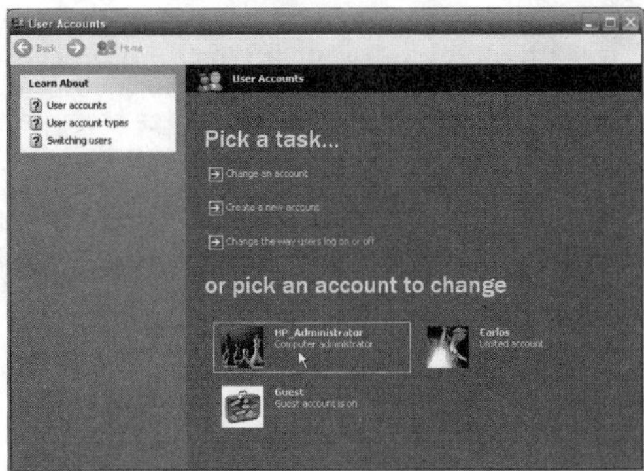

Si desea añadir una cuenta de usuario local para darle acceso a esta computadora, haga clic sobre "crear una cuenta nueva" o "Create new account".

Por favor recuerde que tanto para añadir o borrar cuentas de usuarios como cambiar contraseñas o "passwords" de otros usuarios, es necesario entrar a la computadora con una cuenta de usuario que pertenezca al grupo de los administradores de la computadora. De lo contrario, el único cambio que podrá hacer un usuario con una cuenta limitada usando el programa de cuentas de usuarios o "User Accounts" es cambiar su propia contraseña o "Password".

Creating a user account

Want to create a user account for someone? This is a task that only a computer administrator can do. If you want to create a new account, ask someone with a computer administrator account to help you.

En la gráfica de arriba puede ver el mensaje que verá si el usuario que está tratando de añadir o borrar una cuenta de usuario no tiene suficientes derechos para hacerlo.

Si compra una computadora con Windows XP Home Edition, es buena idea que cree una contraseña para la cuenta del administrador de la computadora.

Si recibió una computadora con Windows XP Pro, será necesario crear una contraseña para la cuenta del administrador local cuando prende la computadora por primera vez. También es muy importante que trate de usar una combinación de números o letras que le sean fáciles de recordar, ya que si la pierde puede que le sea imposible entrar a usar la computadora.

Una vez que la próxima pantalla abra, le será posible abrir una cuenta de usuario local en una computadora con Windows XP. Este proceso se puede repetir muchas veces para abrir cuentas de usuario local para todas las personas que usan una computadora.

Name the new account

Type a name for the new account:

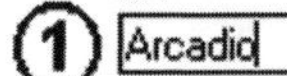

This name will appear on the Welcome screen and on the Start menu.

Pick an account type

Computer administrator

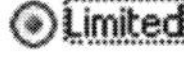

3

With a limited account, you can:

- Change or remove your password
- Change your picture, theme, and other desktop settings
- View files you created
- View files in the Shared Documents folder

Users with limited accounts cannot always install programs. Depending on the program, a user might need administrator privileges to install it.

Also, programs designed prior to Windows XP or Windows 2000 might not work properly with limited accounts. For best results, choose programs bearing the Designed for Windows XP logo, or, to run older programs, choose the "computer administrator" account type.

Siga estos pasos (illustrados en la gráfica anterior) para crear una cuenta local en Windows XP después de hacer clic sobre crear una cuenta nueva o "Create new account":

1. En esta casilla escriba el nombre de usuario que desea usar. Podría ser, por ejemplo, la primera inicial de su nombre más el apellido.
2. Después haga clic sobre próximo o "Next", para ver la segunda parte de este proceso.
3. Ahora haga clic sobre el tipo de acceso que desea asignar a este usuario. Por ejemplo, para un menor o para alguien que no sabe usar bien la computadora, haga clic sobre "limitado" o "Limited". Para una persona de confianza que sepa usar la computadora, puede elegir administrador de la computadora o "Computer Administrator".

4. Por último, haga clic sobre crear una cuenta o "Create Account".

Cómo añadir una contraseña a una cuenta de usuario local en Windows XP

Cuando preparó la computadora por primera vez, tal vez creó cuentas de usuarios locales para darles a todas las personas que viven en su hogar acceso a su computadora. Pero recuerde que inmediatamente después de abrir estas cuentas, no están protegidas, por lo que es muy buena idea añadirles una contraseña.

También es importante añadirle una contraseña a la cuenta de administrador, es decir, un usuario que puede añadir, borrar y en general administrar los privilegios de las otras cuentas en Windows XP Home Edition. De esta manera el administrador puede designar qué privilegios tienen los otros usuarios con cuentas limitadas. Por ejemplo, un usuario con una cuenta de usuario local sólo puede cambiar su propia contraseña si tiene una.

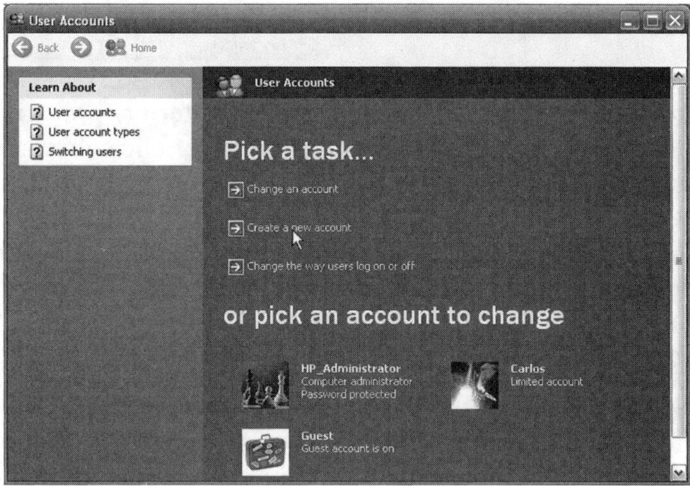

Una vez que el programa para trabajar con cuentas de usuarios se abra, siguiendo los pasos de las páginas anteriores haga clic sobre el nombre del usuario con el cual quiere trabajar. Por ejemplo, si es un administrador y desea añadirle una contraseña a su cuenta, haga clic sobre la cuenta que dice "Computer administrador".

Este libro fue escrito usando una computadora Hewlett-Packard. Por lo tanto, notará que dice "HP_Administrator". Dependiendo del tipo de computadora que tenga, puede que diga "Admin" o algo parecido.

Cuando la próxima ventana se abra, le será posible añadir una contraseña a una cuenta de usuario, y es una buena idea apuntarla y guardarla en un lugar muy seguro.

What do you want to change about your account?

Change my name

Create a password (B)

Change my picture

Change my account type

Set up my account to use a .NET Passport

HP_Administrator
Computer administrator
(A)

En la ventana de arriba, desde la cual puede hacer varios cambios a una cuenta de usuario local en una computadora personal con Windows XP, por favor note estos dos detalles:

(A) Este es el nombre de la cuenta con la cual está trabajando. Note que debajo del nombre de la cuenta dice administrador de la computadora o "Computer administrator". Si esta fuera una cuenta limitada diría "Limited Account".

(B) Haga clic sobre crear una contraseña o "Create a password", para añadirle una contraseña a esta cuenta de administrador. Si más tarde la desea cambiar, regrese a esta ventana y haga clic sobre la opción de cambiar contraseña o "Change password".

Es importante que cuando esté trabajando con contraseñas en Windows XP o 2000, se percate bien de lo que está haciendo. Por ejemplo, si cambia la contraseña del administrador en una computadora con sólo un usuario y después la olvida, le será muy dificil entrar a la computadora sin la ayuda de un experto en computadoras.

Recuerde que una contraseña le ofrece un nivel básico de seguridad. Es decir, una vez que entre a la computadora con su nombre de usuario y su contraseña, su trabajo está un poco más protegido de lo que estaría si esta computadora sólo tuviera un solo nombre de usuario que todos usan.

Esta es la manera de añadir una contraseña a una cuenta de usuario en Windows XP:

Create a password for your account

Type a new password:

••••••••••

① Type the new password again to confirm:

••••••••••

If your password contains capital letters, be sure to type them the same way every time you log on.

Type a word or phrase to use as a password hint:

Nombre de mi perro

② The password hint will be visible to everyone who uses this computer.

③ Create Password | Cancel

1. Escriba la contraseña que desea usar de manera exactamente igual en la primera y en la segunda casilla. Recuerde que puede usar una combinación de letras y números, y si usa una letra que no está permitida, el sistema operativo le avisará.
2. En esta casilla escriba una pista. Si acaso se le olvida su contraseña, la pista le ayudará a recordar qué palabra o combi-

nación de palabras y letras usó. Esto no tiene sentido en una computadora a la cual varias personas tengan acceso, porque esta pista la pueden ver todas las otras personas que usan la computadora.

3. Por último, haga clic sobre crear una contraseña o "Create a password". Si no escribió la contraseña que desea usar exactamente en la primera y la segunda casilla, el sistema operativo también le avisará de esto y tendrá que escribirla de nuevo.

Cómo cambiar una contraseña en una cuenta de usuario en Windows XP

Los pasos para cambiar una contraseña en su propia cuenta (si tiene una cuenta limitada o de administrador) o en la cuenta de otros usuarios (si tiene una cuenta de administrador), son muy similares a los de añadir una contraseña. Para empezar, siga los pasos de las páginas anteriores, y después de escoger el usuario con el cual desea trabajar, haga clic sobre cambiar la contraseña o "Change your password".

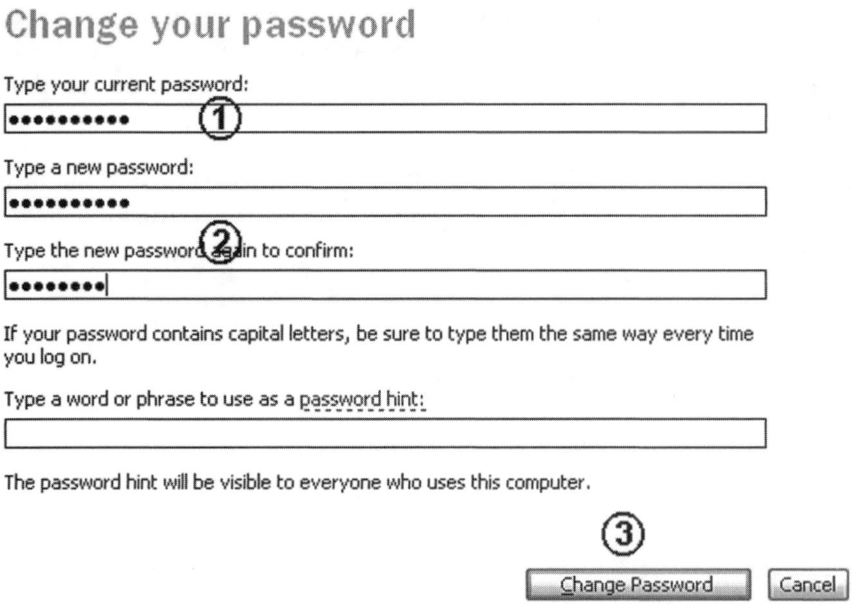

Change your password

Type your current password:

①

Type a new password:

②

Type the new password again to confirm:

If your password contains capital letters, be sure to type them the same way every time you log on.

Type a word or phrase to use as a password hint:

The password hint will be visible to everyone who uses this computer.

③

Change Password | Cancel

Esta es la manera de cambiarle la contraseña a una cuenta de usuario en Windows XP:

1. Escriba la contraseña que desea cambiar. Si se le olvidó la contraseña y tiene una cuenta limitada, le puede pedir a un usuario que tenga una cuenta de administrador que se la cambie.
2. En la primera y la segunda casilla, escriba la contraseña que desea usar exactamente igual. Recuerde que puede usar una combinación de letras y números, y si usa una letra que no está permitida, el sistema operativo le avisará.
3. Por último, haga clic sobre cambiar contraseña o "Change password". Si no escribió la contraseña que desea usar exactamente igual en la primera y la segunda casilla, el sistema operativo le avisará de esto y tendrá que comenzar de nuevo.

Cómo compartir carpetas o archivos con otros usuarios de la misma computadora

En Windows XP es muy fácil compartir carpetas o archivos para que otros usuarios que usan la misma computadora los puedan usar. Lo único que tiene que pensar es qué carpeta o archivos desea compartir para que otros usuarios que también usan la misma computadora tengan acceso a estos.

Para seguir este ejemplo, primero abra la carpeta de mis documentos o "My Documents". Esta por lo general está en el escritorio virtual o "Desktop".

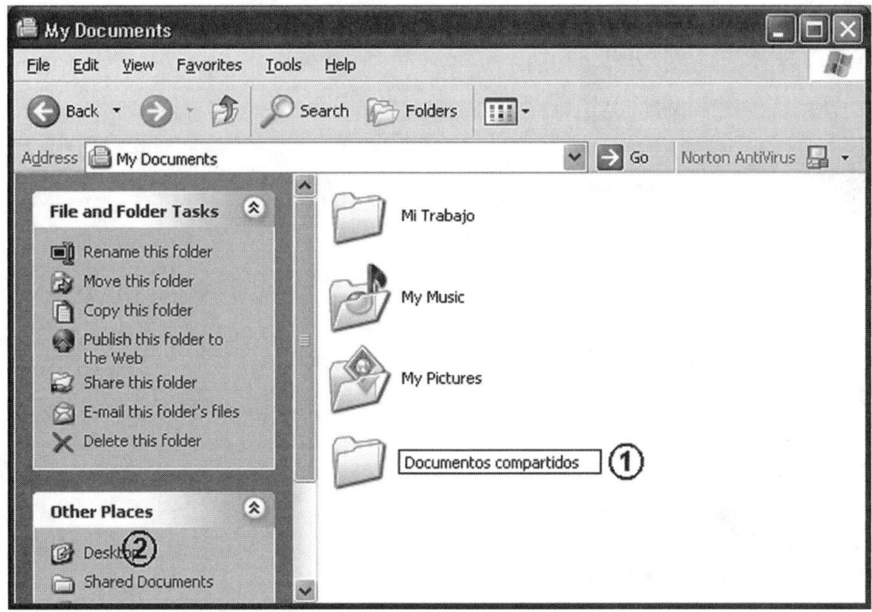

Para compartir una carpeta o un archivo en Windows XP sólo es necesario moverlo a la carpeta de documentos compartidos o "Shared Documents" de la siguiente manera:

1. Busque la carpeta o el archivo que desea compartir. Para este ejemplo haga una nueva carpeta, haciendo clic sobre "File" y después sobre "New" y después sobre "Folder". Para este ejemplo déle a esta carpeta el nombre de "documentos compartidos", y después haga clic en la parte libre de esta ventana.
2. Finalmente haga clic sobre la carpeta o el archivo que desea compartir, mientras sostiene el botón izquierdo del ratón, y arrástrelo hasta la parte izquierda de esta ventana sobre documentos compartidos o "Shared Documents".

En el futuro, lo único que tendrán que hacer usted y todos los demás usuarios que usan esta computadora es abrir esta carpeta de documentos compartidos o "Shared Documents". Entonces verán todas las carpetas y archivos compartidos en esta computadora.

Por ejemplo, para ver la carpeta que creó anteriormente y que después movió a documentos compartidos o "Shared Documents", regrese a la carpeta de mis documentos o "My Documents".

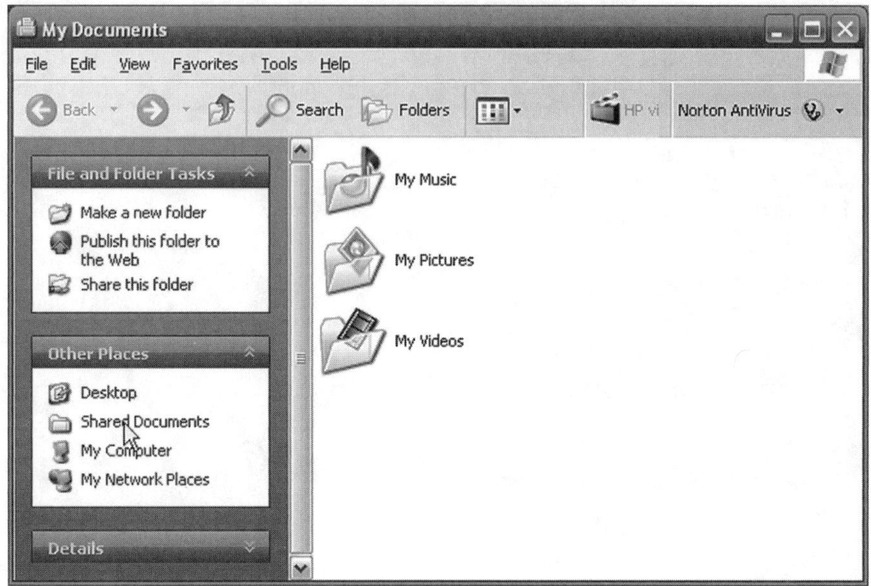

Una vez que esta ventana se abra, haga clic sobre la carpeta de documentos compartidos o "Shared Documents" para abrirla y ver sus contenidos.

Recuerde que cuando elija compartir una carpeta o un archivo, este ya no será visible en el sitio donde lo creó originalmente. Esto al principio lo puede confundir un poco, pero recuerde que siempre lo puede mover de nuevo a la carpeta donde estaba antes.

Cuando se abra la ventana de documentos compartidos o "Shared Documents", le será posible trabajar con estas carpetas o archivos con la misma facilidad con la que trabaja con sus mismas carpetas y sus propios archivos.

Para abrir un documento, como por ejemplo la Carta a Gonzalo, haga doble clic sobre éste. Cuando termine de trabajar con este documento, éste estará disponible a los demás usuarios.

Cómo cerrar un programa que no responde

Una de las ventajas de Windows XP es que los recursos que cada programa usa están muy bien aislados de los otros. De esta manera, si un programa falla es posible cerrarlo sin que éste afecte a otro que esté usando. En este sistema operativo, es muy raro que un solo programa haga que la computadora se congele.

Primero abra la ventana del administrador de las tareas que se están ejecutando en esta computadora al oprimir la combinación de teclas CTRL + ALT + DEL.

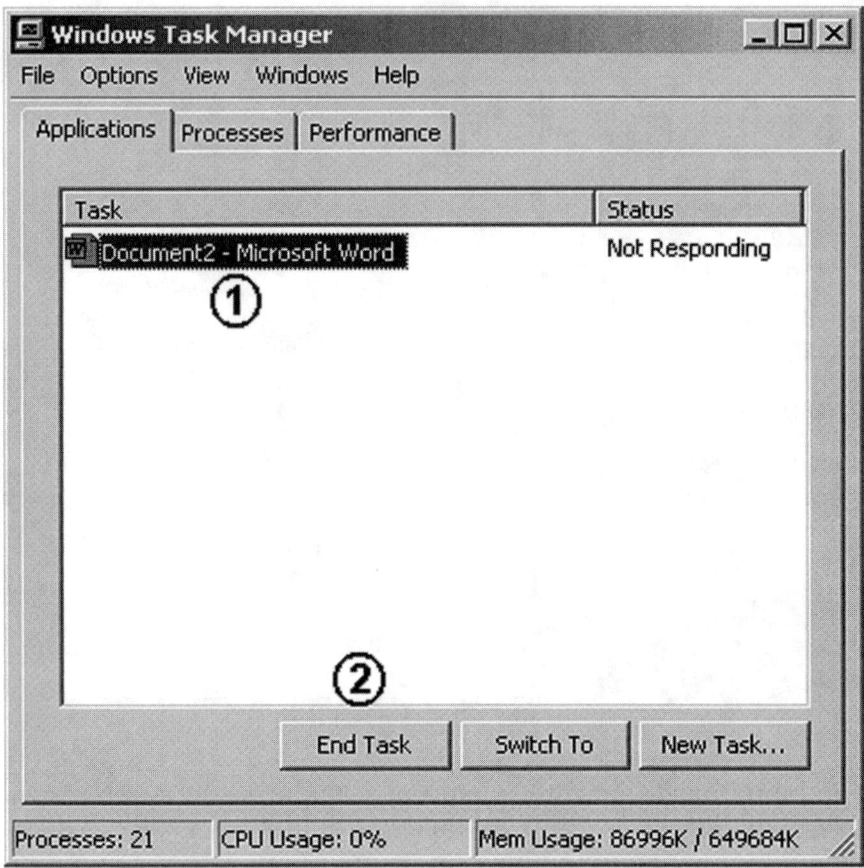

Esta es la manera de cerrar un programa que no esté funcionando en Windows XP:

1. Primero lleve el indicador sobre el nombre del programa que no está respondiendo ("Not responding") y haga clic una vez para elegirlo.
2. Después haga clic sobre "End Task".

Información acerca del segundo paquete de servicio (SP2) de Windows XP

Más o menos una vez al año, la compañía Microsoft hace mejoras para actualizar el sistema operativo Windows XP. Estas actualizaciones contienen todas las últimas soluciones y mejoras que Microsoft ha puesto a la disposición de los usuarios a lo largo del año anterior. Estas actualizaciones (denominadas paquetes de servicio o "Service Pack") le permiten obtener cómodamente y de una sola vez la versión más reciente para usar dispositivos, mejoras de seguridad, parches y algunas modificaciones del producto solicitadas por los usuarios que hayan tenido problemas con alguna parte de este excelente sistema operativo.

Todo el contenido del último paquete de servicio o "Service Pack" 2 de Windows XP o SP2 fue diseñado para solucionar asuntos relacionados con la seguridad; este paquete de servicio es uno de los más importantes que ha salido hasta el momento.

Estas son algunas de las mejoras incluidas con el paquete de servicio SP2:

- Mejor protección contra virus, gusanos y piratas informáticos.
- Un programa para bloquear acceso a intrusos o *hackers,* conocido como muralla de fuego o "Firewall", que protege a computadoras conectadas al Internet.
- Un programa en Internet Explorer para evitar las ventanitas o *pop-ups* que a veces se abren cuando uno visita algunos sitios Web.

Casi todos estos nuevos elementos se manejan desde el nuevo centro de seguridad de Windows. Este se encuentra en el control de paneles o "Control Panel".

Si no sabe si su computadora ya tiene este paquete de servicio, quizás porque la haya comprado antes de 2003, haga clic con el botón derecho del ratón sobre el icono de "My Computer" y después haga clic sobre las propiedades de este o "Properties". Si tiene SP2, debe decir "Service Pack 2". Si no lo tiene, puede conseguirlo siguiendo los pasos en la última parte del capítulo el cuatro ("Cómo actualizar su copia de Windows XP").

Para recordar

- Windows XP es uno de los últimos sistemas operativos que la compañía Microsoft ha sacado al mercado.
- Windows XP está a la venta en cinco diferentes versiones. Las versiones más usadas son: Windows XP Home Edition y Windows XP Professional.
- Windows XP puede funcionar por mucho tiempo sin un solo evento en el cual sea necesario apagar la computadora.
- Para añadir o borrar usuarios es necesario entrar a la computadora con una cuenta que pertenezca al grupo de los administradores.
- En Windows XP es muy fácil compartir carpetas o archivos entre los diferentes usuarios que usan la computadora.
- Si un programa falla en Windows XP es posible cerrarlo sin que éste afecte a otro programa que esté usando.
- La compañía Microsoft ofrece actualizaciones o mejoras, sin cargo alguno, a este excelente sistema operativo Windows XP cada vez que encuentra que algo no está funcionando bien con él, o cuando encuentran que personas maliciosas han encontrado una manera de comprometer su computadora mientras esté conectado al Internet.
- El último paquete de servicio, que contiene todas las mejoras hechas a través del año, es el número 3. Este también se conoce como SP3.

El sistema operativo Windows Vista

7

Introducción al sistema operativo Windows Vista

Windows Vista, que salió a la venta en enero del 2007, es la más reciente versión de la familia de sistemas operativos de Windows que la compañía Microsoft ha sacado al mercado. Windows Vista está disponible en seis ediciones principales, y éstas a su vez están divididas en dos grupos principales: a) las ediciones para uso de la familia, y b) las ediciones para usuarios de negocios.

En este capítulo aprenderá a realizar varias funciones que son comunes a todas estas diferentes ediciones de Windows Vista, como por ejemplo, cómo trabajar con cuentas de usuarios, especialmente cómo cambiar los permisos de acceso o añadir una contraseña a cuentas limitadas y cuentas de administrador.

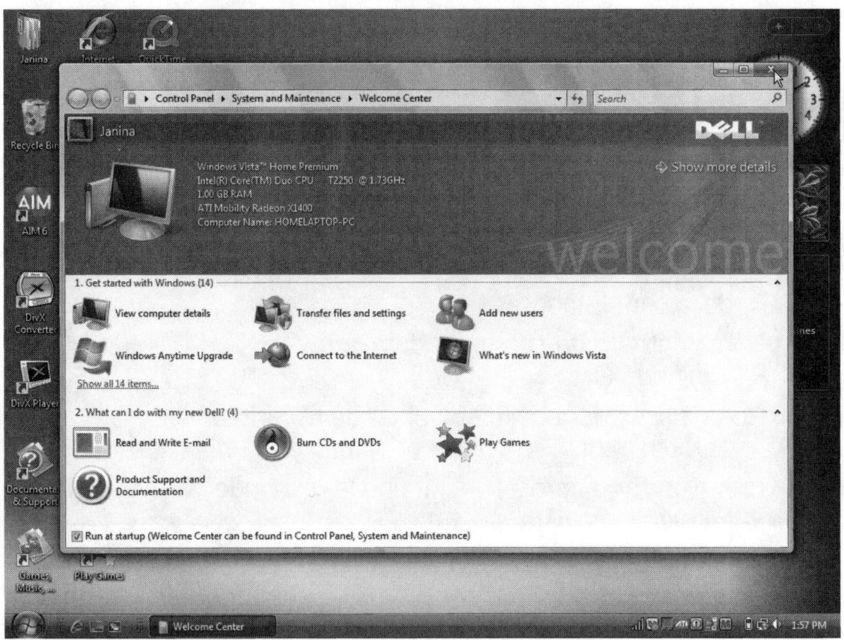

En la gráfica anterior, que capturé de la primera pantalla que verá en una computadora con Windows Vista, puede ver la ventana del centro de bienvenida o "Welcome Center". Ahora puede: a) cerrarla, haciéndole clic a la *X* en la parte superior derecha de esta ventana y comenzar a trabajar directamente en su escritorio virtual o "Desktop", o b) dejarla abierta para regresar a ella mas fácilmente. Si desea, también, puede hacer clic sobre algunas de las opciones que esta ventana de bienvenida le ofrece, como por ejemplo añadir usuarios o "Add new users", haciéndo clic sobre su icono.

¿Que es nuevo en Windows Vista?

Windows Vista le ofrece muchas mejoras sobre todas las diferentes versiones anteriores del sistema operativo Windows. Por ejemplo, usando este sistema operativo le será mas fácil buscar sus archivos, como también crear objetos de multimedios, usando el nuevo programa de crear DVD "Windows DVD Maker".

Una de las mejoras mas fáciles de notar disponible en la mayoría de las ediciones de Windows Vista es un nuevo "GUI" o interfase gráfica para el usuario (que en este sistema operativo se llama Windows Aero), que hace más agradable toda la experiencia visual de trabajar con una computadora que tenga este nuevo sistema operativo porque ahora los iconos son más vistosos y los menús más llamativos.

En Windows Vista también es más sencillo crear redes locales, siempre y cuando todas la computadoras que desea conectar a la red usen Windows Vista (o sea, no es tan fácil si trata de conectar computadoras que usen versiones anteriores del sistema operativo Windows, como por ejemplo Windows XP, a una red que tenga computadoras con Windows Vista) con el objeto de compartir archivos e impresoras.

Pero en general una de las mejoras mas importantes que encontrará en este sistema operativo sobre versiones anteriores de Windows es que mejora la seguridad de su experiencia usando una computadora con Windows, y es por este motivo que muy a menudo verá cuando usa una computadora con Windows Vista que el sistema operativo le pregunta si desea en realidad realizar la tarea que le acaba de pedir a la computadora que complete (como por ejemplo remover un programa de su computadora).

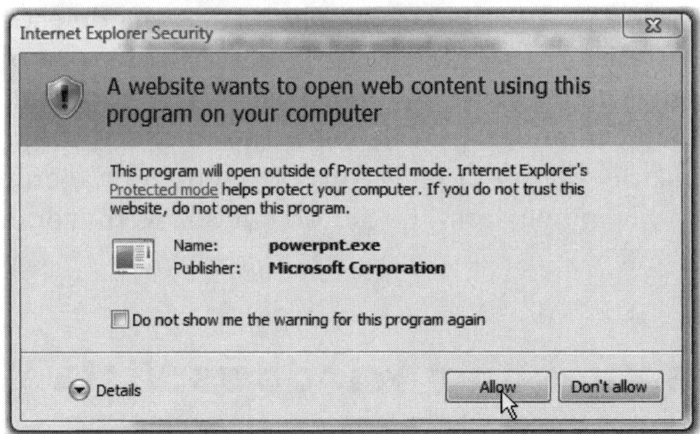

En este ejemplo de una ventana de diálogo que capturé en mi computadora, puede ver la ventanita que se abrió cuando traté de abrir un archivo que encontré en el Internet. En este momento me está preguntando si permito que un programa llamado PowerPoint se abra para mostrarme este archivo. Si esto le sucede, y si desea permitir cualquier acción (como por ejemplo abrir un archivo que encontró en el Internet), haga clic sobre "Allow". De otra manera (por ejemplo, si trató de abrir un archivo por equivocación y una ventana similar se abre), haga clic sobre no permitir o "Don't allow".

Cómo abrir programas en Windows Vista

En Windows Vista, usted todavía podrá abrir sus programas de la misma manera que en versiones anteriores de Windows: con un solo clic si los ve en el menú de comienzo y dos clics si los ve en el escritorio virtual o "Desktop". La diferencia mas marcada entre esta nueva versión de Windows y versiones anteriores de Windows está en la manera particular cómo los debe hallar desde el botón de comienzo, o "Start".

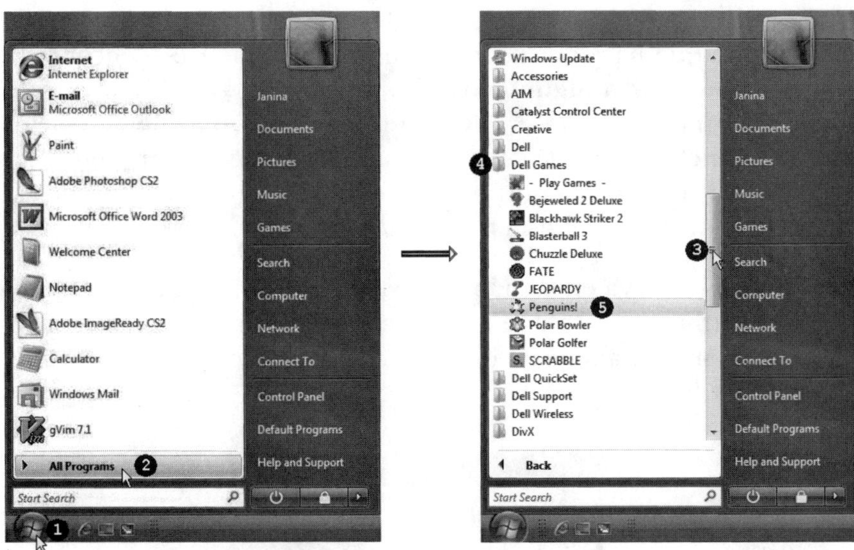

Esta es la manera de hallar y abrir programas desde el menú de comienzo en Windows Vista:

1. Para comenzar haga clic sobre el menú de comienzo o "Start".
2. Ahora lleve el indicador del ratón sobre "All Programs", y haga clic.
3. A continuación, si no puede ver el icono del programa o el grupo de programas al cual este pertenece, haga clic sobre la guía señalada con la flechita, oprima y sujete el botón izquierdo del ratón y jálela hacia arriba o hacia abajo hasta que lo encuentre. Si su ratón cuenta con una ruedita en la mitad podrá moverla para buscar en esta lista de programas el que necesita usar.
4. Por ejemplo, si el programa que busca se llama Dell Games, haga clic sobre el icono del grupo de Dell Games (los grupos de programas son de color amarillo), para ver la lista de programas disponibles dentro de este grupo. Para cerrar una lista de programas, haga clic de nuevo una sola vez.
5. Finalmente, haga clic sobre el nombre del programa que desea abrir. En este ejemplo hice clic sobre Penguins! para abrirlo. Para regresar a ver el panel original haga clic sobre regreso o "Back".

Adicionalmente, en estos dos paneles —visibles inmediatamente después de que hace clic sobre el botón de comienzo— encontrará atajos para llegar a algunos de sus programas y archivos que se pueden abrir con sólo hacer clic sobre su respectivo icono; por ejemplo, si hace clic sobre "Computer", una ventana se abrirá mostrándole todos los discos duros y de red disponibles desde la computadora en la cual está trabajando.

Otra manera, nueva en Windows Vista, de abrir programas e inclusive encontrar archivos que guardó en su computadora, es escribir su nombre inmediatamente después de hacer clic sobre el menú de comienzo o "Start".

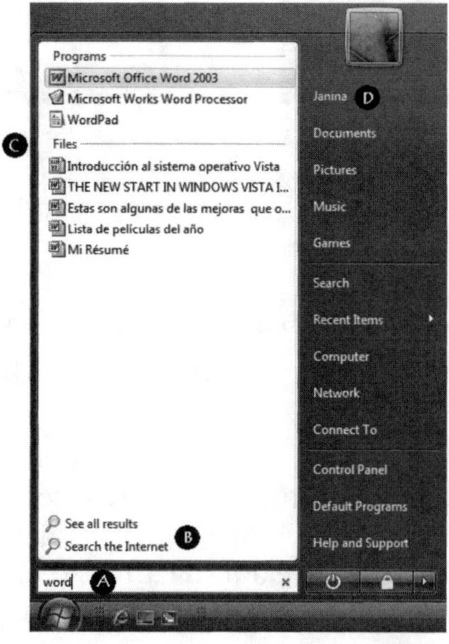

Estos son los pasos para buscar los archivos o programas con los cuales desea trabajar, después de hacerle clic al menú de comienzo o "Start":

Para comenzar, inmediatamente después de que este panel se abra, escriba la(s) palabra(s) que describan el programa/archivos/información que está buscando. En este ejemplo, escribí la palabra "*Word*".

En esta parte verá dos opciones: ver todos los resultados en una ventana independiente en el Explorador "See all results", o buscar esta

información en el Internet o "Search the Internet". Para usar una de estas opciones, sólo haga clic sobre la que desea usar.

Ahora la computadora le presentará una lista categorizada de todos los archivos o programas guardados en su computadora cuyos nombres son similares a lo que está buscando. Para trabajar con uno de los resultados de esta búsqueda, sólo haga clic sobre su nombre. Por ejemplo, si está buscando el procesador de palabras Word y escribió la palabra "*Word*", verá (si tiene Word instalado en su computadora) su nombre debajo de "Programs". Para abrir este programa, haga clic una vez. Si tiene más de una versión de un programa que desea usar y ve más de un nombre similar, tendrá que escoger cuál desea usar haciéndole clic.

Por favor note en la parte superior de este menú el nombre del usuario (en este ejemplo Janina) que en este momento está usando la computadora.

A veces, si el programa que está buscando es muy popular, como por ejemplo Microsoft Word, es suficiente oprimir la tecla de confirmar o ENTER inmediatamente después de escribir su nombre para abrirlo (siempre y cuando esté instalado en su computadora).

Cómo cambiar de la ventana en la que está trabajando a otra en Windows Vista

Una de las ventajas de este nuevo sistema operativo sobre versiones anteriores de Windows es la facilidad con la cual se puede cambiar a trabajar con una ventana diferente que contiene un programa con el cual necesite trabajar entre todas las que ha abierto con sólo hacer varios clics del ratón.

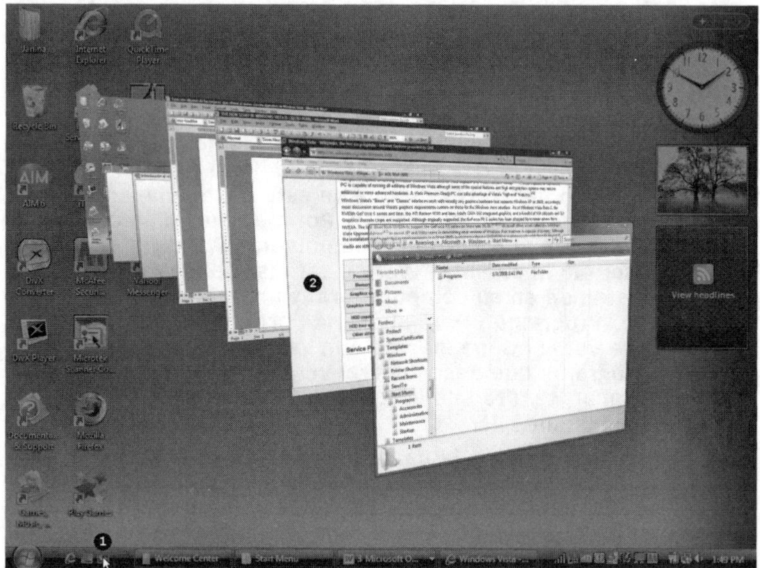

Como puede ver en esta pantalla que capturé de la computadora en que escribí este libro, ésta es la manera de cambiar a otra ventana diferente, entre las que ha abierto, en Windows Vista:

1. Para empezar haga clic sobre el icono de cambiar ventanas. Este casi siempre estará localizado en la parte inferior izquierda de la barra de tareas o "Taskbar". Si sostiene el indicador del ratón sobre él sin hacerle clic, podrá ver las palabras "Switch between windows".
2. Ahora puede ver rendiciones previas de las ventanas con las cuales está trabajado. Si desea puede usar la ruedita de su ratón para cambiar el orden de estas ventanas que aparecen flotando en la pantalla. Una vez que vea la ventana con la cual desea trabajar, hágale clic una vez.

Si no puede ver el icono de "Switch between windows" en la barra de tareas o si tiene varios programas abiertos y su computadora no le muestra estas ventanitas flotantes, entonces regrese a su escritorio virtual o "Desktop" y siga estos pasos:

1. Haga clic con el botón derecho del ratón sobre cualquier espacio libre de iconos y escoja la opción de personalizar o "Personalize".

2. Ahora haga clic sobre "Theme", haga clic sobre el nombre que está debajo de "Theme" y haga clic en esta lista sobre "Windows Vista".
3. Por último, haga clic sobre "Apply", y después confirme esta elección haciendo clic sobre "OK".

Cómo cambiar el menú de comienzo estándar o "Standard Menu" en Windows Vista al menú clásico

Si previamente había usado una versión anterior de Windows, como por ejemplo Windows 98, antes de cambiar a Windows Vista y todavía no se ha podido acostumbrar a usar el menú de Windows Vista, es posible cambiarlo al menú clásico de Windows 98 siguiendo las instrucciones que siguen a continuación:

1. Para comenzar, haga clic con el botón derecho del ratón sobre el menú de comienzo o "Start".
2. En la ventana de diálogo que se abre, haga clic sobre "Properties".

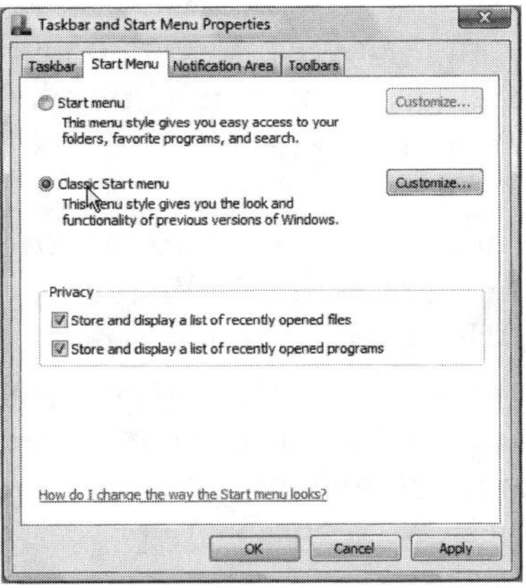

3. En esta ventana de diálogo que se abre a continuación, seleccione "Classic Start Menu" haciéndole clic una vez.
4. Finalmente, hágale clic sobre aplicar o "Apply", y después oprima la tecla de confirmar o ENTER.

Si desea regresar a usar el menú de comienzo estándar a Windows Vista, sólo tiene que seguir estos mismos pasos y escoger "Start Menu" y después, para confirmar esta elección, hacer clic sobre aplicar o "Apply" y oprimir la tecla de confirmar o ENTER.

Por favor tenga en cuenta lo siguiente: si tiene una computadora con el sistema operativo Windows XP instalado y ésta le está funcionando perfectamente bien, entonces no le recomiendo que la actualice —usando lo que se llama un *upgrade*— a esta nueva versión de Windows a menos que tenga un programa que le es indispensable que sólo funcione en una computadora personal con Windows Vista.

Introducción al programa de añadir y cambiar cuentas de usuarios en Windows Vista

Una cuenta de usuario es como una membresía virtual a la computadora, como por ejemplo la cuenta de usuario "Maria54", la cual tiene el fin de aislar parte del trabajo del usuario que la usa del trabajo que hacen los otros usuarios que también tienen acceso a la computadora.

En Windows Vista, como también en versiones anteriores de Windows, usted puede trabajar con cuentas de usuarios, teniendo en cuenta los siguientes parámetros:

- Si tiene una cuenta de administrador o "Administrator" de la computadora, le será posible añadir cuentas de usuario adicionales (para darle acceso a otras personas) al igual que hacerles mantenimiento a estas cuentas (como por ejemplo cambiarles o quitarles las contraseñas) y hacer cambios en la computadora, como por ejemplo remover programas que ya no necesite.
- Si su cuenta es estándar o "Standard", entonces le será posible añadir y cambiar su propia contraseña y hacer algunos cambios en la computadora, pero nada más.

A continuación puede ver tres ejemplos que le ayudarán a entender un poco más algunas de las situaciones en las cuales usted pueda necesitar usar este programa de añadir o cambiar cuentas de usuarios locales en Windows Vista. Por ejemplo:

1. Su hermana acaba de llegar de Colombia a vivir con usted, y desea abrirle una cuenta de usuario para permitirle que use la computadora. En este caso puede entrar a la computadora, siguiendo los pasos a continuación para crear esta cuenta. Usted le puede asignar a esta cuenta derechos de administrador de la computadora o derechos estándar, los cuales le permiten a su hermana trabajar con los programas instalados en la computadora, pero le dan menos flexibilidad al trabajar con la configuración de la computadora.
2. Si desea añadir una contraseña a su propia cuenta, abra el programa de añadir y cambiar usuarios para añadirle una contraseña. En este caso no tiene que preocuparse si su cuenta es estándar o de administrador, porque es su propia cuenta.
3. Su madre perdió su contraseña, y ahora necesita entrar urgentemente a la computadora. En este caso, si su cuenta es de administrador de la computadora, le será posible entrar. Usando el programa de trabajar con cuentas de usuarios, podrá escoger la cuenta de su madre y cambiarle la contraseña a una nueva, que ella podrá usar casi inmediatamente.

Otra situación sería, que un usuario, bajó los derechos —en su propia cuenta— de administrador a estándar, y ahora necesita y está autorizado por usted, a hacer cambios en la configuración de la computadora. En este caso un usuario de la computadora con una cuenta con derechos de administrador puede entrar a ella después de abrir el programa de trabajar con cuentas de usuarios y aumentar los permisos de este usuario para que éste pueda hacer algunos cambios a la configuración de la computadora.

Cómo crear una nueva cuenta de usuario en Windows Vista

Como también sucede en versiones anteriores de Windows, como por ejemplo Windows XP, es muy útil aprender cómo trabajar con sus cuentas de usuarios locales con el objeto de regular quien la usa y proteger su propio trabajo de los otros usuarios que también tienen acceso a la computadora. En las páginas que siguen aprenderá a hacer esto.

User Accounts

Para comenzar a trabajar con las cuentas de usuarios en su computadora, hágale clic al menú de comienzo de Windows Vista, o "Start", visible casi siempre en la parte inferior izquierda de la barra de tareas. Inmediatamente escriba *"User account"*. Ahora escriba el nombre *"User Accounts"*. Como puede ver en la gráfica de arriba, debe aparecer en la parte superior del panel que abre debajo de "Programs". Para continuar sólo es necesario hacerle clic una vez.

Ahora, en la ventana que se abre, haga clic sobre manejar otra cuenta o "Manage another account".

Para crear una nueva cuenta de usuario local, mire la parte inferior de esta ventana, y después haga clic sobre crear una nueva cuenta o "Create a new account".

Alternativamente, si desea trabajar con una cuenta de usuario que ya existe, para por ejemplo añadirle o cambiarle su contraseña, hágale clic a su nombre o icono.

Por favor recuerde que tanto para añadir o borrar cuentas de usuarios como también para cambiar las contraseñas o "Passwords" de otros usuarios, es necesario entrar a la computadora con una cuenta de usuario que pertenezca al grupo de los administradores de la computadora. De lo contrario, el único cambio que podrá hacer un usuario con una cuenta estándar o "Standard" usando el programa de cuentas de usuarios o "User Accounts", es cambiar su propia contraseña o "Password".

Por favor note cuando esta usando una computadora con Windows Vista que el sistema operativo de vez en cuando le recordará con una ventanita que se abre automáticamente que le añada contraseñas a cuentas de usuarios que nos las tienen. Esto se debe a que si una cuenta de usuario carece de una contraseña, lo único que tiene que hacer cualquier persona para entrar a ella es hacer clic sobre el nombre de usuario y el sistema operativo le dará acceso a la computadora.

Si escogió crear una nueva cuenta de usuario haciendo clic sobre crear una nueva cuenta o "Create a new account", ahora otra ventanita se abrirá para asistirle con esta tarea.

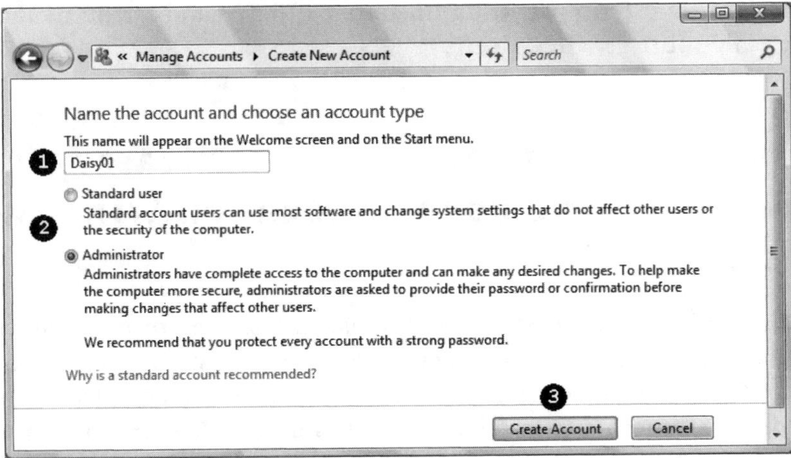

Estos son los pasos para abrir una nueva cuenta de usuario en Windows Vista:

1. Para comenzar haga clic dentro de la primera casilla, y después escriba el nombre de usuario que desea crear. Podría usar, por ejemplo, un nombre más un número: "Daisy01".
2. Ahora haga clic sobre el tipo de acceso que desea asignar a este usuario. Si no cambia la selección del sistema, que es estándar o "Standard", un usuario usando este tipo de cuenta sólo podrá cambiar su propia contraseña y hacer algunas labores de mantenimiento de la computadora. Si necesita que este nuevo usuario tenga más acceso a la computadora, entonces haga clic sobre "Administrator". Por ejemplo, para un menor o para alguien que no sabe usar bien la computadora, es por lo general suficiente que tengan una cuenta estándar o "Standard user". Para una persona de confianza que sepa usar la computadora, puede elegir administrador o "Administrator".
3. Por último, haga clic sobre crear una cuenta o "Create Account".

De ahora en adelante, después de que termine de crear esta cuenta de usuario, el nombre que eligió —en este caso Daisy01— aparecerá en la lista de cuentas de usuarios disponibles para entrar a la computadora en la primera ventana que aparece al prenderse. Si la computadora ha estado prendida un rato y quiere cambiar de usuario, haga clic sobre "Switch User".

Cómo añadir o cambiar la contraseña de una cuenta de usuario local en Windows Vista

Como pudo ver anteriormente, la mejor manera de proteger su trabajo de otros usuarios que tengan acceso a la misma computadora es asignándole una contraseña a su cuenta de usuario local. De lo contrario, cualquier usuario de la computadora puede entrar a su espacio virtual haciendo clic a su nombre de usuario y trabajar con sus archivos.

Para comenzar a añadirle una contraseña a la cuenta de usuario que usó para entrar a la computadora, haga clic sobre el menú de comienzo o "Start". Lleve el indicador del ratón hacia arriba y después hacia la derecha, y por ultimo haga clic sobre el avatar o dibujito localizado encima del nombre del usuario. Después haga clic sobre "Create a password". Si desea, también puede añadirle una contraseña o inclusive cambiarle la contraseña a otra cuenta de usuario local siguiendo las instrucciones que vió en la página 150, y leyendo lo que dice en la opción B. Si la opción de añadirle una contraseña a una cuenta de usuario no aparece allí, esto quiere decir que la cuenta ya está protegida con una contraseña.

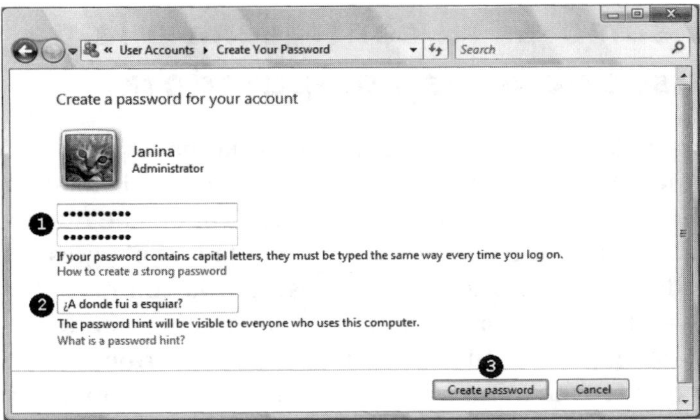

Estos son los pasos para añadirle una contraseña a una cuenta de usuario local en Windows Vista:

1. Escriba la contraseña que desea usar de manera exacta —palabra por palabra— en la primera casilla y después oprima la tecla TAB para llegar a la segunda casilla (o haga clic sobre ella) y escribala de nuevo. Recuerde que usted puede usar una combinación de letras y números, y si usa un símbolo que no está permitido, el sistema operativo le avisará, y tendrá que escribir otra contraseña.
2. En esta casilla escriba una pista. Por si acaso se le olvida su contraseña, la pista le ayudará a recordar qué palabra o combinación de palabras y números usó. Esto puede que no tenga sentido en una computadora a la cual varias personas tengan acceso porque esta pista la pueden ver todas las otras personas que usan la computadora, y que tal vez ya saben la respuesta. Este paso es opcional.
3. Por último, haga clic sobre Crear una contraseña o "Create password". Si se equivocó al escribir la contraseña que desea usar exactamente de la misma manera en la primera y la segunda casilla, entonces el sistema operativo también le avisará de esto y tendrá que escribirla de nuevo en ambas casillas.

Cómo cambiar su contraseña o la de otro usuario de la computadora

Por favor tenga en cuenta lo siguiente: en la mayoría de los casos, aún en sitios Web a los cuales necesita tener acceso, la manera como debe escribir una contraseña es *muy* específica, y tiene que recordar esto cuando quiera regresar a usar la computadora o regresar al sitio Web donde la creó. Es decir, que si escogió la contraseña "Costarica06", escribiendo la primera "C" en mayúscula, cuando regrese a este sitio tiene que escribir: "Costarica06", y si escribe "costarica06" con la primera "c" en minúscula, el sistema operativo no le permitirá acceso a la computadora hasta que la escriba exactamente de la manera como la creó: "Costarica06". Y en caso de que no se acuerde, puede pedirle a otro usuario de la computadora que tenga una cuenta de administrador que entre con su nombre de usuario y le haga el favor de cambiarle la contraseña a una de su preferencia.

Si más tarde la desea cambiar, o olvida cual es su contraseña, regrese a esta ventana, siga los pasos que leyó anteriormente y después haga clic sobre la opción de Cambiar contraseña o "Change password". Si olvida su propia contraseña, entonces tendrá que pedirle a otro usuario de la computadora que tenga derecho de administrador que entre a su cuenta de usuario para cambiarla, usando los pasos indicados en la página 149, "Como crear una nueva cuenta de usuario", leyendo lo que dice en la opción B y después siguiendo todos los pasos que verá a continuación, que son los mismos.

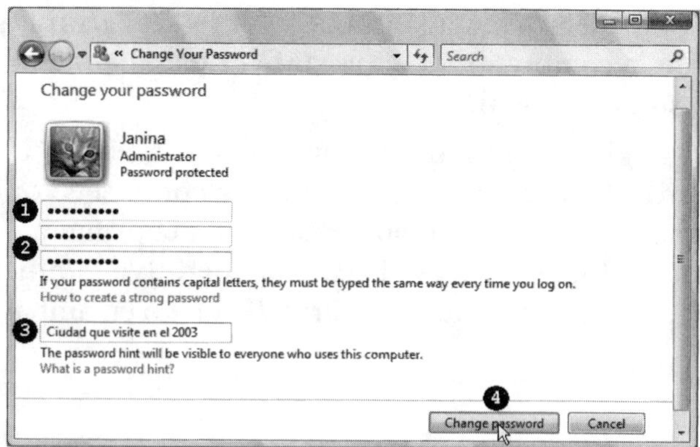

Estos son los pasos que puede seguir, guiándose por esta pantalla, para cambiar una contraseña en una cuenta de usuario local en Windows Vista:

1. Para comenzar, escriba la contraseña que ha estado usando. Si se olvidó de ella, tendrá que borrarla haciendo clic sobre "Remove Password".
2. Escriba la nueva contraseña que desea usar de manera exacta —palabra por palabra— en la primera casilla y después en la segunda casilla. Recuerde que puede usar una combinación de letras y números, y si usa una letra que no está permitida, el sistema operativo le avisará.
3. En esta casilla escriba una pista. Por si acaso se le olvida su contraseña, la pista le ayudará a recordar qué palabra o combinación de palabras y números usó. Esto puede no tener sentido en una computadora a la cual varias personas tengan acceso porque esta pista la pueden ver todas las otras personas que usan la computadora. Este paso es opcional.
4. Por último, haga clic sobre Crear una contraseña o "Create password". Si se equivocó al escribir la contraseña que desea usar de la misma manera en la primera y la segunda casilla, entonces el sistema operativo también le avisará de esto y tendrá que escribirla de nuevo en ambas casillas.

Cómo entrar a una computadora con Windows Vista

En una computadora personal con Windows Vista, la primera pantalla que verá le mostrará el nombre de todas las cuentas de sus usuarios; de esta manera no tendrá que escribir el nombre de usuario que desea usar, ya que todos son visibles aquí. Sin embargo, si la computadora que usa sólo tiene un nombre de usuario y no está protegido con una contraseña, la computadora le permitirá empezar a trabajar inmediatamente sin que sea necesario que haga clic en ninguna parte.

Para usar una computadora con Windows Vista, después de prenderla oprimiendo el botón de alimentación de la corriente, haga clic sobre el nombre del usuario que le corresponde. Por ejemplo, "Abby", y recuerde que si esta cuenta de usuario está protegida con una contraseña tiene que escribirla en la línea que verá a continuación. Después haga clic sobre la flechita verde para obtener acceso a la computadora. Ahora, si la cuenta que usa no está protegida con una contraseña o "Password", sólo es necesario hacer clic al nombre de usuario que desea usar para conseguir acceso a la computadora.

Por favor tenga en cuenta que si la configuración de la computadora es que de vez en cuando ésta entra en suspenso por causa de la manera como está configurada, le será necesario, cuando regrese a usarla de nuevo, que siga los pasos anteriormente enumerados, es decir, hacerle clic al nombre de usuario y proveer una contraseña (si su cuenta tiene una).

Cómo usar la función de cambiar de usuario o "Switch Users" en Windows Vista

Esta es la función que debe usar para permitirle, temporalmente, a otro usuario de la computadora (por ejemplo, "Juan09"), que entre a la computadora para poder completar su trabajo, por ejemplo, para imprimir una carta. El usuario "Juan09" sólo tiene que hacer clic sobre su propio nombre de usuario sin necesidad de cerrar los programas que ha estado usando hasta el momento.

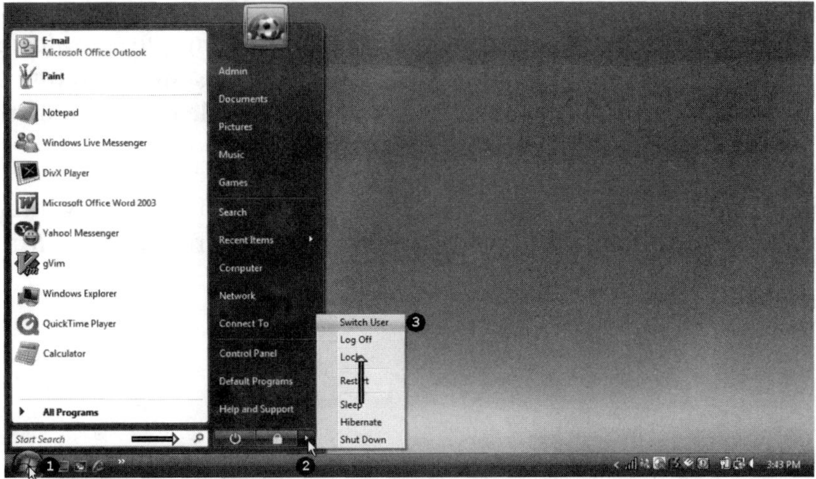

Estos son los pasos para usar la función de cambiar de usuario o "Switch Users" en Windows Vista:

1. Para comenzar, haga clic sobre el botón de comienzo o "Start".
2. Ahora jale el indicador del ratón hacia la derecha sobre esta guía (señalada por un indicador).
3. Después jálelo hacia arriba y finalmente haga clic sobre "Switch User".

Ahora usted verá una pantalla idéntica a la que vió en la página anterior. Podrá trabajar en ésta de la misma manera que cuando prende la computadora. Por ejemplo, si su hija Maria, que tiene el nombre de usuario "Maria78", necesita imprimir —sin que usted ("David33") tenga que cerrar sus propios programas— ella puede hacer clic sobre su nombre de usuario, "Maria78", entrar a la computadora y cuando termine de usarla seguir los pasos que vió anteriormente. En vez de escoger "Switch User", deberá hacer clic sobre "Log Off" para salir completamente, o si todavía desea regresar a trabajar más en su espacio virtual, puede hacer clic de nuevo sobre "Switch User".

Cómo cerrar un programa que no le responde en Windows Vista

Una de las ventajas de usar Windows Vista es que los recursos que cada programa usa están muy bien aislados de los otros. De esta manera, si un programa falla es posible cerrarlo sin que éste afecte a otro que esté usando. En este sistema operativo, es muy raro que un solo programa haga que la computadora se congele completamente.

Primero abra la ventana del administrador de tareas oprimiendo la combinación de teclas CTRL + ALT + DEL, y en la próxima ventana que se abre haga clic sobre el administrador de tareas o "Task Manager".

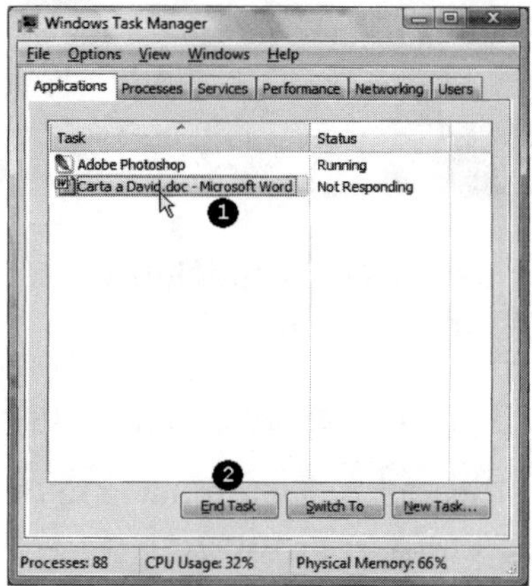

Esta es la manera de cerrar un programa que no esté funcionando en Windows Vista:

1. Primero lleve el indicador sobre el nombre del programa que no le está respondiendo ("Not responding") y haga clic una vez para elegirlo.
2. Después haga clic sobre "End Task".

A veces también puede ver, cuando uno de sus programas deja de funcionar, una ventanita que le pide que escoja "Restart the program" (reiniciar el programa), "Close the Program" (Cerrar el programa) o "Wait for the program to respond" (espere a que el programa responda de nuevo). Para trabajar con la opción que le convenga más, hágale clic. Por ejemplo, si un programa en el cual ha estado haciendo trabajo por las últimas diez horas deja de trabajar y todavía no ha guardado lo que ha estado redactando en él, tal vez valga la pena esperar un rato a ver si lo puede usar, haciendo clic sobre "Wait for the program to respond", porque si hace clic sobre "Close the program", todo lo que no ha guardado se perderá.

Para recordar

- Windows Vista, que salió a la venta en enero del año 2007, es la versión más reciente de la familia de sistemas operativos de Windows.
- Windows Vista es el sistema operativo más seguro que la compañía Microsoft ha sacado hasta la fecha.
- En Windows Vista el menú de comienzo o "Start" es más intuitivo y se ajusta mejor a su manera de trabajar.
- Una cuenta de usuario es como una membresía virtual a la computadora.
- Para crear cuentas de usuarios use el programa de "User Accounts".
- Estos son los dos tipos de cuentas que puede crear: estándar y de administrador.
- Cree una contraseña para proteger su cuenta de usuario.
- Para entrar a una computadora con Windows Vista, haga clic sobre el nombre del usuario que le corresponde.

Guía a los archivos y las carpetas en Microsoft Windows

Introducción a cómo utilizar archivos y las carpetas en Microsoft Windows

Un archivo para computadoras, como por ejemplo, un resumé que envía por correo electrónico para buscar trabajo, consiste en bits de datos registrados por un programa de computadora a una unidad de almacenamiento de datos (como el disco duro) conectada a su computadora u a otro medio de memoria no volátil. El usuario le da un nombre distintivo que sirve como registro del trabajo que usted ha realizado usando un programa de computadora. Una vez éste sea guardado de manera permanente a su computadora, le será posible regresar a él en el futuro, buscarlo y abrirlo, para trabajar con él.

Letter to DR. Donald L. Greer PhD.doc 19 KB Microsoft Word Document 4/25/2008 11:48 AM

Un archivo es fácil de reconocer por el nombre que usted escogió en el momento en que lo guardó cuando está usando una de las herramientas del sistema operativo para usar archivos (como por ejemplo, Explorer). En el ejemplo de arriba, use el nombre "Letter to Dr. Donald L. Greer PhD" para un nuevo archivo. Por favor tenga en cuenta que el nombre de un archivo en Windows puede consistir de hasta 255 letras.

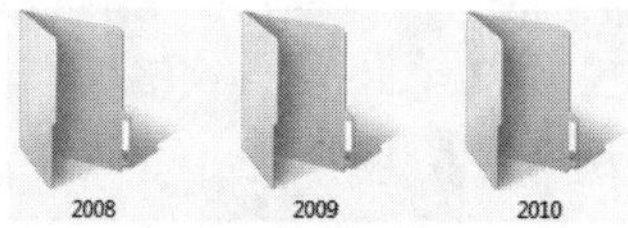

Una carpeta es la unidad de almacenamiento virtual donde usted puede guardar sus archivos, separándolos en diferentes carpetas para que estén más organizados, y por consiguiente sean más fáciles de hallar cuando los necesite. El ejemplo de arriba le da una idea de cómo puede hacer esto, por ejemplo, guardando sus archivos según el año en el cual los creó.

El método de guardar el trabajo que hace en una computadora por el año en que lo creó puede ser especialmente útil si usted tiene un negocio.

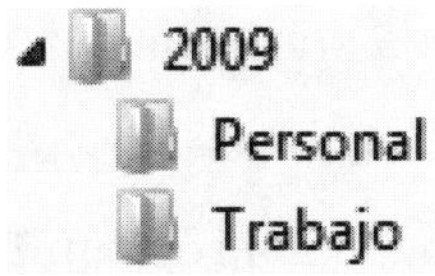

Adicionalmente, como puede ver en la gráfica de arriba, usted no sólo puede dividir su trabajo por el año en que lo creó, sino, por ejemplo, también podría crear dos carpetas adicionales dentro de la carpeta del año 2009: uno conteniendo sus archivos personales y el otro conteniendo los que están relacionados con su trabajo. Inclusive, si desea, usted podría crear carpetas adicionales dentro de cada una de estas carpetas, por ejemplo, creando una carpeta diferente para cada mes del año.

Cómo crear un archivo de computadoras

Usted crea un archivo de computadora cada vez que termina el proceso, en el programa que esté usando, de usar la función de guardar o "Save". Otros archivos son creados automáticamente por algunos de los programas instalados en su computadora. Estos archivos creados automáticamente podrían incluir, por ejemplo, uno que guarda una relación de las veces que su computadora se conectó al Internet sin ningún problema.

Estos son algunos ejemplos de cómo un archivo puede ser creado:

- Usted abre un procesador de palabras, como por ejemplo Microsoft Word, para escribir una carta, y después escoge guardarla. Este archivo es ahora un registro electrónico de la carta que usted puede abrir en cualquier momento para hacerle cambios o para imprimirla.
- Usted toma algunas fotos con su cámara digital, y después las transfiere a su computadora. Ahora éstas pueden ser fácilmente encontradas, buscándolas en la carpeta en la cual usted las guardó.

En general, hay dos tipos importantes de archivos de los cuales usted debe saber:

- Archivos de programas o "Program Files"
- Archivos de datos o "Data Files"

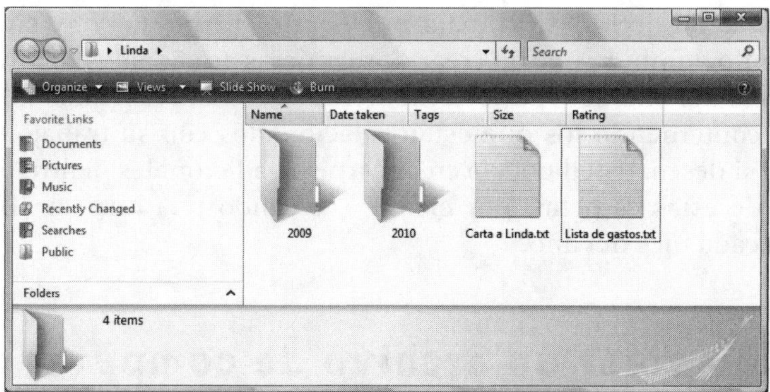

En la gráfica de arriba, usted puede ver los dos tipos de objetos que verá cuando está usando Explorer. Éstas son las carpetas (los símbolos en amarillo que ve en esta gráfica), que a su vez pueden contener carpetas adicionales o archivos o ambos, y los archivos individuales.

La diferencia entre un archivo de programas o "Program File" y uno de datos o "Data File"

Un archivo de programas es el tipo de archivo necesario para que un programa trabaje correctamente. Al principio de la era de las computadora personales, algunos programas estaban compuestos de tan poco como uno o dos archivos; hoy en día un programa para computadoras puede estar compuesto de miles de archivos.

En Windows, el nombre de la carpeta en la cual, por lo general, los archivos de programas son guardados (creada en el momento en que un programa es o fue instalado en su computadora), se llama, apropiadamente, la carpeta de archivos de programas o "Program Files". (Si usted desea, en el momento que esté instalando un programa, puede elegir guardarlo a una carpeta diferente en su unidad de disco duro, pero yo le recomiendo en contra de esto.) En algunas versiones de Windows, la carpeta archivos de programas o "Program Files" está escondida como precaución para evitar que usted borre algunos de los archivos que se encuentran en ella.

Un archivo de datos o "Data File" es el tipo de archivo que usted crea usando un programa para computadoras. Guardar una carta usando el procesador de palabras Microsoft Word crea un archivo de datos, como también cuando usted carga las fotos de su cámara digital al disco duro de su computadora.

En una computadora personal con Windows, la carpeta sugerida por el sistema operativo Windows para almacenar sus archivos de datos es la carpeta de mis documentos o "My Documents" (en Windows Vista, ésta se llama solamente documentos o "Documents"). Adicionalmente, debajo de ésta encontrará otras tres carpetas: mi música o "My Music", mis fotos o "My Pictures" y mis archivos cargados o "Downloaded Files", pero debe saber que usted puede elegir guardar su trabajo en cualquier carpeta a la cual tenga acceso desde su computadora.

La diferencia principal entre los archivos de programas y los archivos de datos es simple: si usted borra por cualquier motivo uno o más de los archivos necesarios para que un programa funcione, lo más probable es que éste no se abrirá más. Por otra parte, si usted borra uno de sus archivos de datos, el programa que usó para crear el archivo todavía funcionará de manera normal; en este caso simplemente habrá perdido el tiempo que le tomó en crearlo. Ahora considere lo siguiente: si usted accidentalmente borra una carpeta que contiene archivos de un programa, el programa al cual pertenecen no trabajará más, y le será necesario reinstalarlo usando el disco original de éste. Ahora, los archivos que creó con este programa, siempre y cuando no estén guardados en la misma carpeta que borró, no serán afectados. La única excepción sería una situación en la cual usted ha borrado un programa que mezcla archivos de datos con los archivos de programas en la misma carpeta, en cuyo caso puede que no le sea posible recobrar los archivos de datos que borró.

El proceso que debe seguir para crear un nuevo archivo en Microsoft Windows

El proceso para crear un nuevo archivo es simple: en cualquier momento después de que usted abre un programa, aún si todavía no ha escrito una sola palabra, elija la función de guardar o "Save" para comenzar el proceso de crear un archivo. Enseguida una ventanita de diálogo se abrirá pidiéndole que escoja el nombre que le quiere dar a este archivo y la carpeta o unidad de almacenamiento permanente (como por ejemplo el disco duro C:\). Esta ventanita también le sugerirá donde guardarlo. Algunos programas también le sugieren que use un nombre, como por ejemplo Microsoft Word, que use el encabezamiento de un documento para sugerirle un nombre. Una vez que usted haya rellenado esa información, haga clic cobre guardar o "Save" para crear su archivo.

Por ejemplo, estos son los pasos para crear un nuevo archivo de datos usando el procesador de palabras Notepad:

1. Para comenzar haga clic sobre el menú de comienzo o "Start", y después jale el indicador del ratón sobre el nombre "All Programs".
   - Ahora, si tiene Windows Vista, busque la carpeta "Accesories", y haga clic sobre ella. Finalmente, haga clic sobre Notepad para abrir este procesador de palabras.
   - Alternativamente, si tiene Windows XP jale el indicador hacia la derecha y hacia arriba y después coloque el indicador del ratón encima del nombre del grupo "Accesories" y jálelo un poco hacia la derecha y hacia abajo. Finalmente, haga clic sobre Notepad para abrir este procesador de palabras.
2. Ahora haga clic sobre "File", y después sobre "Save", y en la ventanita que se abre escriba en frente de "File Name" un

nombre distintivo para su archivo. Después haga clic sobre guardar o "Save" para guardarlo como un archivo nuevo.

Una vez que termine de seguir estos pasos, el documento que guardó permanecerá disponible en la unidad de almacenamiento permanente en donde la almacenó hasta que usted lo cambie de lugar o lo borre.

Las dos maneras más comunes de abrir un archivo, son: a) abrir primero el programa que usó para crearlo, o b) encontrar su nombre en Windows Explorer y hacer clic dos veces sobre su nombre.

Cómo trabajar con carpetas de computadoras en Windows

Una carpeta en una computadora personal funciona como un espacio virtual en una unidad de almacenamiento permanente (como, por ejemplo, el disco duro) que tiene un propósito similar al que tiene una carpeta normal en una oficina: guardar su trabajo de una manera permanente y organizada, con el fin de que más tarde lo pueda encontrar con relativa facilidad.

Por favor tenga en cuenta que cada una de las carpetas con las que trabajará en Windows puede aceptar todos los diferentes tipos de archivos que usted puede crear usando sus programas, por ejemplo, documentos, música, fotos, vídeos y archivos de programas. El sistema operativo Windows automáticamente crea alguna de las carpetas que encontrará en su computadora, como por ejemplo la carpeta mis documentos o "My Documents" (en Windows Vista, ésta se llama solamente documentos o "Documents"), y si ve otros nombres, seguramente son carpetas que fueron creadas por sus programas, por usted o por cualquier otro usuario con acceso a la computadora.

Una carpeta en una computadora personal le permite almacenar archivos, siempre y cuando siga las siguientes reglas:

- Cualquier carpeta puede guardar suficientes archivos hasta llenar el espacio disponible en el dispositivo de almacenamiento particular con el que usted está trabajando (por ejemplo, el disco duro C:).
- Ninguna carpeta puede contener dos archivos con el mismo nombre y la misma extensión (estas son las tres letras que tal vez pueda ver al final del nombre de un archivo), pero carpetas diferentes pueden contener copias del mismo archivo.
- Una vez que ésta se llene hasta su capacidad máxima, ya no le será posible añadir más archivos a esta carpeta particular o a ninguna otra carpeta en la unidad de almacenamiento con la que esté trabajando.

Por ejemplo, el sistema operativo no le permitirá tener dos copias de su resumen de trabajo con el nombre "mi resumen.doc" en la misma carpeta "2008", pero usted puede crear una sub-carpeta adicional debajo de la carpeta "2008" llamada "Personal" y ahí puede tener una copia adicional de este archivo con su resumen. En la siguiente página expandiré más en relación a la forma de almacenar archivos (aún unos con el mismo nombre) en carpetas diferentes con el objeto de organizar su trabajo de una manera más segura.

NOTA	Las carpetas son también conocidas como directorios; si usted recibe instrucciones para crear una carpeta en un directorio particular, esto quiere decir que debe crear una carpeta dentro de otra carpeta.

La carpeta de documentos o "Documents" en Windows Vista, o mis documentos o "My Documents" en versiones anteriores de Windows

Esta es la carpeta predeterminada para almacenar sus archivos de datos en Windows. Y está presente en todas las diferentes versiones de Windows. Su icono, por lo general, está en la parte superior izquierda de su escritorio virtual o "Desktop".

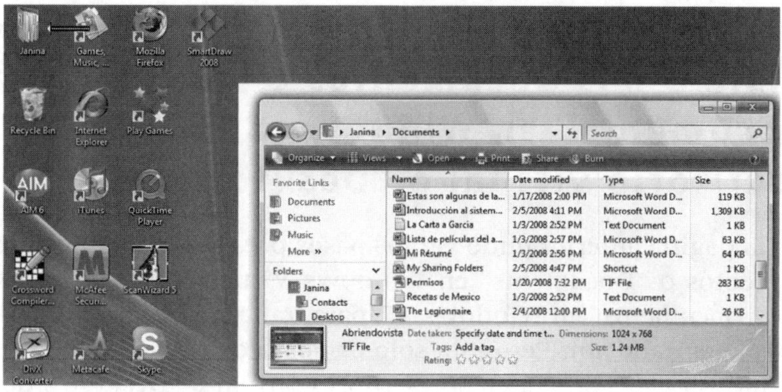

Para abrir la carpeta de documentos o "Documents" en Windows Vista, o mis documentos o "My Documents" en Windows XP, y comenzar a trabajar con los archivos que haya guardado ahí, haga lo siguiente: en Windows Vista haga clic en su escritorio virtual o "Desktop" (si éste esta cubierto por programas, escóndalos) dos veces sobre la carpeta con el nombre del usuario (en este ejemplo hice clic sobre Janina, como puede ver en la gráfica de arriba) que está usando la computadora, y después sobre "Documents". Si su computadora cuenta con una versión anterior de Windows (como por ejemplo Windows XP), busque en su escritorio virtual o "Desktop" el icono de "My Documents" (éste por lo general está en la parte superior izquierda de su escritorio virtual o "Desktop"), y después hágale clic dos veces para abrir esta carpeta.

Aunque el sistema operativo le sugiera que usted guarde su trabajo en la carpeta de mis Documentos o "My Documents", es también posible guardarlo a cualquier otro dispositivo de guardar archivos de manera permanente al cual tenga acceso desde su computadora.

Qué hacer si no puede ver la carpeta de documentos o "Documents" en Windows Vista o mis documentos o "My Documents" en Windows XP en su escritorio virtual o "Desktop"

En la página anterior pudo ver los pasos para abrir la carpeta de documentos o "Documents" en Windows Vista, o mis documentos o "My Documents" en Windows XP, para trabajar con los archivos que haya guardado ahí. Pero esto sólo es posible si usted eligió previamente ver esta carpeta en su escritorio virtual o "Desktop"; de otra manera, tendrá que buscarla usando Windows Explorer.

Para añadir su icono al escritorio virtual o "Desktop", siga los siguientes pasos:

En Windows Vista:

1. Para comenzar, haga clic con el botón derecho del ratón sobre cualquier parte libre de iconos en su escritorio virtual o "Desktop". Si no lo puede ver, entonces primero esconda las ventanas y programas que tiene abiertos.
2. Ahora, en el menú que se abre, escoja "Personalize".
3. Después, en la próxima ventana que se abre, escoja "Change desktop icons".
4. Finalmente, haga clic sobre "User Files", y después sobre "Apply" y por último sobre "OK". Ahora podrá ver en su escritorio virtual o "Desktop" el icono que añadió.

En Windows XP:

1. Para comenzar haga clic con el botón derecho del ratón sobre cualquier parte libre de iconos en su escritorio virtual o "Desktop". Si no lo puede ver, entonces primero esconda las ventanas y programas que tiene abiertos.
2. Ahora, en el menú que se abre, haga clic sobre "Properties".
3. Después, en la próxima ventana que se abre, escoja la pestaña "Desktop".
4. Después haga clic sobre todos los iconos que ve debajo de "Desktop icons" para seleccionarlos.
5. Finalmente, haga clic sobre "Apply", y después sobre "OK". Ahora podrá ver en su escritorio virtual o "Desktop" sus respectivos iconos.

Recuerde, por favor, que también hay otras maneras de llegar a esta carpeta de documentos o "Documents" en Windows Vista, o mis documentos o "My Documents" en Windows XP, que encontrará en su escritorio virtual o "Desktop" después de esconder o minimizar los programas que tenga abiertos en el momento. Otra manera de hacerlo es buscarlos usando Windows Explorer, e inclusive desde la ventana que se abre para ayudarle a guardar o abrir el trabajo que hace con su computadora personal. Esto es algo que usted elige.

Cómo crear una carpeta adicional en Windows

Como pudo ver anteriormente, una de las ventajas de usar carpetas cuando usted usa su computadora personal en Windows es la de permitirle organizar su trabajo de la manera que más le convenga, de acuerdo con el trabajo que hace. Para hacer esto tendrá que crear carpetas adicionales, con nombres que usted escoge. En Windows encontrará varios programas desde los cuales usted puede crear una nueva carpeta, como por ejemplo Windows Explorer, e inclusive lo puede hacer desde la ventana de diálogo que se abre cuando usted elige guardar un documento.

Las instrucciones que siguen a continuación le ayudarán a aprender a crear una nueva carpeta a partir de la carpeta de documentos o

"Documents" (Windows Vista), o mis documentos o "My Documents" (versiones anteriores de Windows).

Estos son los pasos para crear una nueva carpeta en Windows Vista (si tiene Windows XP, salte a la próxima sección) después de esconder o minimizar las ventanas que están tapando el escritorio virtual o "Desktop". Ahora abra Windows Explorer, de la siguiente manera:

1. Haga clic con el botón derecho del ratón sobre el nombre de usuario que ve en su escritorio virtual o "Desktop", y después sobre "Explore".
2. Ahora haga clic sobre la carpeta de "Documents" debajo de "Folders", o si la ve allí, debajo de "Favorite Links".
3. Para crear una carpeta nueva usando el Windows Explorer, haga clic sobre organizar o "Organize", y después sobre nuevo o "New". Alternativamente, haga clic con el botón derecho del ratón en el panel de la derecha sobre cualquier espacio en blanco, y después escoja "New". Después jale el indicador del ratón hacia la derecha sobre la lista de opciones que abre y después hacia arriba. Finalmente, haga clic sobre "Folder". O si desea, haga clic sobre "Organize", y después sobre "Folder".
4. Ahora puede escribir inmediatamente en la casilla en azul el nombre que desea usar para esta carpeta. Por ejemplo, "Trabajo". Después haga clic afuera de esta casilla para confirmarle al sistema operativo que éste es el nombre que desea usar.

Estos son los pasos para crear una nueva carpeta en Windows XP. Primero abra Windows Explorer de la siguiente manera:

1. Para comenzar haga clic con el botón derecho sobre el botón de comienzo o "Start", y después elija "Explore".
2. Ahora haga clic sobre la carpeta "My Documents", debajo de "Folders".
3. Ahora haga clic con el botón derecho del ratón en el panel de la derecha sobre cualquier espacio en blanco, y después escoja "New", jale el indicador del ratón hacia arriba y haga clic sobre "Folder".

4. Ahora puede escribir inmediatamente en la casilla en azul el nombre que desea usar para esta carpeta. Por ejemplo, "Trabajo". Después haga clic afuera de esta casilla para confirmarle al sistema operativo que este es el nombre que desea usar.

Ayuda adicional para cuando esté nombrando carpetas en Windows

Por favor note que después de que usted elija crear una carpeta nueva, como pudo ver en las páginas anteriores, verá un icono con el nombre "New Folder". Ahora usted podrá escoger un nombre a su gusto, o usar el que el sistema operativo le sugiere. De otra manera, la carpeta retendrá el nombre sugerido de "New Folder", y si crea carpetas adicionales al mismo nivel de esta carpeta y no las nombras, estas recibirán los nombres "New Folder1", "New Folder2" y así sucesivamente.

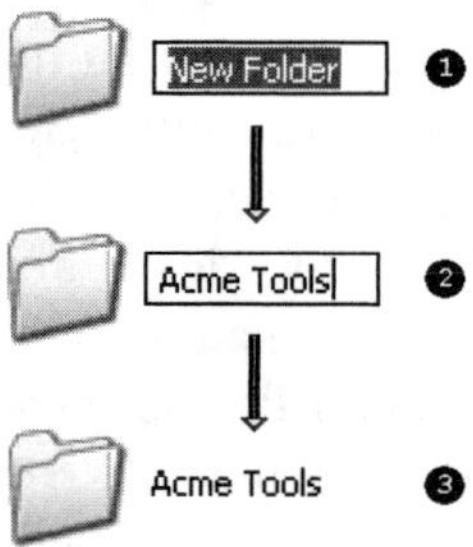

Por favor siga estos pasos para entender mejor el proceso de cambiarle el nombre sugerido, "New Folder", a una carpeta nueva:

1. Una vez que haya decidido crear una carpeta, haga clic dentro de la etiqueta "New Folder", y entonces use la tecla de retroceso o BACKSPACE para suprimir el nombre que ve ahí. Si el nombre dentro de la celda no está seleccionado (como azulado), lentamente haga doble clic sobre él hasta que lo esté.
2. Ahora escriba el nombre que usted quiere usar para esta carpeta nueva.
3. Finalmente, haga clic fuera de la carpeta para que el sistema operativo acepte este nombre que acaba de crear.

Por favor tenga presente que usted no puede usar un nombre que ya ha sido asignado a otra sub-carpeta, o inclusive a un archivo *al mismo nivel de la carpeta en la cual usted está trabajando.* Por ejemplo, si usted ya había nombrado una carpeta con el nombre: "Trabajo" al nivel de una carpeta llamada "Agosto" y ahora desea crear una carpeta nueva debajo de la carpeta "Agosto" usando el nombre "Trabajo", el sistema operativo le avisará de que no puede hacerlo. Ahora, si usted desea, puede cambiarle el nombre a una de las carpetas que creó antes solamente un poco, como por ejemplo añadirle una letra o un número. En este caso, por ejemplo, podría llamar a la nueva carpeta "Trabajo1". Una vez que la carpeta es creada, usted puede guardar los archivos que crea o recibe en ella.

Usted también podría cambiarle el nombre a una carpeta que ya haya creado previamente después de encontrarla en la parte derecha del explorador, o inclusive en la ventana de diálogo que se abre para ayudarle a guardar su trabajo, de la siguiente manera: 1) para comenzar, lentamente haga clic dos veces sobre el nombre de la carpeta cuyo nombre desea cambiar, 2) después oprima la tecla de la flechita derecha → para deseleccionar su nombre. Ahora use las flechitas ← o → para situar la herramienta de seleccionar texto "I" a la derecha de la palabra a la cual desea añadirle una letra, por ejemplo, a la derecha de "Trabajo", si sólo desea añadirle un "1", y después escríbalo. Si desea quitar letras a una palabra, posicione el "I" usando las flechitas la derecha de las letras que desea suprimir, y después use la tecla de retroceso o BACKSPACE para quitarla (s). Si posiciona el "I" a la izquierda de una letra que desea suprimir, use la tecla de suprimir o DELETE, oprimiéndola poco a poco. Cuando termine de cambiar el nombre, haga clic afuera de él para que el sistema operativo lo acepte.

Para buscar más adelante el trabajo que guardó a una carpeta de computadoras, por ejemplo, una carta que guardó a la carpeta "Trabajo" y que a su vez esta guardada en la carpeta "Documents" (en Windows Vista) o "My Documents" (en Windows XP), haga clic a la carpeta "Documents" o "My Documents" y después sobre la carpeta "Trabajo".

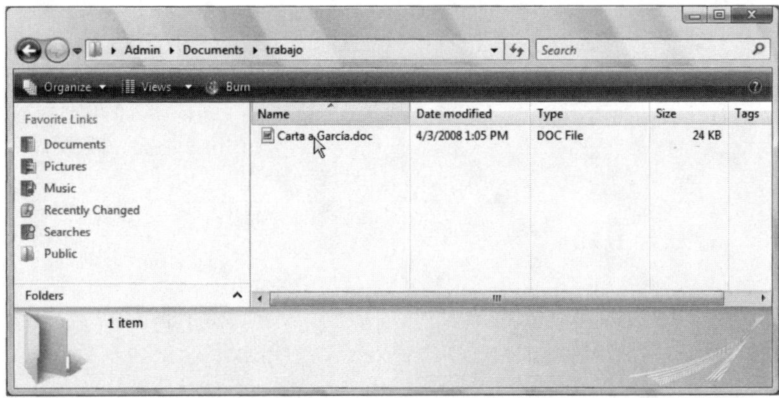

Cuando encuentre el archivo que está buscando, haga clic dos veces sobre su nombre para abrirlo.

Si prefiere, también puede abrir primero el programa que usó para crear un documento, como por ejemplo Microsoft Word, hacer clic sobre "File" después sobre "Open". y Después, usando la ventana que se abre a continuación, buscarlo en la carpeta de "Documents" y después en la de trabajo.

Para recordar

- Usted crea un archivo de computadora cada vez que usted termina el proceso, en el programa que esté usando, de usar la función de guardar o "Save".
- Una carpeta en una computadora personal funciona como un espacio virtual en una unidad de almacenamiento permanente.
- La carpeta "Documents" (Windows Vista) o "My Documents" (Windows XP) es la predeterminada para almacenar sus archivos de datos en Windows.
- Para organizar mejor el trabajo que hace en Windows, cree carpetas adicionales.

Cómo guardar y más adelante abrir el trabajo que hizo en una computadora personal

Introducción a cómo guardar y más adelante abrir el trabajo que hizo en una computadora personal

El proceso de almacenamiento del trabajo que hace con su computadora a un dispositivo de almacenamiento permanente (como es el disco duro fijo C:\) es similar al proceso de almacenamiento de archivos en papel a un archivador de oficina, pero con la principal ventaja de que los archivos guardados en una computadora pueden recuperarse en segundos, a diferencia del tiempo que podría tardar en encontrar los que escribió en un papel y que después guardó en una gaveta en un archivador de oficina.

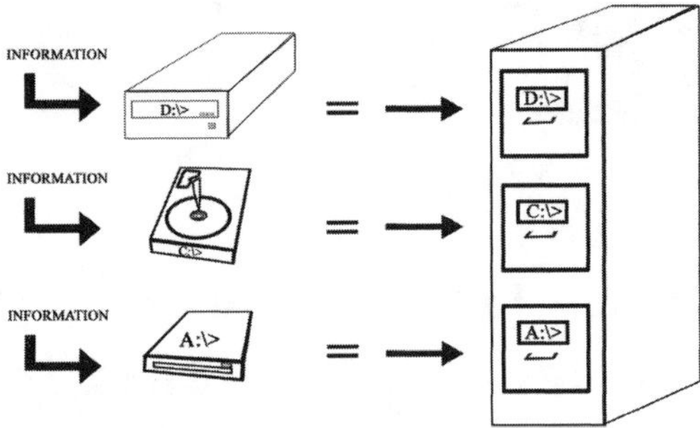

Considere, por ejemplo, que su computadora personal cuenta con una unidad de disco flexible, un disco duro y una unidad de CD–ROM. Entonces imagínese que es como un archivador virtual con tres gavetas. (Refiérase a la gráfica de arriba.) Si abre la primera gaveta, ésta le mostrará los contenidos de cada disco que insertó en la unidad de disco flexible de 3½" (A:). (No se inquiete si su computadora no cuenta con una unidad A:, ya que éstas están siendo reemplazadas como medio para transportar archivos por las unidades flash USB, que poseen mayor capacidad. A este tipo de unidad, por lo general, el sistema operativo Windows les asigna letras como la E:, G: o F:). La siguiente gaveta le mostrará el contenido del primer disco duro fijo, que siempre se llama la unidad C:. Y la última gaveta tendrá los contenidos de un disco que haya guardado en la unidad de CD–ROM o DVD. En una computadora con un segundo disco duro, dependiendo de su configuración, la unidad de CD–ROM o DVD podría recibir la letra E:.

Por favor recuerde siempre guardar el trabajo importante que hace en su computadora tan pronto como abra el programa que seleccionó para crearlo. Por ejemplo, si comienza a redactar su resumen usando el procesador de palabras Microsoft Word, y hay una interrupción del suministro eléctrico —u otras circunstancias imprevistas— usted perderá el trabajo que no haya guardado. Una vez que haya guardado su trabajo, como un archivo de computadora con un nombre en particular, éste le estará disponible en la carpeta/unidad de almacenamiento en la que lo guardó hasta que lo mueva o lo elimine de manera permanente.

Idealmente, cada una de estas gavetas virtuales debería ser organizada por usted en carpetas individuales con nombres descriptivos, por ejemplo, "Cartas de febrero 2004".

Descripción de las diferentes áreas o botones que verá en las ventanas de diálogo que se abren cuando elije el comando de guardar o "Save" o de abrir o "Open" en Windows Vista/XP

Para guardar y abrir archivos de manera eficiente en Microsoft Windows, es necesario familiarizarse con los diferentes botones y partes que verá en las ventanas secundarias que se abren cada vez que usted escoge el comando de guardar o "Save", o abrir o "Open", en uno de los programas de computadoras con los que está trabajando en Windows.

Por ejemplo, para ver este tipo de ventana de cuadro de diálogo, abra el programa WordPad de la siguiente manera:

1. En Windows Vista, haga clic sobre el botón del menú de comienzo o "Start"; ahora escriba "WordPad" y después oprima la tecla de confirmar o ENTER. En Windows XP, haga

clic sobre el botón del menú de comienzo o "Start"; ahora lleve el indicador del ratón sobre "All Programs". En versiones más antiguas de Windows, haga clic sobre el menú de comienzo o "Start" y luego en "Programs" Ahora jale el ratón hacia la derecha sobre el grupo de accessorios o "Accesories" y luego hacia abajo. Finalmente, haga clic sobre el icono de WordPad para abrirlo.

2. Una vez que este programa se abra, haga clic sobre archivo o "File". A continuación, haga clic sobre guardar o "Save". Ahora la ventana de diálogo "Save" se abrirá. Esta es casi idéntica a la del cuadro de diálogo abrir o "Open".

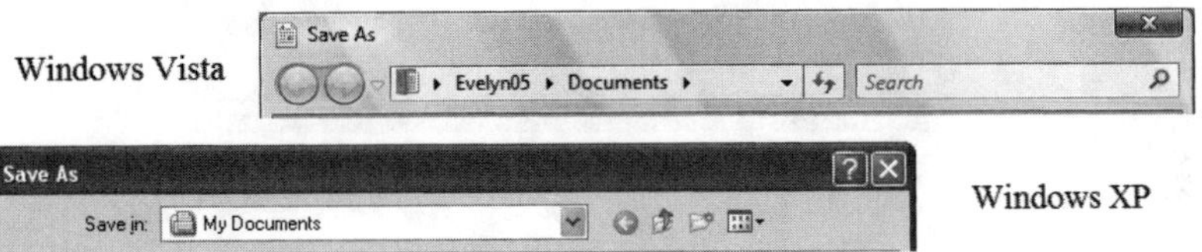

Lo primero que notará en la primera gráfica que puede ver arriba que capturé en la ventana de diálogo que se abrió en Windows Vista, es el nombre de la carpeta, que en este ejemplo aparece en frente del nombre de usuario, en este caso Evelyn05, cuando está guardando un archivo o abriéndolo. En esta captura de pantalla dice "Documents". En la segunda gráfica, que capturé en la ventana de diálogo que se abrió en Windows XP, fíjese en el nombre de la carpeta que aparece enfrente de guardar en o "Save in" si va a guardar un archivo, o en buscar en o "Look in" si está buscando archivos que desea abrir. En esta captura de pantalla dice "My Documents" (mis documentos).

Por favor tenga en cuenta que esta ventana del cuadro de diálogo de guardar "Save As" sólo se abre la primera vez que usted decide guardar un nuevo documento, después de ejecutar el comando de guardar o "Save" y siempre cuando usa el comando de Guardar como o "Save As", para ayudarle a 1) seleccionar dónde en su disco duro (como una carpeta en particular) desea guardar su archivo, y 2) escoger un nombre para él. De ahí en adelante, cuando haga cambios a un archivo existente y seleccione el comando de guardar o "Save" esta ventana de cuadro de diálogo se abrirá, a menos que elija guardar haciendo clic sobre archivo o "File" y luego sobre guardar como o "Save As". En Office 2007, sería cuando hace clic sobre el botón de Office y después sobre "Save As". La ventana de diálogo Abrir "Open" se abre siempre que decide abrir un archivo escogiendo el comando de Abrir "Open".

Para entender mejor cómo usar este tipo de ventana secundaria de cuadro de diálogo en Windows Vista, verá en estas dos páginas siguientes más información acerca de cómo usarla para completar la tarea de guardar o abrir archivos usando sus programas en Windows Vista.

- El área de Guardar como o "Save As" o Abrir o "Open".

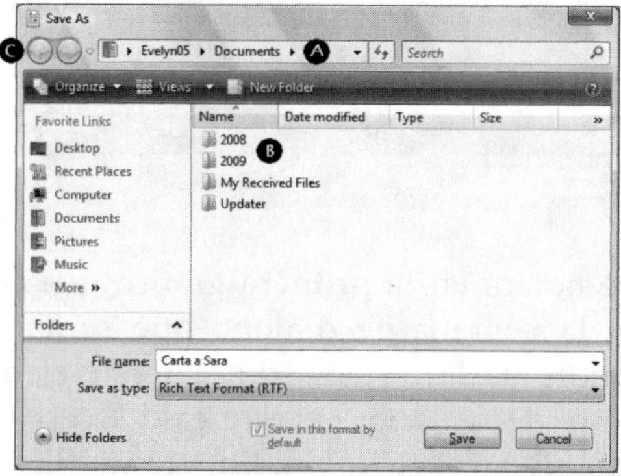

En esta casilla verá el nombre de la carpeta a cuyo nivel está trabajando actualmente. Por ejemplo, si usted le dio a un archivo el nombre de "Carta a Sara", mientras esta casilla decía "Documents" y después hizo clic sobre "Save", el archivo será guardado al nivel de la carpeta "Documents". Luego, para abrir ese archivo más adelante, navegue el árbol de carpetas hasta que en esta casilla diga "Documents". Ahora busque el archivo en el panel de al lado y luego haga doble clic sobre él para abrirlo.

Estos son los nombres de las sub-carpetas y los archivos guardados a nivel de la carpeta cuyo nombre ve en la casilla de arriba, donde ahora ve una "A". Para guardar su trabajo en una sub-carpeta distinta cuyo nombre esté visible en esta área, por ejemplo "2008", haga doble clic en su nombre. Si el nombre de la carpeta que desea usar para guardar o buscar su trabajo no aparece en esta área, entonces haga clic en uno de los enlaces del costado izquierdo, por ejemplo, el de "My Computer" (mi PC).

Haga clic en esta flecha, la cual sólo está disponible cuando está azulada, para subir (es decir, retroceder) un nivel. Por ejemplo, si hizo doble clic en una de las sub-carpetas que se encuentran bajo la carpeta "Documents", como "2008", para trabajar con sus contenidos (archivos y carpetas) y ahora desea volver al nivel "Documents", simplemente haga clic en el botón de la flecha hacia la izquierda.

En la siguiente página, aprenderá a trabajar con los otros botones o áreas que verá en esta ventana de diálogo y entender mejor cómo usarlos para almacenar y abrir el trabajo que hace con una computadora con Windows Vista. Los enlaces que verá en el costado izquierdo de los cuadros de diálogo "Save As" u "Open", debajo de Enlaces Favoritos "Favorite Links".

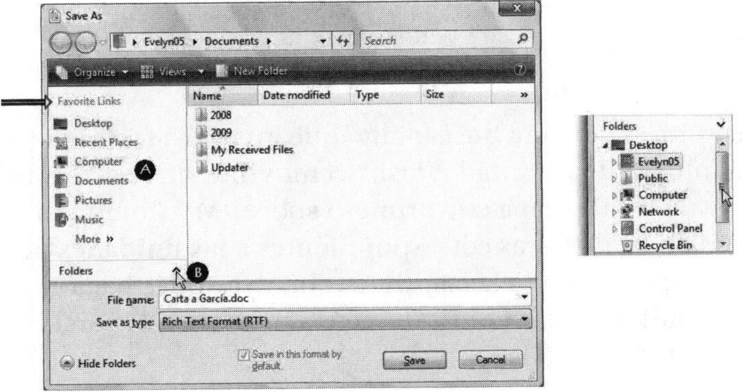

Esta es la descripción de algunos de estos enlaces. Por ejemplo, si hace clic sobre:

"Desktop" (escritorio virtual): **usted será llevado al nivel del escritorio virtual de Windows.**

"My Recent Places" (mis sitios recientes): **verá los nombres de las carpetas donde ha guardado archivos recientemente y también los nombres de estos archivos. Por ejemplo, si está en el proceso de guardar un archivo y ve la carpeta "2008" ahí, puede hacer doble clic en su nombre para agruparlo con otros que ha estado guardando en esta carpeta. Si ve el nombre de un archivo con el que ha trabajado recientemente, haga doble clic en él para abrirlo.**

"Computer" (no está disponible en versiones más antiguas de Word): **le dará acceso a todos los recursos disponibles desde su computadora.**

"Documents" (documentos): le dará acceso a los archivos y carpetas dentro de la carpeta "Documents".

"Pictures" (fotos): le dará acceso a los archivos y carpetas dentro de la carpeta "Pictures".

"Music" (música): le dará acceso a los archivos y carpetas dentro de la carpeta "Music".

Si hace clic sobre uno de estos enlaces y después sobre carpetas o "Folders", podrá ver casi todas las carpetas a las cuales pude guardar su trabajo, y más adelante abrirlo.

Note que en la derecha de esta captura de pantalla, cuando hace clic sobre "Folders" y ve una barra de desplazamiento, la puede usar para ver más carpetas que ahora están fuera de vista de la siguiente manera: lleve el indicador del ratón sobre esta guía, señalada por la flecha, oprima y sostenga el botón izquierdo del ratón oprimido y después jálelo hacia arriba o hacia abajo hasta encontrar su trabajo. Visite la sección sobre Explorador de Windows en la página 221 para aprender más acerca de cómo navegar el árbol de carpetas.

Por ejemplo, si necesita buscar algo que guardó a la unidad de almacenamiento J:, una unidad "flash" removible que está usando para guardar su trabajo, haga clic primero sobre "My Computer" (mi PC) para ver la lista de letras correspondientes a las unidades de almacenamientos conectadas a la computadora, y después haga clic sobre la letra asignada a su unidad flash para trabajar con los archivos o carpetas guardados en ella.

Ahora, para que entienda mejor cómo usar las ventanas de diálogo en Windows XP, le mostraré en las tres páginas que siguen todas las diferentes formas en que puede usarlas, destacando en cada una de ellas los distintos botones o áreas que debe usar para completar la tarea de guardar o abrir archivos usando sus programas en Windows XP:

- El área de guardar en "Save in" o buscar en "Look in".

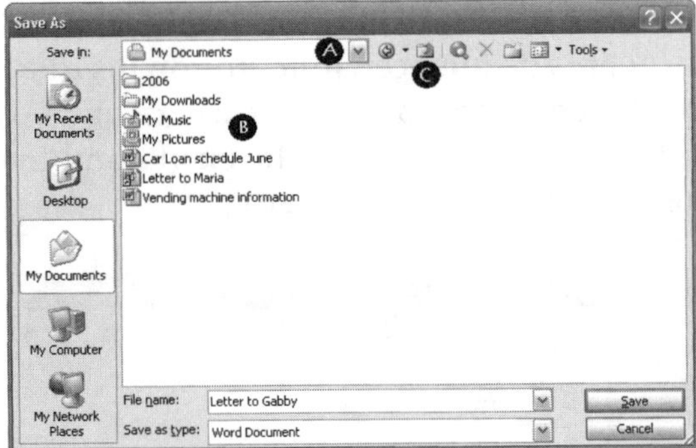

Este es el nombre de la carpeta a cuyo nivel está trabajando actualmente. Por ejemplo, si usted le dio a un archivo el nombre de "Letter to Gabby", mientras que enfrente a "Save in" dice "My Documents" (mis documentos) e hizo clic sobre "Save" (guardar), el archivo será guardado a nivel de la carpeta "My Documents" (mis documentos). Luego, para abrir este archivo más adelante, navegue el árbol de carpetas hasta que enfrente de "Look in" (buscar en) diga "My Documents" (mis documentos). Ahora busque el archivo y luego haga doble clic sobre él para abrirlo.

Estos son los nombres de las sub-carpetas y los archivos que se encuentran en el nivel de la carpeta cuyo nombre está enfrente de "Save in" (guardar en) o "Look in" (buscar en). Para guardar su trabajo en una sub-carpeta distinta cuyo nombre esté visible en esta área, por ejemplo la "2006", haga doble clic en su nombre. Si el nombre de la carpeta que desea usar para guardar o buscar su trabajo no aparece en esta área, entonces haga clic en uno de los botones del costado izquierdo (por ejemplo el de "My Computer" o haga clic enfrente de "Save in" (guardar en) o "Look in" (buscar en) para buscarlo.

Haga clic en esta flecha para subir (es decir, retroceder) un nivel. Por ejemplo, si hizo doble clic en una de las sub-carpetas que se encuentran bajo la carpeta "My Documents" (mis documentos), como la "2006", para trabajar con sus contenidos (archivos y carpetas) y ahora desea volver al nivel "My Documents", simplemente haga clic en el botón de la flecha hacia arriba.

En las páginas que siguen, aprenderá a trabajar con los otros botones o áreas que se encuentran en esta ventana de diálogo, a fin de ayudarle a entender mejor cómo usarla para almacenar y recuperar el trabajo que hace con una computadora que tenga Windows XP.

En la siguiente gráfica de una captura de pantalla, puede ver la lista de los distintos lugares de almacenamiento con los que puede trabajar cuando hace clic en el nombre de la carpeta que ve en frente de "Save in" (guardar en) o cuando hace clic en el nombre de la carpeta que ve en frente de "Look in" (buscar en).

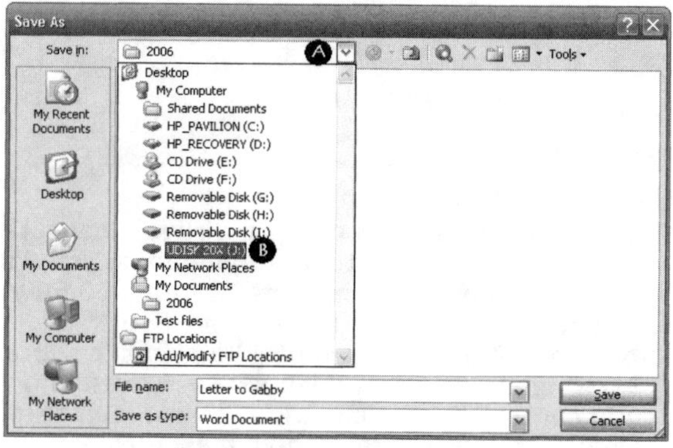

Para comenzar, haga clic sobre el nombre de la carpeta que aparece en frente de guardar en o "Save in" —o si va a abrir un archivo, en frente de buscar en o "Look in"— para ver los nombres de las distintas unidades y recursos de almacenamiento disponibles para guardar y abrir archivos.

Para trabajar con uno de estos recursos de almacenamiento a los cuales tiene acceso desde su computadora, haga clic sobre su nombre, como por ejemplo:

- ***"Desktop" (escritorio virtual):*** **usted será llevado al nivel del escritorio de Windows.**
- ***"My Documents" (mis documentos):*** **usted será llevado al nivel de la carpeta "My Documents".**
- ***"My Computer" (mi PC):*** **se le dará acceso a todos los recursos disponibles desde su computadora. En este ejemplo hice clic sobre "J:" para guardar mi trabajo ahí.**
- ***"My Network" (mis sitios de red):*** **si trabaja en una red de área local (LAN), al hacer clic en este icono se mostrarán las carpetas de la red a las que tiene acceso.**

Por ejemplo, si usted decide guardar un archivo después de escoger el "Desktop" (escritorio virtual) para posteriormente buscarlo y abrirlo, necesitará regresar a "Desktop" haciendo clic sobre el botón "Desktop" en el costado izquierdo de esta ventana de diálogo.

Tenga en cuenta que mientras guarda o abre archivos, en algunos programas para Windows la ventana de diálogo que abrirá cuando elije guardar o abrir su trabajo no tendrá los mismos botones o iconos que ve en el lado izquierdo de esta captura de pantalla, y usted sólo trabajará con este tipo de lista de menú desplegable que se abre cuando hace clic en el nombre de la carpeta enfrente de "Save in" (guardar en) o "Look in" (buscar en), si abre, como se muestra en la página anterior.

- Los botones y atajos directos en el costado izquierdo de las ventanas de diálogo "Save As" (guardar como) u "Open" (abrir).

Estas son las descripciones de estos botones y atajos. Por ejemplo, si hace clic sobre:

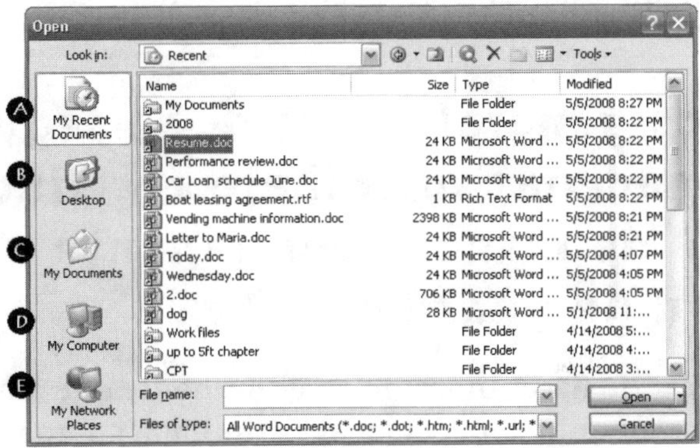

"My Recent Documents" (mis documentos recientes) o "History" (historia): **podrá ver los nombres de las carpetas donde ha guardado archivos recientemente y también los nombres de esos archivos. Por ejemplo, si está en el proceso de guardar un archivo y ve la carpeta "2008" ahí, puede hacer doble clic en su nombre para que el nuevo archivo que está guardando pueda agruparse con otros que ha estado guardando con esta carpeta. Si ve el nombre de un archivo con el que ha trabajado hace poco, sólo haga doble clic en él para abrirlo.**

"Desktop" (escritorio virtual): **usted será llevado al nivel del escritorio virtual de Windows.**

"My Documents" (mis documentos): **se le dará acceso a los archivos y carpetas dentro de la carpeta "My Documents".**

"My Computer" (mi computadora. No es visible en versiones más antiguas de Windows): se le dará acceso a todos los recursos disponibles desde su computadora.

"My Network" (mis sitios de red): si trabaja dentro de una red de área local (LAN), al hacer clic en este icono podrá ver las carpetas de la red a las que tiene acceso.

En la página 186, usted vio cómo buscar la unidad de almacenamiento J: para guardar o abrir un archivo (que podría ser una unidad flash removible que está usando para guardar su trabajo) haciendo clic primero enfrente de "Save in" (guardar en) o "Look in" (buscar en, si está abriendo un archivo). De igual manera, puede llegar a la misma unidad J: haciendo clic en el botón "My Computer" (mi computadora) para ser llevado a ese nivel y, cuando se le presente la lista de letras de unidades, sólo haga doble clic en la letra asignada a su unidad flash para trabajar con ella.

Los pasos generales que debe seguir para almacenar su trabajo en Windows Vista/XP de manera permanente usando la opción de guardar o "Save"

No puedo dejar de hacer hincapié en el hecho de que almacenar su trabajo en una computadora personal es similar a guardar documentos que haya escrito en papel en un archivador de oficina regular, pero de una manera virtual. Además, una vez que guarda su trabajo en una unidad de almacenamiento permanente, la podrá encontrar después (a menos que lo haya movido o eliminado) en el mismo lugar en el que lo guardó.

Este es el proceso general para guardar su trabajo, como un archivo de computadora, en Windows:

1. Abra el programa de computadora que necesita usar, como por ejemplo si desea escribir una carta, abra un procesador de palabras como Microsoft Word.
2. Ahora, haga clic sobre "File" (archivo) y luego sobre "Save" (guardar) y luego use la ventana de diálogo que aparece en las

páginas anteriores que se abre para seleccionar la carpeta donde desea guardar su documento y escoger un nombre para el archivo. Una vez que haga esto, haga clic sobre "Save". Alternativamente, haga un borrador del archivo primero y seleccione guardarlo más tarde. En Office 2007, haga clic sobre el botón de "Office 2007" y después sobre "Save" (guardar).

3. Cuando haya terminado de crear su trabajo, y después guardarlo, cierre el programa que usó haciendo clic sobre "File" (archivo) y luego sobre "Exit" (salir).

Ahora repasaremos paso por paso este proceso de almacenamiento de un nuevo documento:

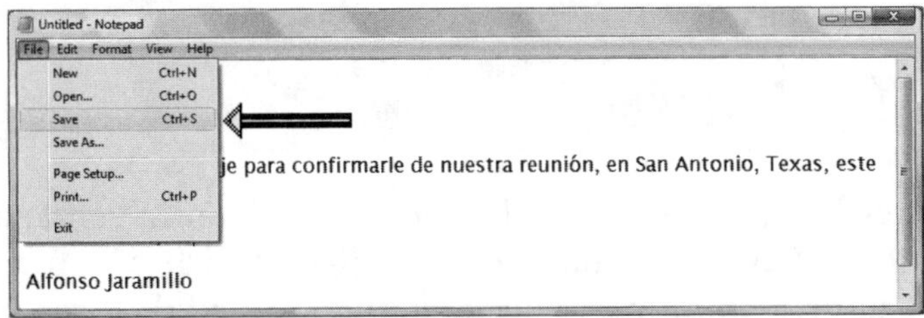

1. Primero, haga clic sobre "File" (archivo) y luego seleccione "Save" (guardar), como puede ver en esta captura de pantalla, o bien oprima y mantenga presionada la tecla CTRL y después la tecla "S".

Si ve este botón (de un disco flexible pequeño) en la barra de herramientas de un programa, entonces también puede hacer clic sobre él para comenzar el proceso de guardar su trabajo. Al final de este capítulo verá los pasos necesarios para guardar un documento en el programa de Office 2007, ya que su barra de herramientas es diferente a la que muestro en este ejemplo.

2. Ahora, si su computadora tiene Windows Vista, debe utilizar su nueva ventana de cuadro de diálogo "Save As" (guardar como) para mostrarle a su programa exactamente dónde —es decir, en qué unidad de disco duro o dispositivo de almace-

namiento removible y en qué carpeta— desea guardar su trabajo. Observe en la siguiente captura de pantalla, en la casilla superior, que si escojo guardar un archivo en este momento, éste se guardará en el nivel de la carpeta "2008". Si desea guardarlo a una unidad o carpeta diferente, entonces selecciónelo ahora, antes de hacer clic sobre "Save" (guardar).

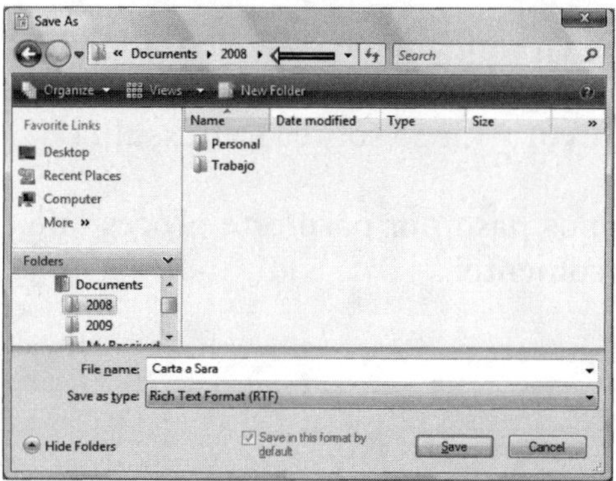

Si tiene Windows XP, también puede utilizar la ventana de diálogo "Save As" (guardar como) para decirle a su programa exactamente dónde—es decir, en qué unidad de disco duro o dispositivo de almacenamiento removible y en qué carpeta— desea guardar su trabajo. Observe en la siguiente captura de pantalla, en frente de "Save in" (guardar en), que si escojo guardar un archivo en este momento, éste se guardará en el nivel de la carpeta "Work" (trabajo). Si desea guardar su trabajo en una unidad o carpeta diferente, entonces selecciónela ahora, antes de hacer clic sobre "Save" (guardar).

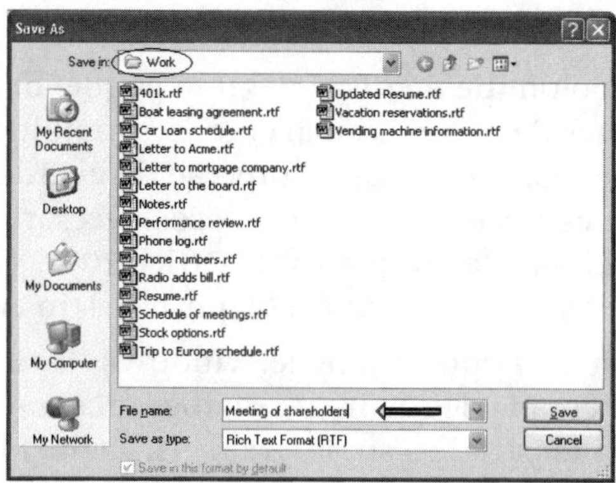

3. Ahora, tanto en Windows Vista como en Windows XP debe darle a su archivo un nombre descriptivo y escribirlo en el espacio a la derecha de "File name" (nombre de archivo). Con algunos programas, usted también puede utilizar el nombre sugerido que elige el programa para su archivo (que se toma del encabezado del documento en el que está trabajando). Para comenzar a colocar el nombre de su archivo, primero haga clic en el espacio a la derecha de "File name"; ahora presione la tecla de flecha hacia la derecha y use la tecla BACKSPACE (retroceso) para reducir parte o el nombre completo sugerido y luego ingrese el nombre que desea usar para su archivo. **Advertencia:** si intenta guardar su trabajo usando un nombre de archivo con el nombre exacto de un archivo que ya está guardado actualmente en este nivel de carpeta, entonces recibirá un mensaje preguntándole si desea reemplazar el archivo que hay ahora en el disco duro; lo que significa sobrescribir el archivo preexistente con el que está guardando. Si no está seguro, haga clic sobre "No" y cambie el nombre del archivo que desea guardar. Por ejemplo, si quiere guardar el mensaje llamado "Currículum," pero desea mantener el archivo "Currículum" original, entonces coloque un "2" al final del archivo para usar "Currículum2" para su nuevo archivo.

   Finalmente, haga clic sobre "Save" (guardar) para almacenar de manera permanente su trabajo como un archivo de computadora. De ahora en adelante, cada vez que haga cambios a este archivo en particular, haga clic sobre "File" (archivo) y luego sobre "Save" (guardar) o, si lo ve, haga clic en el icono de disco flexible en la barra de herramientas de un programa, pero tenga en cuenta que, después de que le haya puesto el nombre, no volverá a ver esta ventana de diálogo cuando escoja guardar sus cambios. Esto ocurre a menos que utilice el comando "Save as" (guardar como), que verá más adelante en este capítulo, para guardarlo en una carpeta o unidad diferente o para cambiarle el nombre.

En este momento, siempre y cuando no haya hecho clic sobre el botón de "Save" (guardar), incluso puede crear una sub-carpeta adicional para organizar o agrupar mejor los archivos que desea guardar. Por ejemplo, si anteriormente creó una carpeta llamada

"2008", pero no desea mantener todos sus archivos de trabajo y archivos personales mezclados, entonces cree dos sub-carpetas, una llamada "Personal" y la otra llamada "Trabajo" —ambas dentro de la misma carpeta "2008"— usando la misma ventana de diálogo "Save As" (guardar como) que abre cuando selecciona guardar su trabajo como un archivo de computadora.

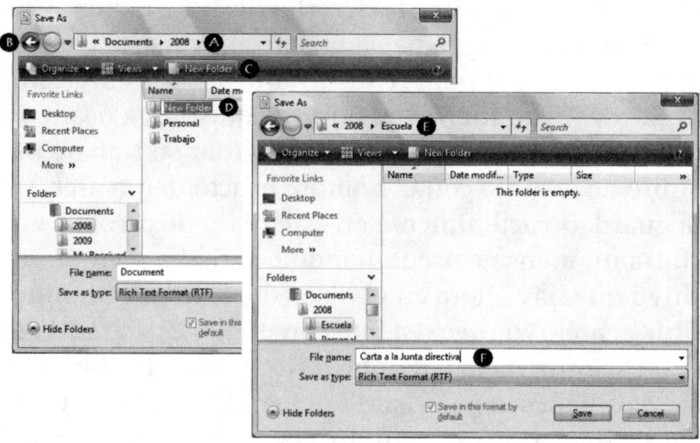

Esta es la manera de crear sub-carpetas en Windows Vista usando la ventana de "Save As" (guardar como):

Este es el nombre de la carpeta a cuyo nivel está trabajando actualmente.

Haga clic sobre esta flecha que está apuntando hacia la izquierda para retroceder un nivel y buscar otra sub-carpeta en la cual prefiere guardar su trabajo.

Haga clic sobre el icono "New folder" (nueva carpeta" para comenzar a crear una nueva sub-carpeta bajo el nombre de la carpeta que actualmente puede ver en la casilla de arriba de esta ventana.

Ahora haga clic en el nombre destacado "New folder" (nueva carpeta) y use la tecla de retroceso para eliminarlo. En seguida, escriba un nombre para ella y haga clic fuera de ésta. Repita este proceso para crear cuantas carpetas desee. En versiones anteriores de MS Office, si aparece enseguida una pequeña ventana escriba el nombre de la nueva carpeta y haga clic sobre "OK" (aceptar) para usarla de inmediato.

A veces, immediatamente después de que usted crea una nueva carpeta, ésta aparacerá

seleccionada, como la carpeta en la cual guardará el documento que empezó a guardar después de hacer clic sobre "Save". Si éste no es el caso y quiere usar esta nueva carpeta para guardar su trabajo, haga doble clic en su nombre para usarla.

Finalmente, haga clic en frente de "File Name" (nombre del archivo) y escriba un nombre descriptivo que desea usar para el nuevo archivo, y luego haga clic sobre "Save" (guardar) para almacenar su trabajo como un archivo para computadora.

De ahora en adelante, si desea abrir este archivo para trabajar con él, regrese a la misma sub-carpeta donde lo guardó. Una vez que vea el nombre del archivo, haga doble clic sobre él para abrirlo.

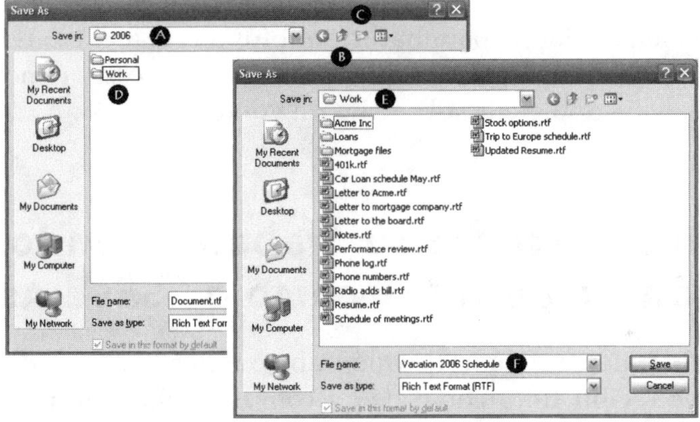

Esta es la manera de crear sub-carpetas en Windows XP usando la ventana de "Save As" (guardar como):

Este es el nombre de la carpeta a cuyo nivel está trabajando actualmente.

Haga clic en esta flecha verde que está apuntando hacia arriba para retroceder un nivel y buscar otra sub-carpeta en la cual prefiere guardar su trabajo.

Haga clic sobre el icono "Create new folder" crear nueva carpeta") para comenzar a crear una nueva sub-carpeta bajo el nombre de la carpeta que actualmente puede ver enfrente de "Save in" (guardar en).

Ahora haga clic en el nombre destacado "New folder" (nueva carpeta) y use la tecla de retroceso para eliminarlo. Ahora escriba un nombre para ella y haga clic fuera de ésta. Repita este proceso para crear cuantas carpetas lo desee. Para utilizar esta nueva carpeta para guardar sus archivos, haga doble clic sobre ella. En versiones anteriores de MS Office, si aparece en seguida una pequeña ventana, escriba el nombre de la nueva carpeta y haga clic en "OK" (aceptar) para usarla de inmediato. Para volver a la carpeta desde la cual creó esta carpeta, haga clic en el botón de flecha hacia arriba.

Para este ejemplo, hice doble clic en la nueva carpeta "Work" (trabajo) para usarla.

Finalmente, haga clic en frente de "File Name" (Nombre del archivo) y escriba un nombre descriptivo que desea para el nuevo archivo, y luego haga clic sobre "Save" (guardar) para almacenar su trabajo como un archivo para computadora.

De ahora en adelante, para hacer cambios a este archivo regrese a la misma sub-carpeta donde lo guardó. Una vez que vea el nombre del archivo, haga doble clic sobre él para volver a abrirlo.

Cómo almacenar su trabajo usando la opción de guardar como o "Save As"

A menudo, dependiendo de qué trabajo tenga, usted podría crear o inclusive recibir un archivo de su compañía llamado un *template* o plantilla. Este es un documento prediseñado para un uso en particular que podrá ser usado varias veces como base para crear otro documento. Una tarjeta de pago para registrar los horarios de un empleado y sus servicios prestados es sólo un ejemplo de un *template.*

Por ejemplo, después de abrir un archivo *template* (plantilla) que desea preservar y en el cual necesita trabajar, no utilice la opción de "Save" (guardar) justo después de escribir la información que se le pide (por ejemplo, su nombre). En lugar de ello, utilice la opción de "Save As" (guardar como), la cual le permite mantener el nombre del archivo original sin la nueva información que acaba de ingresar y crea una copia del archivo original con la nueva información y para la cual usted debería escoger un nombre diferente al del archivo original. Para comenzar este proceso, haga clic sobre "File" y luego seleccione "Save As" en lugar de "Save".

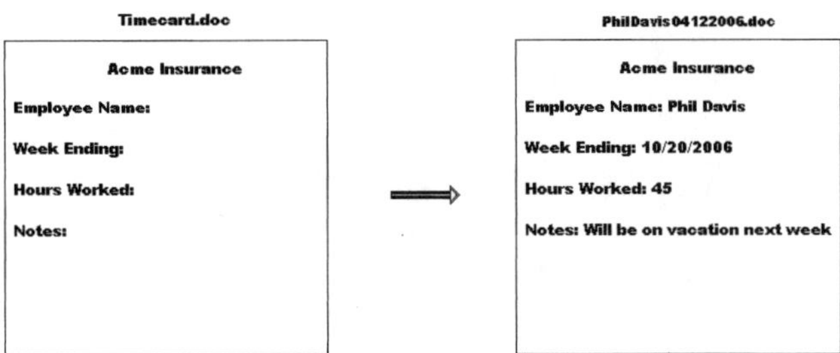

En la gráfica de arriba, usted puede ver dos documentos: en la izquierda puede ver la copia original de una tarjeta de registro de horario en un archivo de computadora llamado "Timecard.doc" que se creó para permitir que los empleados registraran de manera electrónica sus horas. A la derecha hay una copia del archivo original que un empleado personalizó con la información para una semana de trabajo y guardó con un nombre de archivo diferente.

El procedimiento para hacer esto es simple: 1) cada semana, el empleado abre la plantilla o *template* original (llamado "Timecard.doc"), 2) inmediatamente hace clic sobre "File" y luego sobre "Save As", 3) le da un nuevo nombre, por ejemplo usando una combinación de su nombre y la semana trabajada y 4) llena la tarjeta con su información de trabajo para esa semana. Ahora observe el nuevo nombre de archivo: "phildavis04122006.doc".

Alternativamente, si desea mantener la plantilla original pero no quiere cambiarle el nombre, haga los cambios que necesita en un archivo y luego guárdelo de inmediato en una *carpeta diferente* en su unidad de disco duro. Este proceso también garantiza que usted tenga un archivo original (por ejemplo el archivo "Resumé.doc") en la carpeta original desde donde lo abrió.

Para practicar almacenar su trabajo usando la opción de guardar como o "Save As", abra un procesador de palabras como WordPad, que es incluido con Windows, y luego escriba una carta de muestra con las palabras exactas del archivo plantilla que pudo ver en la página anterior ("Timecard.doc"). Ahora haga clic sobre archivo o "File" y luego sobre guardar o "Save" y déle el nombre "Timecard" y haga clic sobre "Save". Luego déjelo abierto. Al final de este capítulo explicaré como usar los nuevos botones en Office 2007 que debe usar para guardar y abrir su trabajo.

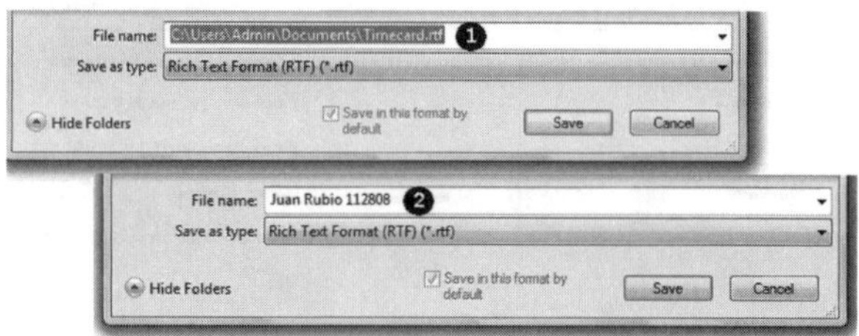

Estas son las instrucciones, paso a paso, para usar la opción guardar como o de "Save As":

1. Después de escribir la información solicitada en la plantilla de muestra (como por ejemplo su horas), haga clic sobre "File" y luego sobre "Save As" en lugar de sólo "Save". Para eliminar o cambiar el nombre de archivo que ve ahí mientras éste está destacado (azulado) presione cualquier tecla (por ejemplo la barra espaciadora). De lo contrario, presione la tecla de la flecha hacia la derecha.
2. Ahora observe la posición del cursor destellante (use la tecla de BACKSPACE para quitar el texto hacia la izquierda de él y la tecla DELETE (suprimir) hacia la derecha) y para cambiar su posición, use las teclas de flechas y luego escriba el nuevo nombre para él. Por ejemplo, si ésta es una tarjeta de registro de horario semanal, un empleado debería escribir su nombre, el mes, el día y el año en que trabajó (en este ejemplo usé el nombre "Juan Rubio 112808"). La adición de un número o una letra al final del nombre de archivo actual que vera ahí (para modificarlo), como "Timecard1", será suficiente para proteger el archivo original. Finalmente, para guardarlo, haga clic sobre el botón de "Save" (guardar).

Esto es particularmente útil si tiene un resumen de trabajo básico que modifica de vez en cuando para adecuarlo a una oportunidad laboral particular. Para mantener el resumen de trabajo original; abralo y haga clic sobre "File" (archivo) y luego sobre guardar como o "Save as" y cámbiele el nombre de inmediato. Una vez que el nuevo archivo reciba un nombre, puede usar guardar o "Save" para almacenar los nuevos cambios en él.

Precaución: mientras está cambiando los nombres de archivos, trate de mantener la extensión del archivo de 3 letras (si la ve). Por ejemplo, para cambiar el nombre de "Test.doc", haga clic en el espacio antes del punto "." o use la tecla de flecha hacia la izquierda para colocar el cursor destellante "|" antes del punto debido a que la mayoría de los archivos de computadora se abrirán sin pasos extra si modifica o elimina la extensión de estos. Tenga en cuenta que también puede usar "Save As" (guardar como) para trabajar con archivos de distintos tipos, no sólo archivos de procesadores de texto, como archivos de Excel o incluso archivos gráficos.

Para darle una idea de lo útil que es saber esto, piense en lo siguiente: usted tomó una excelente foto digital de sus nietos. Ahora, usando un programa gráfico, desea cambiarle el brillo o el contraste, pero quiere poder regresar al archivo original para compararlo. Para empezar, abra el archivo original e inmediatamente use "Save As" (guardar como) haciendo clic sobre "File" (archivo) y luego sobre "Save As" y ahora guarde este archivo con un nombre diferente (para cambiar su nombre basta con agregar tan sólo una letra o número al final del nombre original). Ahora siga trabajando en este nuevo archivo, y haga todos los cambios que desee hacer. Esto garantiza que si después necesita regresar a ver la copia original para compararla estará ahí, archivada con seguridad en la carpeta original donde la guardó cuando copió esta foto de su cámara digital.

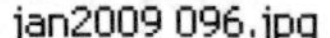

Por ejemplo, observe en esta captura de pantalla un archivo original (que se llama "jan2009 096.jpg") y una copia del archivo original, que guardé usando "Save As" (guardar como) en la misma carpeta, aunque utilizando un nombre que es diferente por sólo una letra: "Jan2009 096a.jpg" (observe la "a" al final), lo que permite guardarlo junto con el archivo original.

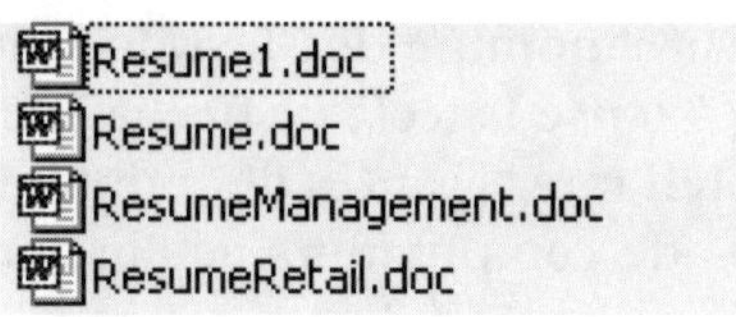

Después de un tiempo, como puede ver en esta captura de pantalla, si ha utilizado bien este proceso, tendrá muchos archivos en su computadora (incluso en la misma carpeta) con nombres similares. Por ejemplo, en esta gráfica de una pantalla que capturé en mi computadora puede ver cuatro archivos que comienzan con "Resume..."

Información extra sobre cómo nombrar y cambiarle el nombre a un archivo de computadora

Tenga en cuenta que cuando comienza el proceso de guardar su trabajo a su computadora personal con el sistema operativo Windows la mayoría de los programas le ofrecerán un nombre sugerido que puede utilizar. Además, a veces estos programas toman el nombre sugerido del encabezamiento del documento que está creando o de un nombre establecido de antemano por el programa, como por ejemplo "Untitled-7.tif". Depende de usted si desea usar el nombre sugerido para su archivo, o usar uno de su propia preferencia.

A Car expenses for the month of January.doc

B Car expenses for the month of January.doc
Car expenses for the month of January.doc

C Car expenses for the month of Januarya.doc
Car expenses.doc

Observe los siguientes puntos cuando está dando o cambiando el nombre a un archivo de computadora:

Note que tan pronto como se abre la ventana de diálogo "Save As" (guardar como) enfrente de "File Name" (nombre de archivo), aparecerá

destacado el nombre de archivo sugerido. Si usted presiona cualquier tecla distinta a las teclas de flecha, éste será suprimido. Para recuperarlo, oprima y sostenga la tecla CTRL al oprimir la tecla Z de inmediato.

Para usar el nombre sugerido, haga clic sobre "Save" (guardar). Para cambiarlo, haga clic en el nombre de archivo que ve, presione la tecla de flecha hacia la derecha (en la parte derecha inferior del teclado) o haga un solo clic después de la letra que desea agregar o eliminar. Si ve la extensión de archivo de tres letras (por ejemplo, ".doc"), presione las teclas de flecha hacia la izquierda o hacia la derecha para colocar el cursor destellante antes del punto ".". Para usar parte del nombre, mantenga presionada la tecla de flecha hacia la derecha hasta que el cursor esté destellando a la derecha de la última letra desde la cual desea comenzar a agregar letras al nombre del archivo para cambiarlo. Presione la tecla de retroceso o BACKSPACE para quitar el texto hacia la izquierda de una letra y la tecla DELETE para el que ve a la derecha.

Tenga en cuenta que añadir una sola letra (como una a o una w) o un número al final o la mitad del nombre de un archivo antes del punto "." es suficiente para cambiarle el nombre. En este ejemplo, eliminé la mayor parte del nombre del archivo de muestra usando la tecla BACKSPACE y ahora el nombre del archivo es "Car expenses.doc". Finalmente, haga clic en guardar o "Save".

Si va a usar guardar como "Save As" para mantener un archivo de plantilla, entonces debe darle al archivo un nombre nuevo. Esto puede lograrse agregando tan sólo un número o una letra al final del nombre actual del archivo.

Cómo abrir el trabajo que guardó en una computadora usando la opción de abrir o "Open"

Después de que haya escogido guardar un archivo a una carpeta en su unidad de disco duro u otro dispositivo de almacenamiento al cual usted tiene acceso desde su computadora, el archivo permanecerá guardado ahí, listo para ser abierto en cualquier momento (hasta que lo elimine o lo mueva).

Estas son algunas de las formas de abrir un archivo guardando en su computadora con Windows:

- Abra el programa de computadora que usó para crearlo, como por ejemplo Microsoft Word, y luego seleccione la orden para abrir archivos haciendo clic sobre archivo o "File" y luego sobre "Open". A continuación encuentre la carpeta donde lo guardó y después haga doble clic en su nombre para abrirlo o un sólo clic en su nombre y después en el botón de "Open" para abrirlo. En Office 2007 haga clic sobre el botón de "Office 2007", y después sobre abriro "Open".
- Abra Windows Explorer (Explorador de Windows) o el programa "My computer" (mi computadora), navegue a la carpeta donde guardó el archivo y luego haga doble clic en su nombre para abrirlo.
- Si el archivo fue guardado en el escritorio virtual o "Desktop" de Windows o usted le hizo un atajo o "Shortcut" ahí, entonces haga doble clic en su nombre para abrirlo. También puede hacer doble clic en la carpeta de "My Documents" (mis documentos) para ver las carpetas o archivos guardados en ella.

Por ejemplo, abra Windows Explorer y navegue a la carpeta o subcarpeta donde ha guardado un archivo.

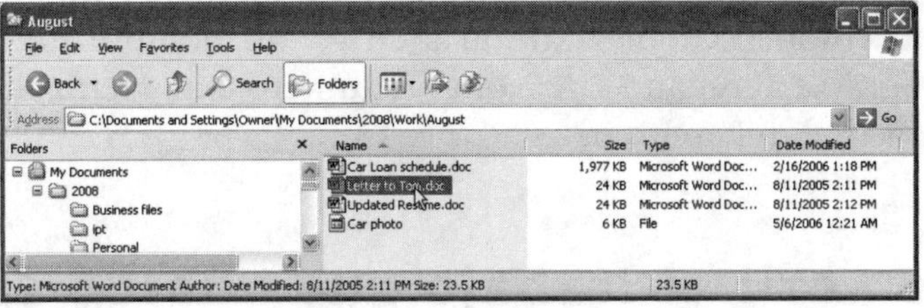

Cuando encuentre el archivo que está buscando (en este ejemplo "Letter to Tom.doc" en la sub-carpeta "August"), haga doble clic sobre su nombre para abrirlo.

Observe en esta captura de pantalla que el archivo "Car Photo" no muestra una extensión de archivo válida, por ello, al hacer doble clic en su nombre no se abrirá, pero usted todavía podrá abrirlo abriendo primero un programa compatible (note que el nombre

"Car Photo" sugiere que es un archivo gráfico). De esta manera: 1) encuentre un programa gráfico en su computadora y ábralo, 2) haga clic sobre archivo o "File" y luego sobre abrir o "Open" y después navegue a la carpeta donde se encuentra el archivo, 3) haga clic en frente de "Files of Type" (tipo de archivo) y cámbielo a "All formats" (todos los formatos) o "All Files (*.*)" y 4) ahora encuentre el archivo y, por último, haga doble clic sobre su nombre para abrirlo.

Como usted pudo ver anteriormente, la manera más común de abrir un archivo es primero abrir el programa que usted usó para crearlo. Pero si el archivo le fue enviado adjunto a un mensaje de correo electrónico, entonces puede determinar, mirando la extensión del archivo, qué tipo de programa puede usar para abrirlo.

Esta es una lista de las extensiones, que son como el apellido de un archivo, más comunes y los nombres de los programas que puede usar para abrirlos:

- *.bmp:* use el programa Paintbrush.
- *.docx* o *.doc:* use Microsoft Word 2007/2003 para Windows.
- *.jpg:* use cualquier programa gráfico instalado en su computadora, como Adobe Photoshop.
- *.xls:* use Microsoft Excel para Windows.
- *.ppt:* use Microsoft PowerPoint para Windows.

Este es el paso inicial para abrir un archivo usando la opción de abrir o "Open" después de abrir el programa que utilizó para crearlo o uno que sea compatible con él:

Haga clic sobre archivo o "File" y luego seleccione abrir o "Open" u oprima y mantenga presionada la tecla CTRL y después oprima la tecla O. En Office 2007 haga clic sobre el botón de "Office", y después sobre abrir u "Open".

Si ve este botón (de una carpeta pequeña) en la barra de herramientas de un programa, entonces también puede hacer clic sobre él para comenzar el proceso de buscar o abrir sus archivos.

Ahora la ventana de diálogo abrir u "Open" se abre (lo que es explicado en las páginas anteriores). En las siguientes páginas, aprenderá a terminar el proceso de trabajar con las distintas unidades de almacenamiento disponibles en su computadora para abrir su trabajo.

Cuando se abre la ventana de diálogo de archivo "Open" (abrir), puede comenzar a buscar el archivo que necesita encontrar para abrirlo.

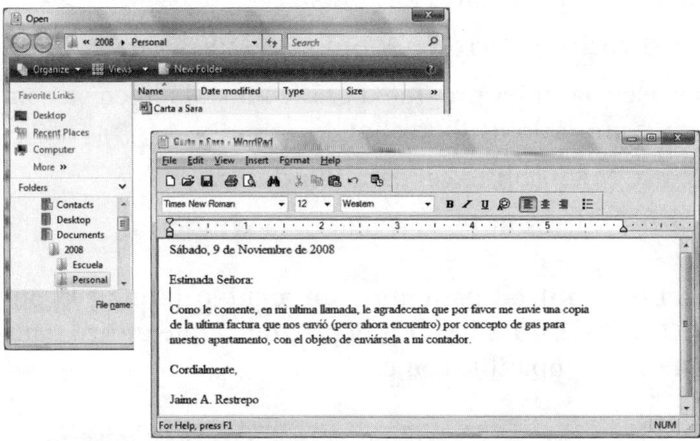

Esta es la manera de usar la ventana de diálogo de archivo abrir u" "Open" para abrir un archivo en Windows:

1. Para comenzar, regrese a la carpeta donde previamente guardó el archivo en el que necesita trabajar ahora. Mire en la casilla de arriba de la ventana de "Open" (abrir) en Windows Vista, o "Look in" (buscar en) en Windows XP, para ver si ese es el nombre de la carpeta donde lo guardó o, si no lo encuentra,

haga clic en los botones en el costado izquierdo de esta ventana de diálogo para navegar a la carpeta donde lo guardó.

2. Una vez que encuentre el archivo, en este ejemplo "Carta a Sara", haga doble clic sobre él para abrirlo. Si hizo clic una sola vez en el archivo para seleccionarlo, entonces haga clic en el botón de "Open" (abrir) para abrirlo.
3. Ahora su archivo se debe abrir. Si hace cambios al archivo, entonces debe guardarlos usando "File" + "Save" (archivo + guardar) o, de manera alternativa, presione y sostenga la tecla CTRL y después la tecla S, o bien haga clic en el icono del disco flexible (si lo ve) en la barra de herramientas del programa (en caso de que el programa con que esté trabajando tenga una). También puede navegar a la carpeta donde está guardado el archivo usando Windows Explorer o el programa "Computer" en Windows Vista o "My Computer" en Windows XP y cuando lo encuentre, haga doble clic sobre él para abrirlo.

Tenga en cuenta el siguiente punto cuando esté buscando sus archivos: si usted creó previamente una carpeta "Work" bajo la carpeta "2006" y otra carpeta "Work" bajo la carpeta "2007" y en el momento en que guardó el archivo enfrente de "Save in" decía, "Work" y ahora trata de volver a la carpeta "Work" bajo la carpeta "2006", pero el archivo no está ahí, lo que probablemente sucedió es que esté guardado en la carpeta "2007". Para trabajar con él, navegue a la carpeta "Work" bajo la carpeta "2007" para buscarlo y abrirlo.

También es importante saber cuando está buscando los archivos con los que desea volver a trabajar que en algunas situaciones estos podrían no ser visibles de inmediato en la ventana de diálogo "Open" (abrir), aun cuando esté buscándolos en la carpeta donde los guardó.

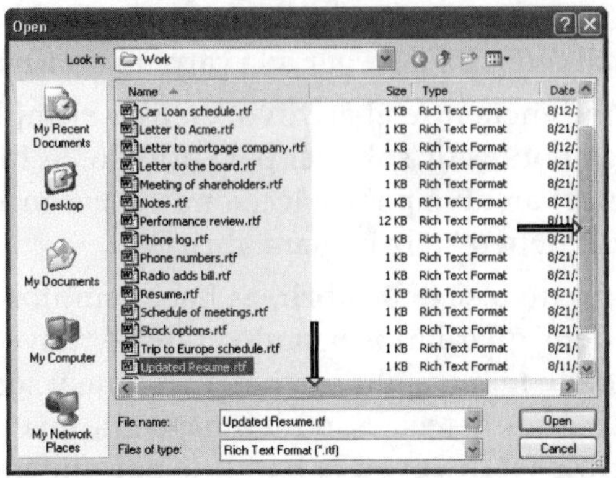

Por ejemplo, si las barras de desplazamiento son visibles —vea las flechas en esta pantalla que capturé—, esto significa que hay más archivos, carpetas o información para encontrar con sólo mover el contenido de la ventana de diálogo "Open" (abrir). Para ver los archivos ocultos o una carpeta que no puede ver en esta ventana, haga clic en la guía azul en la barra de desplazamiento vertical u horizontal y luego oprima y sostenga el botón izquierdo del ratón. Ahora muévala hacia abajo o hacia arriba para verlos, o bien haga clic en el panel principal (donde ve los archivos y carpetas) y luego presione la tecla PAGE DOWN o PAGE UP para verlos.

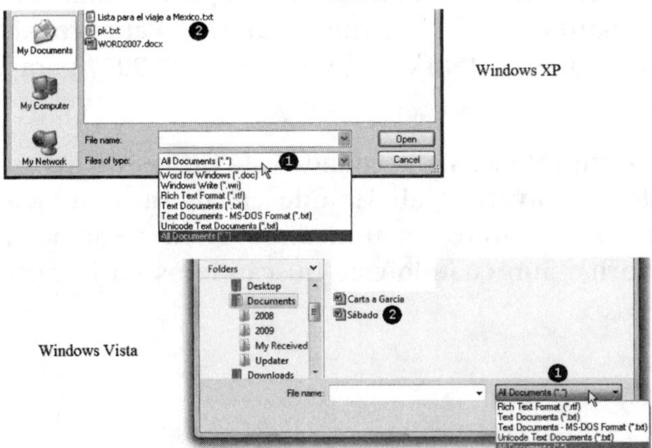

A veces es posible que siga sin poder ver el nombre de un archivo que está buscando. Si éste es el caso, trate de abrirlo de esta manera; de acuerdo con la gráfica de arriba:

1. Haga clic en frente de "Files of type" en Windows XP o en el espacio en la parte baja de la ventana de abrir en Windows Vista y luego seleccione "All Documents (*.*)" o "All Files (*.*)".
2. Cuando vea el nombre del archivo que está buscando, cuyo icono podría verse diferente de los que ve en esta ventana, haga doble clic sobre él para abrirlo.

Si el archivo con el cual necesita trabajar todavía no se abre, puede ser que su programa no sea compatible con él. Esto ocurre generalmente con archivos que ha recibido adjuntos a mensajes de correo electrónico.

Cómo abrir archivos desde el escritorio virtual o "Desktop" del programa "My Computer" o Windows Explorer

Como vimos anteriormente, usted también puede abrir un archivo desde el escritorio virtual de Windows, "Desktop", el programa "My Computer" (mi computadora) o inclusive la ventana de Windows Explorer (Explorador de Windows) haciendo doble clic en su nombre. Ahora se abrirá el programa que fue usado para crear el archivo, o uno que sea compatible con un archivo que recibió, mostrándole el archivo en su ventana de trabajo.

Por ejemplo, abramos Windows Explorer para buscar un archivo y abrirlo de esta manera: haga clic con el botón derecho del ratón sobre el botón del menú de comienzo, o "Start", y luego seleccione "Explore".

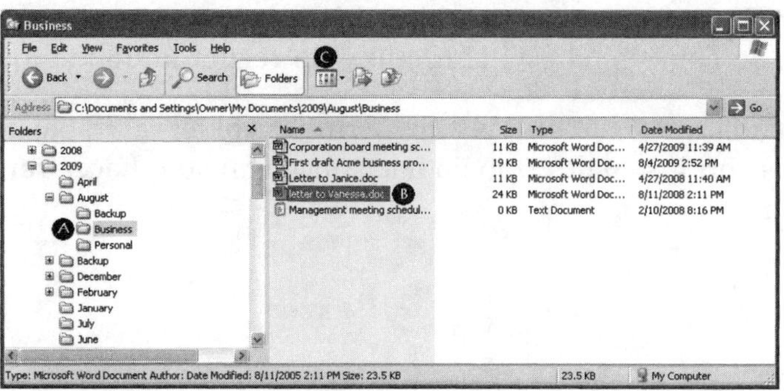

Una vez que el Explorador de Windows se abra, navegue a la carpeta donde está guardado el archivo que está buscando y luego ábralo de esta manera:

Esta es la carpeta donde está guardado el archivo de muestra.

Ahora puede comenzar a buscar el archivo con el que desea trabajar (en este ejemplo, estamos buscando "letter to Vanessa"). Una vez que lo encuentre, haga doble clic sobre el nombre del archivo y éste se abrirá. Si éste es un archivo que se le envió adjunto a un correo electrónico y no tiene el programa que lo creó, puede que el archivo no se abra.

Si está buscando un archivo por la fecha en que fue creado, haga clic en el menú de ver o "View" y seleccione detalles o "Details" para ver información adicional (la fecha, por ejemplo). Si está buscando una foto en particular, puede seleccionar "Thumbnails" (vistas en miniatura) para ver una vista previa de las fotos en esta carpeta.

Tenga en cuenta que, a veces, cuando busca archivos que ha guardado, podría tener que buscarlos en varias carpetas diferentes antes de encontrarlos, o inclusive en diferentes unidades de almacenamiento, haciendo clic primero sobre "Computer" (Windows Vista) o "My Computer" (Windows XP).

Cómo abrir los documentos en los que ha trabajado recientemente

La creación de archivos de documentos en Windows es muy fácil: usted abre el programa, escoge un nombre para el archivo y lo guarda. Sin embargo, buscar el archivo después puede ser problemático, en especial si está apurado y no recuerda dónde lo guardó.

Afortunadamente, Windows le permite volver a trabajar en los archivos con los cuales trabajó hace poco con sólo hacer varios clics del ratón.

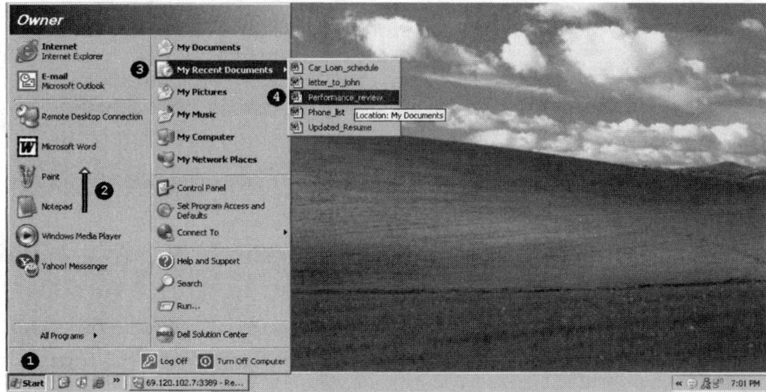

Para ver una lista de los documentos que ha abierto recientemente, haga lo siguiente:

1. Haga clic sobre el botón del menú de comienzo o "Start".
2. Mueva el indicador del ratón hacia arriba.
3. Después jálelo hacia la derecha sobre "My Recent Documents" (documentos recientes). En Windows Vista dice, "Recent Items".
4. En esta lista, haga clic para seleccionar el nombre del archivo en el que desea trabajar. Si eliminó o movió un archivo, entonces verá un mensaje de que no se puede encontrar el archivo. En Windows Vista, haga clic con el botón derecho del ratón sobre "Recent Items" y después sobre "Clear recent" para borrar los nombres que esta lista guardó.

Si no ve esta opción en el menú de "Start" (Windows Vista), haga clic con el botón derecho del ratón en el botón "Start" y luego seleccione "Properties" (propiedades). Ahora haga clic debajo de "Privacy" y después sobre "Store and display". Si no ve esta opción en el menú de "Start" (Windows XP), haga clic con el botón derecho del ratón en el botón de "Start" y luego seleccione "Properties" (propiedades). Ahora haga clic en "Customize" (personalizar), luego haga clic en la ficha "Advanced" (opciones avanzadas). Asegúrese de marcar "List my most recently...." (mostrar los documentos abiertos recientemente). Para borrarlos, haga clic sobre "Clear list" (borrar lista).

NOTA Esta lista cambia de manera constante, lo que significa que a medida que abre archivos, algunos nombres desaparecerán de la lista y sólo verá los que ha abierto más recientemente.

Inclusive, algunos programas, como Microsoft Word y Windows WordPad, también mantienen en su menú de "File" (archivo) una lista muy corta de los archivos con los que ha trabajado recientemente. Esta lista también cambia cada vez que abre un archivo y por eso usted sólo verá los nombres de los archivos que ha abierto más recientemente.

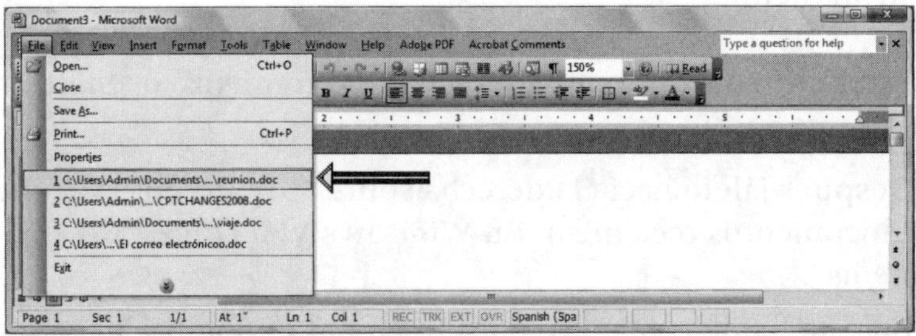

Para ver la lista de documentos con los que ha trabajado recientemente en Windows WordPad o en la mayoría de los programas de Microsoft Office:

1. Abra Word o WordPad (si ese es el procesador de palabras que ha utilizado) y haga clic en "File" (archivo). En el nuevo Office 2007, haga clic sobre el botón de "Office", y esta lista aparecerá a la derecha de la ventana que se abre.
2. En la parte inferior de este menú desplegable, verá una lista de los nombres de sus archivos.
3. Para volver a trabajar con un archivo en particular cuyo nombre vea en esta lista, haga clic sobre él.

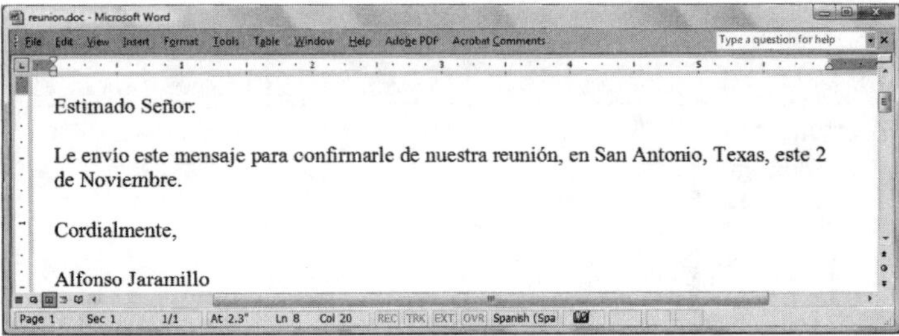

Cuando vuelva a abrir el documento, éste debe verse exactamente como lo dejó la última vez que lo guardó. Ahora usted puede hacerle cambios o imprimirlo. Sin embargo, si ha eliminado o movido estos archivos a otra ubicación, entonces el programa le dará un mensaje de que no pudo encontrarlo.

En Windows Vista/XP, podría ser necesario colocar el indicador del ratón en el signo de flecha doble en el menú que se abre cuando elige la opción de "Open" para ver el resto de los nombres en este menú.

Cómo encontrar un archivo usando las opciones de búsqueda o "Search"

Si no recuerda el nombre exacto del archivo que está buscando ni el sitio donde lo guardó, entonces puede usar el programa "Search" (búsqueda) de Windows para encontrarlo. Si tiene una versión diferente de Windows, como Windows 98, esta opción dirá "Find" en lugar de "Search", pero los pasos que debe seguir serán similares.

En Windows Vista, sólo es necesario hacer clic sobre el botón de comienzo o "Start", e inmediatamente escribir el nombre del archivo que está buscando. Cuando lo vea debajo de "Files", hágale clic para abrirlo.

En Windows XP, haga clic con el botón derecho del ratón sobre el botón de comienzo o "Start" y luego haga clic sobre "Search".

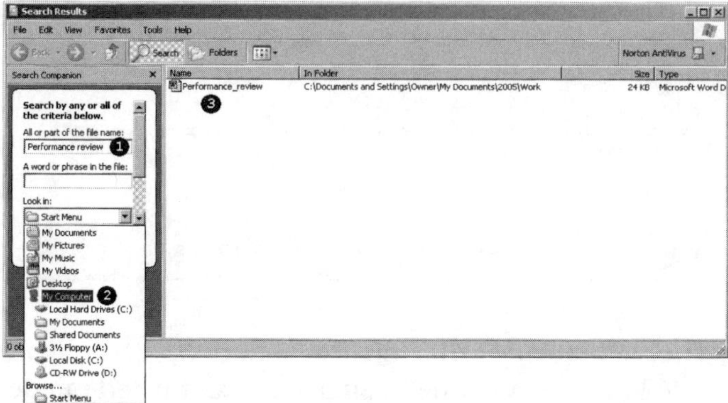

Ahora, siga estos pasos para encontrar un archivo que guardó a un disco duro local o que copió desde otra computadora y ahora no recuerda adonde lo copió:

1. Haga clic en este espacio en blanco y escriba el nombre (o parte del nombre) del archivo que está buscando. Para este ejemplo, escribí "Performance review".
2. Haga clic debajo de "Look in" (buscar en) para ampliar la búsqueda y luego haga clic sobre "My Computer" en la letra de la unidad de almacenamiento donde cree que está ubicado. Luego haga clic sobre buscar o "Search".
3. Si el programa de búsqueda lo encuentra, usted verá su nombre en el panel de la derecha (en este ejemplo, encontró un nombre de archivo "Performance review"). Ahora sólo es necesario hacer doble clic en su nombre para abrirlo.

Tenga en cuenta que si ha trabajado con un archivo que ha guardado en carpetas distintas usando el mismo nombre, este programa le mostrará una lista de archivos con el mismo nombre de archivo y extensión que están guardados en carpetas diferentes en sus recursos de almacenamiento. Entonces es posible que usted tenga que abrir algunos de estos archivos para encontrar la versión exacta con la cual necesita trabajar.

La importancia de respaldar el trabajo que hace en la computadora

Nunca asuma que el trabajo que hace usando una computadora personal estará ahí para siempre. De vez en cuando, una computadora podría ser víctima de una sobretensión que destruye la información guardada en las unidades de almacenamiento conectadas a ella, o bien usted (o alguien con acceso a la computadora) podría borrar accidentalmente un archivo muy importante. También un virus de computadoras podría afectar la información guardada en su computadora.

La pregunta que tiene que hacerse es, ¿qué haría si un día necesito un archivo muy importante, o alguien en mi trabajo me pide que busque un archivo, y no lo puedo encontrar en el disco duro?

Esto es lo que recomiendo:

- Si trabaja para una compañía, siga meticulosamente el proceso de respaldo de archivos que recomienda su departamento de IT (Information Technology o tecnología de informática). Si no sabe cuáles son las pautas que debe seguir para respaldar su trabajo, ¡entonces pregunte cuáles son!
- Si usted es dueño de un pequeño negocio, busque y contrate a un profesional de IT que pueda ayudarlo a idear un plan de recuperación anti-desastres para ayudarle a mantener su negocio a flote en caso de que su computadora principal deje de funcionar.
- Si usted es un usuario doméstico, puede usar programas comercialmente disponibles (como el *software* Nero Burning) si cuenta con el equipo adecuado en su computadora (un grabador de CD o DVD) para respaldar sus archivos.

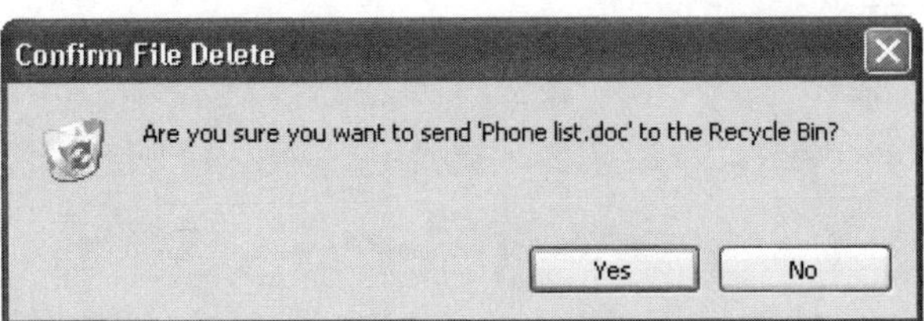

- Tenga mucho cuidado cuando esté trabajando con sus archivos. En esta captura de pantalla puede ver un mensaje donde se le pregunta su desea enviar un archivo al "Recycle Bin" (canasta de reciclaje). Usted puede ver este mensaje cuando está trabajando en Windows Explorer (Explorador de Windows) o "My Computer" (mi computadora) y selecciona accidentalmente eliminar un archivo. Si esto no es lo que desea hacer, oprima la tecla ESC para cerrar esta ventana de diálogo, o bien haga clic sobre "No".

Por ejemplo, mientras escribía este libro, creé respaldos de todos los diferentes capítulos en él y me los envíe por correo electrónico a mi dirección de correo electrónico. Esto me garantizó que si mi computadora dejaba de funcionar, yo podría recuperar mi trabajo abriendo mi cuenta de correo electrónico, y después bajándolos de ahí.

Cómo respaldar sus archivos a un CD o DVD en Windows Vista/XP

Si su computadora no cuenta con un programa para crear CDs o DVDs (como por ejemplo, Nero Burning), entonces puede utilizar el Explorador de Windows XP/Vista para crear copias de respaldo de los archivos creados en su computadora, siempre y cuando su computadora tenga el *hardware* necesario. Tenga en cuenta que Windows XP sólo le permite hacer respaldos de su trabajo usando discos de CD-R o CD-RW y no a discos de DVD. En Windows XP, para grabar DVDs necesita un grabador de DVD y un *software* comercial (como lo es Nero Burning).

Para respaldar su trabajo a CDs o DVDs en Windows Vista, comience abriendo Windows Explorer (Explorador de Windows) haciendo clic con el botón derecho del ratón sobre el botón "Start", y después sobre "Explore".

Estos son los pasos, como puede ver en esta gráfica de una pantalla que capturé en mi computadora, para comenzar el proceso de respaldar su trabajo a un CD o DVD en Windows Vista:

1. Para comenzar navegue a la carpeta que contiene el o los archivos que desea respaldar, y haga clic para ver su contenido en el panel derecho del Explorador de Windows.
2. Seleccione el o los archivos que desee guardar:
    - Para seleccionar un archivo o una carpeta, haga clic una vez sobre él.
    - Para seleccionar un grupo de archivos contiguos que desea respaldar, haga clic en el panel de la derecha, después oprima y sostenga la tecla SHIFT. Luego haga clic sobre el primer archivo o carpeta que desea seleccionar y después en el último. Ahora levante el dedo del teclado. Si los archivos que necesita seleccionar están ocultos detrás de la ventana, entonces haga clic en las guías al final de las barras de desplazamiento vertical mientras sigue sosteniendo la tecla de SHIFT hasta que encuentre el último que desea seleccionar. Luego haga clic en él para destacar la selección completa. Para seleccionar archivos o carpetas no contiguas, o ambos, siga las primeras instrucciones para seleccionar un grupo que sea contiguo, y luego oprima y mantenga

sostenida la tecla CTRL y después haga un sólo clic en todos los archivos o carpetas adicionales que desea seleccionar.

3. Ahora haga clic con el botón derecho del ratón en cualquiera de los archivos o carpetas seleccionados y después jale el indicador del ratón sobre "Send to" o enviar a.
4. Finalmente, muévalo hacia la derecha o la izquierda (derecha, en esta captura de pantalla) y hacia abajo y después haga clic sobre la unidad de grabación de CD o DVD.

Ahora puede ser que una ventanita ovalada se abre automáticamente, con el mensaje: "You have files...". Para comenzar este proceso, haga clic sobre ella. Ahora la ventana del Explorador se abre, mostrándole los archivos que están listos para ser grabados a su unidad de CD o DVD.

5. A continuación, oprima el botón de abrir su unidad de CD o DVD y ponga el tipo de disco apropiado (esto depende del tipo de unidad que su computadora tenga) para empezar el proceso de respaldar la información que está en su computadora. Tenga en cuenta que puede usar o un nuevo disco o uno que haya usado previamente.
6. Ahora, si el menú de "AutoPlay" se abre automáticamente, haga clic sobre "Burn files to disc", escriba el nombre de este respaldo, como por ejemplo "Primer respaldo" y después haga clic sobre "Show formatting options". Después escoja "Masters" y haga clic sobre "Next", o próximo.

Alternativamente, si no pudo ver la ventanita tipo oval con el mensaje de que había archivos listos para ser grabados a un CD o DVD ni el menú de "AutoPlay", haga clic con el botón derecho del ratón sobre el menú de comienzo o "Start", haga clic sobre "Explore" y después busque la unidad de CD o DVD, haciendo clic en "Computer" en el panel izquierdo de la ventana del Explorador, que desea usar para esta tarea. Haga clic para ver los archivos que fueron enviados ahí, temporalmente, para ser copiados a un CD o DVD.

Después haga clic sobre "Burn to disc", y en la ventanita que abre a continuación, cuyo titulo dice "Prepare this disc", escriba un nombre para este respaldo, aunque si ya lo escogió previamente después de hacer clic sobre "Burn files to disc" en el menú de "AutoPlay", entonces sólo es necesario que haga clic sobre continuar o "Next".

Si el proceso de copiar sus archivos al disco que usted escogió (CD o DVD) terminó sin ningún problema, verá una ventana con el título "You have successfuly written your files to disc" o Usted tuvo éxito en copiar sus archivos al disc. Para cerrarla, haga clic sobre terminar o "Finish". Ahora quite su CD o DVD, márquelo y guárdelo en un lugar seguro. Si esta operación no terminó, tendrá que repetirla de nuevo. Y si después de tratar varias veces por su cuenta todavía no puede completar esta tarea y tiene un negocio con archivos que no puede perder, entonces es preciso que emplee a un asesor profesional de computadoras calificado que le ayude ha hacerlo.

Los pasos para respaldar su trabajo a CDs en Windows XP

Comience abriendo Windows Explorer, haciendo clic con el botón derecho del ratón sobre el botón "Start" y después haciendo clic sobre "Explore".

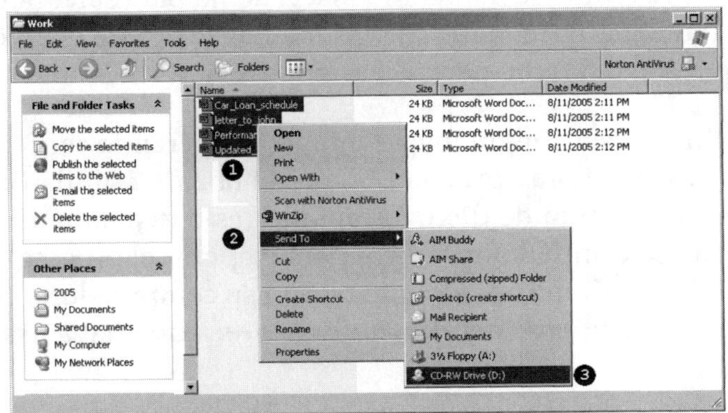

Ahora navegue a la carpeta que contiene el o los archivos que desea respaldar, y luego siga estas instrucciones para enviarlos a su grabador de CD en Windows XP:

1. Seleccione los archivos que desee guardar:
   - Para seleccionar un archivo o carpeta, sólo haga clic sobre él o ella.
   - Para seleccionar un grupo de archivos contiguos que desea respaldar, haga clic una vez en el panel de la izquierda en el nombre de la carpeta en la cual están guardados los archivos que necesita respaldar. Ahora haga clic en el panel de la derecha, después oprima y sostenga la tecla SHIFT y luego haga clic sobre el primer archivo o carpeta que desea seleccionar y después en el último. Ahora levante el dedo del teclado. Si los archivos que necesita seleccionar están ocultos detrás de la ventana, entonces haga clic en las guías en la barra de desplazamiento vertical mientras sigue sosteniendo la tecla SHIFT hasta que encuentre el último que desea seleccionar y luego haga clic en él para destacar la selección completa. Para seleccionar archivos o carpetas no contiguas, o ambos, siga las primeras instrucciones para seleccionar un grupo que sea contiguo y luego presione y mantenga oprimida la tecla CTRL. Después haga un sólo clic en todos los archivos o carpetas adicionales que desea seleccionar.
2. Ahora haga clic con el botón derecho del ratón en cualquiera de los archivos o carpetas seleccionados y después jale el indicador del ratón sobre enviar a o "Send to".
3. Finamente, muévalo hacia la derecha o la izquierda (derecha, en esta captura de pantalla) y hacia abajo para seleccionar la unidad de grabación de CD. Ahora haga clic con el botón izquierdo del ratón para seleccionarla.

Estos archivos están en un lugar temporal, esperando ser copiados a un CD o DVD. Ahora oprima el botón de abrir su unidad de CD o DVD y ponga el tipo de disco apropiado (esto depende del tipo de unidad que su computadora tenga) para empezar el proceso de hacer un respaldo de la información que está en su computadora. Tenga en cuenta que puede usar un nuevo disco o uno que haya usado previamente.

Para comenzar el proceso de grabarlos, haga clic en la misma ventana que tiene abierta del Explorador de Windows sobre el icono de "My Computer" (mi computadora), y luego seleccione la letra de la unidad de CD o DVD a la cual los envió.

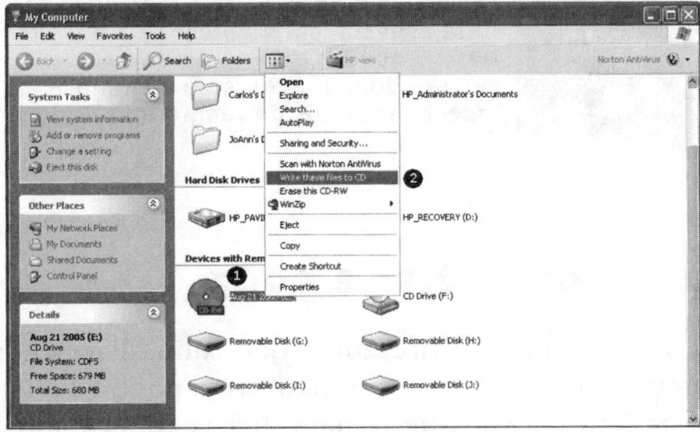

Cuando vea esta pantalla, como puede ver en esta gráfica que capturé del Explorador en Windows XP, ahora podrá respaldar sus archivos siguiendo estos pasos:

1. Para comenzar, haga clic con el botón derecho del ratón sobre la unidad de CD o DVD a la cual envió los archivos que seleccionó previamente, por ejemplo la unidad de almacenamiento D:. Esta debe decir "CD-RW" o "DVD-RW".
2. Ahora jale el indicador del ratón hacia arriba o hacia abajo sobre este menú (esto depende de lo cerca que esté su ventana del borde de la pantalla), y después haga clic sobre "Write these files". Si usted necesita borrar un disco CD-RW que ya tiene la información, haga clic sobre "Erase these CD-RW". Cuando este programa termine de borrarlos, entonces usted puede repetir estos pasos y hacer clic sobre "Write these files to CD". Si la operación se completó, entonces verá el mensaje "Usted terminó de copiar sus archivos" REVISAR ESTO, en su pantalla. Más tarde, si necesita estos archivos o carpetas, puede usar este respaldo que hizo para recobrarlas a su disco duro.

Si tiene dudas acerca del tipo de unidad de CD-R o CD-RW que se encuentra instalada en su computadora, lea la documentación que vino con ella. Y si su computadora no tiene una de estas unidades, la puede comprar en una tienda que venda *hardware* para computadoras.

También es importante que marque estos CDs o DVDs con un marcador de tinta especial para marcar CDs o DVDs y que los guarde en un sitio seguro, donde no estén expuestos a muchos cambios de temperatura.

Introducción a Office 2007

El grupo de programas Office 2007, que salió al mercado casi al mismo tiempo que el sistema operativo Vista, pone a su disposición muchas más herramientas de trabajo que versiones anteriores de este grupo de programas, pero si usó una versión anterior de este programa notará que la presentación de éstas es de manera diferente, en lo que Microsoft llama una "cinta" o "Ribbon", o serie de cadenas.

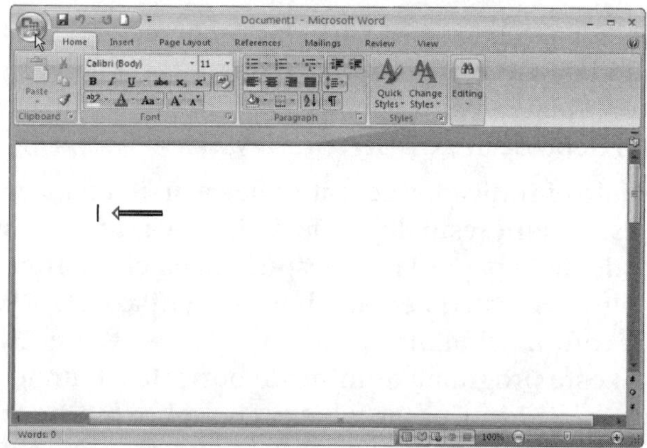

En esta gráfica de una pantalla que capturé del nuevo procesador de palabras Microsoft Word 2007, puede ver —indicado por el indicador del ratón sobre el— el nuevo botón de Office, que para usuarios de versiones anteriores de este programa se puede decir que reemplaza el menú de "File". Ahora otro menú se abrirá ofreciéndole una lista de opciones, como por ejemplo abrir un documento.

Por favor tenga en cuenta que en esta nueva versión de Office 2007 las combinaciones de teclas para abrir y guardar archivos funcionarán de la misma manera. Por ejemplo, para abrir un documento use la combinación de teclas CTRL + O, o para guardar un documento use la combinación de teclas de CTRL + S.

Cómo usar el nuevo botón de Office 2007

Como leyó en la página anterior, una de las mejoras de este nuevo programa es el nuevo botón de Office 2007, que en realidad es como un super-botón, ya que cuando hace clic sobre él aparecen una cantidad de opciones que cuando usted les hace clic le ayudarán a completar su trabajo de una manera más eficiente.

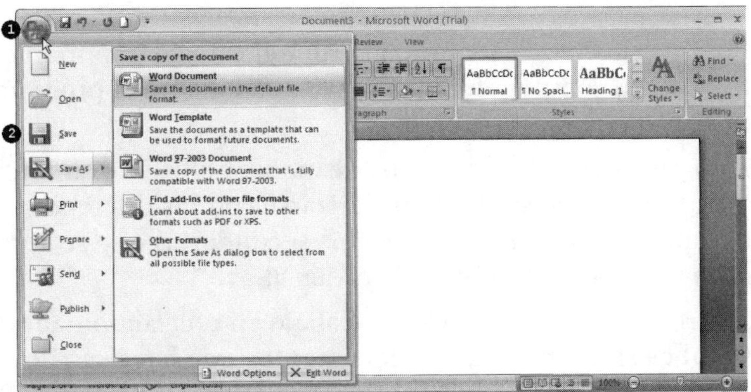

Siguiendo la gráfica de arriba de una pantalla que capturé del nuevo procesador de palabras Microsoft Word 2007, aprenderá a usar algunas de las funciones disponibles cuando le hace clic a este botón de Office 2007:

1. Para comenzar, haga clic sobre este círculo o botón de Office 2007, indicado por la flecha.

2. Ahora puede escoger las siguientes funciones con un sólo clic. Cuando hace clic sobre:
   - *Open:* una ventana de diálogo se abrirá para ayudarle a buscar el archivo que desea abrir.
   - *Save:* una ventana de diálogo se abrirá para ayudarle a terminar el proceso de guardar el trabajo que está haciendo con este programa.
   - *Save As:* y después haciendo clic sobre "Word Document", una ventana de diálogo abrirá para ayudarle a terminar el proceso de guardar el trabajo que está haciendo con este programa con un nombre diferente.

Para cerrar Word 2007 después de guardar su trabajo, haga clic de nuevo sobre el botón de office 2007, y finalmente haga clic sobre cerrar o "Close" o sobre salir o "Exit", pero tenga en cuenta que si todavía no ha guardado su trabajo, este programa le preguntará si lo desea guardar, descartar o regresar a su trabajo haciendo clic sobre "Cancel".

Para recordar

- Por favor recuerde siempre guardar el trabajo importante que hace en su computadora tan pronto como abra el programa que seleccionó para crearlo.
- Para guardar y abrir archivos de manera eficiente en Microsoft Windows, es necesario familiarizarse con los diferentes botones que verá en las ventanas secundarias que se abren cada vez que usted escoge la orden "Save".
- El proceso para almacenar su trabajo en una computadora personal es similar a guardar documentos que haya escrito en papel en un archivador de oficina regular, pero de una manera virtual.
- Para guardar un archivo use la opción de guardar o "Save".
- Para abrir un archivo use la opción de "Open" o abrir.
- Si trabaja para una compañía, siga meticulosamente el proceso de respaldo de archivos que recomienda su departamento de IT.
- El nuevo botón de Office 2007 reemplaza el menú de "File" presente en versiones anteriores de Office.

El Explorador de Windows o Windows Explorer

10

Introducción al Explorador de Windows o Windows Explorer

El Explorador de Windows es el programa principal (el otro es "My Computer", que en el nuevo sistema operativo Windows Vista se llama solamente "Computer") para trabajar con archivos y carpetas en computadoras que usan cualquier versión del sistema operativo Microsoft Windows. Este está disponible en todas las más recientes versiones de Windows, como por ejemplo, Windows Vista y Windows XP.

Inclusive, si su computadora forma parte de una red de área local (LAN), entonces también le será posible utilizar el Explorador de Windows para trabajar con los archivos y carpetas a los cuales tiene acceso desde ahí.

Usando el Explorador de Windows podrá realizar, entre otras cosas, las siguientes tareas:

- Crear nuevas carpetas para mejor organizar su trabajo.
- Copiar archivos y carpetas de una carpeta a otra. Por ejemplo, para crear respaldos o duplicaciones del trabajo que hace con su computadora.
- Mover archivos de una carpeta a otra carpeta o de un disco duro a otro disco duro. Esta función es útil cuando usted se queda sin espacio en su principal unidad de disco duro y quiere mover datos a una nueva unidad de disco duro, o cuando usted quiere mover todo el contenido de una carpeta a otra carpeta en la misma unidad de disco duro.
- Abrir los archivos que haya guardado en su computadora o a un recurso en una red local a la cual pertenece. Hágalo de esta manera: primero halle el nombre del archivo que desea abrir y después hágale clic dos veces para abrirlo.

Y recuerde que es cuestión de preferencia personal si usted decide utilizar el Explorador de Windows o el programa "My Computer", o "Computer" en Windows Vista, para manejar sus archivos y carpetas en los dispositivos de almacenamiento permanentes desde los cuales tenga acceso desde su computadora. Cualquiera de los dos programas le debe traer los mismos resultados.

En varios de mis libros he hablado de que la mejor manera de aprender a usar una computadora es la práctica, pero ahora debo añadir que usando Windows Explorer o cualquiera de los otros programas que encontrará en Windows para trabajar con sus archivos y carpetas, puede borrar —incluso accidentalmente— o mover archivos necesarios para que la computadora funcione bien. Por este motivo, tenga mucho cuidado cuando los esté usando.

Cómo abrir el Explorador de Windows o Windows Explorer

Para comenzar a trabajar con Windows Explorer ábralo de la siguiente manera:

En Windows Vista:

1. Haga clic sobre el botón de comienzo o "Start" (éste casi siempre está localizado en el lado izquierdo de la parte inferior de su pantalla).
2. Ahora jale el indicador del ratón hacia arriba sobre "All Programs", haga clic una vez y busque el grupo de programas "Accesories" (si éste no es visible haga clic sobre la guía de al lado, sostenga el botón izquierdo del ratón y jálela hasta que vea el grupo de programas "Accesories") y hágale clic una vez
3. Finalmente hágale clic al programa "Explorer" para abrirlo.

En Windows Vista, tambien puede escribir "Windows Explorer" inmediatamente después de hacer clic sobre el botón de comienzo y después hacer clic sobre "Windows Explorer" para abrirlo, o sólo oprimir la tecla "ENTER".

En Windows XP:

1. Haga clic sobre el botón de comienzo o "Start" (éste casi siempre está localizado en el lado izquierdo de la parte inferior de su pantalla).

2. Ahora lleve el indicador del ratón sobre "All Programs", y después jálelo hacia arriba sobre el grupo de programas "Accesories".
3. Ahora lleve el indicador del ratón sobre la flechita al final del nombre de este grupo, y después hacia abajo. Una vez que el indicador esté encima de "Windows Explorer", hágale clic para abrirlo.

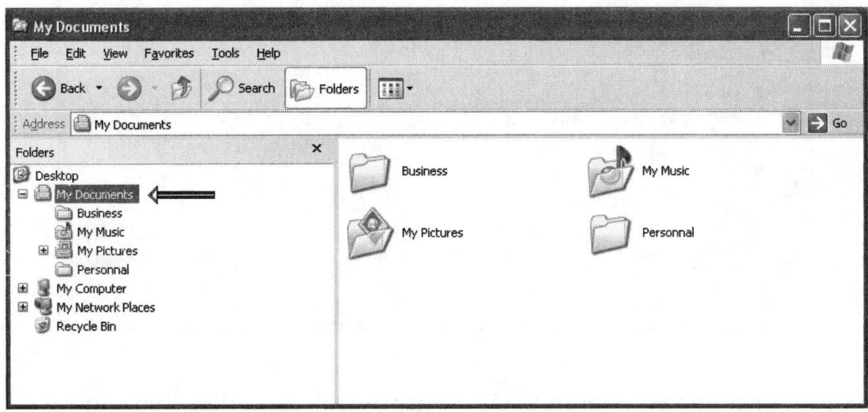

Como puede ver en esta gráfica de la pantalla que capturé de la ventana del Explorador de Windows XP, la carpeta seleccionada en el panel izquierdo es la de "My Documents". Como vimos anteriormente, esta es la carpeta que el sistema operativo casi siempre le sugiere para que guarde su trabajo.

Cómo identificar los diferentes objetos con los cuales puede trabajar en la ventana de Windows Explorer

Cuando usted abre el Explorador de Windows, notará que éste le puede mostrar la estructura jerárquica completa de cada uno de los dispositivos de almacenamiento permanentes a los cuales tiene acceso desde la computadora donde está trabajando, como son sus discos duros o los que están en la red local o LAN, especialmente las carpetas que están contenidas en ellos.

En Windows Vista:

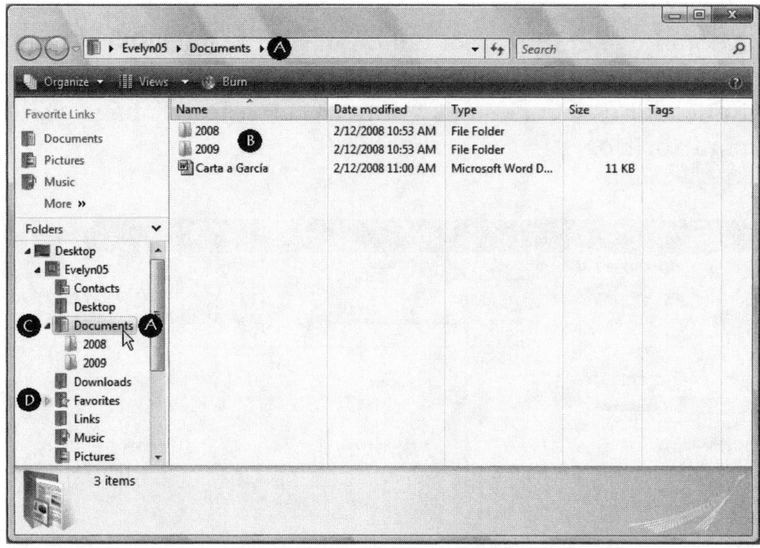

Por favor tenga en cuenta lo siguiente al trabajar en el Explorador de Windows Vista:

- **Ⓐ Este es el nombre de la carpeta, en este ejemplo "My Documents", seleccionada y cuyos contenidos usted puede ver en el panel de la derecha. En este ejemplo también puede ver, en la casilla de direcciones virtual o "Address bar", el nombre de la carpeta seleccionada, en este caso "Documents".**
- **Ⓑ En este ejemplo, puede ver las carpetas y archivos que se encuentran a nivel de la de la carpeta o unidad de almacenamiento seleccionada a la izquierda.**
- **Ⓒ Por favor note la dirección de esta guía o flechita la cual está apuntando hacia abajo, indicando que debajo del archivo seleccionado hay más archivos, que en este ejemplo son "2008" y "2009". Para trabajar con su contenido sólo es necesario hacerles clic.**
- **Ⓓ Esta flechita le indica que si hace clic sobre la carpeta podrá ver las sub-carpetas que están guardadas debajo de ella.**

Por favor note que también dice en la parte superior del panel izquierdo escritorio virtual o "Desktop". Si hace clic allí, podrá ver los mismos iconos que usted ve cuando su computadora se prende y todavía no ha abierto ningún programa.

En el panel izquierdo de la ventana del Explorador en Windows Vista, también podrá ver atajos a los siguientes recursos:

- Mi computadora o "My Computer".
- Mis lugares de la red o "My Network Places", los cuales le muestran los recursos de la red (si está en una red local) que usted está autorizado a acceder.
- Y por último la canasta de reciclaje o "Recycle Bin" que guarda los archivos que suprimió.

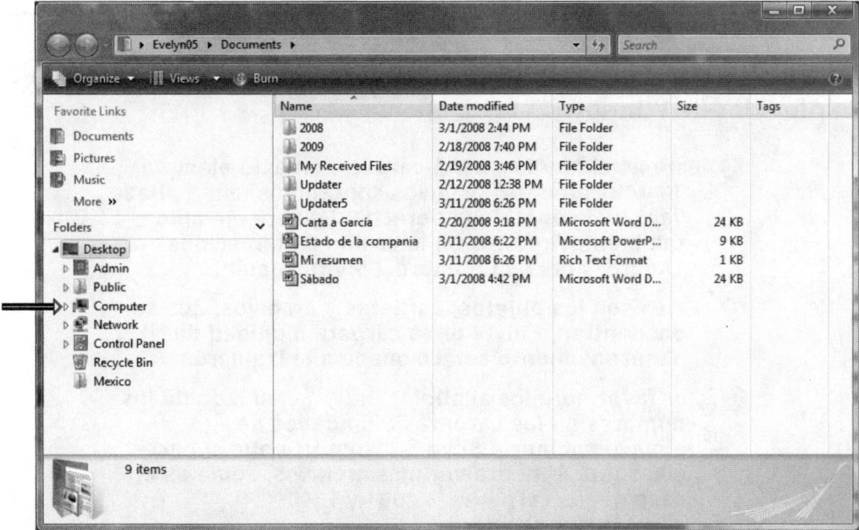

Para llegar a uno de los recursos con cuyos contenidos quiere trabajar, sólo es necesario hacer clic una vez sobre el símbolo "▷" al lado de su nombre. Por ejemplo, cuando hace clic al lado de mi computadora o "My Computer", verá todos los dispositivos de almacenamiento conectados a su computadora, como por ejemplo E:.

En Windows Vista, si la lista de recursos que ve en la gráfica anterior debajo de "Folders" no está visible, haga clic a la guía al final de la línea de "Folders" para poder verla.

En Windows XP:

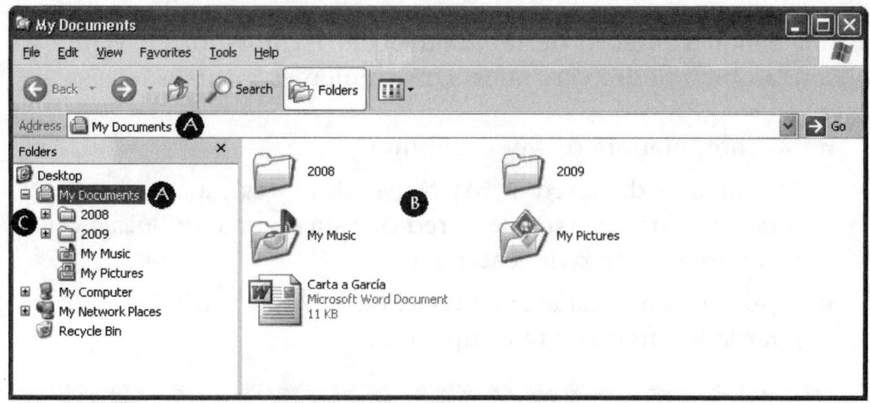

Por favor tenga en cuenta lo siguiente cuando esté trabajando en el Explorador de Windows XP:

A Este es el nombre de la carpeta, en este ejemplo "My Documents", y cuyos contenidos usted puede ver en el panel de la derecha. En este ejemplo también puede ver en la casilla de direcciones o "Address bar" su nombre: "My Documents".

B Estos son los objetos; carpetas y archivos, que se encuentran a nivel de la carpeta o unidad de almacenamiento seleccionada a la izquierda.

C Por favor note los símbolos "+" y "–" al lado de los nombres de las carpetas o unidades de almacenamiento. Si ve "+" significa que si hace clic sobre él podrá ver mas archivos, como es el caso de las carpetas "2008" y "2009".

D Estos son los contenidos, carpetas y archivos de la carpeta o unidad de almacenamiento.

En el panel izquierdo del Explorador también puede ver atajos a los siguientes recursos:

- Mi computadora o "My Computer".
- Mis lugares de la Red o "My Network Places", que le muestran los recursos de la red (si esta en una red local) que usted está autorizado para acceder.
- Y por último la canasta de reciclaje o "Recycle Bin", que guarda los archivos que suprimió.

Para llegar a los recursos que contienen, sólo es necesario hacer clic sobre el símbolo "+" al lado del recurso con cuyos contenidos quiere trabajar. Por ejemplo, cuando hace clic al lado de mi computadora o "My Computer", le mostrará todos los dispositivos de almacenamiento conectados a su computadora, como por ejemplo la unidad removible de almacenamiento de datos que recibió E:.

Cómo trabajar con las opciones de ver o "View" de archivos o carpetas

En el Explorador de Windows, e inclusive cuando usted está usando el programa Mi Computadora o "My Computer" o cuando está guardando o abriendo archivos, podrá ver mucha información acerca de carpetas y archivos que están guardados en su computadora, pero a veces esta información puede que no le sea muy útil si no puede ver la fecha en que fueron creadas, o al menos de qué tipo de archivo son. Por ejemplo, si puede ver que un archivo tiene la extensión o apellido de archivo, ".doc", esto le indica inmediatamente que éste es el tipo de archivo que fue creado usando el procesador de palabras Microsoft Word.

Ahora, para poder ver bien esta información es necesario que aprenda a usar las opciones de ver o "View" en Windows XP o en Windows Vista cuando está trabajando en sus carpetas o archivos. Y estas opciones son:

- *Tira de película o "FilmStrip":* le dejará mirar sus fotos digitales en una secuencia. Esta vista está solamente disponible en la carpeta de mis fotos o "My Pictures" o en carpetas que Windows XP reconoce como carpetas de fotos digitales. Esta opción no está disponible en Windows Vista.
- *Vistas en miniatura o "Thumbnails":* le permiten ver rendiciones preliminares pequeñas de sus archivos gráficos o iconos de grandes archivos.
- *Tejas o "Tiles":* muestran los iconos de los archivos en orden alfabético a través de columnas. Además, al lado de cada icono podrá ver el nombre completo de la carpeta que representa.

- *Iconos o "Icons":* también le muestran los iconos de los archivos y carpetas guardados en su computadora alfabéticamente a través de columnas. Esta es la opción más común en Windows Vista.
- *La lista o "List":* como su nombre indica, le mostrará una lista de sus archivos o carpetas en orden alfabético en una sola columna. Esta vista le deja ver muchas más carpetas o archivos al mismo tiempo.
- *Detalles o "Details":* le permitirá ver mucha mas información acerca de sus carpetas y archivos en una sola columna, como por ejemplo; su tamaño, el tipo de archivo, la fecha en que fue creada, cambiada o modificada.

Por favor recuerde que usted puede cambiar de una vista preliminar a otra cuantas veces quiera hasta que encuentre la vista previa que le convenga más. Cabe agregar que cuando hace un cambio aquí, por ejemplo si desea ver los detalles o "Details" de sus carpetas o archivos, y cierra el Explorador, la próxima vez que lo habra verá los detalles de sus carpetas o archivos hasta que cambie la vista previa de nuevo.

A continuación verá los pasos necesarios para cambiar la vista previa de sus archivos y carpetas en Windows XP y en Windows Vista. Abrar su respectivo explorador de Windows y escojar en el panel de la izquierda la carpeta con cuyos contenidos desea trabajar.

En Windows Vista:

En Windows Vista las opciones de ver o "View" para trabajar con los diferentes objetos (como las unidades de almacenamiento como el disco duro y los archivos que contiene que usted ve en el Explorador e inclusive en las ventanas de diálogo que se abren cuando usted elige guardar un archivo usando "Save" o cuando abre un archivo usando "Open") son un poco diferentes a las que se usaban en otras versiones de Windows (como por ejemplo Windows XP). Pero con un poquito de práctica le será muy fácil conseguir los resultados que desea. Como por ejemplo cambiar la vista preliminar de unos archivos digitales, de lista a rendición previa (Por favor note que en Vista esto ya no se llama "Thumbnails", sino que se maneja con Iconos). Para comenzar, escoja en el panel de la izquierda al abrir el Explorador de Windows Vista de la manera indicada previamente la carpeta con cuyos contenidos desea trabajar.

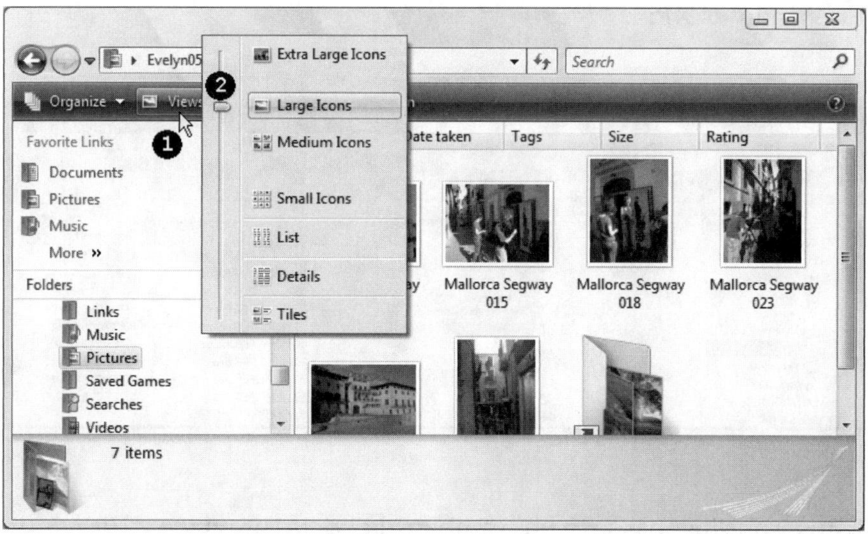

Estos son los pasos para cambiar la vista preliminar de archivos y carpetas en Windows Vista:

1. Primero haga clic sobre el botón de ver o "View" en la barra de herramientas del Explorador de Windows. Por favor tenga en cuenta que el botón para cambiar la vista previa en la ventana de diálogo que se abre cuando elije guardar o abrir un documento es este: (También notará que éste no tiene la etiqueta de "Views".) Para usarlo, también es necesario hacer clic sobre él, y en éste encontrará las mismas opciones para trabajar con la vista previa.
2. Ahora haga clic sobre la selección de vista previa o "View" que usted desea usar.

Por ejemplo, si está buscando una foto en la carpeta "My Pictures", y no sabe exactamente cuál es la que desea enviar por correo electrónico, cambie la vista preliminar de esta carpeta, con la cual está trabajando a "Thumbnails", para de esta manera poder ver las fotos que busca y buscar entre ellas las que desea enviar. Si hace clic sobre la pequeña guía que ve, y oprime y sostiene el botón izquierdo del ratón y la sube y baja, esta acción también cambiará la vista preliminar de los archivos o carpetas que seleccionó en el panel izquierdo.

En Windows XP:

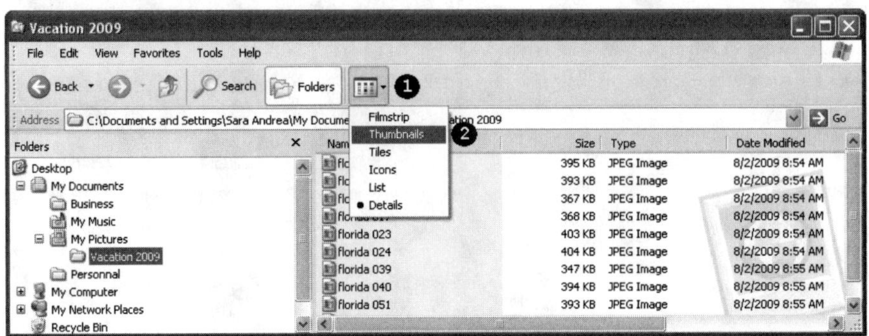

Estos son los pasos para cambiar la vista previa o "View" de archivos y carpetas en Windows XP:

1. Para comenzar, haga clic sobre el botón de ver o "View" en la barra de herramientas del Explorador de Windows o sobre cualquier otra ventana en donde vea este símbolo. Como por ejemplo, la ventana de diálogo que verá cuando decide guardar un documento.
2. Ahora haga clic sobre la selección de vista previa que usted desea usar.

Por ejemplo, si está buscando una foto en la carpeta "My Pictures" y no sabe exactamente cuál es la que desea enviar por correo electrónico, cambie la vista previa de esta carpeta, con la cual está trabajando con "Thumbnails", para de esta manera poder ver las fotos que busca y así saber el nombre exacto del archivo que necesita enviar.

Por ejemplo, después de abrir el Explorador de Windows y seleccionar la vista en miniatura o "Thumbnails" de una carpeta de fotos, éstas se verán como miniaturas, lo que le facilitará escoger con cuál quiera trabajar.

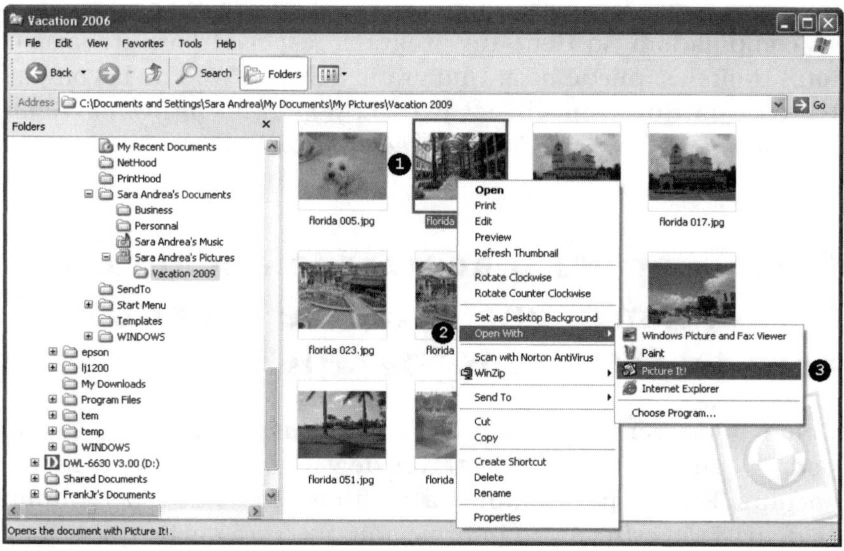

Estos son los pasos para buscar un programa que le permita trabajar con las fotos en Windows XP o Vista que haya guardado a una carpeta:

1. Para comenzar, haga clic en el panel izquierdo sobre el nombre de la carpeta en la cual guardó las fotos que está buscando para verlas en la ventana de la derecha.
2. Ahora lleve el indicador del ratón sobre una de las fotos, después haga clic con el botón derecho del ratón sobre ella y después jálela hacia abajo hasta llegar a la opción que dice abrir con o "Open With".
3. Finalmente, lleve el indicador de ratón hacia la derecha, o hacia el lado que abre el menú, y después haga clic sobre el nombre del programa que desea usar para ver esta foto, como por ejemplo "Windows Picture and Fax Viewer". Este programa es muy básico, pero es fácil de usar.

O, en vez de hacer los pasos 2 y 3, intente hacer doble clic sobre la foto con la cual desea trabajar para ver si el programa correcto para trabajar con fotos digitales se abre automáticamente. Una vez que un programa para editar fotos se abra, les puede cambiar el brillo o imprimir según las instrucciones particulares de ese programa. Y si su computadora no tiene un programa especial para trabajar con fotos digitales, puede bajar uno gratis del sitio Web de la compañía HP en esta dirección virtual o URL: *http://www.hp.com/unitedstates/consumer/digital_photography/free/software/index.html.*

Cómo ampliar o acortar la anchura de las columnas que usted ve cuando está usando detalles o "Details"

Como pudo ver anteriormente, cuando usa detalles o "Details", podrá ver más información a través de varias columnas de diferente anchura. Pero si, por ejemplo, la anchura de una de estas columnas es demasiado estrecha, la información que verá puede que sea muy difícil de descifrar. Para arreglar esto, amplíela. A veces puede ser necesario disminuir la anchura de varias columnas un poco para poder aumentar la anchura de otra columna.

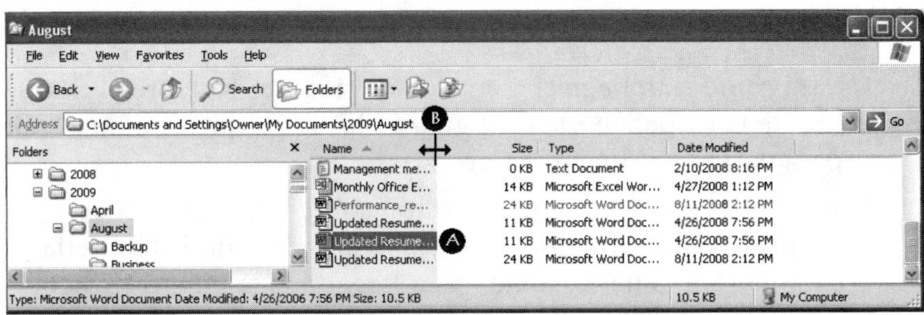

Esta es la manera de cambiar la anchura de las columnas en Windows XP o Windows Vista para ver más de la información que éstas le ofrecen:

Ⓐ Como puede ver en esta gráfica, esta carpeta contiene tres archivos cuyos nombres comienzan con las palabras "Updated Resume...", pero la columna no es lo suficientemente ancha como para mostrarle su nombre completo.

Ⓑ Para verlo, ensanche la columna de nombre o "Name" llevando primero el indicador del ratón a la línea que separa la columna que usted quiere

ensanchar o acortar. Cuando el indicador del ratón cambie a una flecha doble, haga clic, y después oprima y mantenga oprimido el botón izquierdo del ratón mientras jala esta guía hacia la izquierda o derecha, según usted quiera hacer: ensanchar o disminuir el tamaño de la columna.

Haga clic sobre el título, o mejor dicho, sobre su nombre de etiqueta, para ordenar la lista de carpetas o archivos que ve en esta columna de acuerdo a diferentes criterios. Por ejemplo, si usted hace clic sobre la parte superior de la columna nombre o "Name", estos nombres son mostrados en orden alfabético.

En Windows Vista, cuando esté en "Details" o detalles, usted puede hace clic con el botón derecho del ratón sobre el título de una columna y pedirle al sistema operativo que se encargue de arreglar su anchura haciendo clic sobre "Size column to fit", o que arregle la columna a la medida de los archivos guardados en ella. También puede hacer clic sobre "Size all columns to fit" para que automáticamente escoja el tamaño de todas las columnas.

Cómo expandir o esconder carpetas cuando esté trabajando en el Explorador de Windows

Por favor tenga en cuenta, cuando usted está trabajando en el Explorador de Windows que algunas de las carpetas con las que usted necesita trabajar podría estar escondidas de vista porque están guardadas dentro de otras carpetas (sub-carpetas).

Los pasos para poder ver y trabajar con las sub-carpetas que están debajo de una carpeta en Windows Vista son similares, pero los símbolos son diferentes de los que se usaban en versiones previas de Windows, como por ejemplo Windows XP. Para comenzar, después de abrir el Explorador de Windows, lleve el indicador del ratón encima de las carpetas con las cuales desea trabajar.

Para ver una sub-carpeta, si ésta ya no está visible, en Windows Vista:

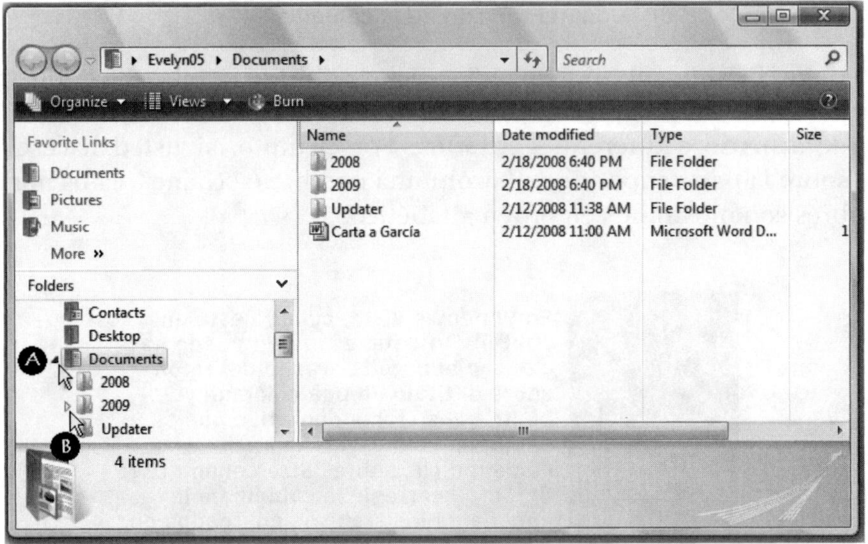

Siguiendo esta gráfica, usted puede aprender a trabajar con las sub-carpetas que no son visibles, es decir que no han sido expandidas, en Windows Vista:

Ⓐ Por favor note el símbolo que apunta hacia abajo junto a la carpeta de documentos o "Documents" que le indica que las sub-carpetas debajo de esta carpeta ya deben estar visibles.

Ⓑ Ahora por favor note que al lado de la carpeta "2009", hay un símbolo parecido a éste: ▷, lo que le indica que puede expandir esta carpeta (o la carpeta con la que usted quiere trabajar) con sólo hacer clic una vez sobre el símbolo "▷".

Para esconder las sub-carpetas, talvez porque desea ver/trabajar con otras, sólo es necesario hacer clic sobre el símbolo que apunta hacia abajo. Ahora las sub-carpetas están escondidas de nuevo, hasta que haga clic sobre el símbolo ▷ de nuevo.

Para ver una sub-carpeta que esta no está visible en Windows XP:

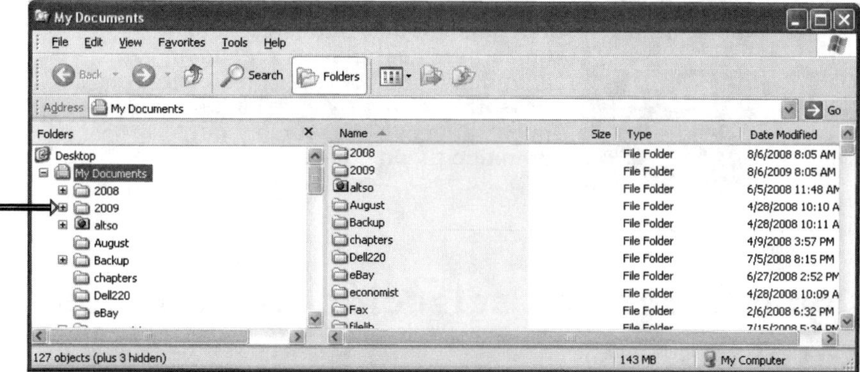

En la gráfica de arriba usted puede ver que hay un signo "+" junto a la carpeta 2009. Para expandir esta carpeta (o la carpeta con la que usted quiere trabajar), haga clic una vez sobre el símbolo "+".

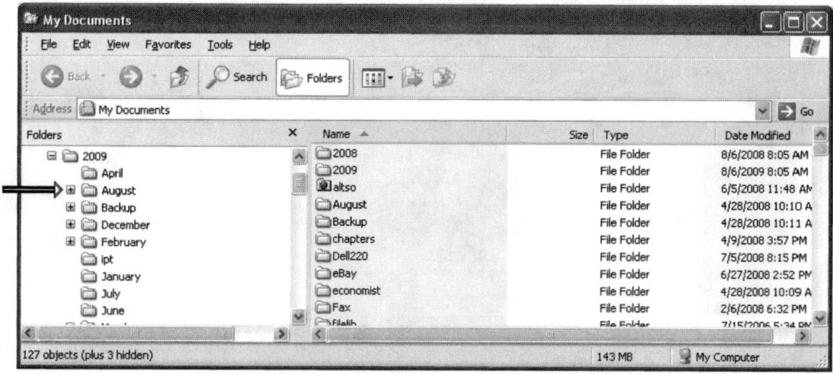

Ahora podrá ver las sub-carpetas que están guardadas dentro de la carpeta "2009". Adicionalmente, si, por ejemplo, usted hace clic sobre la sub-carpeta "August" (que también muestra un símbolo "+"), también podrá ver las sub-carpetas guardadas debajo de ésta. Para re-esconder las sub-carpetas en este ejemplo, usted sólo tiene que hacerle clic al símbolo "–" al lado de la carpeta 2009.

Dependiendo de cuántas carpetas y sub-carpetas usted haya creado en su unidad de disco duro, puede ser necesario expandir varias hasta encontrar la sub-carpeta con cuyo contenido usted quiere trabajar.

Cómo hacer una selección de archivos o carpetas

El primer paso cuando esté usando Windows Explorer, antes de trabajar con sus carpetas o archivos (por ejemplo, copiarlos, moverlos o suprimirlos) es el de seleccionarlos en el panel derecho. Esto puede hacerse con el ratón, el teclado o ambos.

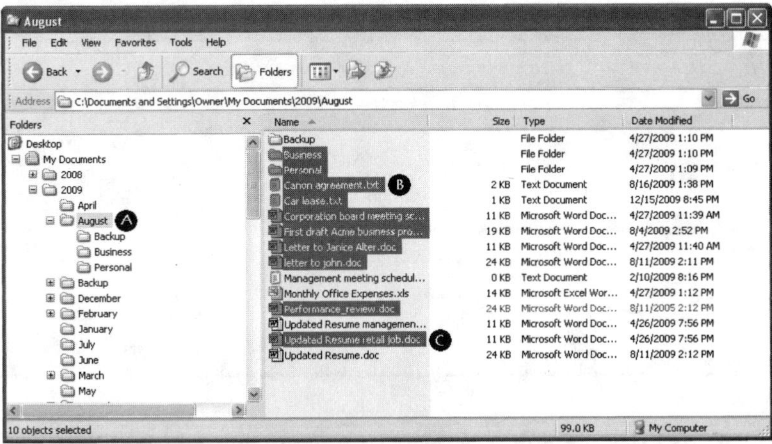

Para hacer selecciones, como puede ver en este ejemplo, siga estos pasos:

1. Para comenzar haga clic sobre el nombre de la carpeta en el panel izquierdo con la cual quiere trabajar. Ahora los puede ver en el panel derecho.
2. Para seleccionar un grupo de archivos o carpetas consecutivo; haga clic sobre el primero y después oprima y sostenga la tecla SHIFT.

3. Por último, haga clic sobre el último archivo o carpeta que desea, y después levante su dedo de la tecla de SHIFT. Si los archivos o carpetas que usted está tratando de seleccionar están extendidos a través de muchas páginas, inmediatamente después de hacer clic sobre el primero y sostener la tecla de SHIFT lleve en indicador del ratón sobre la guía gris en la barra de desplazamiento y haga clic sobre ésta. Inmediatamente después, sostenga el botón izquierdo del ratón mientras lo jala hacia abajo o hacia arriba, dependiendo de la orientación de los archivos que está tratando de seleccionar. Finalmente, retire sus manos del teclado y del ratón.

Para hacer una selección de archivos o carpetas que no estén en orden consecutivo, oprima y sostenga la tecla CTRL y después hágale clic a los archivos o carpetas que desee seleccionar. Para seleccionar un sólo archivo o una sóla carpeta, simplemente hágale clic una vez. Después de seleccionar un grupo de archivos o carpetas consecutivas, también puede presionar y sujetar la tecla de CTRL y hacer clic sobre cualquier otro archivo o carpeta que desea añadir a esta selección.

Después de hacer clic dentro del panel derecho, si presiona y oprime la tecla CTRL y después la de A, todo el contenido de la carpeta que escogió en el panel izquierdo quedará seleccionado.

Usted también puede usar sólo al ratón, haciendo el movimiento de "barrer" para seleccionar bloques de archivos y carpetas consecutivos, aun con los que se encuentren a través de páginas diferentes debajo de la misma carpeta.

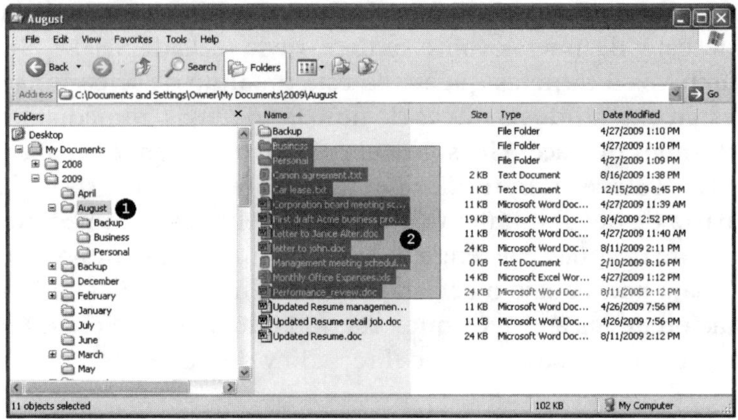

Estos son los pasos para seleccionar archivos y carpetas usando al ratón:

1. Primero localice y haga clic sobre el nombre de la carpeta con cuyo contenido usted quiere trabajar para ver los archivos o carpetas contenidos en ella en el panel derecho.
2. Ahora lleve el indicador del ratón *afuera del primer o el último archivo que desea seleccionar* (sin hacer clic todavía). Ahora haga clic y presione y sujete el botón izquierdo del ratón mientras lo mueve, como barriendo, hasta que todos los archivos o carpetas con los cuales desea trabajar estén seleccionados. Finalmente, retire su dedo del botón izquierdo del ratón.

Para excluir uno de estos archivos o carpetas que acaba de seleccionar porque no necesita trabajar con ellos, presione y sujete la tecla CTRL haga clic sobre cada uno de estos archivos o carpetas con las cuales no desea trabajar.

Usando simplemente al ratón para seleccionar archivos o carpetas puede ser un poco más difícil de hacer para alguien que está aprendiendo a usar computadoras, ya que puede mover archivos o carpetas involuntariamente. Si esto le sucede y se da cuenta inmediatamente, *oprima y sostenga la techa de CTRL y después la tecla Z para recobrar los archivos o carpeta que haya movido o borrado por equivocación.* Esto sólo funciona si lo hace inmediatamente después de hacer un cambio.

Si usted hace clic en cualquier parte de la ventana de Windows Explorer después de hacer una selección ésta se perderá y será preciso que siga estos pasos de nuevo para seleccionarlos otra vez.

Cómo copiar o mover una selección de archivos o carpetas o ambos a una carpeta diferente

En las páginas anteriores, usted aprendió a hacer selecciones de archivos y carpetas. Ahora usted aprenderá a aplicar acciones a estas selecciones para poder realizar tareas como copiarlas o moverlas usando el Explorador de Windows.

En Windows Vista:

Estos son los pasos para copiar una selección de archivos o carpetas en Windows Vista:

1. Para comenzar, en el panel izquierdo, busque y haga clic sobre la carpeta con la cual desea trabajar.

2. Ahora, en el panel derecho, seleccione todos los archivos y carpetas que desea copiar o mover.
3. Finalmente, si las desea copiar, lo puede hacer de dos maneras: a) haciendo clic sobre organizar o "Organize" y después sobre copiar o "Copy", o b) oprimiendo las teclas CTRL + C. Ahora, si desea mover esta selección, busque en el panel de la izquierda el nombre de la carpeta a la cual desea mover esta selección, sin hacerle clic, es decir, usando solamente las guías de expandir o esconder carpetas. Ahora, en el panel derecho, haga clic sobre uno de los archivos o carpetas que seleccionó y que desea mover de lugar, e inmediatamente oprima y sostenga el botón izquierdo del ratón. Después jale esta selección hasta llegar sobre el nombre de la carpeta en el panel izquierdo a donde los desea mover. Ahora retire sus dedos de los botones del ratón.

Por favor note que cuando está moviendo una selección, antes de retirar su dedo del botón izquierdo del ratón el sistema operativo le muestra el nombre de la carpeta a la cual esta moviendo esa selección. Por este motivo, no retire su dedo del botón izquierdo hasta que lo encuentre.

En Windows XP:

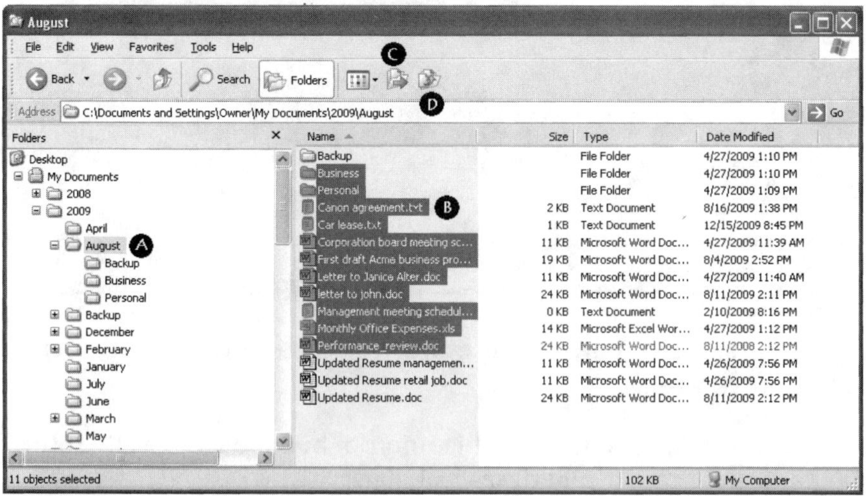

Esta es la forma, como usted puede ver en esta pantalla que capturé, de copiar o mover una selección de archivos o carpetas a otra carpeta utilizando el Explorador de Windows XP:

Ⓐ Para comenzar, busque y haga clic sobre la carpeta con la cual desea trabajar en el panel izquierdo.

Ⓑ Ahora, en el panel derecho, seleccione todos los archivos y carpetas que desea copiar o mover.

Ⓒ Si usted quiere mover esta selección, haga clic sobre este botón. Por favor tenga en cuenta que una vez que el sistema operativo termine de mover esta selección a la nueva carpeta estos archivos o carpetas sólo quedarán en la carpeta a la cual usted los movió. Alternativamente, también puede completar esta operación haciendo clic sobre "File" y después sobre "Move" para moverlos.

Ⓓ Si usted quiere copiar los artículos seleccionados, haga clic sobre este botón. Alternativamente, también puede hacer clic sobre "File" y después sobre "Copy".

Ahora otra ventana pequeña de diálogo se abre, como podrá ver a continuación y en ésta deberá escoger la carpeta/directorio donde desea copiar o mover esta selección usando el Explorador de Windows.

Ahora es necesario indicarle al sistema operativo Windows XP cuál es la carpeta a donde desea copiar o mover esta selección de archivos o carpetas.

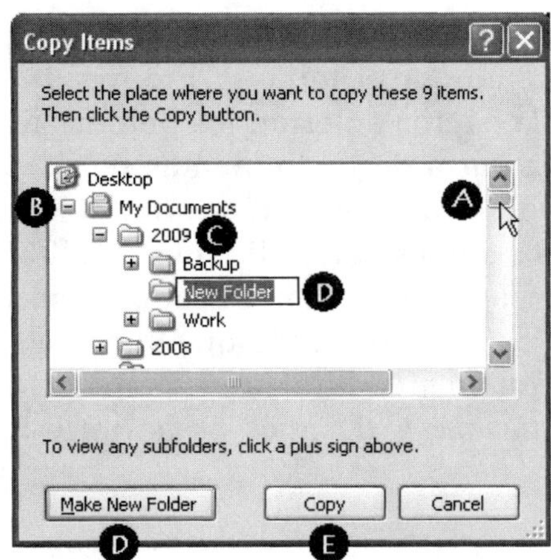

Estos son los pasos para terminar de copiar o mover una selección de archivos o carpetas en Windows XP:

A Primero coloque el indicador del ratón sobre esta guía en la barra de desplazamiento (vea el indicador del ratón en esta pantalla que capturé), después haga clic e inmediatamente sujete el botón izquierdo del ratón y después jale esta guía hacia arriba hasta que pueda ver el icono del escritorio virtual o "Desktop".

B Para expandir carpetas y ver su contenido, haga clic sobre el símbolo "+" a la izquierda de éstas. Por ejemplo, si usted desea copiar o mover su selección a la carpeta mis documentos o "My Documents", haga clic sobre el símbolo "+" junto a ésta para expandirla. Para copiar o moverlo a una diferente unidad de almacenamiento (i.e., como, por ejemplo, un dispositivo del tipo "Flash"), haga clic sobre el símbolo "+" al lado del icono de mi computadora o "My Computer".

C Cuando usted vea la carpeta a la cual desea copiar o mover esta selección, hágale clic para seleccionarla. Para este ejemplo hice clic sobre la carpeta "2009".

D Si desea, en este momento puede hacer clic sobre crear una carpeta nueva o "Make New Folder" para crear una carpeta debajo de la carpeta que usted seleccionó en el paso anterior (o sea, una sub-carpeta). Mientras resalta, escriba el nombre que desea usar para esta carpeta, y después haga clic afuera de ella.

E Finalmente, haga clic sobre el botón correcto: mover o "Move", o copiar o "Copy", de acuerdo con lo que desea hacer.

Si su computadora cuenta con una versión anterior del sistema operativo Windows (como por ejemplo, Windows 98), usted no verá, como pudo ver en la página anterior, los botones de copiar o mover una selección en la barra de herramientas del Explorador. En ese caso, si desea copiar una selección que hizo previamente de archivos o carpetas o ambos, haga clic sobre "Edit" y después sobre "Copy". Para moverlos será necesario usar el ratón, seleccionarlos y después jalarlos. Por favor recuerde que si comete un error, como por ejemplo borra un archivo que desea guardar, lo puede recobrar fácilmente si *inmediatamente* después de borrarlo oprime las teclas CTRL + Z.

Como usar la función de enviar o "Send To" en Windows Explorer

Esta es una de las funciones mas útiles que encontrará al usar programas como Windows Explorer, "My Computer" (en Windows XP) o computadora o "Computer" (en Windows Vista).

Usando el menú de enviar a o "Send to", podrá enviar una selección que haya hecho previamente de archivos o carpetas a:

- El escritorio virtual o "Desktop".
- Una dirección de correo electrónico o "E-mail address".
- La carpeta de documentos.

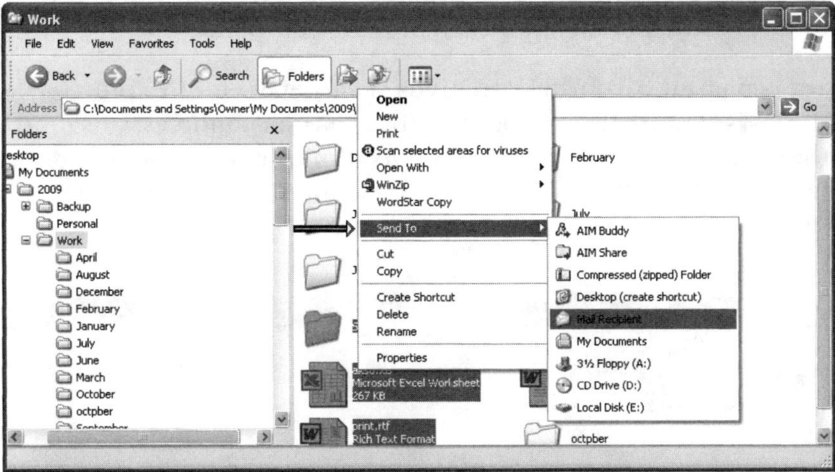

Para usar el menú de enviar a o "Send To", simplemente haga clic con el botón derecho del ratón sobre la selección de archivos o carpetas y después elija la opción de enviar a o "Send To". Ahora mueva el indicador del ratón hacia la derecha o la izquierda (esto depende del laden que este menú abra). Ahora, en el menú desplegable que se abre, haga clic sobre la opción que desea usar.

Por favor tenga en cuenta que la opción de enviar por correo electrónico sólo funcionará si usted usa un cliente de correo electrónico, como por ejemplo Outlook u Outlook Express.

Cómo suprimir o borrar archivos o carpetas en Windows Explorer

Esto es, desafortunadamente, muy fácil de hacer. Dependiendo de qué tipo de cuenta de usuario tenga (limitada o de administrador), a usted le será muy fácil suprimir la mayoría de archivos o carpetas que puede ver cuando usa un programa para trabajar con archivos y carpetas, como por ejemplo el Explorador de Windows.

Para comenzar a suprimir archivos o carpetas en el Explorador de Windows, la carpeta de documentos o hasta cuando está usando el programa de mi computadora o "My Computer" o computadora o "Computer" en Windows Vista, es primero necesario hacer una selección de lo que desea suprimir.

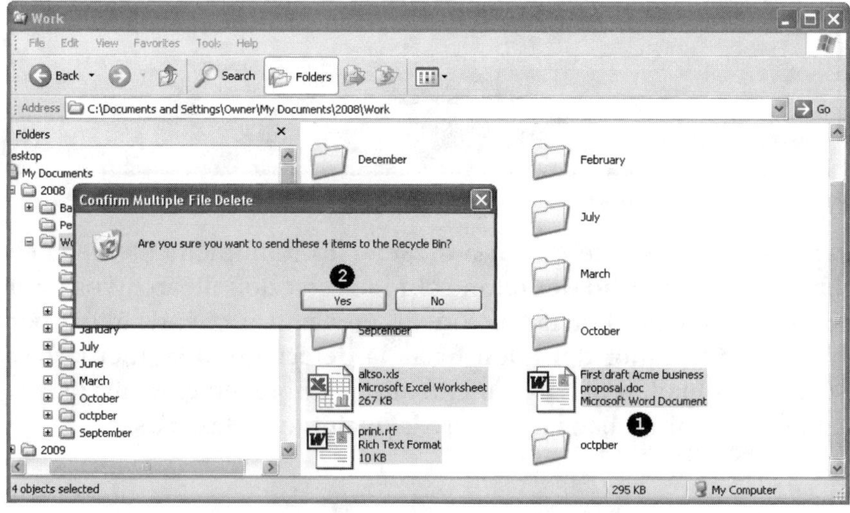

Estos son los pasos, como puede ver en esta captura de la pantalla, para suprimir archivos o carpetas que vea en el Explorador de Windows:

1. Primero selecciónelos de la manera que pudo ver antes.
2. Ahora oprima la tecla de suprimir o DELETE y después, en la ventana que aparece, haga clic sobre "Yes" para suprimirlos. O también puede oprimir la tecla de confirmar o ENTER. Pero si usted cambia de idea antes de hacer clic sobre "Yes" o oprimir la tecla ENTER, oprima ESC para cerrar esta ventanita.

Si usted accidentalmente suprime un archivo o una carpeta o ambos, los puede recobrar siguiendo estos pasos (sólo si lo hace inmediatamente después de cometer un error): oprima y sostenga la tecla CTRL y después oprima intermitentemente la Z (ésta es la función de restaurar o "Undo"). Cuando encuentre el cambio que quiere deshacer, retire su mano del teclado. Una vez que cierre la ventana con la que usted estaba trabajando, la opción de CTRL + Z ya no funcionará para recobrar lo que perdió, pero todavía puede revisar la canasta de reciclaje o "Recycle Bin".

Cómo restaurar artículos que ha enviado a la canasta de reciclaje o "Recycle Bin"

Una vez que usted ha borrado un archivo o una carpeta, éste podrá ser restaurado con sólo hacer algunos clics del ratón en el lugar original de dónde usted lo suprimió si no ha pasado demasiado tiempo entre el momento que lo suprimió y el momento en que lo está tratando de recobrar.

Para restaurar algo que haya enviado a la canasta de reciclaje, visite la parte superior de su escritorio virtual o "Desktop" (si éste está cubierto por sus programas, escóndalos o ciérrelos), y haga doble clic sobre ello para abrirlo y ver su contenido.

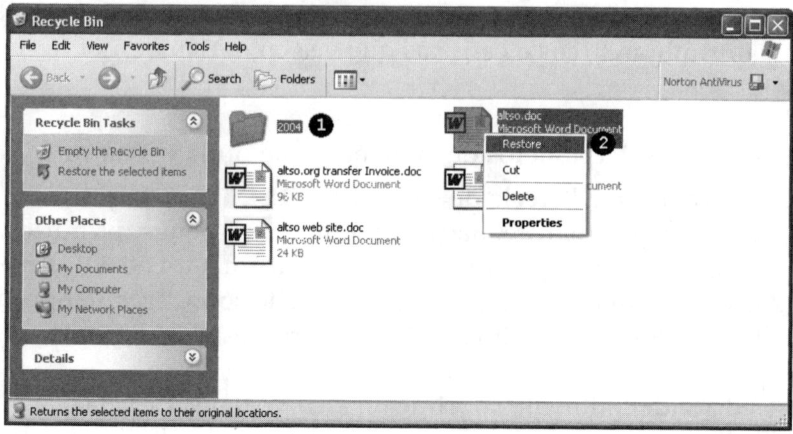

Una vez que la canasta de reciclaje o "Recycle Bin" se haya abierto, siga estos pasos, para restaurar los artículos que están guardados en ella:

1. Seleccione el artículo o los artículos (archivos u carpetas) que usted quiere restaurar. Para seleccionar un sólo artículo, haga clic una vez sobre su nombre. Para seleccionar todos los artículos que están guardados aquí, oprima y sostenga la tecla CTRL y después la A. Para quitar algunos de los archivos o carpetas que seleccionó usando la combinación CTRL + A, oprima y sostenga la tecla CTRL y después haga clic sobre cada uno de los artículos que no desea restaurar.
2. Una vez que usted haya seleccionado el artículo o los artículos que desea restaurar, haga clic con el botón derecho del ratón sobre cualquiera de los artículos seleccionados y después haga clic sobre restaurar o "Restore".

En el evento improbable de que la unidad de disco duro de su computadora esté baja de espacio, (una forma de darse cuenta de que esto está sucediendo es que la computadora toma más tiempo de lo normal para terminar cualquier tarea que usted le pide), vacíe la canasta de reciclaje o "Recycle Bin" haciendo clic con el botón derecho del ratón sobre su icono y escogiendo vaciar canasta de reciclaje o "Empty Recycle Bin". Después confirme esta selección haciendo clic sobre si o "Yes".

Cómo proteger su trabajo cuando esté copiando o moviendo archivos o carpetas de una carpeta o disco duro a otra carpeta o disco duro

En el capítulo de cómo usar archivos y carpetas, usted leyó en la sección acerca de cómo usar carpetas que el sistema operativo Windows no le permitirá tener duplicados de archivos con el mismo nombre y la misma extensión (como el apellido de un archivo) en la misma carpeta. Esto también es cierto con nombres de carpetas, pero con la diferencia de que éstas no tienen una extensión de 3 letras.

Esto no es un problema en la mayoría de los casos, ya que el sistema operativo le permite tener archivos con el mismo nombre y la misma extensión (o inclusive sub-carpetas con el mismo nombre) mientras estén en carpetas diferentes a todo lo largo de sus unidades de almacenamiento, como lo son sus discos duros. Pero esto deja la posibilidad de que a veces usted pudiera intentar copiar o mover esos archivos o carpetas con nombres y extensiones idénticas a otras carpetas en su computadora donde usted antes ya había guardado copias de estos mismos archivos o carpetas. El problema es que a veces algunos de esos archivos con el mismo nombre *pueden ser más recientes y por consiguiente más importantes para usted* que otros con el mismo nombre que ya están guardados en una carpeta en particular.

Digamos, por ejemplo, que a través de los años usted ha creado copias diferentes de su resumen de trabajo para las cuales siempre usó el mismo nombre y el mismo programa para crearlos, lo que aseguraba que siempre recibían la misma extensión (por ejemplo, *.doc*). Pero siempre las tenía separadas en *carpetas diferentes,* lo que puede hacer sin ningún problema.

Ahora, si un día usted compra un dispositivo de almacenamiento removible del tipo USB (al que el sistema operativo automáticamente le asigna la letra F:) y envía una copia de su resumé allí, y más adelante trata de enviar una copia del mismo archivo de nuevo a esta unidad de almacenamiento removible F: desde otra carpeta, el sistema operativo le preguntará que decida qué hacer. En las dos páginas siguientes verá ejemplos que le servirán si tiene Windows Vista o Windows XP para proteger su trabajo.

Es importante cuando está moviendo archivos o carpetas de un lado a otro en su computadora asegurarse bien antes de hacer clic sobre el botón de "Copy and Replace" o "Yes" de que esto es lo que desea hacer. Si no está seguro, haga clic sobre "Don't Copy" o "No", y abra ambos archivos en la carpeta original y en la que lo desea enviar para determinar cuál tiene más valor para usted.

Cómo trabajar con la ventana de diálogo de copiar archivo o "Copy File" en Windows Vista

La manera de proteger sus archivos en Windows Vista para que estos no sean reemplazados accidentalmente con versiones menos valiosas es usar la ventana de diálogo "Copy File" (copiar archivo), que aparece cuando usted trata de copiar o mover un archivo con el mismo nombre y la misma extensión a una carpeta que ya tiene copias de estos archivos con el mismo nombre y la misma extensión.

Guíese por esta gráfica de una captura de pantalla cuando vea la ventana de diálogo de "Copy File" (copiar archivo), para proteger su trabajo:

- Ⓐ *Copy and Replace:* si usted hace clic sobre este icono, el archivo que ahora tiene guardado en esta carpeta será reemplazado por el que ahora está tratando de copiar ahí. Por favor note la fecha en frente del archivo para ver si éste es más reciente.
- Ⓑ *Don't copy:* haga clic sobre este icono para cancelar esta operación de reemplazar el archivo que ahora está guardando en esta carpeta si no está seguro de cuál tiene más valor para usted.
- Ⓒ *Copy, but keep both files:* ésta es una buena opción si no está seguro de cuál archivo tiene más valor para usted. Cuando le hace clic, le permitirá tener ambos archivos. El más reciente recibirá un número al final (en este ejemplo el número 2) y esto permitirá que los dos queden guardados en la misma carpeta.
- Ⓓ Si usted está trabajando con muchos archivos, esta ventana que ve arriba seguirá apareciendo cada vez que responda si desea reemplazar un archivo o no, hasta que ya no haya más archivos para copiar. Si quiere responder lo mismo para un grupo de archivos que desea copiar a esta carpeta, entonces haga clic en la parte inferior izquierda de esta ventana de diálogo sobre "Do this for the next 7 conflicts" para seleccionarla, y después haga clic sobre la opción que le convenga (como "Don't Copy"). Si no está seguro de cómo trabajar con un archivo particular, haga clic sobre "Skip" para saltarlo. Si desea terminar esta operación, haga clic sobre "Cancel" o cancelar.

En Windows Vista, cuando trata de copiar de una carpeta a otra, y en la nueva carpeta ya existía una carpeta con el mismo nombre, entonces verá el mensaje "Do you wish to merge this...". Si hace clic sobre "Yes", los contenidos de la carpeta a la cual está copiando serán mezclados —con la ayuda de la ventana de diálogo que acabamos de cubrir— con los contenidos de la carpeta que desea copiar allí.

Cómo trabajar con la ventana de diálogo de confirmar que desea reemplazar archivo o "Confirm File Replace" en Windows XP

Por favor guíese por la siguiente captura de pantalla para aprender a usar la ventana de "Confirm File Replace" que verá en Windows XP cuando esté tratando de copiar archivos con nombres idénticos a archivos que ya se encuentran guardados al nivel de la carpeta a donde los desea copiar o mover.

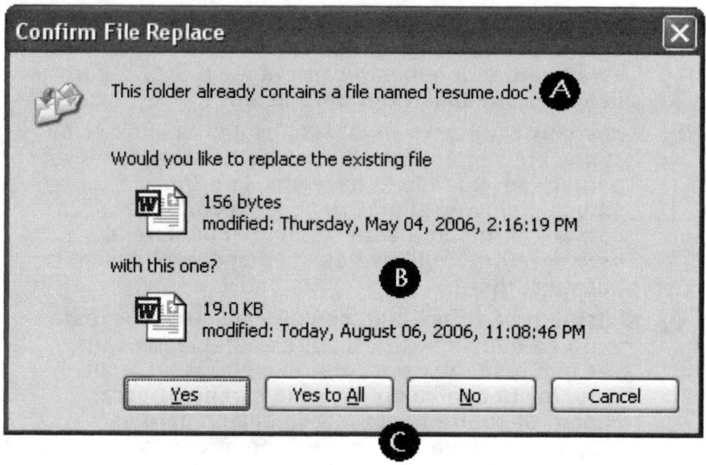

Esta es la forma de trabajar en esta ventana para asegurar que sus archivos importantes no sean reemplazados por otros de menos importancia:

Ⓐ Para comenzar, lea en la parte superior de esta ventana de "Confirm File Replace" el nombre del archivo que usted está tratando de reemplazar.

Ⓑ En la segunda parte de esta ventana de diálogo puede comparar el tamaño y la fecha del archivo que está tratando de copiar o mover con el que está guardado ahí.

- **En esta línea puede ver la información del archivo que está guardado en esta carpeta.**
- **Esta es la información acerca del archivo que desea copiar. Si no está seguro sobre cuál de estos archivos tiene más valor para usted, haga clic sobre "Cancel" y después abra ambos archivos —en la carpeta original y en la carpeta a la que lo quiere enviar— para decidir cuál desea guardar. Una vez que decida esto, trate de copiarlos o moverlos de nuevo.**

Ⓒ En la última parte de esta ventana de diálogo usted verá cuatro elecciones:

- **Haga clic sobre "Yes" para reemplazar el archivo.**
- **Haga clic sobre "Yes to All" para reemplazar todos los archivos.**

- **Haga clic sobre "No" para saltar este archivo y reemplazar el próximo.**
- **Haga clic sobre "Cancel" para cerrar esta ventana de diálogo y terminar este proceso.**

En Windows XP, cuando trata de copiar una carpeta a otra también verá una ventana similar a ésta, y si no está seguro de que la carpeta a la cual está copiando esta carpeta tiene más valor para usted, haga clic sobre "Cancel" o cancelar.

Para recordar

- Windows Explorer es el programa principal para trabajar con archivos y carpetas en computadoras que usan cualquier versión del sistema operativo Microsoft Windows.
- Utilizar el Explorador de Windows o el programa de mi computadora o "My Computer" o computadora o "Computer" es cuestión de preferencia personal.
- Use las opciones de ver o "View" cuando esté trabajando con sus archivos.
- Use la opción de "Open with" para abrir directamente archivos gráficos con los cuales desee trabajar.
- El primer paso para copiar o mover archivos es seleccionarlos.
- Use el proceso de copiar archivos para hacer respaldos de éstos.
- Si suprime un archivo accidentalmente, visite la canasta de reciclaje o "Recycle Bin" para ver si se encuentra ahí.

El grupo de programas Microsoft Office

Introducción a Microsoft Office

Office 2007 es la más reciente versión de este grupo de programas de productividad, diseñados por la compañía Microsoft, y le ayudará a reducir el tiempo necesario para completar su trabajo.

Una de las ventajas más grandes de esta versión es la facilidad con la cual es posible intercambiar documentos con otras personas en su misma organización o fuera de ella.

Los programas principales incluidos en todas las versiones de Office de Microsoft son:

- *Word:* el procesador de palabras de más uso en todo el mundo.
- *Excel:* una de las mejores hojas de cálculo.
- *PowerPoint:* un programa para las presentaciones de negocios o tareas escolares.
- *Access:* uno de las mejores bases de datos.

En la siguiente gráfica se puede ver la presentación comercial de Office 2007 de Microsoft.

La edición de la gráfica de arriba es la versión standard de Office 2007 de Microsoft. Si tiene una versión anterior de Office y desea obtener la nueva versión de Office 2002, sólo tiene que conseguir una actualización, o *upgrade,* de ésta.

Las diferentes versiones de Microsoft Office 2007

Office 2007, la más reciente versión de esta grupo de programas de Microsoft, está a la venta en diferentes versiones: Standard, Small Business, Professional y Premium.

El siguiente diagrama le puede ayudar a escoger la versión de Office 2007 que debe obtener, si es que no lo tiene ya.

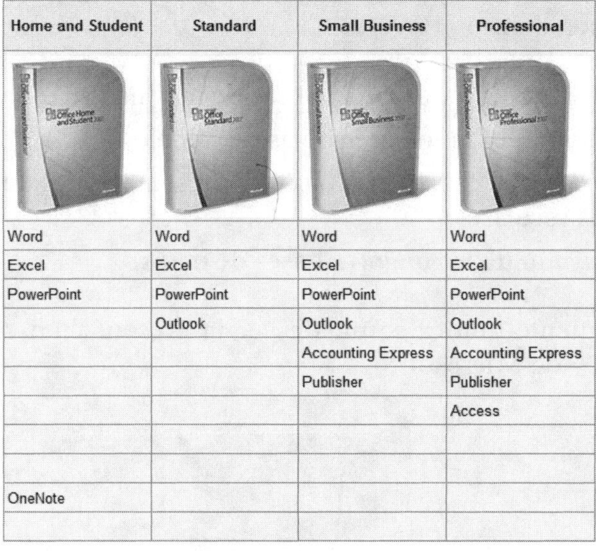

Home and Student	Standard	Small Business	Professional
Word	Word	Word	Word
Excel	Excel	Excel	Excel
PowerPoint	PowerPoint	PowerPoint	PowerPoint
	Outlook	Outlook	Outlook
		Accounting Express	Accounting Express
		Publisher	Publisher
			Access
OneNote			

Como puede ver en la grafica de arriba, la diferencia principal entre las diferentes versiones de Office 2007 está en que algunas vienen con Publisher, Herramientas de Contabilidad y One Note, y otras no.

Si consigue la versión de Office 2007, tendrá que preocuparse por la compatibilidad de los documentos que crea con ésta, ya que algunos de los documentos que creará con esta versión no son muy compatibles con versiones anteriores de Office. Por este motivo, si comparte archivos con gente que usa una versión anterior, debe asegurarse de guardarlos en un formato de 97/2003 para que ellos no tengan problemas en abrirlos.

Introducción a Microsoft Office 2007

Microsoft Office 2007 es la más reciente versión de este grupo de programas de productividad. Lo primero que notará si ha usado uno de los programas en una versión anterior de Office (como por ejemplo Microsoft Word 2003), es que las barras de herramientas de Office 2007 han cambiado mucho con respecto a versiones anteriores.

En la siguiente gráfica de una captura de pantalla de la ventana principal de Microsoft Word 2007 puede ver señalado por el indicador —que indica la posición del ratón en la pantalla del computador en la esquina superior izquierda de su ventana— el nuevo botón de Office 2007, del cual aprenderá más a continuación.

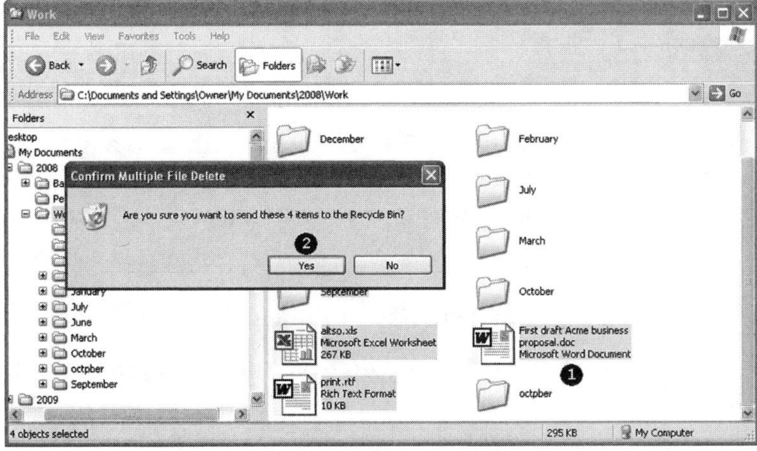

Una vez que vea el cursor destellando (indicado por la flechita) en el área de trabajo de este programa, le será posible comenzar a redactar su trabajo inmediatamente después de que este programa se abra sin ningún paso adicional.

El nuevo botón de Microsoft Office 2007

El nuevo botón de Office 2007 está localizado en la parte izquierda superior de la ventana de la mayoría de los programas que encontrará en Office 2007, como por ejemplo Word, Excel o PowerPoint, y éste reemplaza el menú de "File". Usando este botón podrá, entre otras cosas, abrir, guardar, imprimir y compartir un archivo, como también cerrar el programa del grupo de programas de Office 2007 con el que esté trabajando.

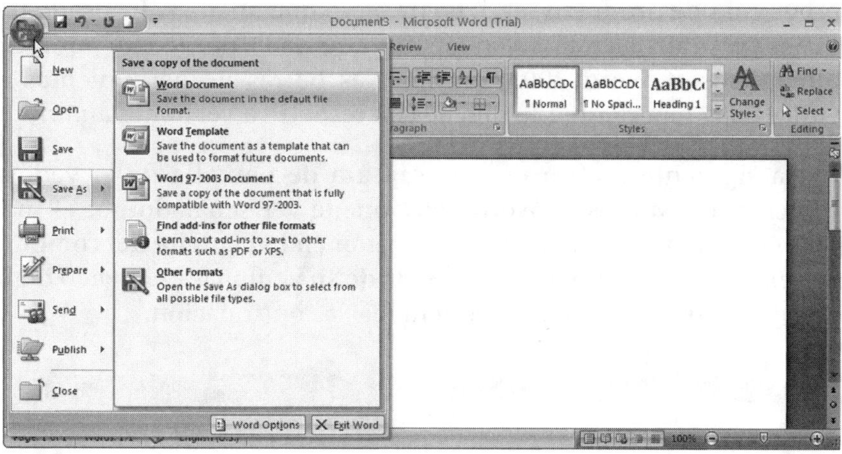

Usar el nuevo botón de Office 2007 es muy fácil: sólo haga clic sobre él. Ahora podrá ver una lista de iconos y opciones. Usándola puede escoger pedirle al programa que realice una tarea. Por ejemplo, haga clic sobre:

- *"New" (nuevo):* para comenzar un documento nuevo.
- *"Open" (abrir):* para abrir un archivo que haya guardado previamente.
- *"Save" (guardar):* para crear un nuevo archivo.
- *"Save As" (guardar como), y después "Word Document":* para crear una copia de un archivo que desee preservar con otro nombre para proteger el archivo original. Y si le preocupa que su trabajo sea compatible con el de colegas de trabajo o cualquier otra persona con la cual intercambie archivos y no sabe si ellos tienen esta nueva versión de Word 2007, haga clic sobre Word 97-2003, para que ellos no tengan problemas abriendo el trabajo que usted les envía.
- *"Print" (imprimir):* para imprimir su trabajo.
- *"Close" (cerrar), y después sobre "Exit..." (Salir de...):* para cerrar el programa con el cual esté trabajando, ya sea Word, Excel, o PowerPoint.

Ahora, en la mayoría de los casos cuando elija una de estas opciones en Windows Vista o Windows XP, otra ventana segundaria se abrirá para ayudarle a completar la tarea que le acaba de pedir a la computadora que haga, por ejemplo, guardar un archivo haciendo clic sobre "Save".

Sugerencias para evitar problemas de compatibilidad con versiones anteriores a Microsoft Office 2007

El mundo de las computadoras a veces se puede parecer mucho a una Torre de Babel virtual en la cual todos hablan un idioma diferente, y esta versión de Office 2007 no es una excepción, ya que si tiene Office 2007 puede tener problemas compartiendo el trabajo que hace y que le tiene que enviar a usuarios que tienen versiones anteriores a la suya. Lo que puede hacer para evitar algunos de estos problemas de compatibilidad es:

- Guardar el trabajo que hace en Office 2007 como una versión anterior de Office (esto se explica a través de este capítulo) si tiene que compartirlos con personas que usen una versión anterior de Office (como por ejemplo, Office 2003).
- Sugerirles a aquellos usuarios que tienen una versión anterior a Office 2007 y con los cuales usted comparte trabajo que descarguen el nuevo paquete de compatibilidad de Office 2007, que es gratis.

Para un usuario que tenga Office 2003, o inclusive una versión anterior de Office, estos son los pasos que debe seguir para descargar el nuevo paquete de compatibilidad de Office 2007:

1. Trate de abrir un archivo en el formato 2007 (por ejemplo, Word 2007) que alguien le envió.
2. Enseguida haga clic sobre "Yes" en la ventanita que se abre preguntándole, "Do you want to download..."
3. En la próxima ventana que se abra haga clic sobre "Download" para comenzar este proceso.

4. Ahora para comenzar la instalación, haga clic sobre "Open" o "Run this program from its current location".
5. En la próxima ventana haga clic sobre "Click here to accept...", y después haga clic sobre "Continue".
6. Finalmente, debe ver el mensaje "The installation is completed". Haga clic sobre "OK" para continuar. Si este mensaje no aparece, empiece el proceso de nuevo.

Estas son solamente pautas que usted puede encontrar útil si consigue esta versión de Office 2007. No cubren todas las situaciones que usted puede encontrar cuando esté tratando de abrir archivos creados en Office 2007, o inclusive en una versión anterior de Office.

Por favor lea esto si tiene una versión anterior a la de Office 2007/2003.

Si usa una versión anterior del grupo de programas de Microsoft Office, como por ejemplo Microsoft Office 2000, y está preocupado por saber si las instrucciones de este libro le ayudarán, debe saber que es posible que casi todos los temas de los que hablo en este libro (acerca de Microsoft Office) y que siguen a continuación le serán útiles.

Uno de los cambios más fáciles de notar con respecto a versiones anteriores de Microsoft Office en:

En Office 2007:

- El nuevo Botón de Office 2007 está localizado en la parte izquierda superior de la ventana de la mayoría de los programas que encontrará en Office 2007.

En Office 2003:

- La barra de tareas o "Taskbar", que puede ver a la derecha de la ventana de trabajo. Más adelante en este capítulo, verá un poco más de información acerca de cómo usarlo para completar su trabajo.

Esta es la lista de los cuatro programas que componen la versión Standard de Microsoft Office 2007/2003, y una explicación de sus mejoras con respecto a versiones anteriores:

- *Word:* el procesador de palabras de más uso en todo el mundo. Aunque ha cambiado un poco en Office 2007/2003, la gran mayoría de sus funciones básicas siguen iguales, como por ejemplo la de cambiar el tamaño o el tipo de letra.
- *Excel:* la hoja de cálculo de más uso en el mundo. La mayoría de las funciones necesarias para usar este programa se realizan de la misma manera que en versiones anteriores.
- *Outlook 2007/2003:* un programa para trabajar con correo electrónico, o cliente de correo electrónico, que viene incluido en todas las versiones de Office 2007/2003. En Office 2007/2003, la presentación para trabajar con las carpetas que contienen los mensajes de correo electrónico es un poco diferente a versiones anteriores de Outlook.
- *PowerPoint:* un programa para hacer todo tipo de presentaciones, desde tareas escolares a presentaciones de negocios.

Para ayudarle, trataré de indicar cuando una instrucción sólo aplica a una versión particular de este grupo de programas. Sin embargo, por lo general las indicaciones deberían serle útiles con casi todas las versiones de Microsoft Office que salieron después del año 2000.

Algunas pautas que debe tener en cuenta cuando esté formateando texto en Microsoft Office

Crear un documento en una computadora que tenga el sistema operativo Windows es muy fácil de hacer: abra el programa de su preferencia, y después empiece a redactarlo inmediatamente. Pero considere los siguientes puntos antes de empezar a cambiar el tipo de letra o "Font" al texto con el cual está trabajando en cualquier programa de Office:

- Usted puede usar muchos tipos diferentes de letra de diferentes tamaños en la misma carta o documento con el cual esté trabajando, y esto sólo es limitado por el tiempo que tenga para hacer estos cambios.
- Por ejemplo, escoja un tipo de letra o "Font" y empiece a escribir, y las palabras que escribe de ahora en adelante recibirán esta selección que usted acaba de hacer. Para regre-

sar a usar el tipo (por ejemplo, Times New Roman) o tamaño (12) de letra anterior, escójalo de nuevo.

- Por ejemplo, para cambiar el tipo de letra o "Font" en una carta completa, un párrafo o una palabra que usted haya escrito previamente, haga lo siguiente.
    1. Comience haciendo una selección del texto que desea cambiar. Refiérase a la sección de cómo compartir información en Windows en la página 85 si tiene dudas sobre cómo hacer esto.
    2. Después puede cambiarle el tipo de letra a esta selección de palabras, que debe estar sombreada, haciendo clic en la casilla con la lista de los tipos de letra o "Fonts", y después haciendo clic sobre el nombre de la letra que desea usar. Ahora haga clic en cualquier parte de la pantalla para deseleccionar este párrafo, línea o palabra, y después regrese a trabajar con su carta. Note que ahora, cuando escribe, las palabras que ve en la pantalla usan el tipo de letra que estaba usando antes de este cambio.

Ahora, si por ejemplo, desea cambiar el estilo de letra a una línea en una carta que ve en la pantalla a letra cursiva o *italics,* selecciónela y después haga clic sobre la "*I*", en la barra de Formo de Office 2003 o la "*I*" en la pestaña "Home" en Office 2007, y después haga clic afuera de la selección que cambió. De ahora en adelante las palabras que escriba recibirán esta selección de formato hasta que usted le haga clic de nuevo a la "*I*".

Por favor recuerde que si se equivoca y accidentalmente borra un párrafo importante en un documento con el cual esté trabajado, siempre puede deshacer este cambio, o varios cambios, usando la función de deshacer cambios o "Undo", si no espera mucho después de hacer el cambio adverso, de la siguiente manera: oprima y *sostenga* la tecla CTRL y después, *muy lentamente,* oprima intermitentemente la tecla *Z* hasta llegar al cambio que desea deshacer, y cuando lo encuentre retire los dedos del teclado.

El nuevo panel de tareas o "Taskbar" en Microsoft Office 2003

En la siguiente gráfica puede ver la pantalla de entrada a Microsoft Excel 2003, el programa de hojas de cálculo de Office 2003. Si recuerda haber usado uno de los programas de Microsoft Office, como por ejemplo Excel 2000, notará que uno de los cambios más visibles es una franja azul a la derecha del área de trabajo.

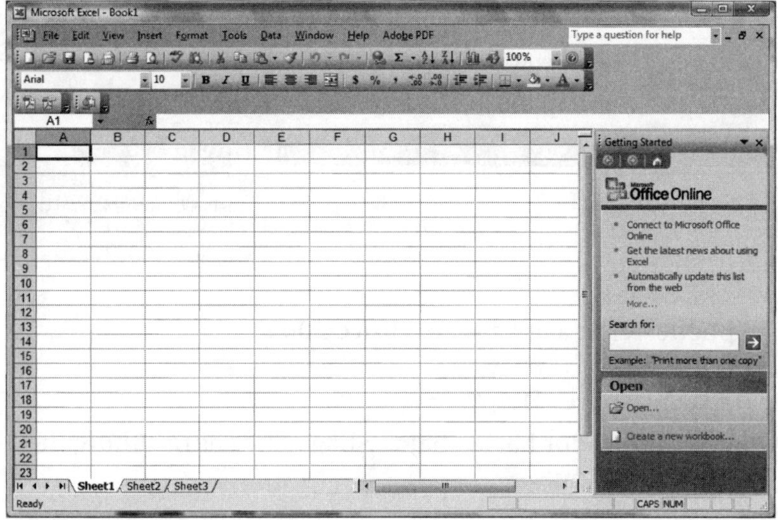

Esta franja azul de la derecha es el panel de tareas o "Task Panel" de Office 2003. Desde éste puede realizar muchas tareas diferentes, como por ejemplo conectarse con el sitio Web de Microsoft o abrir los últimos documentos que guardó en el disco duro de su computadora.

Si le estorba en la pantalla, esta franja se puede cerrar al oprimir la siguiente combinación de teclas CTRL + F1. Si desea ver este panel de tareas de nuevo, use la misma combinación.

Cómo usar el asistente de Microsoft Office 2003

El asistente de Office 2003 es una de las mejoras más notables en esta versión, y funciona mucho mejor que en las versiones anteriores.

Usar el asistente de Office 2003 es muy fácil y sólo requiere hacer un clic sobre él.

La siguiente gráfica muestra la manera de pedirle a un programa de Office 2003 que el asistente de Office 2003 sea visible mientras esté trabajando.

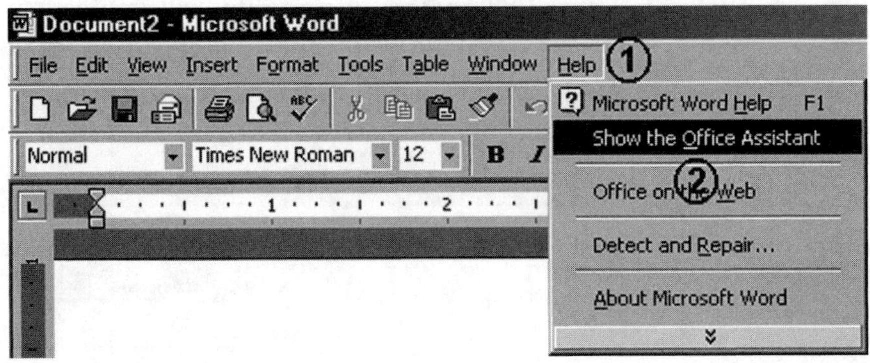

Así se puede ver el asistente de Office 2003:

1. Haga clic sobre "Help".
2. Jale el indicador hacia abajo, y haga clic sobre "Show the Office Assistant".

En la siguiente gráfica puede ver el asistente de Office 2003.

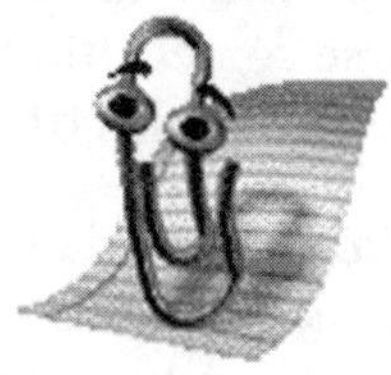

Cuando tenga una pregunta acerca de Office 2003, sólo haga clic sobre él, y Office 2003 abrirá una ventanita.

La siguiente gráfica muestra la manera de usar el asistente de Office 2003.

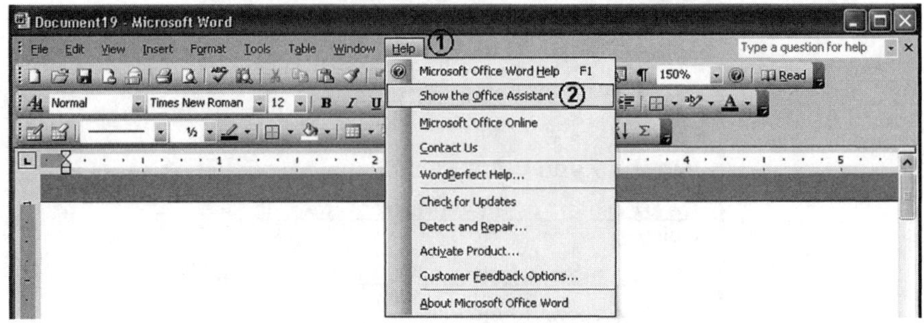

Así se usa el asistente de Office 2003:

1. Haga clic sobre este símbolo que se parece a un sujetapapeles.
2. Escriba el tema sobre el cual desea ver más información.
3. Haga clic sobre "Search" para que el asistente busque la información.

En la siguiente gráfica se puede ver la próxima ventana que se abrirá cuando se solicita ayuda al asistente de Office 2003.

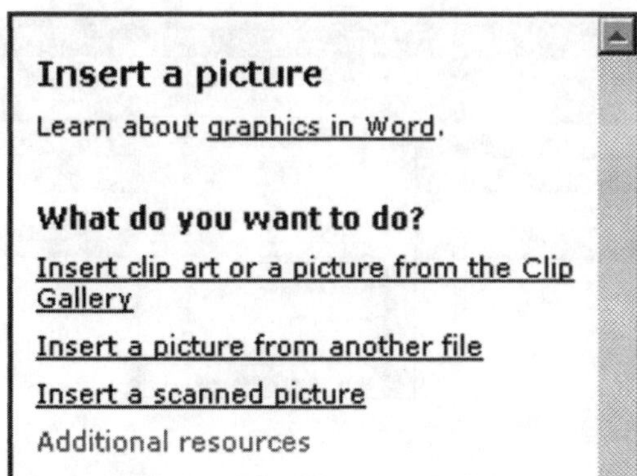

Ahora escoja el tema sobre el cual desea más información, haciendo clic sobre él.

Cómo añadir un idioma a su copia de Microsoft Office 2007/2003

Si tiene una versión avanzada de Office 2007/2003, es posible añadir otro idioma al sistema. Antes de comenzar este proceso, cierre todos los programas con los cuales esté trabajando, para así no perder ninguno de sus cambios.

Primero abra el panel de trabajar con las opciones de añadir idiomas, de la siguiente manera:

En Windows Vista:

Haga clic sobre el botón de comienzo o "Start", e inmediatamente escriba "Microsoft Office 2007 Language Settings" (si tiene Office 2003, escriba "2003" en vez de "2007"), y después oprima la tecla ENTER.

En Windows XP:

1. Haga clic sobre el botón de comienzo o "Start" y después lleve el indicador sobre "All Programs". En Windows 98/Me o Windows 2000, dirá sólo "Programs".
2. Después llévelo sobre "Microsoft Office", y después sobre "Microsoft Office Tools". En versiones anteriores de Office,

como Office 2000, verá "Microsoft Office Tools" en su propia carpeta.

3. Enseguida jale el indicador hacia la derecha hasta llegar a "Microsoft Office 2007 Language Settings" (si tiene Office 2003, cambie 2007 por 2003).

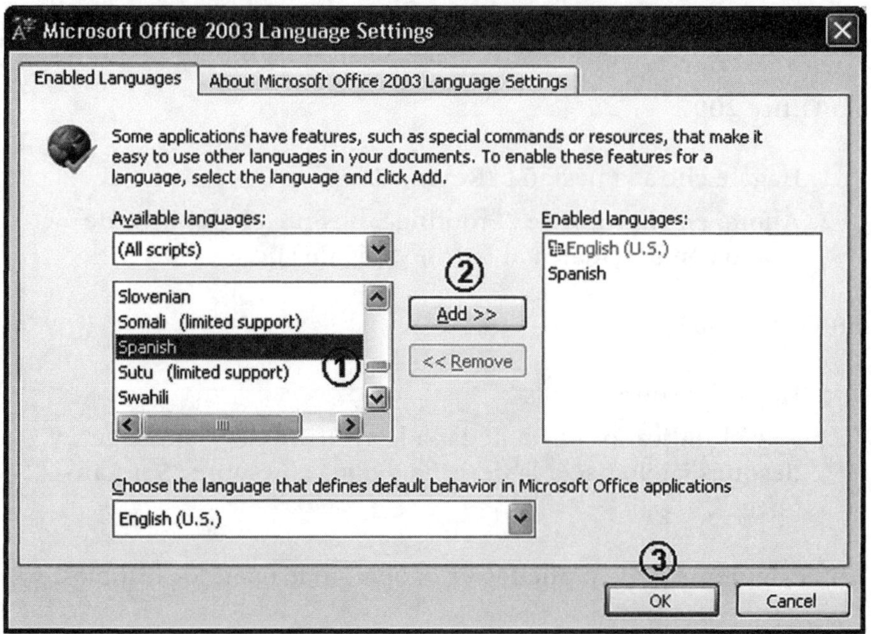

La gráfica anterior representa el recuadro que permite añadir otros idiomas.

Esta es la manera de escoger trabajar con más idiomas en Office 2007/2003:

1. Primero busque el idioma que desea usar en esta lista, en este caso "Spanish". En algunas versiones anteriores de Microsoft Office, es suficiente hacer clic sobre el idioma que desea usar para añadirlo.
2. Después haga clic sobre añadir o "Add".
3. Finalmente haga clic sobre "OK" y después haga clic sobre sí o "Yes" para aceptar los cambios.

Cómo trabajar con la opción de corregir en varios idiomas a la vez

Una vez que tenga otro idioma seleccionado, le será posible trabajar con un documento con palabras en varios idiomas, y Office 2007/2003 le indicará si tiene errores en cada uno de los idiomas.

Así se habilita la función de trabajar con varios idiomas a la vez:

En Office 2007:

1. Hágale clic a la pestaña "Review".
2. Ahora, en el grupo de "Proofing", busque al globo verde (como con una marca al lado), y hágale clic.

En Office 2003:

1. Haga clic sobre "Tools".
2. Jale el indicador hasta llegar a la etiqueta de "Language", y después jálelo hacia la derecha y haga clic sobre "Set Language".

En la siguiente gráfica puede ver la opción de usar dos idiomas.

Para pedirle a Office 2007/2003 que detecte errores en varios idiomas, haga clic sobre "Detect language automatically".

Cómo cambiar el idioma predeterminado o "Default Language"

Una de las ventajas de las versiones de Office 2007/2003 es la de poder escoger el idioma que desea usar para corregir la ortografía y la gramática. En estas versiones encontrará 20 diccionarios diferentes de diferentes países hispanohablantes, y 13 de los diferentes países que hablan inglés.

La siguiente gráfica muestra la manera de cambiar el idioma de sistema.

Así se cambia el idioma de sistema en Office 2007/2003:

1. Haga clic sobre "Tools".
2. Jale en indicador hasta "Language", después hacia la derecha, y finalmente haga clic sobre "Set Language".

En la siguiente gráfica puede ver los diferentes diccionarios disponibles de lengua española.

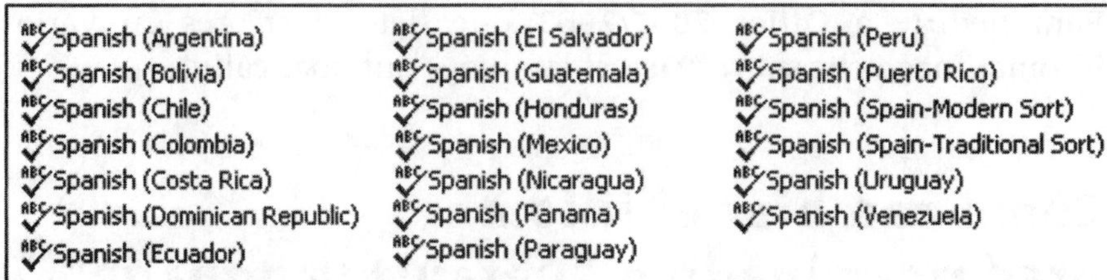

En el próximo recuadro podrá escoger uno de estos diccionarios como su idioma de sistema.

A continuación, puede elegir el diccionario que desea usar como el del sistema; el mismo Office 2007/2003 consultará para corregir la ortografía y gramática.

En la siguiente gráfica puede ver la manera de escojer el diccionario que desea usar.

En Office 2007:

Primero hágale clic a la pestaña de "Review". Ahora, en el grupo de "Proofing", busque al globo verde (el que muestra una marca al lado), y hágale clic. Aparecerá la ventana siguiente:

Escoja el diccionario que desea usar de la siguiente manera:

1. Haga clic sobre el diccionario que desea usar.
2. Después haga clic sobre "Default".

La siguiente gráfica representa la próxima ventana que verá cuando elija "Default".

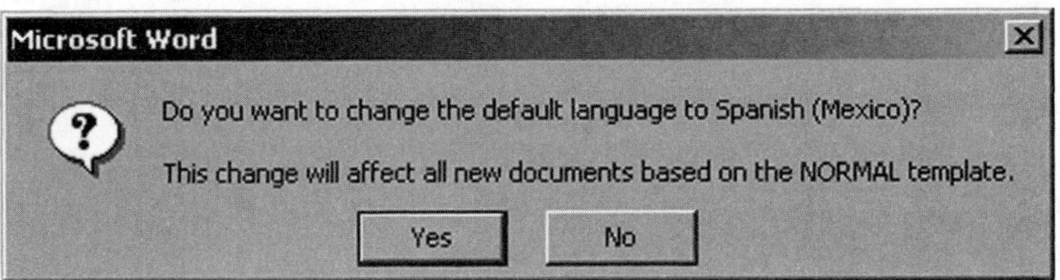

Haga clic sobre "Yes", y después haga clic sobre "OK" para cerrar el menú de cambiar estas opciones.

Cómo hacer los acentos del español usando combinaciones de teclas

Si vive en los Estados Unidos y sólo tiene acceso a un teclado sin los acentos en español, puede usar la información en esta página para hacerlos usando combinaciones de teclas. Esto le será muy útil saber cuando esté enviando correos electrónicos o escribiendo sus cartas personales.

En general, este proceso consiste en oprimir la tecla ALT, y después una combinación de números.

Los acentos de más uso son:

ALT + 160 = á

ALT + 130 = é

ALT + 161 = í

ALT + 162 = ó

ALT + 163 = ú

ALT + 164 = ñ

ALT + 165 = Ñ

CTRL + SHIFT + : + u = ü

ALT + CTRL + ? = ¿

ALT + CTRL + ! = ¡

Por ejemplo, para hacer la *ñ,* oprima y sostenga la tecla ALT, y después escriba el número 164.

Cómo usar el corrector de ortografía o "Spellcheck"

Esta es una de las funciones más útiles de Office 2007/2003, ya que le sugiere cómo corregir palabras que haya escrito con errores de ortografía o de gramática. Para que esta función trabaje bien, es necesario que haya elegido correctamente el idioma que desea usar.

La siguiente gráfica muestra cómo usar el corrector de ortografía en Office 2007/2003.

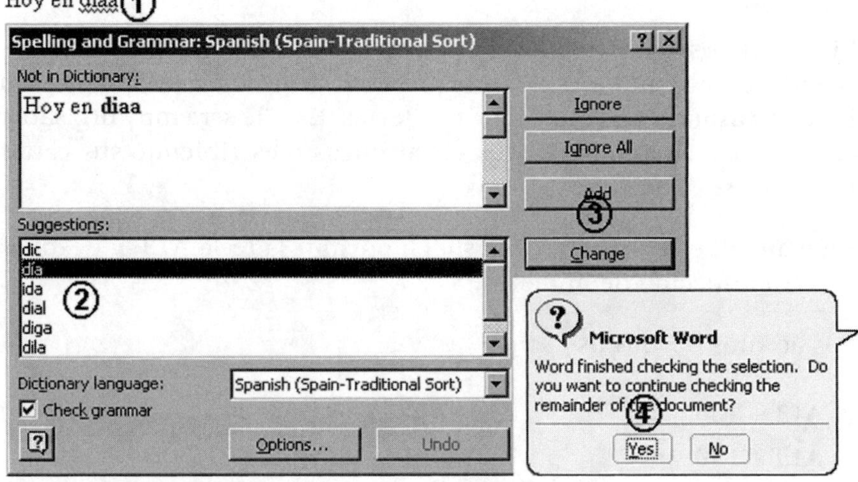

Esta es la manera de usar el corrector de ortografía y de gramática en Office 2007/2003:

1. Si una palabra aparece subrayada, puede que tenga errores de ortografía, como por ejemplo la palabra "diaa" en el ejemplo de arriba. Para buscar la palabra correcta abra el corrector de ortografía oprimiendo la tecla F7, o:
   - En Office 2003:

     Para trabajar con el corrector de ortografía, oprima la tecla F7 o coloque el indicador sobre "Tools", y después haga clic sobre "Spelling and Grammar".
   - En Office 2007:

     Para trabajar con el corrector de ortografía, oprima la tecla F7 o haga clic sobre la pestaña "Review". Ahora haga clic sobre el icono de "Spelling and Grammar" en el grupo de "Proofing".
2. Cuando la ventana de corregir se abra, hágale clic a la palabra correcta. En este caso "día", con acento en la *i*.
3. Después haga clic sobre "Change" para reemplazar la palabra en su documento con la palabra correcta.
4. Finalmente otra ventana se abrirá preguntándole si desea corregir el resto del documento con el que está trabajando. Haga clic sobre "Yes" para seguir corrigiendo su documento. Si no desea corregir el resto del documento haga clic sobre "No".

Cómo saber si el idioma predeterminado no está bien seleccionado

Si está trabajando con un documento y cada letra aparece subrayada, puede deberse a que tiene el idioma predeterminado mal seleccionado. Para corregir este problema, regrese a las páginas anteriores y escoja el diccionario del idioma que desea usar.

En la siguiente gráfica se puede ver que casi todas las palabras están subrayadas.

```
Compañías de asesoría Galaxia

Estimados Señores:

La presente es para agradecerles por su pronta respuesta a mi orden del
10 de Febrero, por las 20 copias de Microsoft Windows ME que me
enviaron.

Hoy mismo estoy remitiéndoles el total de esta orden a su dirección en
Santa Clara.

Cordialmente
```

Si está escribiendo palabras que usted sabe que están escritas correctamente, pero aparecen subrayadas, como en el ejemplo anterior, es necesario que cambie el idioma del sistema.

En la siguiente gráfica se puede ver cómo esta carta cambió una vez que se escogió el idioma correcto:

```
Compañías de asesoría Galaxia

Estimados Señores:

La presente es para agradecerles por su pronta respuesta a mi orden del
10 de Febrero, por las 20 copias de Microsoft Windows ME que me
enviaron.

Hoy mismo estoy remitiendoles el total de esta orden a su dirección en
Santa Clara.
```

En la gráfica anterior se puede ver que después de cambiar al corrector de idioma correcto, sólo dos palabras aparecen subrayadas.

Las barras de herramientas o "Toolbars" en Microsoft Office 2007/2003

Una barra de herramientas es un conjunto de iconos o *icons*. Cada uno de ellos le ayudará a realizar una función específica en el programa que está usando. Por ejemplo, si hace clic sobre el icono que se asemeja a una impresora pequeña, el documento que tiene en la pantalla será enviado a la impresora.

En Office 2007:

La nueva cinta o "Ribbon" de Microsoft Office 2007

La nueva cinta o "Ribbon" de Office 2007 es el panel situado en la parte superior de la ventana del programa en donde en versiones anteriores de Word, PowerPoint o Excel podía ver sus herramientas de trabajo o "Toolbars", y en el cual ahora encontrará iconos en los cuales puede hacer clic para completar su trabajo en el programa de Office 2007 con el cual esté trabajando.

Estos son los tres tipos de componentes que encontrará en la cinta o "Ribbon" de un programa de Office 2007:

- *Tabs (pestañas):* De estas encontrará siete básicas, y cada una de ellas representa una área de actividad.
- *Groups (grupos):* Ahora, a su vez, cada una de estas pestañas está dividida en grupos, en los cuales encontrará iconos con propósitos comunes.
- *Commands (órdenes):* Es un botón o cajita donde debe escribir información, o un menú en el cual debe escoger algo.

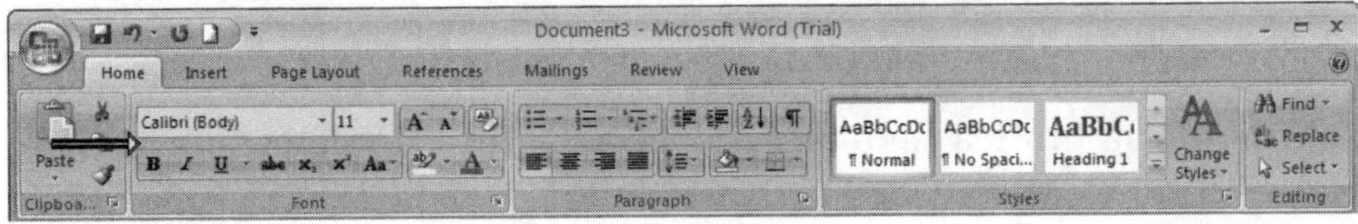

Por favor note en la gráfica de arriba de una captura de pantalla que hice de Word 2007 que esta cinta o "Ribbon" de Office 2007 organiza sus órdenes a través de siete pestañas ("Home", "Insert", etc). La pestaña de "Home" es la que aparece seleccionada inmediatamente después de que usted abre un programa del grupo de Office 2007. Para trabajar con una pestaña diferente, hágale clic a su título. Por ejemplo, para trabajar con las opciones que se encuentran en la pestaña de "Insert", hágale clic una vez. Y dentro de cada pestaña encontrará que cada una de estas opciones está organizada por grupos. Por ejemplo, en la gráfica de arriba, la pestaña destacada es la de "Home", que siempre aparece destacada inmediatamente después de que usted abre cualquiera de los programas de Office que usan este nuevo tipo de menú.

En Office 2007, encontrará que la pestaña de "Home" está presente en todos sus programas, pero algunos programas tienen algunas pestañas que son específicas a Office 2007. Por ejemplo, mientras el "Ribbon" de Excel tiene una pestaña para trabajar con las opciones gráficas, Word no le ofrece esta capacidad. En vez tiene pestañas que le mostrarán las diferentes opciones que puede usar para controlar el formato de texto en un documento.

La pestaña "Home" en Microsoft Office 2007

Esta, que en Office 2007 reemplaza el menú de "File", aparece seleccionada inmediatamente después de que abre uno de los programas de Office 2007 que usan el "Ribbon", como por ejemplo, Word, Excel o PowerPoint.

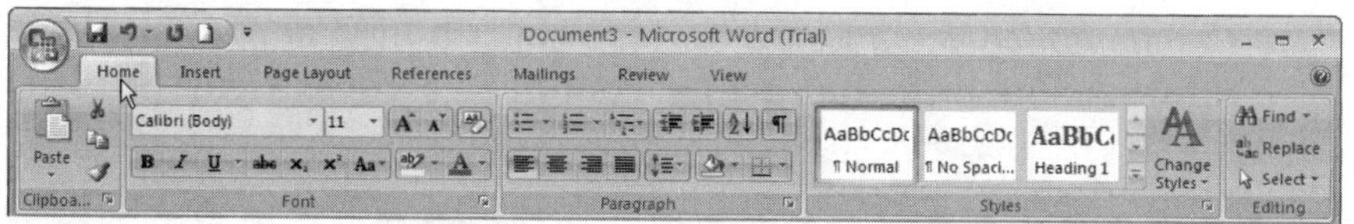

Siguiendo la gráfica de arriba de una captura de pantalla que hice del "Ribbon" —note que en este momento la pestaña de Home (casa) está seleccionada— de Office 2007, aprenderá lo siguiente:

- En el primer grupo, tipo de letra o "Font", encontrará opciones para trabajar con:
  - Los "Fonts"
  - El tamaño de letra
  - El estilo de letra: negritas, cursiva o subrayada
- Por ejemplo, si necesita centrar un título que acaba de escribir, trabaje con las opciones del grupo "Paragraph", en el cual encontrará opciones para:
  - Centrar y justificar el texto
  - Crear listas numeradas y viñetas

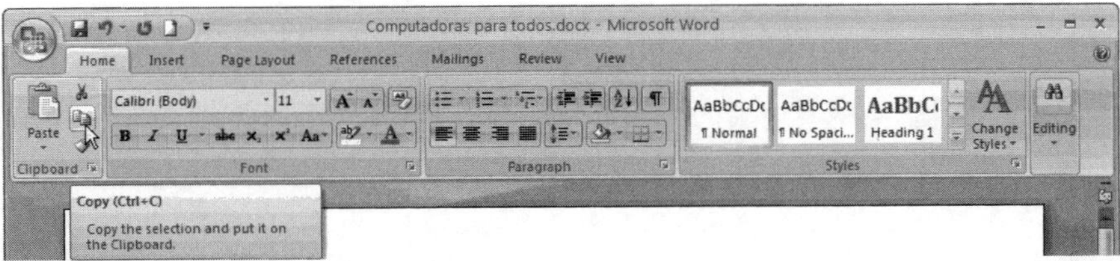

Por favor recuerde que, al igual que en versiones anteriores de cualquier programa para Office, si tiene dudas de la función específica que podrá hacer cuando usted le haga clic a uno de los iconos que ve en el "Ribbon", puede llevar el indicador del ratón sobre él, dejarlo unos segundos ahí y esperar a que una ventanita se abra indicándole su nombre y su propósito. En este ejemplo, dejé el indicador del ratón en la pestaña de "Home" sobre un icono que parece dos cartas una al lado de otra, y una ventanita se abrió recordándome que éste es el icono de "Copy", que copia una selección que usted haya hecho previamente y la envía al "Clipboard", o portapapeles de Windows.

La herramienta de trabajo diminuta o "Mini-Toolbar"

Cuando comience a trabajar en Word 2007 y seleccione algunas palabras con la cuales quiere trabajar, notará que a veces un menú semi-transparente aparece arriba de éstas, como flotando. Este se llama la Mini-Toolbar o herramienta de trabajo diminuta, y la puede usar para completar algunas funciones, como por ejemplo cambiarle el tipo de letra a algo que haya escrito.

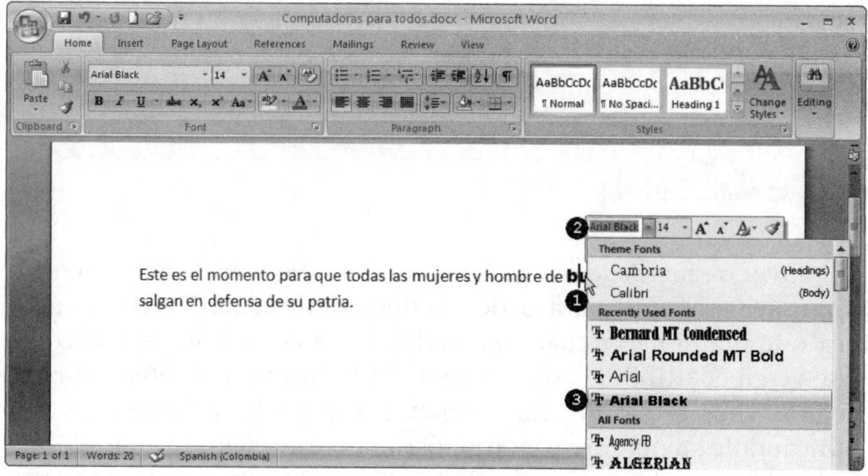

Por favor guíese por la captura de esta pantalla del programa Word 2007 para aprender a usar la "Mini-Toolbar" o herramienta de trabajo diminuta para cambiar el tipo de letra o "Font" en un documento:

1. Para empezar, haga clic con el botón derecho del ratón sobre el texto o la selección de texto que desea cambiar.
2. Ahora haga clic sobre la casilla de los "Fonts".
3. Finalmente, escoja el nombre de la que desea usar. Para este ejemplo, escogí usar el "Font" "Arial Black".

En Word 2007 también notará que el menú que se abre hace clic con el botón derecho en cualquier parte del área de trabajo ha cambiado mucho, y le ofrece muchas más opciones, como por ejemplo escoger el tipo exacto de lista que desea usar en el menú de numerar listas. La puede escoger con sólo hacer clic sobre ella.

> **NOTA**
>
> **Si tiene dudas acerca de cómo formatear texto, lea la página titulada "Algunas pautas que debe tener en cuanta cuando esté formateando texto en Microsoft Office".**

La barra de herramientas de acceso rápido o "Quick Access Toolbar"

Esta es la barra localizada al lado del botón de Office 2007. En ella hallará iconos que le ayudarán a realizar tareas como crear un nuevo documento, abrir un documento o invocar la función de ver o "View".

Por ejemplo, para guardar un documento que acaba de empezar a redactar, puede hacer clic sobre el botón de Office 2007 y escoger "Save", o alternativamente hacerle clic al icono del disquito o "Save" (indicado por la flecha en la siguiente gráfica) en esta herramienta de acceso rápido o "Quick Access Toolbar", lo que también le permitirá comenzar el proceso de guardarlo.

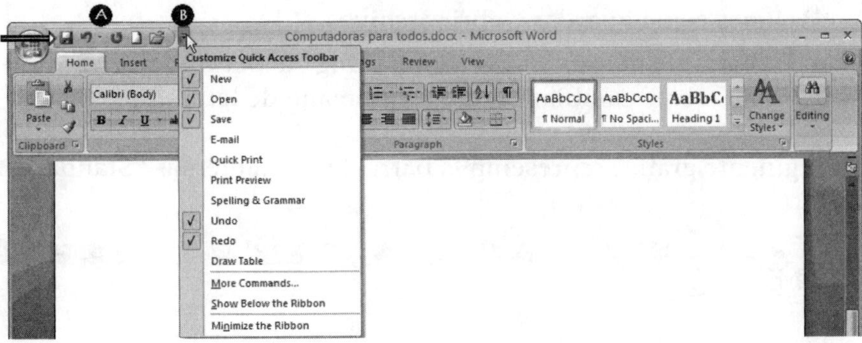

Por favor guíese por la gráfica que ve arriba de una captura de pantalla de Word 2007 para aprender a usar el "Quick Access Toolbar" (herramienta de acceso rápido):

A **Esta es la herramienta de acceso rápido o "Quick Access Toolbar" que verá en Office 2007. Para invocar uno de los comandos que ve ahí, por ejemplo "Save", o guardar un documento, solo hágale clic a su icono.**

B **Hágale clic a esta guía al final de esta herramienta de acceso rápido para abrir el menú que ve en esta gráfica, que le ayudará a añadirle o quitarle iconos a esta herramienta de trabajo. Por ejemplo, si desea ver el icono de abrir o "Open" si este no es visible ahí, haga clic sobre el nombre "Open" para añadirlo a la herramienta de acceso rápido. Inclusive, si desea, al final de este menú**

desplegable verá la opción para esconder el "Ribbon" ("Minimize the...") con sólo hacerle clic. Pare recobrarlo de nuevo, haga clic sobre la guía de arriba para ver otra vez el menú desplegable, y después haga clic de nuevo sobre "Minimize the..."

Ahora, si usted desea, también puede usar las mismas combinaciones de teclas que usaba antes para hacer su trabajo, especialmente las que comienzan con la tecla CONTROL, o CTRL. Por ejemplo, CTRL + C para copiar, CTRL + ALT + X para cortar, o CTRL + ALT + O para abrir un documento.

En Office 2003:

Las barras de herramientas de más uso son:

- La barra de herramientas "Standard" le permite realizar funciones como guardar y abrir archivos.
- La barra de herramientas "Formatting" le permite realizar funciones como cambiar el tipo y el tamaño de letra.

La siguiente gráfica representa la barra de herramientas "Standard".

Haga clic sobre estos iconos en la barra de herramientas "Standard" de Office 2003 para:

A Comenzar un nuevo documento.

B Abrir un documento.

C Guardar un documento que haya guardado previamente.

D Imprimir el documento que está en la pantalla.

La siguiente gráfica representa la barra de herramientas de "Formatting".

Haga clic sobre estos iconos de "Formatting" de Office 2003 para:

- **A** **Cambiar el tipo de letra.**
- **B** **Cambiar el tamaño de letra.**
- **C** **Trabajar con el tipo de letra en negritas, cursivas o subrayada.**
- **D** **Centrar y justificar el texto.**
- **E** **Crear listas numeradas y con viñetas.**

Cómo ver o esconder las barras de herramientas o "Toolbars"

Para empezar, piense que está trabajando con un programa que no tiene barras de herramientas. Si fuera así, siempre tendría que usar los menús de funciones, y esto le tomaría un paso adicional.

La gráfica de abajo representa la pantalla de trabajo de Microsoft Word 2003.

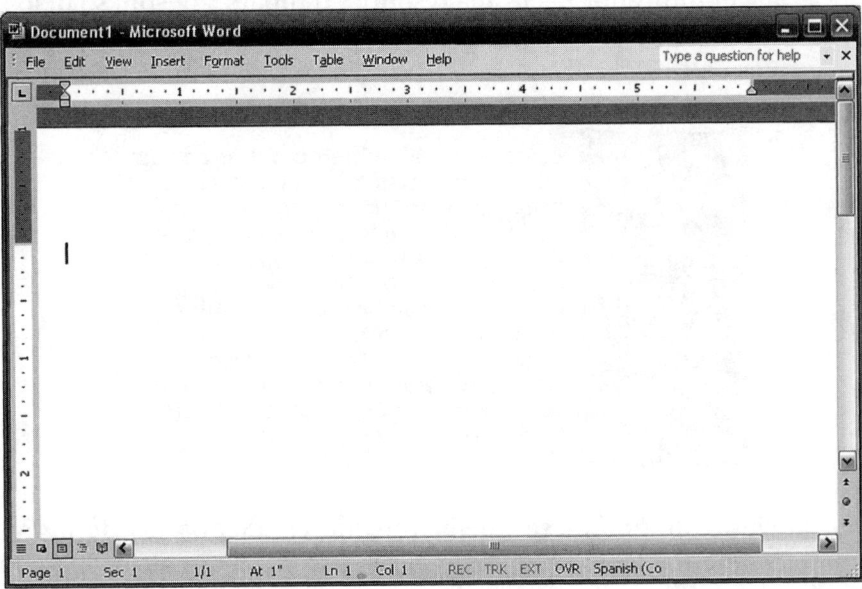

En este ejemplo puede ver que ninguna de las barras de herramientas disponibles en Word 2003 están habilitadas.

La siguiente gráfica ilustra los pasos para añadir la barra de herramientas "Standard" y la de "Formatting" a cualquier programa de Office 2003.

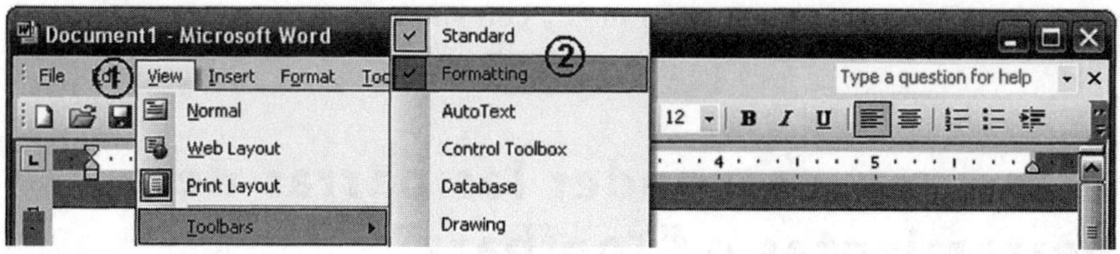

Siga estos pasos para ver las barras de herramientas "Standard" y la de "Formatting", en Word 2003 o ediciones anteriores a ésta, si estas barras de herramientas no son visibles ahora:

1. Haga clic sobre "View", para ver este menú desplegable. Si éste no se abre completamente, mantenga el indicador sobre él.
2. Jale el indicador hacia abajo sobre "Toolbars", después jálelo hacia la derecha y haga clic sobre "Standard" y después sobre "Formatting".

Los pasos para añadir o quitar barras de herramientas o "Toolbars" en los programas de Office se realizan casi de la misma manera en todas las diferentes versiones del grupo de programas de Office. Por ejemplo, estas instrucciones le serán útiles para añadir o quitar barras de herramientas o "Toolbars" en casi cualquier versión de Office, sea que tenga una versión de Office 97, Office 2000 u Office 2003.

En la siguiente gráfica se puede ver que las dos barras de herramientas que habilitó, la de "Standard" y la de "Formatting", ahora están disponibles.

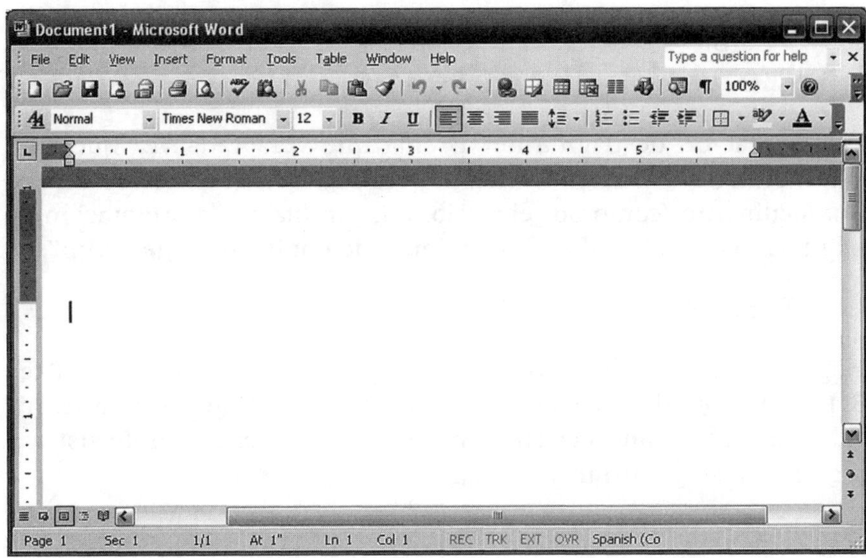

El proceso de esconder las barras de herramientas funciona casi de la misma manera que cuando se añaden:

1. Haga clic sobre "View".
2. Jale el indicador hacia abajo sobre "Toolbars". Después jálelo hacia la derecha y haga clic sobre la barra de herramientas que no quiere ver.

Con esta información le será posible ver y esconder las barras de herramientas cuantas veces le sea necesario. A estas barras de herramientas también se les pueden añadir funciones diferentes. Por ejemplo, en la barra de herramientas "Standard" es posible añadir un icono que le permite cambiar el interlineado del texto en una página.

Cómo usar la orientación de página horizontal o "Landscape"

La orientación de página de sistema que verá cada vez que abre Word es la de "Portrait" o vertical, pero si desea puede cambiarla en un documento (como por ejemplo, una circular) a la orientación de página horizontal usando las opciones de página o "Page Setup".

En Office 2007:

Haga clic sobre la pestaña "Page Layout", en el grupo de "Page Setup" y por último haga clic sobre "Orientation". Ahora escoja "Landscape". Cuando cierre el programa, la orientación de sistema regresará a ser "Portrait".

En Office 2003:

Así se abre el menú para cambiar las opciones de página:

1. Haga clic sobre "File".
2. Jale el indicador hacia abajo, y haga clic sobre "Page Setup".

La siguiente gráfica representa las opciones de página en Word 2003.

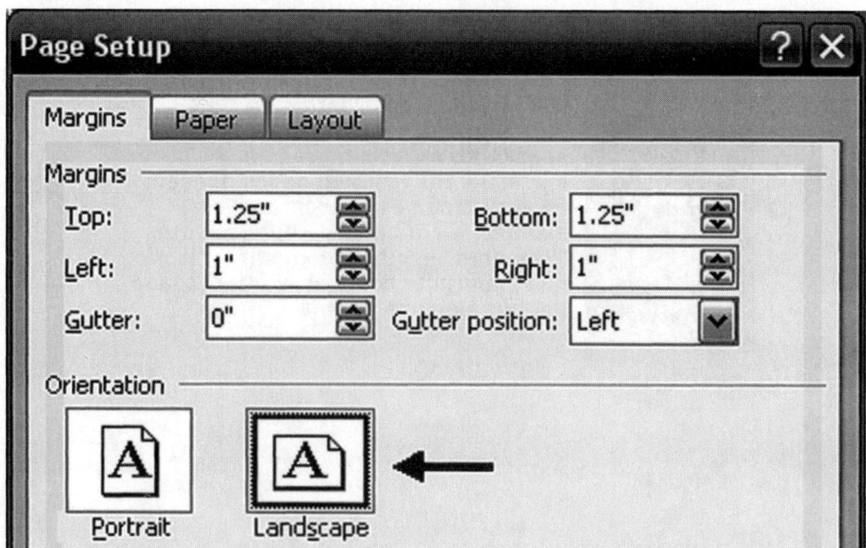

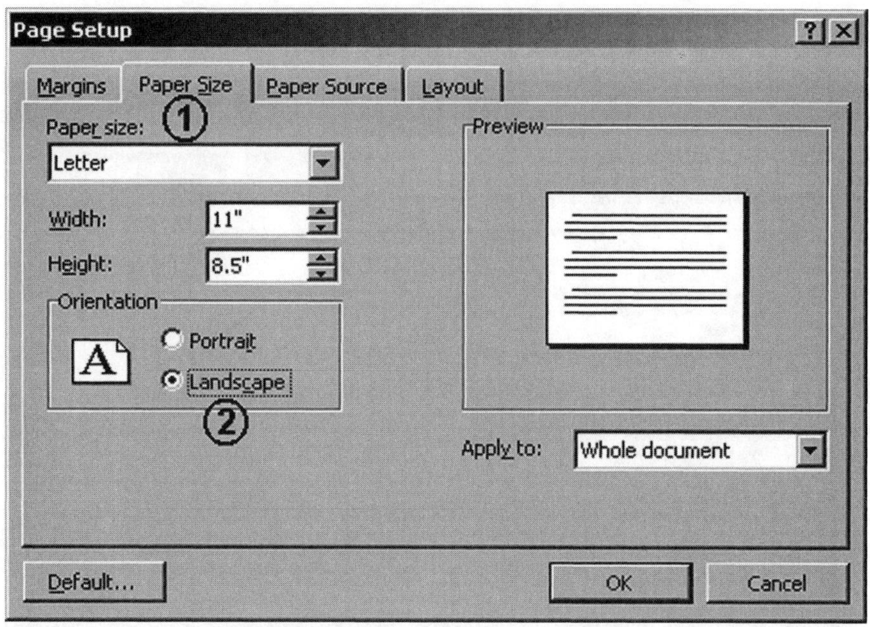

Esta es la manera de cambiar la orientación de página de un documento a la orientación horizontal o "Landscape", en Word 2003:

1. Haga clic sobre "Landscape". En algunas versiones anteriores de Office haga clic sobre "Paper Size", y después elija "Landscape".
2. Finalmente haga clic sobre confirmar o "OK". Para volver a usar la orientación vertical o "Portrait", siga los mismos pasos y elija "Portrait".

En la siguiente gráfica puede ver una página en una orientación horizontal, o "Landscape".

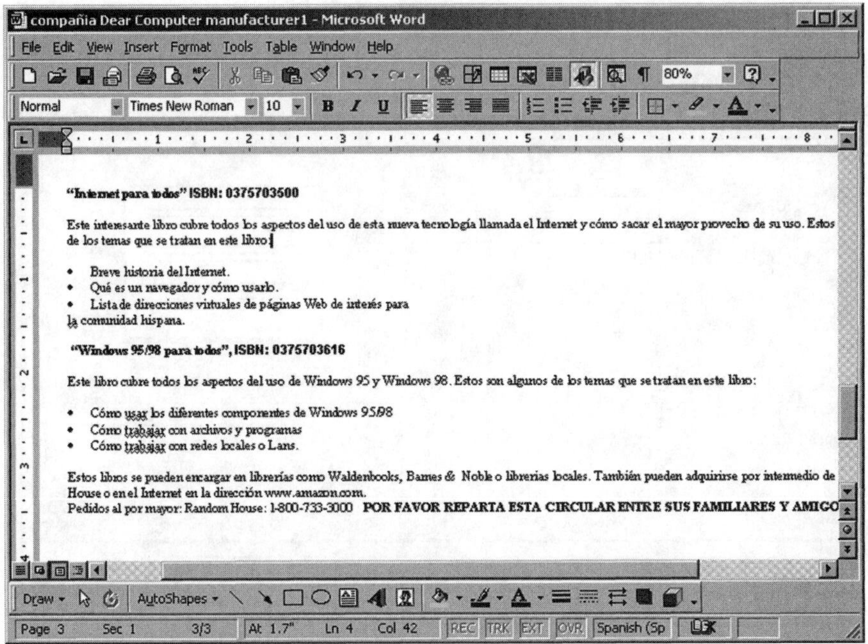

Crear un documento con la opción de página horizontal es muy útil para escribir circulares que anuncian productos, y también para pequeñas presentaciones de negocios en las que usan letras grandes que resaltan una idea. Recuerde que cuando imprime un documento con orientación horizontal, las letras aparecerán a lo largo de la página.

Para recordar

- Si tiene una versión anterior de Microsoft Office (como Office 2000), y desea usar la versión de Office 2007, sólo es necesario conseguir una actualización o *upgrade.*
- En Office 2007, el nuevo botón de Office reemplaza las barras de herramientas que veía antes en Office 2003.
- En Office 2007/2003, cada documento que abra aparecerá en una ventana diferente.

- En Office 2007/2003, encontrará diccionarios de 20 diferentes países hispanohablantes y 13 de los diferentes países que hablan inglés.
- Si está trabajando con un documento y cada letra aparece subrayada, esto se puede deber a que tiene el idioma predeterminado mal seleccionado.
- Una barra de herramientas es un conjunto de iconos, cada uno de los cuales le ayudará a realizar una función específica.

El procesador de palabras Word de Microsoft Office

12

Introducción a Word de Microsoft Office

Word es uno de los procesadores de palabras más usados en el mundo. Este programa le permite crear desde una página a un libro completo. Esta más reciente versión, la de Word 2007, es mucho más sofisticada que todas las versiones anteriores, y también está mucho más integrada a los otros programas que forman parte de Office 2007 de Microsoft.

Usando este procesador de palabras, podrá crear, entre otros, los siguientes tipos de documentos:

- Invitaciones a bodas, cumpleaños, bautizos
- Su resumé
- Circulares para rentar apartamentos y casas o para algo que tenga para la venta
- Tareas de la escuela

Para seguir estos ejemplos, abra Microsoft Word de acuerdo al sistema operativo con el cual cuente su computadora.

En Windows Vista:

Lleve el indicador sobre el botón de comienzo o "Start" y haga clic sobre éste, e inmediatamente escriba "Microsoft Office Word 2007" (ó "2003", si ésta es la versión que tiene), y después oprima la tecla ENTER.

En Windows XP:

1. Lleve el indicador sobre el botón de comienzo o "Start" y haga clic sobre éste.
2. Ahora jálelo hacia arriba y haga clic sobre "All Programs" (en versiones anteriores de Windows, como por ejemplo Windows 98, busque "Programs"). Después busque el grupo de programas "Microsoft Office".
3. Finalmente, haga clic sobre el icono de "Microsoft Office Word 2007" ó "2003", dependiendo de la versión que tenga instalada en su computadora.

La siguiente gráfica muestra el área de trabajo de Word 2007.

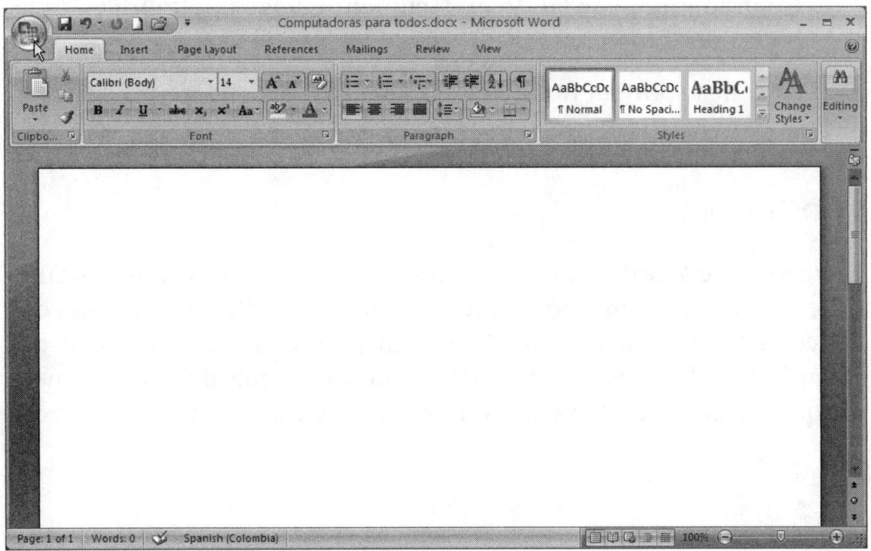

Si ha trabajado con Word en el pasado notará que el área de las herramientas de trabajo de la versión Word 2007 ha cambiado mucho en comparación con versiones anteriores, como por ejemplo Word 2003. Pero si todavía usa una versión anterior de Word, debe saber que todavía casi todas las instrucciones en este capítulo le pueden ser útiles.

Cómo guardar un documento en una versión anterior de Word

Cuando usted hace su trabajo con un programa más avanzado, como por ejemplo, Word 2007, que los que la gente con la cual colabora usan, es útil averiguar qué versión de este programa están usando. Y si estas personas tienen una versión anterior a la que usted usa (por ejemplo, usted tiene la versión 2007 y ellos la versión 2003) le será necesario preparar los documentos que piensa compartir con ellos, de la siguiense manera:

En Office 2007:

1. Cuando esté guardando el documento, haga clic sobre el botón de "Office".
2. Después sobre el botón "Save As".
3. Y por último sobre "Word 97-2003".

En Office 2003:

La versión de Word 2003 es bastante compatible con versiones anteriores de Word, como por ejemplo Word 2000. Si las personas con las cuales colabora usan una versión menos avanzada, como por ejemplo Word 97, es recomendable que usted guarde los documentos que les envía en la versión de Word que éstos usan.

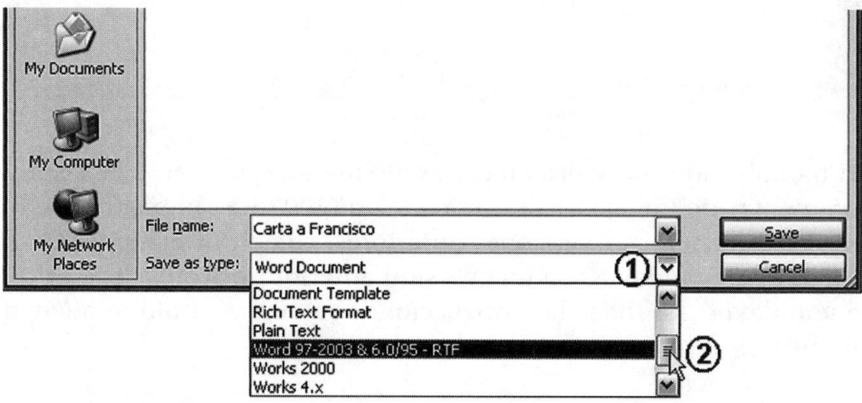

Estos son los pasos para guardar un documento en una versión anterior de Word, como por ejemplo Word 6.0:

1. En la ventana de guardar que se abre después de hacer clic sobre "Save", haga clic sobre esta guía.
2. En esta lista escoja el formato que crea es más compatible con el programa que tiene la persona a quien desea enviar este archivo. Por ejemplo, escoja Word 6.0/95 si su amigo/a tiene esta versión de Word.

Por ejemplo, si usted tiene Word 2003, debe saber que si le envía un documento a un compañero de trabajo que usa Word 2007 éste lo podrá abrir (Word 2007 automáticamente arregla el archivo que usted envió), pero si esta persona tiene Word 2007 y le envía un archivo a usted sin hacer el cambio que mostré aquí, a usted se le hará muy difícil abrir este archivo sin tomar pasos adicionales, como conseguir un convertidor de archivos.

Para terminar de guardar un archivo (por ejemplo, darle un nombre y buscar donde guardarlo), siga los pasos que vio anteriormente en el capítulo nueve.

Cómo usar la función "clic y escriba"

Esta función le permite hacer clic en cualquier parte del área de trabajo de Word y comenzar a escribir. Esto es muy útil para trabajar en circulares o proyectos con gráficas sin tener que usar la tecla del tabulador.

En la siguiente gráfica se puede ver ejemplos de los iconos que verá cuando coloque el cursor sobre el área de trabajo.

He aquí el resultado de hacer clic dos veces sobre un área de trabajo si comienza a escribir y el cursor se parece a uno de estos iconos:

- **A** **El texto que escriba será alineado a la derecha.**
- **B** **El texto que escriba será centrado.**
- **C** **El texto que escriba será alineado a la izquierda.**

Por ejemplo, si desea crear un título con el texto centrado, hágalo de la siguiente manera:

1. Coloque el cursor sobre el centro de la página y haga clic.
2. Observe el cursor, compárelo al de la gráfica anterior (**B**), y si se parece, haga clic dos veces.
3. Comience a escribir.

Computadoras para todos

En este ejemplo se puede notar como el título, *Computadoras para todos,* quedó centrado sin necesidad de usar el tabulador.

Cómo cambiar el espacio entre líneas o interlineado o "Line Spacing"

El espacio entre líneas o interlineado determina la cantidad de espacio en sentido vertical entre las líneas de texto. Cuando se abre un documento nuevo, Word usa el interlineado sencillo de forma predeterminada. El interlineado que seleccione afectará todo el texto del párrafo seleccionado o del texto que escriba después del punto de inserción.

En Office 2007:

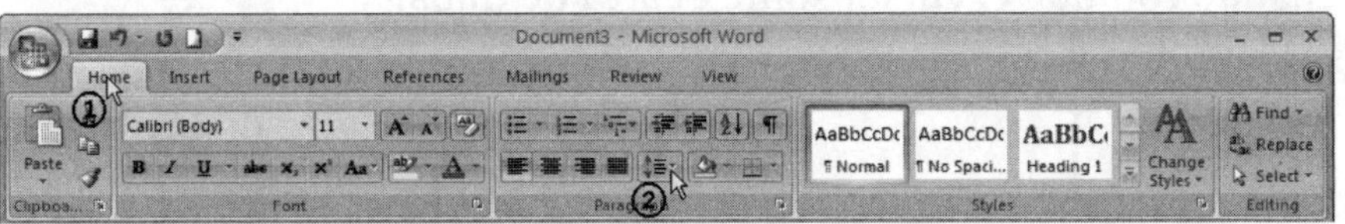

Haga clic sobre la pestaña "Home", en el grupo "Paragraph" y después haga clic sobre el icono de cambiar el interlineado. Por último, escoja el interlineado que desea usar (por ejemplo, 2).

En Office 2003:

La siguiente gráfica le ayudará a entender cómo cambiar el interlineado.

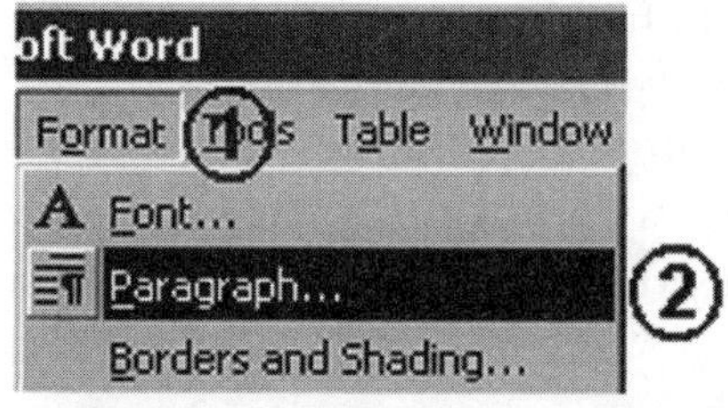

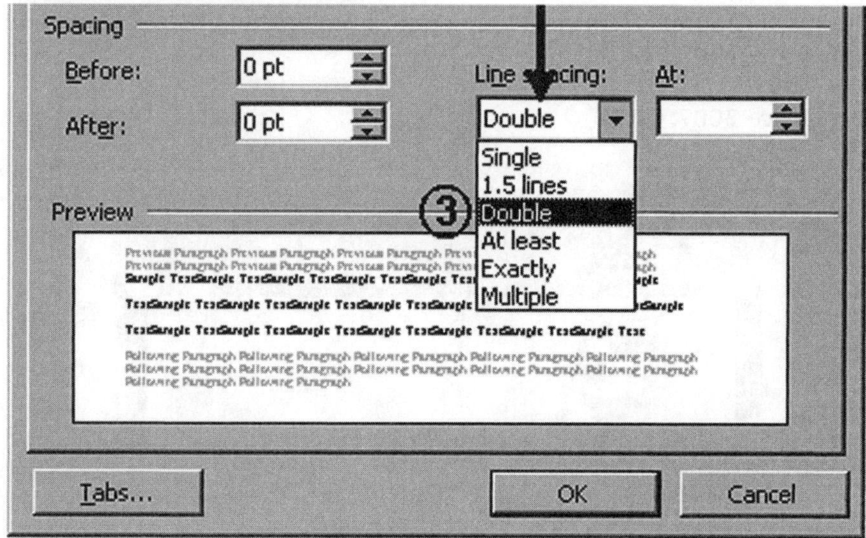

Una vez que el texto que desea cambiar de interlineado haya sido seleccionado, puede hacerlo de la siguiente manera:

1. Haga clic sobre "Format".
2. Jale el indicador hacia abajo y haga clic sobre "Paragraph".
3. Haga clic sobre el espacio en blanco debajo de "Line Spacing" y seleccione el interlineado que desea usar.

Cómo usar las listas de números

Esta es una función que le permite hacer listas de manera automática, ya que Word le asignará un número a cada una de las líneas que escriba. De esta manera puede hacer listas de cosas que tiene que hacer, escribiendo las que tienen más urgencia al principio.

En Word hay dos maneras de usar esta función:

1. Haciendo clic sobre el icono de numerar y después escribiendo cada línea de la lista.
2. Escribir una lista, seleccionarla y después hacer clic sobre el icono de numerar.

En los siguientes ejemplos, verá cómo numerar una lista después de seleccionarla.

En Office 2007:

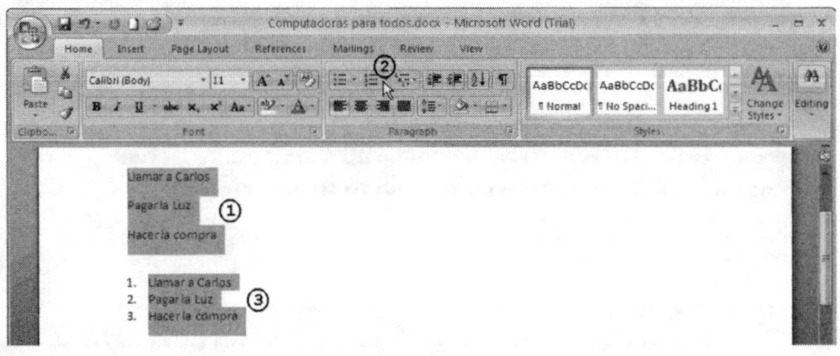

Si desea numerar una lista, siga estos pasos:

1. Seleccione la lista que desea numerar.
2. Haga clic sobre el icono de numerar en la pestaña "Home" en el grupo "Paragraph", y después seleccione el estilo de lista en el menú que se abre que desea usar, haciéndole clic.
3. Después haga clic sobre cualquier espacio en blanco, debajo de la lista para no borrarla accidentalmente mientras esté seleccionada. Finalmente, oprima la tecla ENTER dos veces.

En Office 2003:

Si desea numerar una lista, lo puede hacer de la siguiente manera:

1. Seleccione la lista que desea numerar.
2. Ahora haga clic sobre el icono de numerar.
3. Después haga clic sobre cualquier espacio en blanco, debajo de la lista para no borrarla accidentalmente mientras esté seleccionada. Finalmente, oprima la tecla ENTER dos veces.

Cómo usar las viñetas o "Bullets"

Esta es una función muy útil para destacar puntos importantes en un documento de manera automática. Si desea usar viñetas con Word, destacará todas las líneas que seleccione. De esta manera puede hacer listas de puntos para resaltar sus ideas.

En Word hay dos maneras de usar esta función:

1. Haga clic sobre el símbolo de viñetas, y después escriba cada línea.
2. Escriba una línea, selecciónela y haga clic sobre el símbolo de viñetas.

La siguiente gráfica muestra cómo usar las viñetas para hacer una lista después de haberla seleccionado.

En Office 2007:

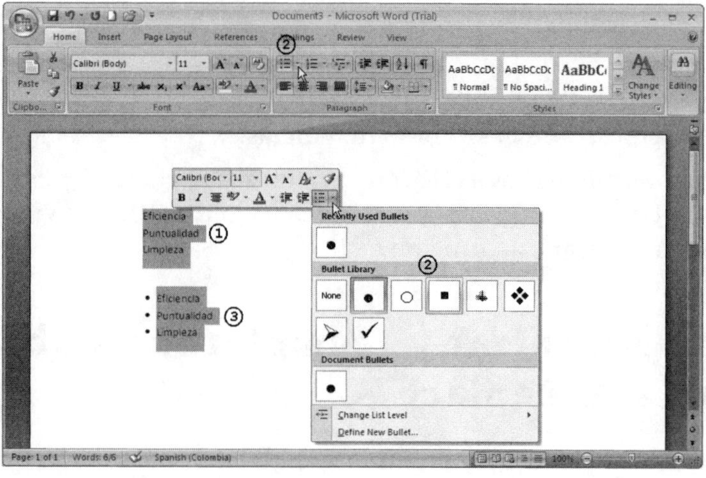

Si desea usar las viñetas para destacar una lista de puntos, hágalo de esta manera:

1. Seleccione los puntos que desea destacar.
2. Haga clic sobre el símbolo de viñetas en la cinta o "Ribbon" de Office 2007 (arriba de su ventana), o haga clic con el botón derecho del ratón sobre su selección para ver el menú en la gráfica de arriba. Después haga clic sobre el tipo de viñeta que desea usar.
3. Para terminar, haga clic con el ratón sobre cualquier espacio en blanco. Por último, presione la tecla ENTER dos veces para parar de usar esta función.

En Office 2003:

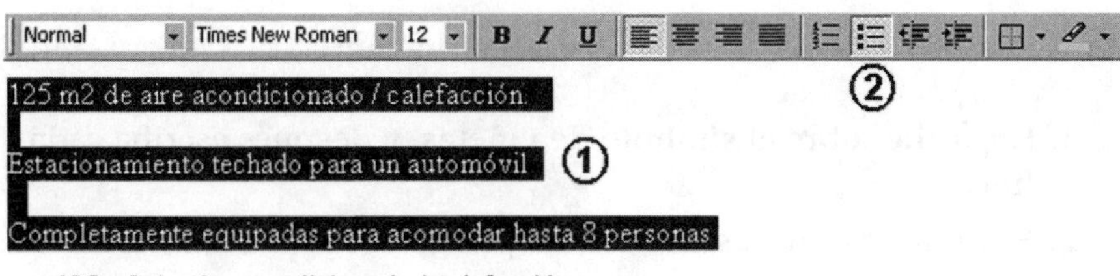

Si desea usar las viñetas para destacar una lista de puntos, hágalo de la siguiente manera.

1. Seleccione los puntos que desea destacar.
2. Haga clic sobre el símbolo de viñetas.
3. Para terminar, haga clic con el ratón sobre cualquier espacio en blanco. Por último, presione la tecla ENTER dos veces para parar de usar esta función.

Cómo encontrar y reemplazar palabras o "Find and Replace"

La función de encontrar y reemplazar palabras o "Find and Replace" es muy útil si está trabajando con un documento o si desea cambiar una palabra y no sabe exactamente en qué página se encuentra. Con esta función se puede reemplazar sólo una palabra que busca o, si tiene muchas de estas palabras en un documento, puede reemplazarlas todas al mismo tiempo.

La siguiente gráfica muestra la manera de usar la función de encontrar y reemplazar palabras.

LOS MENSAJES CRUZAN EL MAR.
Los hombre primitivos superaron el escollo de ríos y quebradas con balsas y canoas de maderas livianas; má
los correos empezaron a cruzar los océános en barcos de vela, como las famosas caravelas que emplearon lo
primeros conquistadores y colonizadores para llegar a América en el año de 1492. En caravela llegaron a Eu

LOS MENSAJES CRUZAN EL MAR.
Los hombre primitivos superaron el escollo de ríos y quebradas con barcazas y canoas de maderas livianas; r
tarde los correos empezaron a cruzar los océános en barcos de vela, como las famosas caravelas que emplea
primeros conquistadores y colonizadores para llegar a América en el año de 1492. En caravela llegaron a Eu

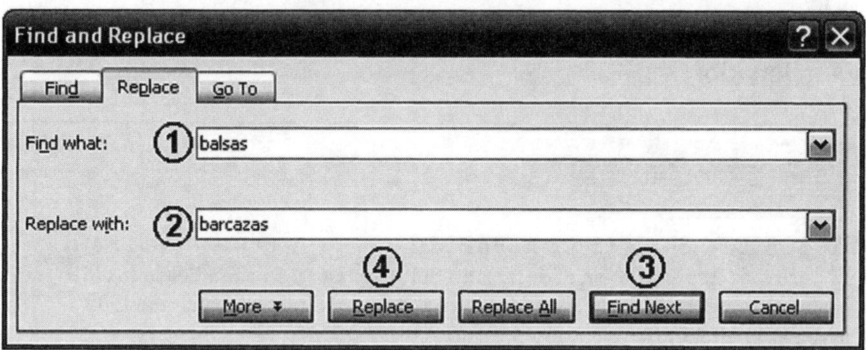

Use la combinación de teclas CTRL + H y después siga estos pasos para hallar y reemplazar una palabra:

1. En esta línea, "Find what:" escriba la palabra que desea buscar.
2. En esta línea, "Replace with:" escriba en la casilla la palabra con la cual desea reemplazar la palabra de arriba.
3. Haga clic sobre "Find Next" para buscar la primera vez que esta palabra aparece en este documento.
4. Haga clic sobre "Replace" para reemplazarla. Si desea reemplazar todas las instancias de esta palabra en un documento, haga clic sobre "Replace All".

Cómo trabajar con la alineación de texto

Esta es la función que le permite cambiar en la pantalla la posición del texto que usted elija, como por ejemplo, centrándolo. La alineación de sistema es siempre a la izquierda. De esta manera, cuando termina un renglón y comienza otro, las palabras se alinean en el lado izquierdo.

En Word hay dos maneras de usar esta función:

1. Haga clic sobre el icono de alinear texto que desea usar y después escriba una línea.
2. Escriba una línea, selecciónela y después haga clic sobre el icono de alinear.

La siguiente gráfica muestra la manera de alinear texto que tenga seleccionado.

Ⓐ

DE LOS IDEOGRAMAS AL ALFABETO.
El paso más importante en el desarrollo del lenguaje, y su salto desde los ideogram
hasta la representación de los sonidos, lo dieron los Fenicios en el año 1500 a. C., al
inventar el alfabeto.

Ⓑ

DE LOS IDEOGRAMAS AL ALFABETO.
El paso más importante en el desarrollo del lenguaje, y su salto desde los ideogram
hasta la representación de los sonidos, lo dieron los Fenicios en el año 1500 a. C., a
inventar el alfabeto.

En la gráfica anterior se puede ver cómo alinear un párrafo de texto:

Ⓐ Este párrafo está alineado a la izquierda. Este es el tipo de alineación que Word usa cuando comienza un documento nuevo.

Ⓑ Si desea centrar este párrafo, selecciónelo, y después haga clic sobre este icono.

Cómo trabajar con la pantalla completa

Esta función le permite trabajar sin tener que ver las barras de herramientas. Así sólo verá el área de trabajo del documento con el que está trabajando. Si necesita hacer cambios de letra u otro tipo de formato, regrese a la pantalla regular.

En Office 2007:

1. Haga clic sobre la pestaña "View".
2. Ahora, en el grupo de "Document Views", haga clic sobre "Full Screen Reading".
3. Cuando desee regresar a la presentación regular, en la que se ve el "Ribbon" de Office, oprima la tecla escape o ESC.

En Office 2003:

En la siguiente gráfica se puede ver un documento que ocupa toda la pantalla.

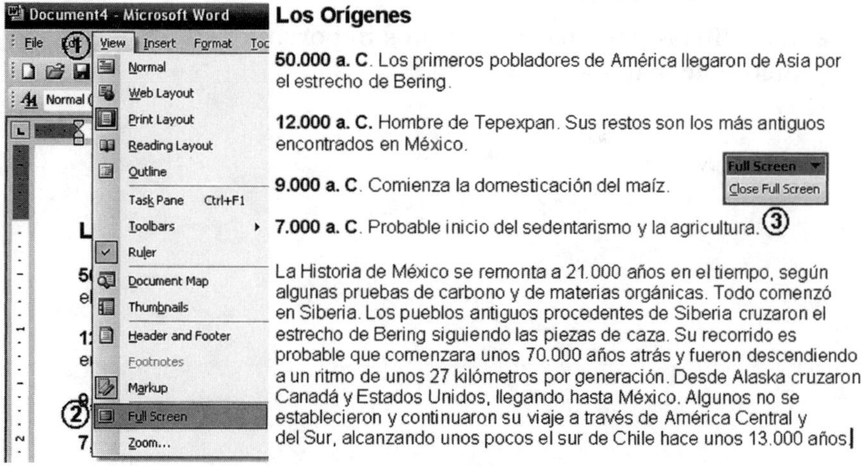

Esta es la manera de hacer que un documento tome toda la pantalla para que le sea más fácil leerlo:

1. Primero haga clic sobre "View".
2. Después jale el indicador hacia abajo y haga clic sobre "Full Screen".

3. Cuando desee regresar a la presentación regular con las barras de herramientas, haga clic sobre "Close Full Screen" u oprima la tecla de escape o ESC.

Para recordar

- Word es uno de los procesadores de palabras de más uso en todo el mundo y le permite crear desde una página hasta un libro completo.
- Si tiene una versión anterior de Word, puede conseguir la versión de Word 2007 comprando una actualización a este programa de Microsoft.
- Si tiene Word 2007 y desea enviarle un archivo a un usuario que tiene una versión anterior (como por ejemplo Word 6.0), es una buena idea guardar el documento que desea enviar como un documento de Word 6.0, para que así la persona que lo recibirá no tenga dificultades en abrirlo.
- En Word 2007/2003 es posible imprimir hasta 16 páginas de un documento en una sola hoja.
- Use viñetas para destacar puntos importantes en un documento de manera automática.

La hoja de cálculo Excel de Microsoft

Introducción a Microsoft Excel

Excel es la hoja de cálculo electrónica o "spreadsheet" incluida en Office de Microsoft. Este tipo de programa es sumamente útil y le puede asistir en sumar o restar cantidades de una manera casi instantánea.

Además, le ofrece muchas herramientas para analizar los resultados de estas operaciones. De esta manera, puede crear informes que demuestren qué hay detrás de todos los números que salieron en una hoja de cálculo.

Usando esta hoja de cálculo, podrá crear, entre otros, este tipo de documentos:

- Presupuestos
- Listas de gastos
- Tareas de la escuela
- Tablas para seguir los marcadores de sus equipos favoritos

La siguiente gráfica muestra el área de trabajo de Excel.

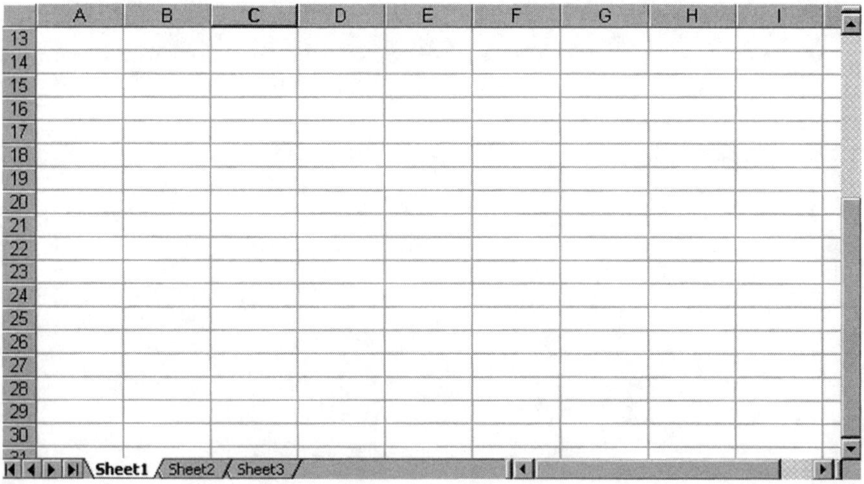

	A	B	C	D	E	F	G	H	I
13									
14									
15									
16									
17									
18									
19									
20									
21									
22									
23									
24									
25									
26									
27									
28									
29									
30									

Sheet1 / Sheet2 / Sheet3

Como puede ver, la hoja de trabajo o "worksheet" de Excel consiste en una serie de casillas separadas por filas y columnas. Las filas empiezan con el número "1" y las columnas están representadas por letras, empezando con la letra "A".

Descripción de las casillas individuales o "Cells"

Una casilla es el espacio virtual que contiene información, como por ejemplo, texto, números e incluso modelos gráficos. Estas casillas también pueden contener las fórmulas que le permiten hacer cálculos basados en los valores de otras casillas o de otras fórmulas.

En la siguiente gráfica se puede ver claramente cómo el nombre de cada casilla se conoce por la fila y la columna en las cuales está situada.

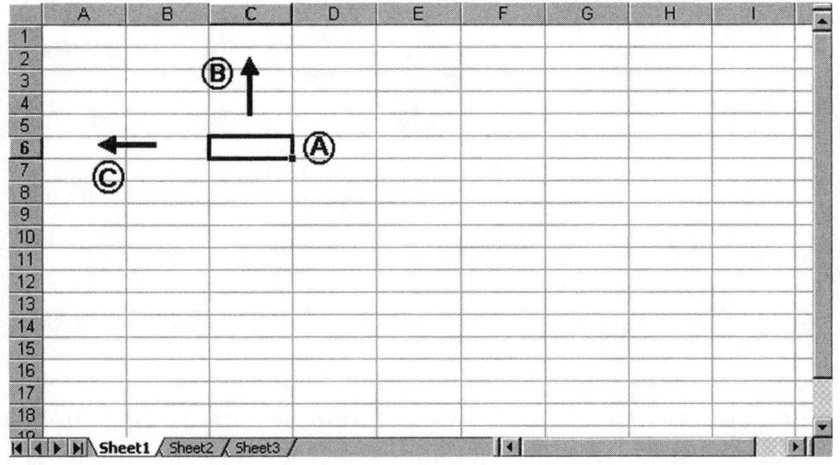

El valor de esta casilla está relacionado con la posición en la cual se encuentra en el área de trabajo:

- **Ⓐ Es la casilla individual y representa la posición de entrada en la hoja de cálculo.**
- **Ⓑ Es la columna C en la cual está situada esta casilla.**
- **Ⓒ Es la línea 6 en la cual está situada esta casilla. En este caso se puede decir que esta casilla se llama C6.**

Cómo navegar en una hoja de cálculo o "Spreadsheet"

En una hoja de cálculo se pueden usar el ratón, el teclado y, en particular, las flechas que están al lado de la planilla de números. En una hoja de cálculo es preferible usar las flechas del teclado para cambiar de una casilla a otra, ya que así no se puede borrar ninguna información en las casillas.

En la siguiente gráfica se puede ver las flechas del teclado y la manera de usarlas para trabajar en Excel 2003.

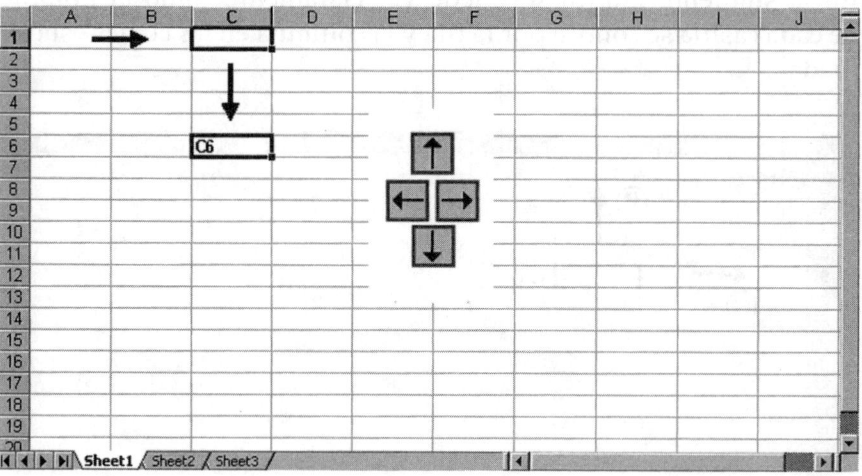

En esta gráfica se puede ver cómo el punto de entrada a esta hoja de cálculo es la casilla **A1.** Por ejemplo, si desea ir a la casilla **C6,** use la flecha de la derecha hasta llegar a la columna de la **C,** y después use la flecha que apunta hacia abajo hasta llegar a la línea **6.**

Cómo abrir y guardar una hoja de cálculo electrónico o "Spreadsheet"

Una de las grandes ventajas de este programa es la de poder, de una manera muy rápida, sumar y restar números en casillas que se encuentren incluidos en una fórmula.

Para seguir este ejemplo abra Microsoft Excel de acuerdo a la versión de Windows en su computadora.

En Windows Vista:

Haga clic sobre el botón de comienzo o "Start", e inmediatamente escriba "Microsoft Office Excel 2007" (o "2003", si esta es la versión que tiene), y después oprima la tecla ENTER.

En Windows XP:

1. Lleve el indicador sobre el botón de "Start" y haga clic sobre éste.
2. Ahora jálelo hacia arriba y haga clic sobre "All Programs" (en versiones anteriores de Windows, como Windows 98, busque "Programs"). Después busque el grupo de programas de "Microsoft Office".
3. Finalmente, haga clic sobre el icono de "Microsoft Office Excel 2007" ó "2003", dependiendo de la versión que tenga instalada en su computadora.

La gráfica de abajo representa la ventana inicial de Excel. Si en su computadora tiene instalada la versión de Excel 2007, los menús que verá en la parte superior de esa ventana son diferentes, y regresando al principio de este capítulo vera más información acerca de cómo usar este tipo de menú.

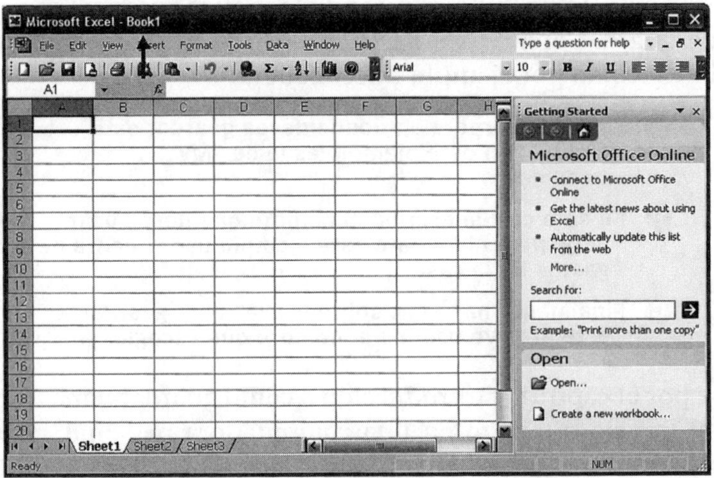

Cuando abra Excel, éste automáticamente escoge un nombre, "Book 1", para su archivo. Por lo tanto, cuando esté comenzando a crear un archivo, es importante cambiarle el nombre lo más pronto posible usando la función "Save As".

Lo primero que haremos es cambiarle el nombre a este archivo de "Book 1" a uno de su preferencia. Use la combinación de teclas CTRL + S. El recuadro de guardar archivos se abrirá.

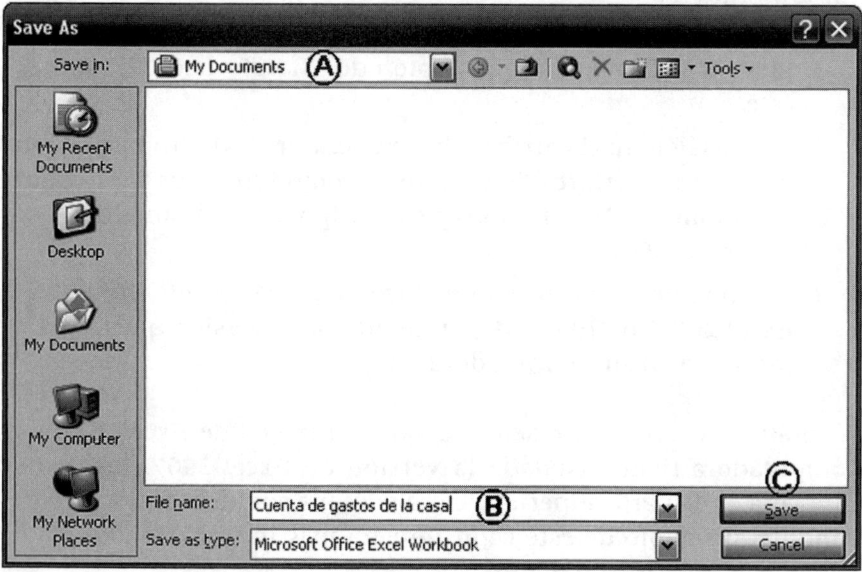

Esta es la manera de trabajar (usando la gráfica anterior) con la ventana de guardar archivos en Excel 2003, que es casi en versiones anteriores (como por ejemplo Excel 2000):

- **A** **Escoja la carpeta en donde desea guardar este archivo; en este ejemplo es la de "My Documents".**
- **B** **En esta casilla escriba el nombre que desea usar para el archivo; para este ejemplo usé "Cuenta de gastos de la casa".**
- **C** **Finalmente haga clic sobre "Save" para guardar este archivo usando el nombre que escogió.**

Guíese por el capítulo "Introducción a cómo guardar y más adelante abrir el trabajo que hizo en una computadora personal" y por las páginas anteriores de este mismo capítulo, si tiene Office 2007, para clarificar sus dudas cuando tenga que guardar o abrir su trabajo en Excel.

El ejemplo que sigue a continuación le ayudará a aprender cómo crear una hoja de cálculo llamada "Cuenta de gastos semestrales". Ésta funciona con todas las versiones de Excel que tenga, inclusive si el programa tiene los menús en español. Si desea, cambie los nombres de los gastos que son sugeridos en el libro por nombres de gastos que representen más sus necesidades.

Cómo añadir texto a una hoja de cálculo

En una hoja de cálculo el proceso de añadir texto tiene más que todo un fin informativo: ayudar al usuario a recordar a qué corresponden los valores en una hoja de cálculo. En todas las diferentes versiones de Excel, las funciones que ha aprendido hasta ahora en Office, como por ejemplo, cambiarle el tipo y el tamaño de letra lo que escribe o inclusive algo que ya ha escrito, se hacen de la misma manera en este programa.

La siguiente gráfica muestra la manera de añadir un título a una hoja de cálculo.

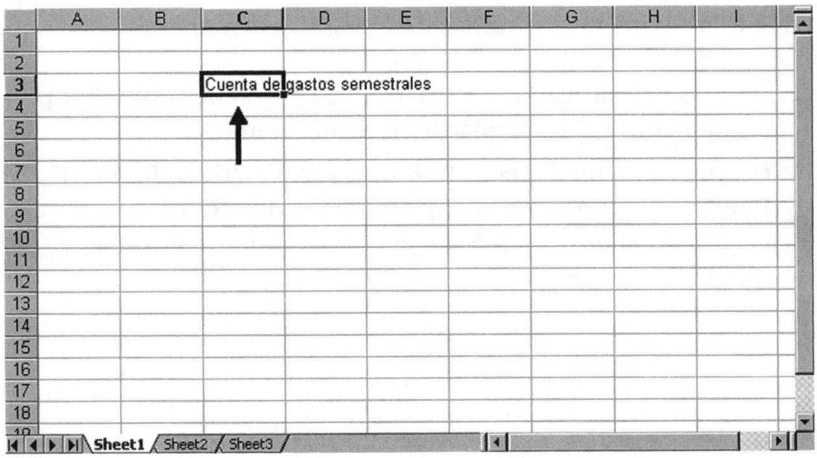

Así se añade texto a una hoja de cálculo:

1. Coloque el indicador sobre la casilla donde desea añadir texto.
2. A continuación, escriba el título que desea usar para esta hoja de cálculo. Cuando termine, pulse la tecla ENTER. Finalmente, puede ver cómo el título que escribió aparecerá a lo largo de diferentes casillas, empezando en la casilla **C3**.

Enseguida añada nombres a cada una de las columnas individuales para entender de qué se tratan los totales que puede obtener al final de cada columna.

En la siguiente gráfica puede ver el proceso de nombrar cada columna.

	A	B	C	D	E	F	G
1							
2							
3		①	Cuenta de gastos semestrales				
4							
5		Enero					
6							
7		②					
8							
9		Enero	Febrero	Marzo	Abril	Mayo	Junio
10							

Añada nombres a las columnas de la siguiente manera:

1. Coloque el indicador a la casilla **B5**, haga clic sobre ella y escriba "Enero" para añadir el primer nombre.
2. Después oprima la tecla TAB una vez y escriba "Febrero". Repita este proceso hasta que termine de escribir los meses hasta Junio, oprimiendo la tecla TAB cuando termine de escribir cada mes.

Si comete un error y escribe un nombre en donde no corresponde, lo puede arreglar llevando el indicador sobre la casilla en donde quiera cambiar el título. Sólo pulse la tecla para añadir espacios y escriba el valor que corresponda a esta casilla. Si desea, también puede usar la combinación de teclas CTRL + Z para deshacer un error.

Después nombre las líneas individuales. Los nombres pueden ser cualquier número de gastos que tenga cada mes, como por ejemplo, Comida, Hipoteca, Gasolina, Colegio, Crédito y Vacaciones.

En la siguiente gráfica se puede ver cómo una hoja de cálculo comienza a verse más organizada.

	A	B	C	D	E	F	G
1							
2							
3			Cuenta de gastos semestrales				
4	①						
5		Enero	Febrero	Marzo	Abril	Mayo	Junio
6							
7	Comida						
8	②						

	A	B	C	D	E	F	G
7	Comida						
8	Hipoteca						
9	Pagos						
10	Auto						
11	Gasolina						
12	Colegio						
13	Crédito						

Para añadir nombres a las líneas individuales, hágalo de la siguiente manera:

1. Coloque el indicador en la casilla **A7** y haga clic sobre ella. Después escriba "Comida" para añadir el primer gasto.
2. A continuación, oprima la flecha (en su teclado) que indica hacia abajo una vez, y luego escriba "Hipoteca". Repita este

proceso hasta que termine de escribir el nombre de los gastos que puede tener cada mes.

Borrar el contenido de una casilla que no está protegida es muy fácil y se hace al colocar el indicador sobre la casilla y oprimir cualquier tecla. Por este motivo tenga cuidado en no reposar la mano en el teclado mientras esté usando la hoja de cálculo, a menos que la casilla esté protegida.

Cómo crear una fórmula en Excel para sumar cantidades

Ahora haga una fórmula sencilla con el propósito de sumar la primera columna de mes. Después le será posible copiar y pegar esta fórmula a las otras columnas con una combinación de teclas.

Ahora se puede ver en la siguiente gráfica cómo se empieza a hacer una fórmula en una hoja de cálculo.

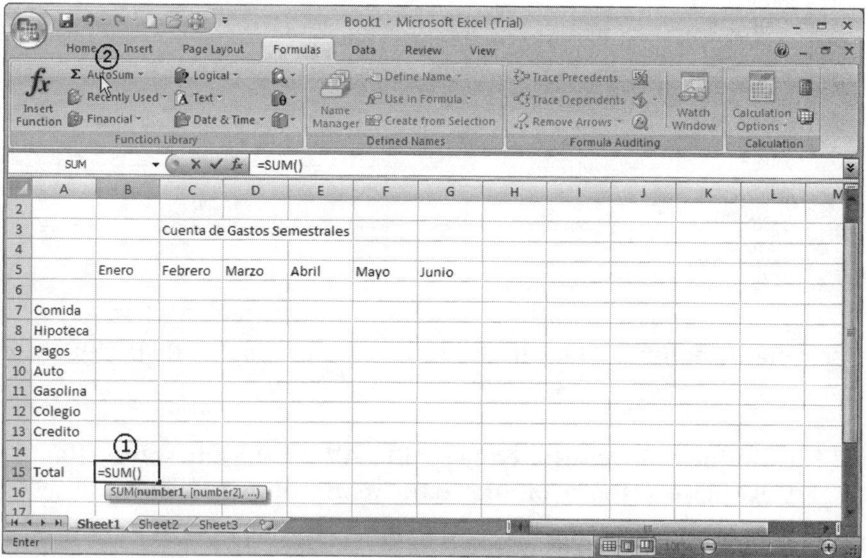

Primero haga clic sobre la casilla **A15** y escriba "Total". Ahora puede hacer una fórmula de la siguiente manera:

1. Coloque el indicador en la casilla **B15** si desea ver el total de esta columna en esta casilla, y haga clic sobre ella.
2. Después coloque el indicador sobre el icono "Σ" indicado por la flecha, y haga clic una vez.

Para este ejemplo usé Excel 2007, pero si tiene una versión anterior de Excel (como por ejemplo la versión 2003) también puede crear una fórmula haciéndole clic al símbolo de sumar "Σ" en la barra de herramientas.

Cómo añadirle casillas a una fórmula

Ahora es necesario indicarle a la fórmula qué casillas debe tener en cuenta en esta suma. De esta manera la fórmula sabe qué casillas debe sumar para dar un total.

En la siguiente gráfica puede ver en la casilla **B15** el símbolo de sumar =**SUM()**.

	A	B	C	D	E	F	G	H	I
1									
2									
3			Cuenta de gastos semestrales						
4									
5		Enero	Febrero	Marzo	Abril	Mayo	Junio		
6									
7	Comida		①						
8	Hipoteca								
9	Pagos								
10	Auto	②							
11	Gasolina								
12	Colegio								
13	Crédito								
14									
15	Total	=SUM(B7:B13)							
16									
17									
18									
19									
20									

Sheet1 / Sheet2 / Sheet3

Finalmente, indíquele a esta fórmula qué casillas desea sumar de la siguiente manera:

1. Coloque el indicador en la casilla **B7** y haga clic sobre ella.
2. Jale el indicador **mientras** sostiene el botón izquierdo del ratón sobre todas las casillas que desee añadir a la fórmula (en este ejemplo sumé de **B7** a **B13**). Finalmente, oprima la tecla ENTER para terminar la fórmula.

Cómo copiar y pegar una fórmula

Ahora es posible copiar esta misma fórmula que recoge todos los valores de las columnas de **B7** a **B13**, y pegarla a todas las demás columnas en esta hoja de cálculo desde Enero hasta Junio.

En la siguiente gráfica se puede ver el proceso de copiar una fórmula.

	A	B	C	D	E	F	G	H	I	J
1										
2										
3			Cuenta de gastos semestrales							
4										
5		Enero	Febrero	Marzo	Abril	Mayo	Junio			
6										
7	Comida									
8	Hipoteca									
9	Pagos									
10	Auto									
11	Gasolina									
12	Colegio									
13	Crédito		②							
14										
15	Total	0	0	0	0	0	0			
16										
17										
18		①								
19										
20										
21										

Sheet1 / Sheet2 / Sheet3

Siga estos pasos para copiar —y después pegar— la fórmula que se hizo en la página anterior al resto de las columnas:

1. Coloque el indicador sobre la casilla **B15** y haga clic una vez. Después use la combinación de teclas CTRL + C para copiarla.

2. Coloque el indicador en la casilla **C15** usando la flecha en el teclado, y luego use la combinación de teclas CTRL + V para pegar la fórmula, y así sucesivamente, usando la combinación de teclas CTRL + V en cada casilla hasta llegar a **G15** (o al final de las columnas que desea sumar).

Cómo sumar los totales de cada fórmula

Ahora es posible añadir todos los totales de cada mes usando otra fórmula en una sola casilla para obtener el total del semestre.

La siguiente gráfica muestra cómo terminar esta hoja de cálculo.

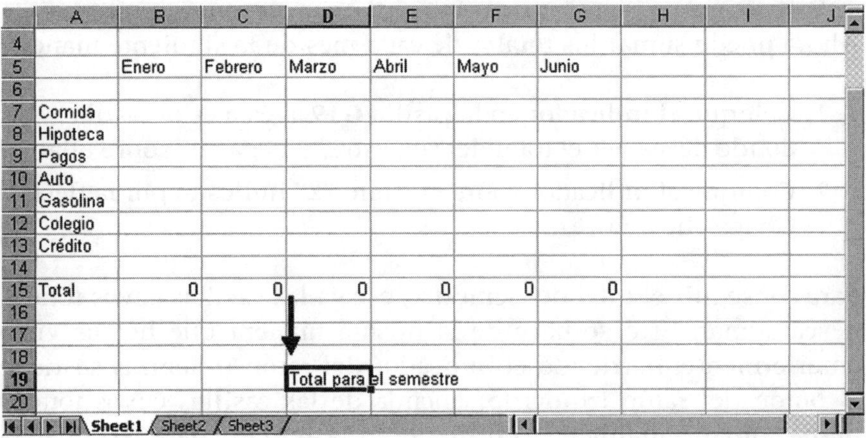

Para añadir un título al total definitivo, coloque el indicador a la casilla **D19**, haga clic sobre ella y escriba "Total para el semestre". Después pulse la tecla ENTER.

Los pasos para hacer una fórmula para sumar totales se realizan de la misma manera que los pasos para hacer una fórmula sencilla. Primero escoja dónde desea ver el total, y después seleccione los totales que desea sumar.

La siguiente gráfica muestra la manera de hacer una fórmula sencilla para sumar totales.

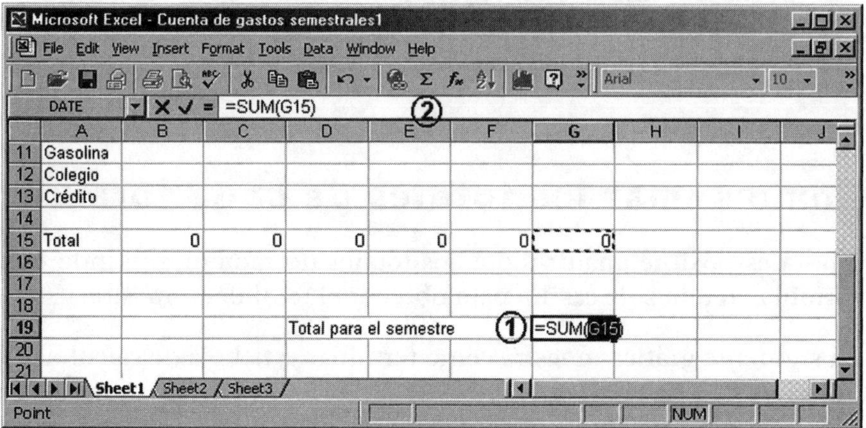

Ahora puede sumar los totales de cada mes de la siguiente manera:

1. Coloque el indicador en la casilla **G19** si ésta es la casilla donde desea ver el total del semestre, y haga clic sobre ella.
2. Coloque el indicador sobre el icono "Σ" indicado por la flecha y haga clic una vez.

Para conseguir el total del semestre, escoja las casillas cuyos totales desea sumar. Esto se hace de la misma manera que hemos visto anteriormente: barriendo el indicador del ratón (mientras sostiene el botón del ratón izquierdo) encima de las casillas cuyos totales desea sumar. Finalmente, oprima la tecla ENTER para terminar la fórmula.

La siguiente gráfica muestra el proceso de ver la suma de todos los totales en una casilla.

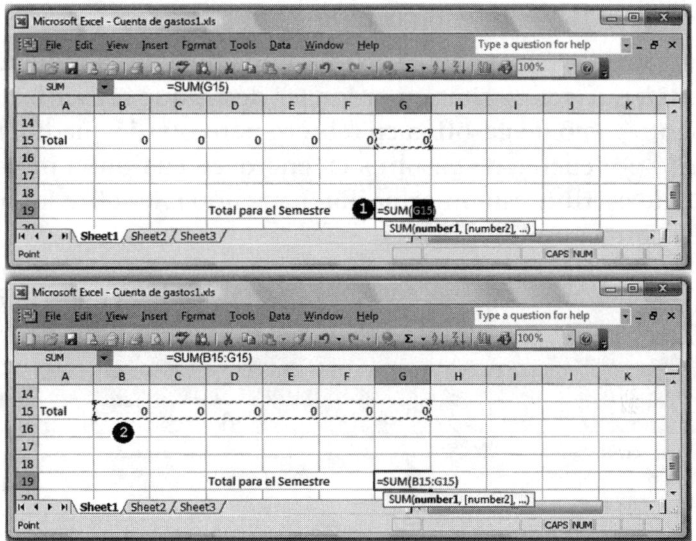

Esta es la manera de terminar una formula que le dé el total de todas la columnas.

1. Primero cerciórese que la casilla en la cual desee ver el gran total, en este caso **G19,** este seleccionada.
2. Después haga clic en la primera casilla que desee sumar, en este caso **B15,** y después oprima y sostenga el botón izquierdo del ratón y jálelo hacia la derecha hasta llegar a la casilla **G15.** Para terminar, retire la mano del ratón, oprima la tecla ENTER, y use la combinación de teclas CTRL + S para guardar los cambios.

Finalmente, su hoja de cálculo está lista, y ahora puede comenzar a añadir sus gastos para mantener una relación de estos.

Estas son algunas de las pautas que le ayudarán a entender cómo usar esta hoja de cálculo:

- Para añadir cualquier gasto en particular, hágale clic primero a la casilla que corresponda, después escriba su cantidad. Para pedirle a la hoja de cálculo que la acepte, cambié a otra casilla de una de estas cuatro maneras: 1) oprimiendo la tecla ENTER, 2) haciendo clic en otra casilla, 3) oprimiendo cualquiera de las flechitas en la parte inferior derecha de su teclado o 4) oprimiendo la tecla TAB.

- Las cantidades que desea añadir a una hoja de cálculo no tienen que ser escritas en orden; es decir, que si escribió cuánto gastó de gasolina en febrero pero olvidó añadir cuánto gastó por cuenta de gasolina en enero, en cualquier momento puede escribir esta información haciendo clic sobre la casilla que corresponde.

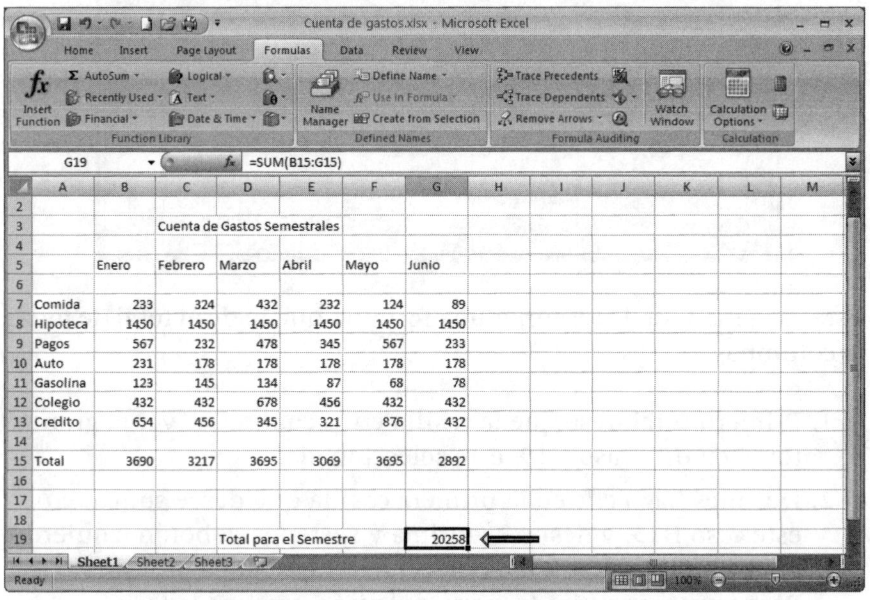

En el ejemplo de arriba de una hoja de cálculo de Excel 2007, puede ver que todas las casillas tienen un valor, y en frente de la casilla del gran total puede ver el total que la hoja de cálculo sumó de los gastos para el semestre: 20258.

Cuando hace su trabajo con un programa más avanzado, como por ejemplo Excel 2007, que los que la gente con la cual colabora usa, es útil averiguar qué versión de este programa están usando. Si estas personas tienen una versión anterior a la que usted usa, por ejemplo usted tiene la versión 2007 y ellos la versión 2003, entonces le será necesario preparar los documentos que piensa compartir con ellos de la siguiente manera:

1. Cuando esté guardando el documento, haga clic sobre el botón de Office.
2. Después haga clic sobre el botón "Save As".
3. Y por último, haga clic sobre "Excel 97-2003". Ahora termine de guardar este archivo de la manera que aprendió antes.

Por ejemplo, si usted tiene Excel 2003, debe saber que si le envía un documento a un compañero de trabajo que usa Excel 2007 éste lo podrá abrir (Excel 2007 automáticamente arregla el archivo que usted envió), pero si alguien que tiene Excel 2007 le envía un archivo a usted sin hacer el cambio al archivo que acabo de mostrar, a usted se le hará muy difícil abrir este archivo sin pasos adicionales, como conseguir el paquete convertidor de archivos de Office 2007, del cual pudo leer al principio de este cápitulo.

Para recordar

- Una casilla es el espacio virtual que recibe la información con la cual quiere trabajar en Excel, como por ejemplo texto, números e incluso modelos gráficos.
- Use las flechas que están al lado de la planilla de números para cambiar de una casilla a otra.
- Excel es muy útil para crear fórmulas sencillas o bien complicadas que le pueden ayudar a mantener la contabilidad en su casa o en su negocio.
- Borrar el contenido de una casilla que no está protegida es muy fácil y se consigue llevando el indicador sobre esta y oprimiendo cualquier tecla.
- Use la combinación de teclas CTRL + Z para deshacer un error a la vez.

El programa de crear presentaciones con PowerPoint de Microsoft

14

Introducción a PowerPoint de Microsoft

PowerPoint es el programa para crear presentaciones incluido en Office de Microsoft. Le permite crear presentaciones para negocios o para las tareas escolares. De todos los programas de la nueva versión de Office, Office 2007, PowerPoint 2007 es el programa que más ha cambiado con respecto a versiones anteriores, como por ejemplo la versión PowerPoint 97.

La siguiente gráfica muestra la nueva ventana de PowerPoint 2007, y en el área de trabajo podrá ver la primera página de una presentación que diseñé para una charla que di en la Biblioteca Pública de la ciudad de Nueva York.

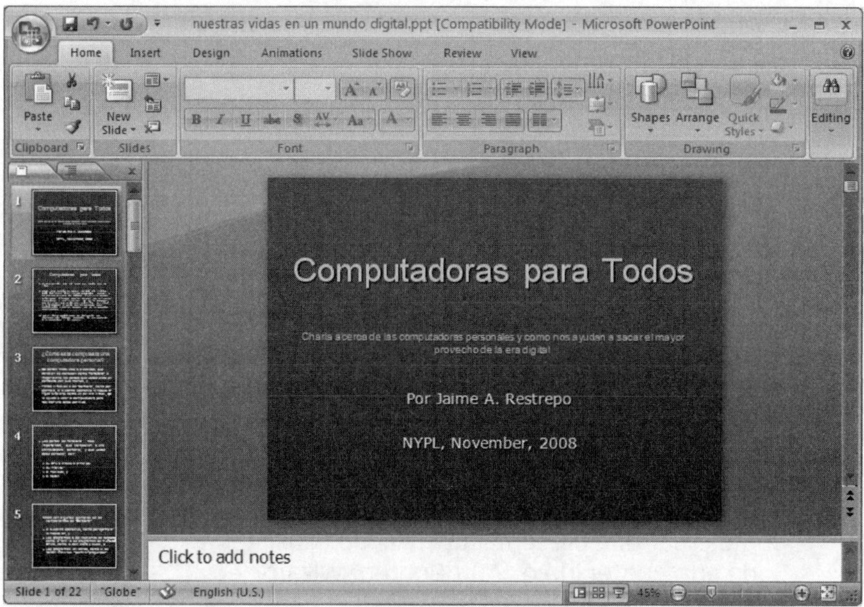

Si ha tenido la oportunidad de usar versiones anteriores de este programa, notará que en la actual ha cambiado mucho la presentación inicial. Se puede ver en el recuadro de la izquierda una lista de todos los temas que se tratan en cada una de las páginas de una presentación. A la derecha se encuentran las diapositivas.

Cómo comenzar a crear una nueva presentación en PowerPoint

Una presentación puede consistir en una o varias páginas (también llamadas "diapositivas"), que por lo general usan diseños iguales al de la primera diapositiva y cuyo contenido puede ser una combinación de texto y gráficas de arte o fotos.

Inmediatamente después de abrir este programa le será posible comenzar a crear una presentación añadiéndole páginas, gráficas o cambiándole el estilo de página, lo que aprenderá a hacer en las páginas a continuación.

Generalmente hablando, puede crear una presentación con sus propias ideas (añadiéndo una página detrás de otra), o usar plantillas o *templates,* archivos que ya tienen muchas de las características que tal vez usted desea usar en una presentación. Con plantillas, lo único que tiene que hacer es cambiarlas a su gusto.

Esta es la manera de crear una presentación usando las plantillas que vinieron con el programa, o que consiguió después:

En Office 2007:

1. Haga clic sobre el nuevo botón de Office.
2. Después haga clic sobre "New".
3. En el panel que se abre, haga clic sobre "Intalled Templates".
4. Finalmente, en la lista de la derecha de esta ventana, haga doble clic a la plantilla que desea utilizar.

En Office 2003:

Cuando PowerPoint 2003 se abra, oprima la combinación de teclas CTRL + N para ver —si no está abierto— el panel de tareas o "Task Panel" de la derecha.

Estas son las opciones más comunes que puede usar para crear una presentación en PowerPoint 2003:

Ⓐ Usar una hoja en blanco o "Blank presentation".

Ⓑ Usar un estilo de página o "From design template".

C Usar el asistente de autocontenido o "From AutoContent wizard"

Las partes más importantes del programa para crear presentaciones con PowerPoint de Microsoft

PowerPoint es uno de los mejores programas para crear presentaciones de negocios, así como para hacer tareas escolares.

Pero antes de comenzar a crear presentaciones es importante aprender a reconocer las diferentes partes de este excelente programa.

Para seguir estos ejemplos, abra Microsoft PowerPoint acuerdo con el sistema operativo con el cual cuente su computadora.

En Windows Vista:

Haga clic sobre el botón de comienzo o "Start", e inmediatamente escriba "Microsoft Office PowerPoint 2007" (o "2003", si ésta es la versión que tiene), y después oprima la tecla ENTER.

En Windows XP:

1. Lleve el indicador sobre el botón de "Start" y haga clic sobre éste.
2. Ahora jálelo hacia arriba y haga clic sobre "All Programs" (en versiones anteriores de Windows, como por ejemplo Windows 98, busque "Programs"). Después busque el grupo de programas "Microsoft Office".
3. Finalmente, haga clic sobre el icono de Microsoft Office PowerPoint 2007 ó 2003, dependiendo de la versión que tenga instalada en su computadora.

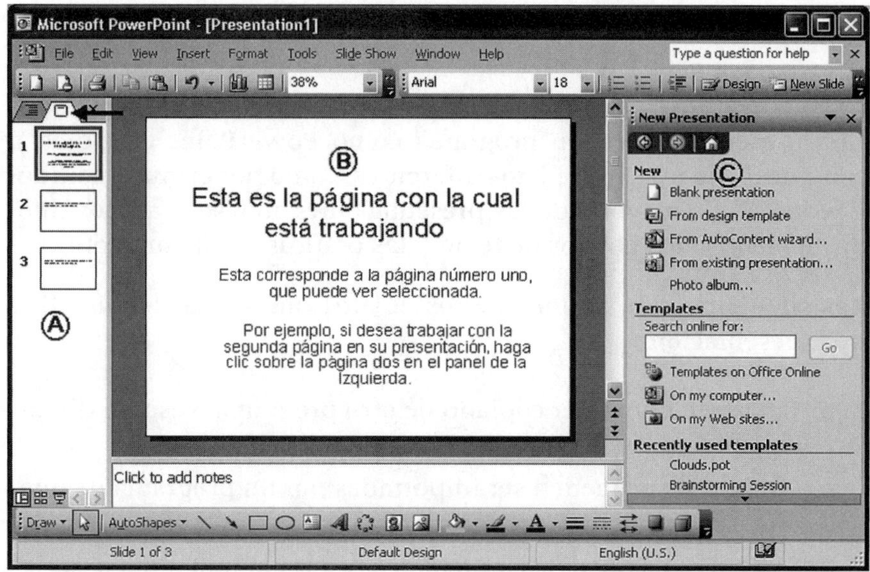

Estas son las partes más prominentes que puede ver en cuanto abra el programa PowerPoint 2007/2003:

- **Ⓐ En el panel de la izquierda verá dos pestañas. Una le da la vista previa de toda la información en cada diapositiva de su presentación u "Outline" y la segunda le muestra todas las diapositivas o "Slides" de su presentación. Para cambiar al panel de diapositivas o "Slides", a veces es necesario hacer clic sobre la pestaña indicada por la flecha. Para cambiar al panel de diapositivas o "Slides", haga clic sobre su pestaña (indicada por la flecha). Si tiene PowerPoint 2007, notará que la pestaña "Slides" es la primera, y la de "Outline" es la segunda.**
- **Ⓑ En la mitad de esta ventana, puede ver la página con la cual está trabajando (señalada en el panel de la izquierda). Para trabajar con una página diferente, haga clic sobre ésta en la lista de la izquierda.**
- **Ⓒ En el lado derecho puede ver el nuevo panel de tareas (la franja azul). Este no está disponible en la nueva versión de PowerPoint 2007.**

Los varios elementos de una presentación

Una presentación en un programa como PowerPoint puede estar compuesta de muchos objetos diferentes, como por ejemplo sonidos y vídeo. En la mayoría de las presentaciones sólo se usan dos tipos de elementos: los objetos de texto y las gráficas (como una foto).

Los siguientes son algunos de los objetos que se pueden añadir a una presentación:

- *Texto:* éste puede ser copiado de otro programa o escrito directamente.
- *Gráficas:* éstas pueden ser importadas por un programa de una cámara digital.
- *Sonidos:* éstos pueden ser grabados por la computadora o copiados al disco duro.
- *Vídeo:* ésto puede ser capturado por la computadora o copiado de un CD que recibió el disco duro.

La siguiente gráfica muestra uno de los objetos de más uso en una presentación.

En las páginas siguientes aprenderá a añadir texto y gráficas a las páginas de una presentación.

Cómo añadir un objeto de texto a una presentación

Añadir texto se puede hacer al reemplazar el que ya está en una página sugerida o al añadir un bloque de texto nuevo a una hoja.

Siga la siguiente gráfica para aprender a añadirle texto a una página.

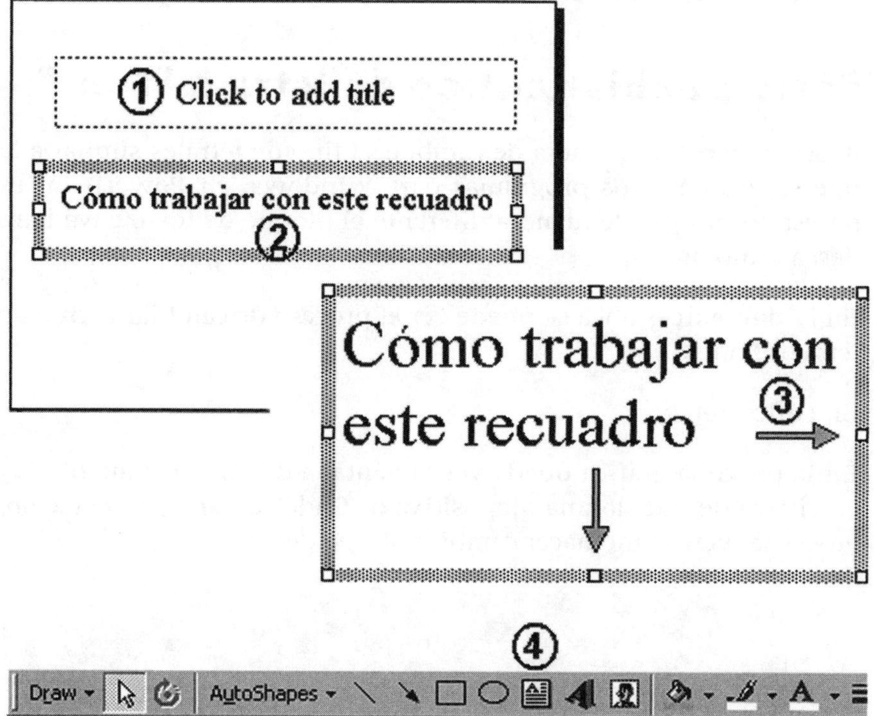

Así se añade texto a una página en PowerPoint:

1. Si abrió una presentación sugerida y tiene letras sugeridas (en este ejemplo "Click to add title"), haga clic una vez sobre ella.
2. Enseguida reemplácela, escribiendo el texto que desea usar.
3. Para cambiar el tamaño de esta casilla, coloque el indicador sobre estas guías mientras sostiene el botón izquierdo del ratón y lo jala de lado a lado o de arriba a abajo.

4. Para añadir un bloque de texto adicional, haga clic sobre este icono. En PowerPoint 2007, haga clic sobre la pestaña "Insert", y enseguida haga clic sobre "Text Box" (en el grupo de "Text"). Después coloque el indicador sobre la página, haga clic y, manteniendo el botón izquierdo del ratón, jálelo sobre el área de trabajo de su diapositiva o "Slide" en el cual lo quiera usar, como haciendo un rectángulo. A continuación, escriba el texto que desea usar (mientras vea el cursor destellante ahí, de otra manera haga clic en el lugar donde creó este "Text box" de nuevo).

Cómo cambiar el tipo de letra o "Font"

A pesar de que la manera de cambiar el tipo de letra es similar a la que se usa en otros programas para Windows, en PowerPoint es necesario escoger de manera diferente el bloque de texto cuya letra desea cambiar.

En la siguiente gráfica se puede ver el proceso de cambiar el tipo de letra o "Font".

En Office 2007:

En la próxima gráfica puede ver la ventana de PowerPoint 2007, y en el área de trabajo una diapositiva o "Slide" de una presentación, en la cual verá cómo hacer cambios al tipo de letra.

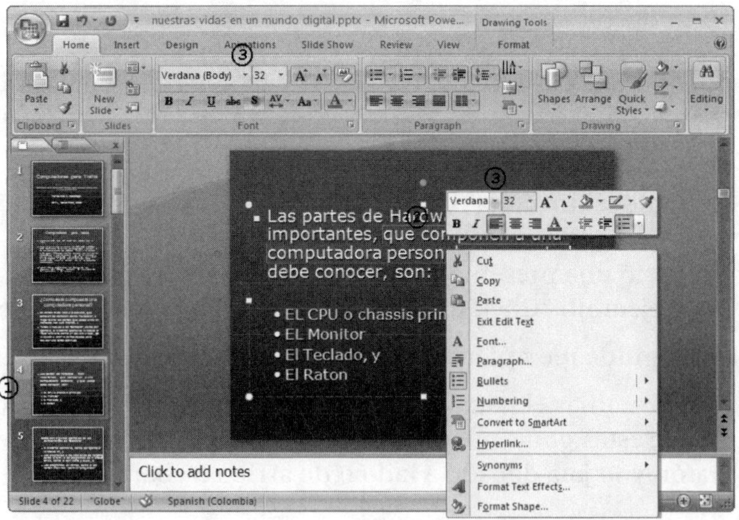

Así se hacen cambios al tipo, tamaño y estilo de letra de una presentación en PowerPoint 2007:

1. Comience haciendo clic en el panel de la izquierda sobre la página o diapositiva con la cual desea trabajar.
2. Ahora seleccione la(s) palabra (s) que desea cambiar. Si desea seleccionar todas las palabras que ve en un bloque de texto, oprima y sostenga la tecla CTRL, y después la A.
3. Finalmente, cambie el tipo, tamaño o estilo de letra de una de estas dos maneras:
   - Haciendo clic en el "Ribbon" o cinta de Office 2007 en la pestaña "Home" sobre el icono que corresponde al cambio que desea hacer. Por ejemplo, si desea cambiar el tipo de letra, haga clic sobre el icono "Font" o fuente, y después haga clic sobre el nombre del tipo de letra que desea usar. Si desea cambiar su tamaño, hágale clic al número que ve al lado y escójalo.
   - Oprimiendo el botón derecho del ratón sobre una selección de texto para ver la herramienta de trabajo diminuta o "Mini-Toolbar" y hacer los mismos cambios ahí.

En el Ribbon de Office 2007, como también en la "Mini-Toolbar" encontrará otros iconos que le ayudarán a hacer cambios a su texto. Por ejemplo, si hace clic sobre el icono de la "A" con una flechita para arriba aumenta el tamaño de las letras que están seleccionas, y haciendo clic sobre el icono de la "A" con una flechita hacia abajo disminuye el tamaño de la letra. Cuando termine de hacer sus cambios, haga clic una vez dentro del bloque de texto para que deje de estar seleccionado.

En Office 2003:

En la próxima gráfica puede ver la ventana de PowerPoint 2003, y en el área de trabajo una diapositiva o "Slide" de una presentación en la cual quiero hacer cambios al tipo de letra.

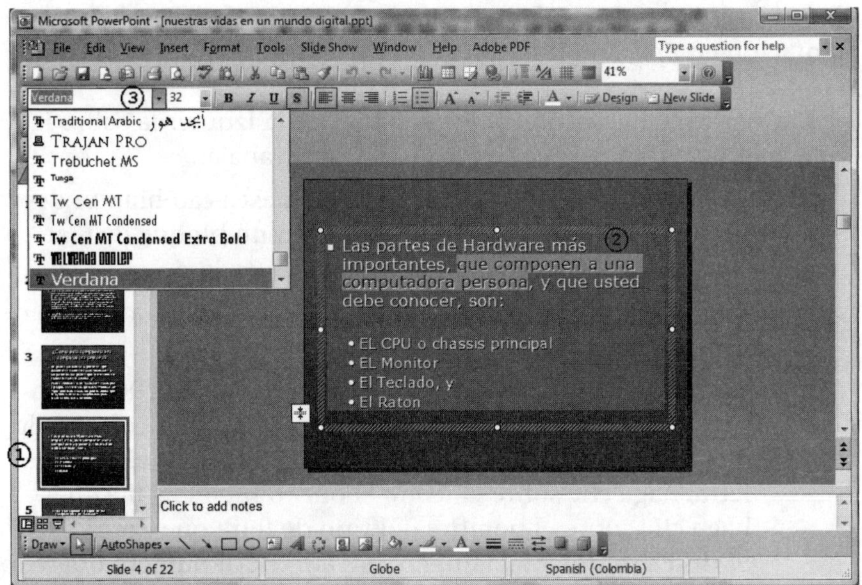

Así se hacen cambios al tipo, tamaño y estilo de letra del texto en una presentación en PowerPoint 2003:

1. Comience haciendo clic en el panel de la izquierda sobre la página o diapositiva con la cual desea trabajar.
2. Ahora seleccione la(s) palabra(s) que desea cambiar.
3. Finalmente, cambie el tipo, tamaño o estilo de letra haciendo clic sobre el icono que corresponde al cambio que desea hacer. Por ejemplo, si desea cambiar el tipo de letra haga clic sobre el icono de "Font" o fuente, y después haga clic sobre el nombre del tipo de letra que desea usar. Si desea cambiar su tamaño, hágale clic al número que ve al lado y escójalo.

Haciendo clic sobre el icono de la "A" con una flechita para arriba aumenta el tamaño de las letras que están seleccionas, y haciendo clic sobre el icono de la "A" con una flechita hacia abajo disminuye el tamaño de la letra. Cuando termine de hacer sus cambios, haga clic una vez dentro del bloque de texto para que deje de estar seleccionado.

Es importante poner mucha atención cuando esté aprendiendo a cambiar el tipo y el tamaño de letra en un documento que no le pertenece. Hágalo paso a paso para no perder la cuenta de los cambios que hace en el documento con el que está trabajando. Si comete un error, use la combinación de teclas CTRL + Z, ya que ésta le permitirá deshacer un cambio a la vez.

Cómo añadir fotos o "Pictures" a una diapositiva o "Slide" en PowerPoint 2007/2003

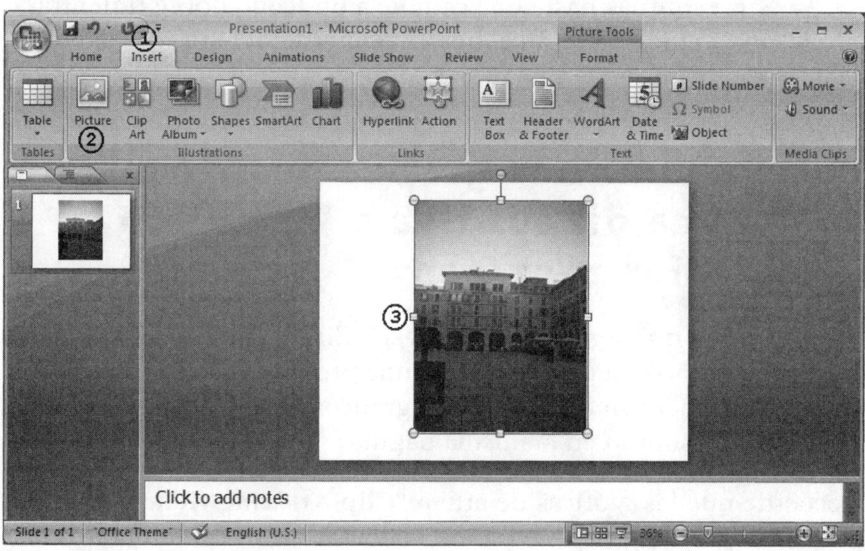

La manera de añadir una gráfica es similar a la de otras aplicaciones para Windows y sólo es necesario que sepa exactamente dónde está la gráfica que desea añadir. Esta es la manera, como puede ver en esta captura de pantalla, de añadir fotos o "Pictures" a una diapositiva o "Slide" en una presentación:

1. En Office 2007, comience haciendo clic sobre la pestaña "Insert".
2. Después halle el icono de "Pictures" (si está buscando una foto) en el grupo de Ilustraciones y hágale clic. En Office 2003, el icono de añadir fotos o "Pictures" (este parece como un dibujo de un volcán) está en la barra de herramientas en la parte inferior de su ventana. Ahora use la ventana de diálogo que se abre para buscar la foto o el dibujo que desea usar y, cuando la encuentre, haga clic dos veces sobre el para copiarlo a su presentación.
3. Esta es la manera de trabajar con una foto o "Picture" que halla añadido a una de las hojas en una presentación:
   - Para cambiar una gráfica de lugar, haga clic sobre ella. Ahora oprima y sostenga el botón izquierdo del ratón mientras la cambia de lugar.
   - Para cambiarle el tamaño, lleve el indicador sobre una de sus esquinas hasta que cambie a un Icono doble (mientras mantiene oprimido el botón izquierdo del ratón) y jálelo para cambiar el tamaño.

Cómo añadir una gráfica de arte o "Clip Art" a una diapositiva o "Slide" en PowerPoint 2007/2003

En el ejemplo que sigue aprenderá a añadir una gráfica de arte a una página en blanco. Recuerde que en una presentación de PowerPoint puede combinar diferentes objetos gráficos (gráfica de arte o fotos), de texto y de sonido en la misma página.

Recuerde que las gráficas de arte o "Clip Art" que vienen incluidas con el programa y las que fueron copiadas antes están organizadas por categorías diferentes.

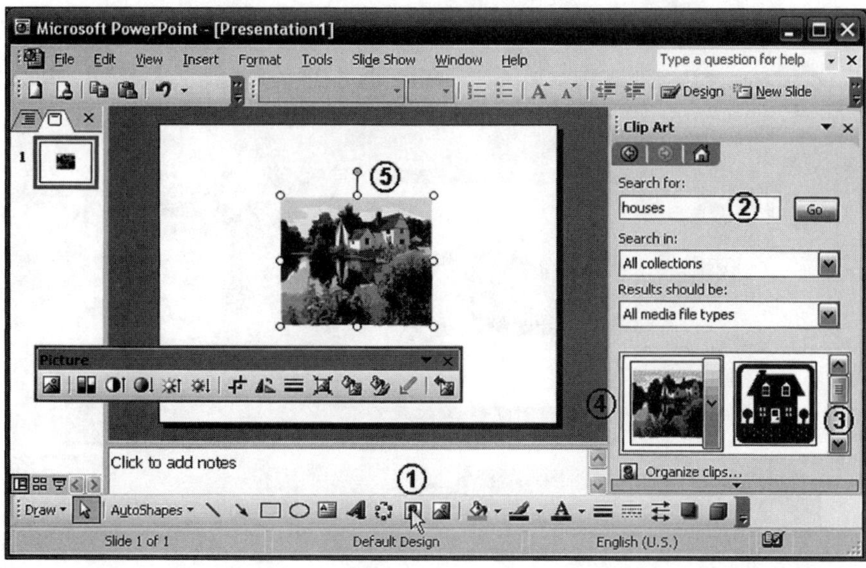

Sigua la gráfica de arriba para añadir una gráfica de arte o "Clip Art" a una presentación en PowerPoint 2007/2003 de la siguiente manera:

1. Haga clic sobre este icono cuando vea la página (en una presentación) a la cual desea añadirle una gráfica de arte o "Clip Art". En Office 2007, comience haciendo clic sobre la pestaña "Insert". Después haga clic sobre el icono de dibujos o "Clip Art" (si está buscando un dibujo) en el grupo de ilustraciones.
2. En la casilla debajo de "Search for" escriba "houses" para buscar gráficas de casas y después haga clic sobre "Go".
3. Lleve el indicador del ratón sobre esta guía (mientras mantiene el botón izquierdo del ratón oprimido) y jálela de arriba a abajo hasta encontrar una gráfica que le guste.
4. Cuando la encuentre, coloque el indicador del ratón sobre ella y después (mientras mantiene el botón izquierdo del ratón oprimido) jálela hacia el área de trabajo o haga clic dos veces sobre ella. Este proceso se puede repetir varias veces, inclusive en la misma página, hasta que tenga todas las gráficas que necesite en su presentación.

Una vez que la gráfica se haya copiado a la hoja o diapositiva, la puede cambiar de lugar o de tamaño.

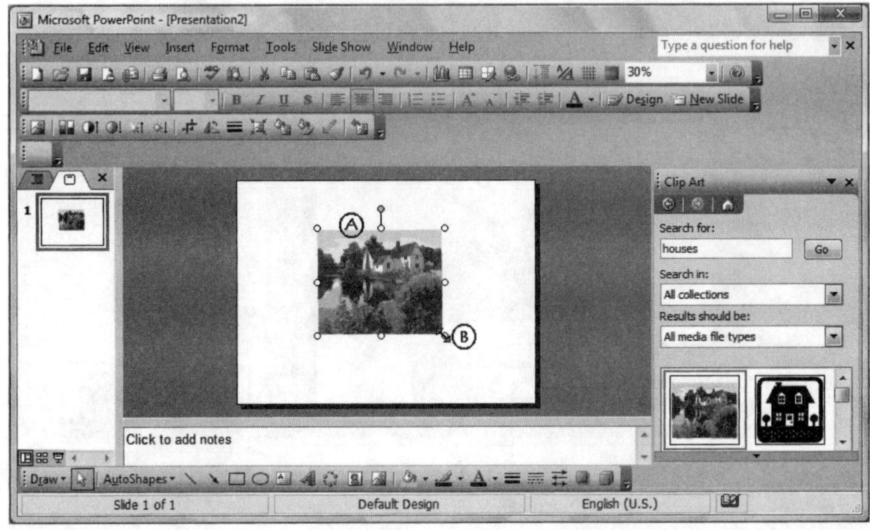

Esta es la manera de trabajar con una gráfica en PowerPoint 2007/ 2003 (e inclusive en versiones anteriores) después de haberla añadido a una página:

A Para cambiar una gráfica de lugar, haga clic sobre ella y después mantenga el botón izquierdo del ratón oprimido mientras la cambia de lugar.

B Para cambiarle el tamaño, lleve el indicador sobre una de sus esquinas hasta que éste cambie a un icono doble (mientras mantiene oprimido el botón izquierdo del ratón) y jálelo para cambiarla de tamaño.

Cómo añadir una gráfica de arte o "Clip Art" en versiones anteriores de PowerPoint

Como pudo leer al principio de este capítulo, PowerPoint es uno de los programas del grupo de programas de Office que más ha cambiado en los últimos años. Por este motivo el proceso de añadir una gráfica de arte o "Clip Art" en versiones anteriores de PowerPoint (como por ejemplo la versión PowerPoint 2000) se efectúa de manera diferente.

La gráfica de abajo muestra la primera ventana que ve cuando elija añadir una gráfica o "Clip Art" a una presentación en algunas de las versiones anteriores de PowerPoint.

Para buscar gráficas relacionadas con la escuela haga clic una vez sobre la categoría de gráficas "Academic".

Ahora le será posible escoger la gráfica de arte que desea usar.

Esta es la manera de seleccionar una gráfica para después añadirla a una presentación:

1. Haga clic sobre la gráfica que desea usar.
2. Después haga clic sobre este icono en este menú para copiar esta gráfica a la hoja con la que esté trabajando. Por último, cierre este recuadro haciendo clic en la *X* para regresar a la presentación.

Ahora puede ver como la gráfica fue pegada a la hoja o diapositiva.

Para centrar la gráfica haga clic sobre ella. Después mantenga oprimido el botón izquierdo del ratón mientras la cambia de lugar.

Cómo añadir una hoja nueva y escoger un estilo de página en una presentación en PowerPoint

Una presentación puede consistir en muchas páginas. Si desea añadir una página nueva, busque la página después de la cual desea añadir esta hoja adicional. Recuerde que cuando añade una página, ésta será añadida después de la hoja que estaba en la pantalla antes de completar la operación.

La siguiente gráfica muestra la manera de añadir una hoja nueva y escoger el estilo de página que desea usar.

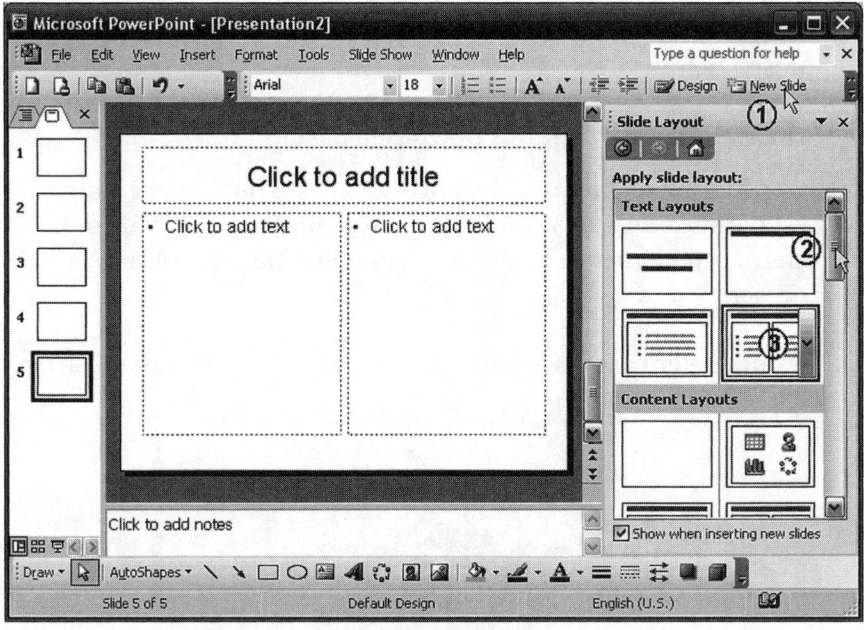

Siga estos pasos para añadir una página nueva a una presentación en PowerPoint 2007/2003:

1. Oprima la combinación de teclas CTRL + M para añadir una página. También puede hacer clic sobre "New Slide". En Office 2007, haga clic sobre la pestaña "Insert" y después haga clic sobre "New Slide" en el grupo "Slides".

2. Lleve el indicador del ratón sobre esta guía (mientras mantiene el botón izquierdo del ratón oprimido) y jálela de arriba a abajo, hasta encontrar el estilo de página que desee usar. En Office 2007, haga clic sobre la pestaña "Home" y después haga clic sobre "Layout" (éste es el icono que se encuentra a la derecha de "New Slide", en el grupo "Slides"). En la ventanita que se abre haga doble clic sobre el estilo de página que desea usar.
3. En el panel de tareas de la derecha haga clic dos veces sobre el estilo de página que desea usar, si es que no le gusta el que PowerPoint le sugiere.

Cómo añadir una página nueva a una presentación en versiones anteriores de PowerPoint

Ya que PowerPoint es uno de los programas del grupo de programas de Office que más ha cambiado en los últimos años, el proceso de añadir una página nueva en versiones anteriores de PowerPoint se efectúa de manera diferente.

La gráfica de abajo ilustra la manera de escoger el estilo que desea usar para esta nueva página.

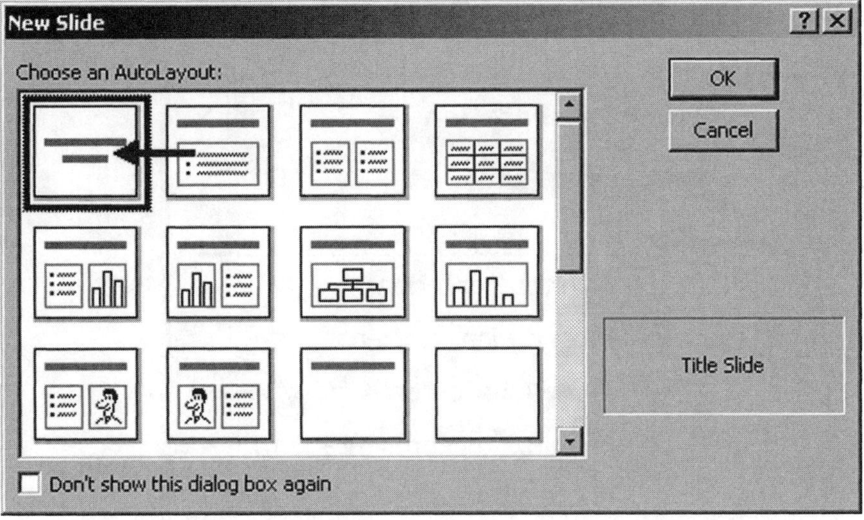

Esta es la manera de añadir páginas a una presentación en versiones anteriores de PowerPoint 2003:

1. Oprima la combinación de teclas CTRL + M para añadir una página nueva. Otra opción para realizar esto es hacer clic sobre "Insert" y después sobre "New Slide". Recuerde que cuando añade una página nueva, ésta será añadida después de la hoja que estaba en la pantalla antes de completar esta operación.
2. En este recuadro haga clic dos veces sobre el estilo de página que desea usar. Este proceso se puede repetir cuantas veces sea necesario para añadir más páginas a su presentación.

Cómo crear una presentación usando el asistente de autocontenido o "AutoContent Wizard" en PowerPoint 2003

En este ejemplo aprenderá a crear una presentación usando el asistente de autocontenido o "AutoContent wizard", que le ayudará a generar todos los elementos necesarios en una presentación. PowerPoint 2003 incluye más de 100 tipos diferentes de presentaciones sobre muchos temas diferentes.

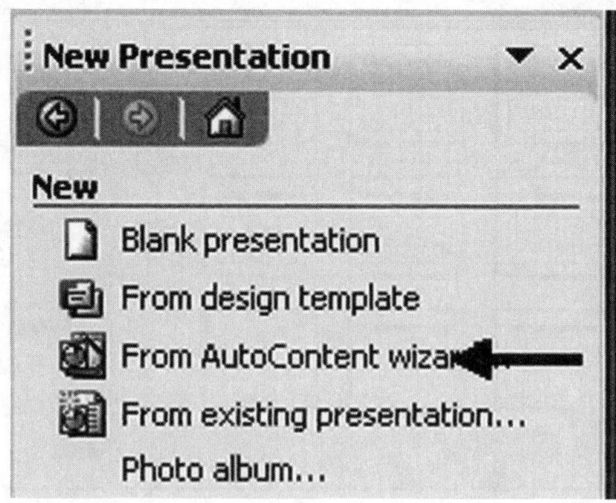

Para crear una presentación usando el asistente de autocontenido después de abrir PowerPoint 2003:

1. Haga clic sobre el menú de "File" y después haga clic sobre "New".
2. En el panel a la derecha haga clic sobre la opción "From Auto-Content Wizard". En versiones anteriores de PowerPoint, esta es una de las primeras opciones que puede escoger después de abrir el programa. Luego de hacer clic sobre "AutoContent wizard", haga clic sobre "OK" para continuar.

Una vez que termine de crear una presentación usando el asistente de autocontenido, le será posible reemplazar el texto y las gráficas sugeridas en ésta. En la mayoría de los casos estas presentaciones sugeridas consisten en varias páginas, cada una con un mensaje diferente. Para cambiar de una página a otra use la tecla PAGE DOWN o use el clasificador de diapositivas y seleccione la página que desee usar al hacer clic sobre ella.

En la siguiente gráfica se puede ver el primer recuadro que se abre cuando se elije el asistente de autocontenido.

Haga clic sobre "Next" para comenzar a crear su presentación.

En la siguiente gráfica se puede ver el segundo recuadro del asistente de autocontenido.

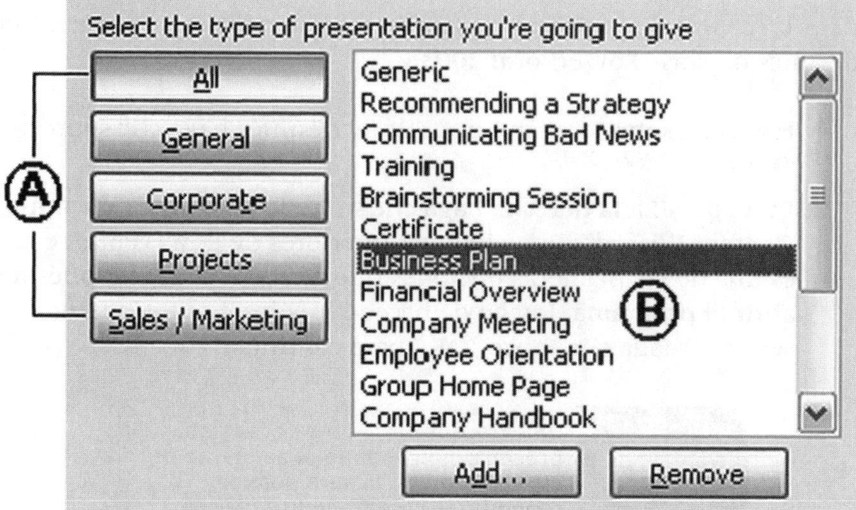

Ahora seleccione el tipo de presentación que desea crear de la siguiente manera:

A Estos son los diferentes tipos de presentaciones incluidas con PowerPoint. Para este ejemplo, haga clic sobre todas o "All".

B Estas son las presentaciones disponibles dentro del grupo de presentaciones "All". Para seguir este ejemplo, haga clic sobre "Business Plan" o sobre otra que desee tratar.

Las presentaciones que crea en PowerPoint pueden ser usadas en muchos tipos de medios electrónicos, como por ejemplo el Internet. Para seguir este ejemplo, escoja el formato más usado, es decir, el de presentación en la pantalla o "On-screen presentation".

En la siguiente gráfica puede ver el recuadro para escoger el tipo de medio en el cual desea usar esta presentación.

What type of output will you use?
On-screen presentation
Web presentation
Black and white overheads
Color overheads
35mm slides

En el recuadro anterior, haga clic sobre "On-screen presentation" y después haga clic sobre "Next".

En la siguiente gráfica se puede ver el recuadro para escoger el título que desea dar a su presentación.

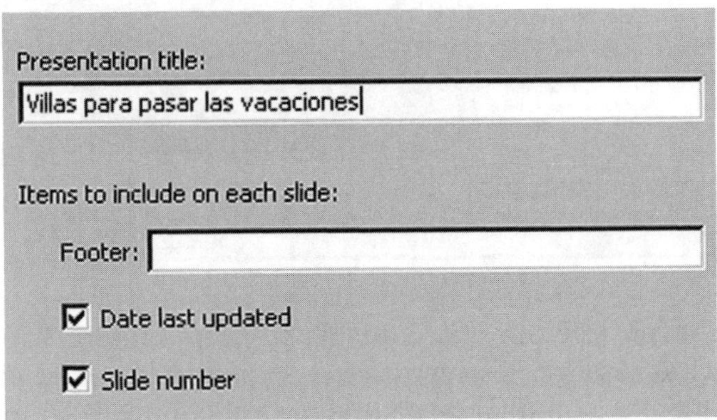

En el recuadro anterior, escriba el título que desea usar y después haga clic sobre "Next".

En la siguiente gráfica se puede ver el último recuadro del asistente de autocontenido.

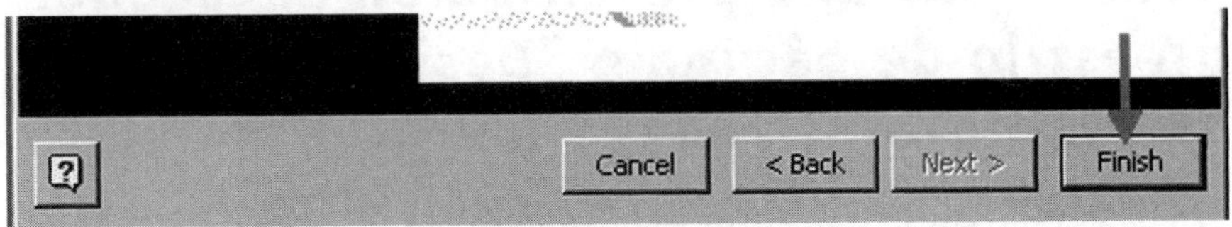

Para terminar, haga clic sobre "Finish".

La siguiente gráfica muestra la presentación que fue creada con la ayuda del asistente de autocontenido.

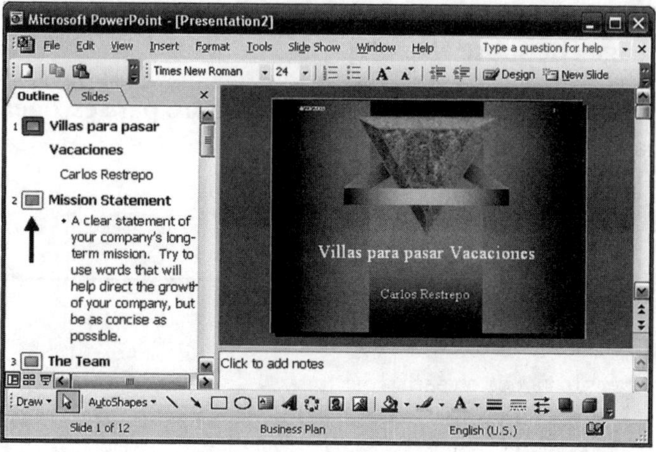

Ahora le es posible cambiar o añadir su propia información a esta presentación, usando las instrucciones que pudo ver al comienzo del capítulo. Para cambiar de página haga clic sobre el título de ésta, indicado por la flecha. En PowerPoint 2003 también puede hacer clic sobre la pestaña de "Slides" para ver la presentación preliminar de todas las páginas en una presentación. Para cambiar de página sólo haga clic sobre el número de la página en la que desea trabajar.

Cómo crear una presentación al escoger un estilo de página o "Design Template" en PowerPoint 2003

PowerPoint también le ofrece la opción de crear presentaciones usando plantillas de estilos o "Design Templates" (las cuales se incluyen en el programa). Estas son páginas prediseñadas y tienen una combinación de colores y formato especiales que se pueden usar en cualquier presentación corta para darle una apariencia personalizada.

Para crear una presentación usando plantillas de estilos o "Design Templates" después de abrir PowerPoint 2003:

1. Haga clic sobre el menú de "File" y después haga clic sobre "New".
2. En el panel de la derecha haga clic sobre "From design template". Luego de hacer clic sobre "Design Template", haga clic sobre "OK" para continuar.

Las plantillas de estilos incluidas en PowerPoint son muy útiles para crear circulares que anuncian productos. También pueden ser útiles para hacer tareas escolares de varias páginas.

La siguiente gráfica representa la pantalla de elegir una plantilla de estilos en PowerPoint 2003.

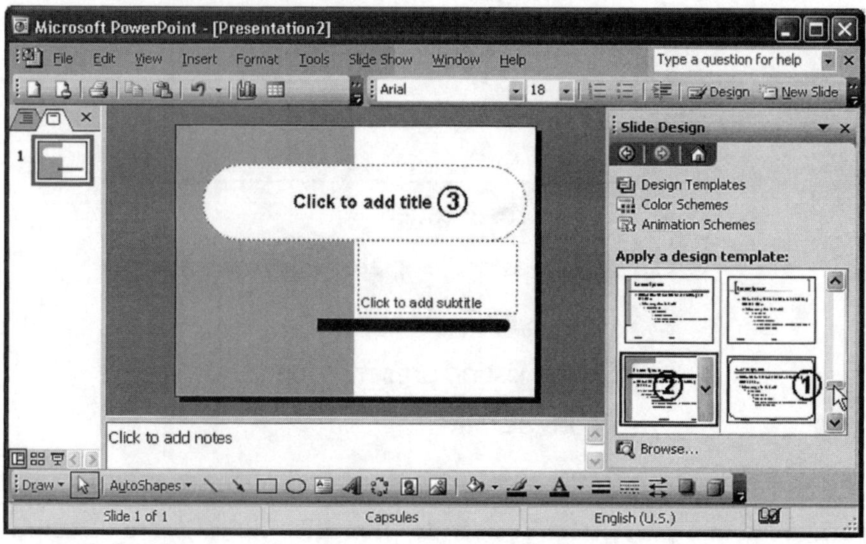

Siguiendo esta gráfica, escoja plantilla de estilos o "Design Template" que desee usar de la siguiente manera:

1. Lleve el indicador del ratón sobre esta guía (mientras mantenga el botón izquierdo del ratón oprimido) y jálela de arriba abajo hasta encontrar la plantilla de estilos que desea usar.
2. Cuando la encuentre, haga clic dos veces sobre ella para copiarla a su presentación.
3. Esta es la plantilla de estilos que escogió. Ahora puede cambiar esta página con el mensaje que desee usando las instrucciones al comienzo del capítulo.

Cómo crear una presentación al escoger una plantilla de estilos en versiones anteriores de PowerPoint

En versiones anteriores de PowerPoint, esta es una de las primeras opciones que puede escoger después de abrir el programa. Después de hacer clic sobre plantilla de estilos o "Design Template", haga clic sobre "OK" para continuar.

En la siguiente gráfica puede ver la pantalla que le permite elegir una plantilla de estilos.

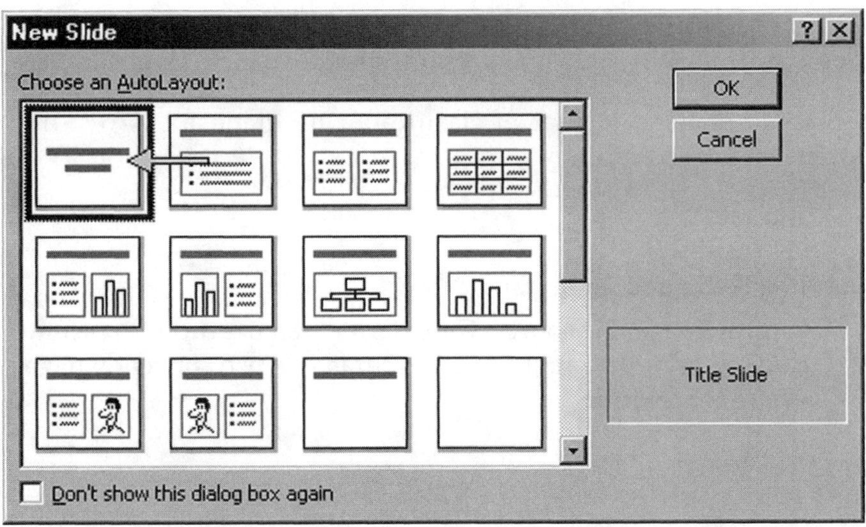

En esta ventanita escoja la plantilla de estilos que desea usar en su presentación, haciendo clic dos veces sobre ella. Enseguida puede cambiar esta página con el mensaje que desee usando las instrucciones al comienzo del capítulo.

La mejor manera de aprender a usar un programa es usarlo a menudo y tratar de probar la mayor cantidad posible de sus funciones. Esto es especialmente cierto de PowerPoint, ya que este es un programa un poco más complejo que los otros de Microsoft Office.

Cómo usar el clasificador de diapositivas o "Slide Sorter"

Una presentación de PowerPoint puede consistir en una diapositiva o en muchas diapositivas diferentes (una diapositiva en PowerPoint es lo mismo que una página en otro programa). Por este motivo a veces puede ser difícil encontrar la diapositiva con la cual desea trabajar sin tener que revisarlas una por una. Por lo tanto, resulta muy útil usar el clasificador de diapositivas, ya que éste le puede mostrar todas las diapositivas de una presentación de manera reducida.

Esta es la manera de usar el clasificador de diapositivas o "Slide Sorter" en PowerPoint:

En Office 2007:

1. Haga clic sobre la pestaña "View".
2. Después haga clic sobre "Slide Sorter" (en el grupo "Presentation views"). Para regresar a la ventana de uso corriente, haga clic sobre "Normal".

En Office 2003:

1. Haga clic sobre "View".
2. Jale el indicador hacia abajo y haga clic sobre "Slide Sorter". Para regresar a la ventana de uso corriente, haga clic sobre "Normal".

Dependiendo del tamaño de su presentación, cuando la pantalla cambie al clasificador de diapositivas, puede que éstas ocupen toda la pantalla o sólo una parte de ésta. Si toman toda la pantalla, puede ser necesario usar las teclas "PAGE DOWN" y "PAGE UP" para ver todas las demás diapositivas.

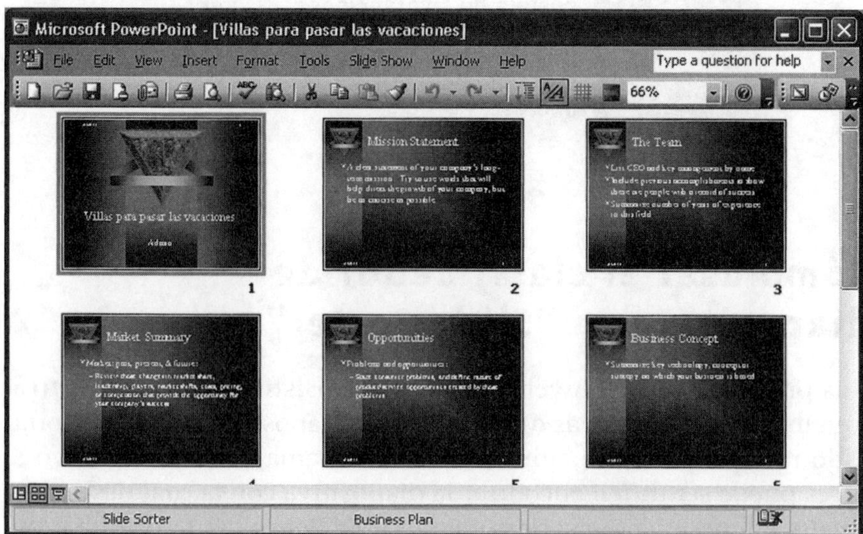

Finalmente, para ver "Show Slides" o muestra de diapositivas, oprima la tecla F5. Ahora puede usar las flechitas →← en su teclado para adelantar o regresar una diapositiva. Si no desea que la presentación termine una vez que ésta comience, oprima la tecla ESC para detenerla.

Para recordar

- PowerPoint es un programa con el cual puede crear presentaciones de todo tipo.
- Con el asistente de autocontenido es posible crear más de 100 tipos de presentaciones que después puede cambiar con su propia información.
- Use a plantillas de estilos que vienen con PowerPoint para crear circulares que anuncian productos o para hacer tareas escolares que sólo requieran unas cuantas páginas.
- Use el clasificador de diapositivas para ver todas las diapositivas de una presentación de una manera reducida.

El cliente de correo electrónico o "E-mail" Outlook de Microsoft

Introducción al cliente de correo electrónico o "E-mail" Microsoft Outlook 2007/2003

Outlook es el cliente de correo electrónico que viene incluido con casi todas las versiones de Microsoft Office (como la Estándar y Negocios pequeños), y en este capítulo específicamente verá información acerca de cómo usar las versiones 2007/2003 (que son muy similares) de este programa, el cual le ayudara a:

- Enviar y recibir mensajes de correo electrónico.
- Crear calendarios con recordatorios.

Abra su copia de Microsoft Outlook de acuerdo con la versión del sistema operativo instalado en su computadora.

En Windows Vista:

Haga clic sobre el botón de comienzo o "Start", escriba "Outlook" y oprima la tecla de confirmar o ENTER.

En Windows XP:

Haga clic sobre el botón de comienzo o "Start". Después lleve el indicador sobre "All Programs". En Windows 98/Me o Windows 2000, dirá sólo "Programs". Ahora busque la carpeta llamada "Microsoft Office" y después haga clic sobre Outlook 2007 ó 2003 (esto dependiendo de qué versión de este programa tenga instalado en su computadora).

En la siguiente gráfica puede ver que el área de trabajo de Outlook 2007/2003 está organizado de la siguiente manera:

Ⓐ Esta es la casilla de sus carpetas favoritas, que es algo nuevo en Outlook 2007/2003.

Ⓑ Estas son todas las carpetas individuales. Entre estas puede ver el "Inbox".

Ⓒ En esta ventana se encuentran los mensajes de correo electrónico que corresponden a la carpeta que tiene seleccionada.

Ⓓ En este panel puede ver el mensaje en el panel de lectura que tiene seleccionado en este momento.

La barra de herramientas o "Toolbar" de Microsoft Outlook 2007/2003

Al usar la barra de herramientas es posible realizar la mayoría de las funciones necesarias para usar Outlook 2003. Si desea realizar una función específica, coloque el indicador sobre el icono correspondiente (indicado abajo) y haga clic.

En la siguiente gráfica se puede ver la barra de herramientas visible en Outlook 2007/2003 cuando la carpeta de correo "Inbox" está seleccionada.

La barra de herramientas de Outlook 2007/2003 o de una versión anterior se usa haciendo clic sobre estos iconos para:

- **(A) Crear un mensaje de correo electrónico.**
- **(B) Imprimir el mensaje que está leyendo.**
- **(C) Responder al mensaje que está leyendo.**

- **(D) Añadir todas las direcciones de correo electrónico que estaban en el mensaje original a la lista de personas que recibirán una respuesta.**
- **(E) Enviar una copia del mensaje que está leyendo a otra persona.**
- **(F) Enviar y recibir su correo electrónico.**
- **(G) Abrir la libreta de direcciones o "Address Book".**

Algunas compañías grandes usan Outlook con una serie de carpetas diferentes con el fín de centralizar la administración del correo electrónico. En algunos casos, el programa tiene un grupo de carpetas virtuales que sólo son visibles cuando uno está conectado a la red.

Descripción de la lista de carpetas o "Folder List"

Por motivo de organización, los mensajes electrónicos que recibe y envía desde una dirección de correo electrónico usando Outlook 2007/2003 residen en una serie de carpetas o *folders.* Cada uno de estos tiene una función específica. Por ejemplo, la carpeta llamada "Deleted Items" recibe todos los mensajes que eligió borrar.

La gráfica en la siguiente página representa la lista de carpetas presentes en Outlook 2007/2003.

Estas son las funciones de algunas de las carpetas que se usan más a menudo en Outlook 2007/2003:

- **Ⓐ La carpeta "Deleted Items" guarda todo el correo electrónico que borra.**
- **Ⓑ La carpeta "Inbox" es la que recibe todo el correo electrónico nuevo.**
- **Ⓒ Esta carpeta guarda los mensajes que se están enviando pero que todavía no han salido.**
- **Ⓓ En esta carpeta encontrará copias de los mensajes que envió.**
- **Ⓔ El panel de las carpetas favoritas o "Favorite Folders" contiene atajos o "Shortcuts" a las carpetas que usa más a menudo. Esta función es nueva en Outlook 2007/2003; por este motivo si tiene una versión anterior de este programa (como la de Outlook 2000) no la verá.**

Cómo trabajar con el menú de ver o "View" en Microsoft Outlook 2007/2003

Si desea sacarle el mayor provecho a este excelente programa, es importante que aprenda a ver o esconder las diferentes secciones del mismo. Use el menú de ver o "View" para organizar los diferentes paneles que componen este cliente de correo electrónico de la manera que más le agrade.

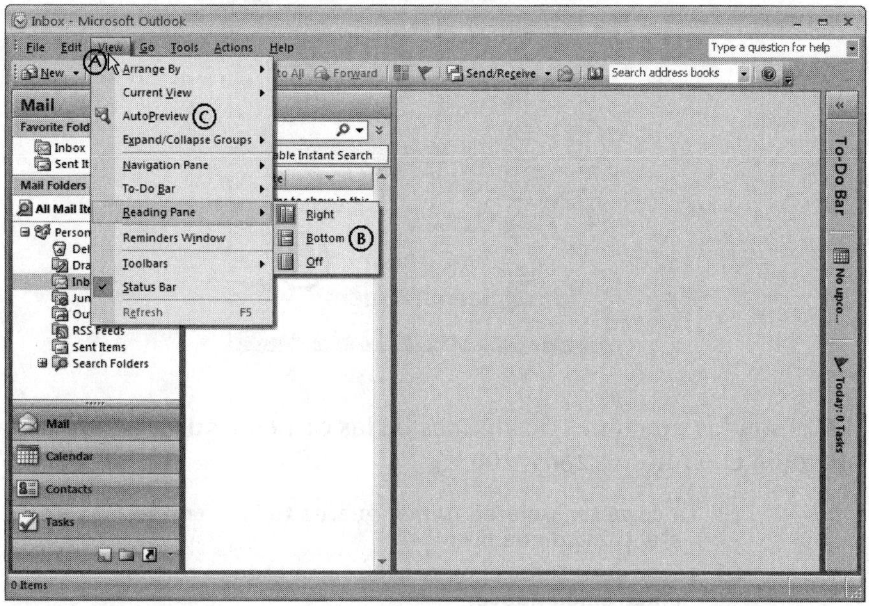

Esta es la manera de ver o esconder los diferentes paneles que componen a Outlook 2003 después de hacer clic sobre ver o "View":

A **Haga clic sobre "Navigation Panel" para ver o esconder el panel de navegación que se encuentra a la izquierda del área de trabajo (debajo de correo o "Mail").**

B **Haga clic sobre "Reading Panel" y después sobre "Right" (derecha), "Bottom" (abajo) u "Off" (cerrar este panel) para ver el panel a la derecha, verlo abajo o cerrarlo, respectivamente.**

C **Haga clic sobre "AutoPreview" para ver una vista preliminar del encabezamiento de sus mensajes.**

Cómo crear un mensaje de correo electrónico o "E-mail" con Microsoft Outlook 2007/2003

El proceso de redactar un mensaje de correo electrónico en Outlook 2007/2003 (o en versiones anteriores) es muy fácil de realizar. Primero abra la ventana de crear un mensaje (esta es muy similar a un pequeño procesador de palabras) y después redáctelo como si estuviera escribiendo una carta.

Estas son las dos maneras de abrir la ventana para crear un mensaje nuevo en Outlook 2007/2003 (que también se realiza de casi la misma manera si tiene una versión anterior) después de hacer clic sobre la carpeta de "Inbox":

- Oprima la combinación de teclas CTRL + N.
- Haga clic sobre nuevo o "New" en la barra de herramientas.

Después es necesario añadir la dirección de correo electrónico de la persona o personas que recibirán este mensaje. Esto se puede hacer al escribir directamente la dirección de correo electrónico usando la libreta de direcciones o "Address Book" (si la dirección de correo electrónico que desea usar ya está guardada ahí).

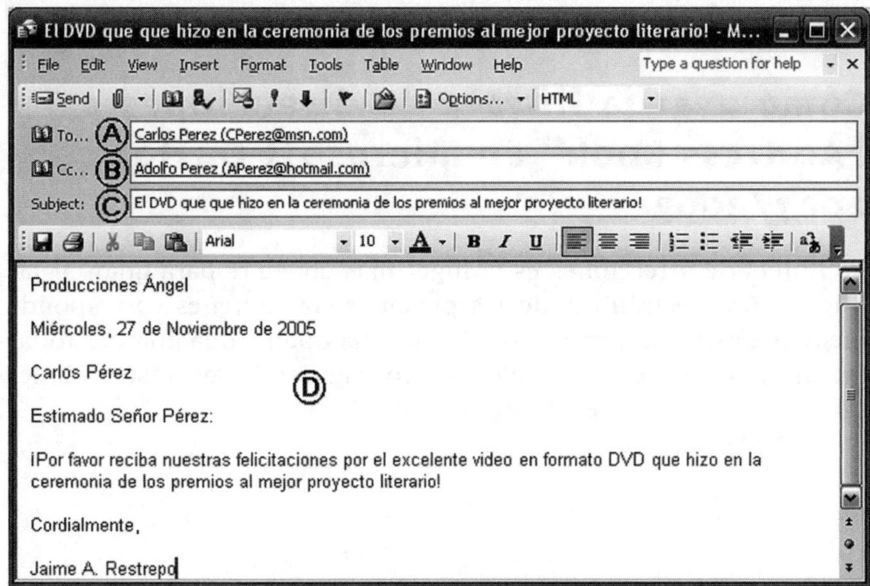

En las casillas indicadas, como puede ver en la gráfica anterior de una captura de pantalla de un nuevo mensaje que cree en Outlook 2007 (que es casi igual al que verá si tiene Outlook 2003), escriba las direcciones de correo electrónico de la persona o personas que recibirán el mensaje de la siguiente manera:

Ⓐ Dirija su mensaje de la siguiente manera:

- **Al lado de "To", escriba la dirección de correo electrónico de la persona o personas a las cuales desea enviarle este mensaje.**
- **Al lado de "Cc", escriba la dirección de correo electrónico de otra persona a quien desea enviarle una copia del mensaje.**
- **Al lado de "Bcc", escriba la dirección de correo electrónico de otra persona a quien desea enviarle una copia del mensaje, sin que las otras personas a las cuales les ha enviado este mensaje lo sepan.**
- **Al lado de "Subject", escriba el tema del mensaje.**

Ⓑ Este es el espacio, similar al que ve cuando abre un procesador de palabras, donde puede escribir el texto del mensaje que desea enviar. Finalmente haga clic sobre enviar o "Send".

Por favor note en Office 2007 el nuevo botón de Office 2007, que le ofrece un sinnúmero de opciones cuando usted hace clic sobre él. Por ejemplo, para guardar un mensaje haga clic sobre el botón de Office y después sobre "Save".

Cómo usar la libreta de direcciones o "Address Book" en Microsoft Outlook 2007/2003

La libreta de direcciones es el lugar más eficiente para guardar las direcciones electrónicas de las personas con quienes corresponde mediante esta vía. Por este motivo es una buena idea guardar todas las direcciones de correo electrónico, siguiendo las instrucciones que verá más adelante en este capítulo.

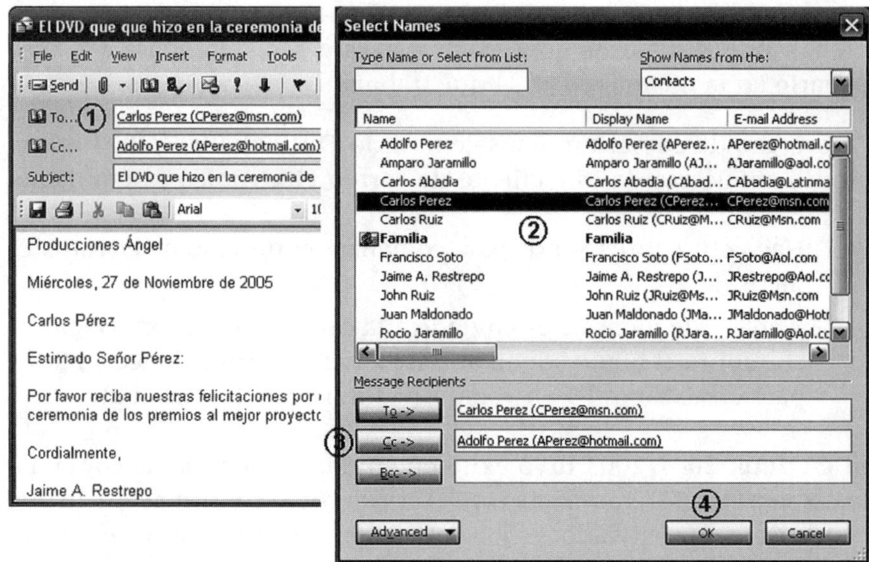

Esta es la manera de añadir direcciones de correo electrónico a un mensaje que desee enviar en Outlook 2007/2003 —o en versiones anteriores de este programa— si ya ha guardado las direcciones de sus contactos en la libreta de direcciones:

1. Haga clic sobre "To" para abrir la libreta de direcciones. Si tiene una versión anterior de Outlook esta ventanita es un poco diferente, pero la idea es la misma.
2. Escoja la persona a quien desea enviarle un mensaje, haciendo doble clic sobre su nombre. Repita esto por cada persona a quien le desea enviar el mensaje.
3. Para enviar una copia del mensaje, escoja otra persona y después haga clic sobre "Cc".
4. Finalmente haga clic sobre confirmar o "OK" para añadir estas direcciones a su mensaje.

Cómo enviar un mensaje de correo electrónico o "E-mail"

Una vez que termine de redactar un mensaje y de añadir las direcciones de correo electrónico a quienes desea enviárselo, lo puede enviar o lo puede guardar para enviarlo más tarde.

Para enviarlo es necesario que tenga una conexión al Internet, a menos que trabaje en una oficina y este sea un mensaje a otro usuario en la misma red en la que trabaja.

El proceso de enviar un mensaje usando Outlook 2007/2003 o versiones anteriores de este cliente de correo electrónico es el mismo:

1. Haga clic sobre "Send" para comenzar el proceso de enviar su mensaje.
2. Ahora este mensaje es enviado a la carpeta "Outbox". Haga clic sobre el botón "Send and Receive" u oprima la tecla F9 para enviarlo (o F5 en versiones anteriores de Outlook).

Si Outlook 2007/2003 tuvo éxito en enviar el mensaje, lo copiará a la carpeta "Sent Items". Esta copia servirá como confirmación de que el mensaje fue enviado y que la persona a quien se lo envió lo recibirá la próxima vez que abra sus mensajes de correo electrónico.

Por lo general, se puede decir que los mensajes que se encuentran en la carpeta "Sent Items" fueron recibidos por el servidor que mantiene la cuenta de correo electrónico a la cual le envió el mensaje.

Un mensaje de correo electrónico en el espacio cibernético viaja a la velocidad de luz. Por eso, no se debe tardar más de un minuto para llegar a cualquier parte del mundo. A pesar de esto, pueden haber situaciones en las cuales servidores de correo electrónico de ciertas compañías se encuentren agobiados por la cantidad de mensajes que están recibiendo y, como resultado, haya una demora en enviar y recibir sus mensajes.

Cómo guardar un mensaje de correo electrónico antes de enviarlo

Una vez que termine de redactar un mensaje puede enviarlo o puede guardarlo para enviarlo más tarde. Si desea guardarlo para terminar de redactarlo en otro momento, será enviado a la carpeta de borradores o "Drafts".

En la siguiente gráfica se puede ver el proceso de guardar un mensaje para enviarlo en otra oportunidad.

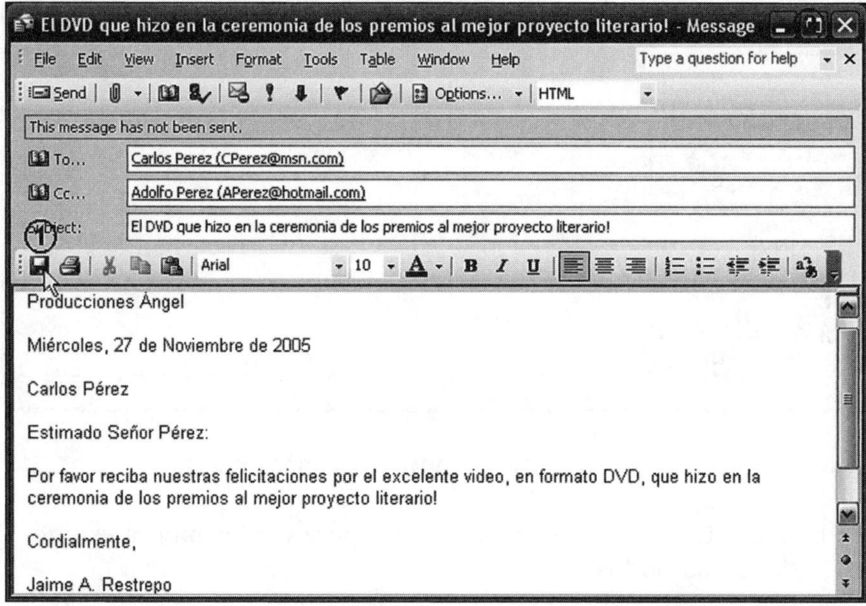

Si está redactando un mensaje y desea guardarlo para enviarlo más tarde, lo puede hacer de la siguiente manera:

1. Haga clic sobre el icono indicado por la flecha para guardar un mensaje que esté redactando. Este proceso se realiza de la misma manera en versiones anteriores de Outlook, haciendo clic sobre este icono en la barra de herramientas. Si tiene Outlook 2007, haga clic sobre el botón de Office, y después sobre "Save".
2. Si desea cerrar este mensaje, haga clic sobre la esquina del mismo.

Cuando elige guardar un mensaje para enviarlo en otra oportunidad, este permanecerá guardado en la carpeta de borradores o "Drafts" de su cliente de correo electrónico Outlook 2007/2003 hasta que lo envíe o lo borre.

En la siguiente gráfica se puede ver los mensajes que tiene guardados para enviarlos en otra oportunidad dentro de la carpeta "Drafts".

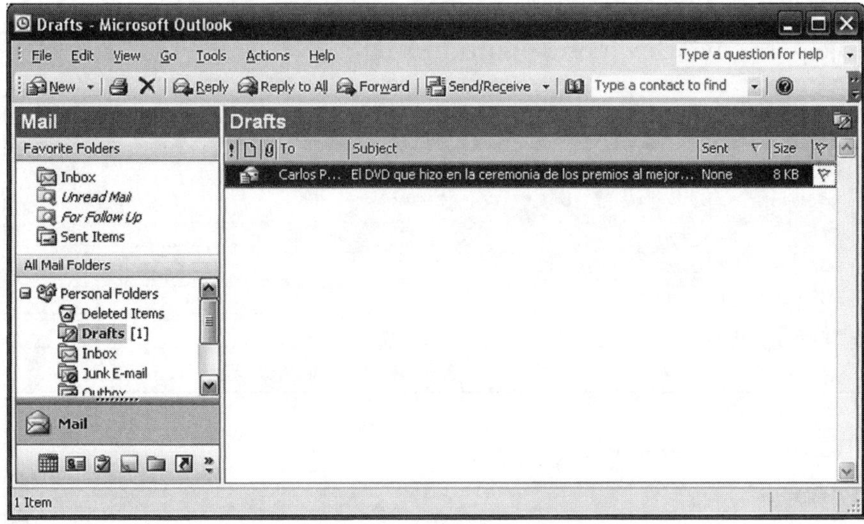

Así se regresa a este mensaje para trabajar más en él:

1. Haga clic sobre la carpeta "Drafts" para ver los mensajes que tiene guardados.
2. En la ventana de la derecha puede ver los mensajes que eligió guardar. Si desea trabajar con uno de ellos, haga clic sobre él.

Cómo adjuntar archivos a un mensaje

Una de las ventajas de Outlook es la facilidad con la cual se pueden enviar archivos, adjuntándolos a un mensaje. Así puede enviar y recibir archivos sin necesidad de usar discos flexibles.

En la gráfica en la siguiente página se puede ver el proceso de adjuntar un archivo a un mensaje.

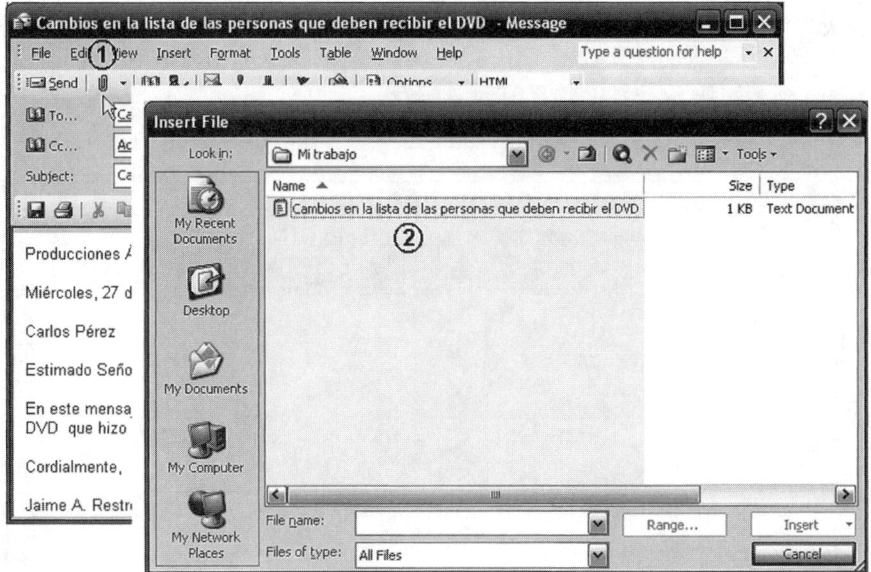

Así se adjunta un archivo a un mensaje en Outlook:

1. Coloque el indicador sobre el icono del sujetapapeles y haga clic. En algunas versiones anteriores de Outlook, el sujetapapeles está más hacia el centro de la barra de herramientas.
2. Cuando encuentre el archivo que desea enviar haga doble clic sobre él.

Esta función de Outlook trabaja muy bien siempre y cuando la persona que reciba este archivo tenga el mismo programa con el cual usted lo creó. Por ejemplo, si alguien le envía una presentación creada en PowerPoint y usted no tiene PowerPoint, no lo podrá abrir, a menos que consiga *software* adicional.

En la gráfica en la siguiente página puede ver un archivo adjuntado a un mensaje. Se encuentra delante de la flecha y debajo de "Subject". En algunas versiones de Outlook, los archivos que adjuntó a un mensaje aparecen en la parte de abajo de éste.

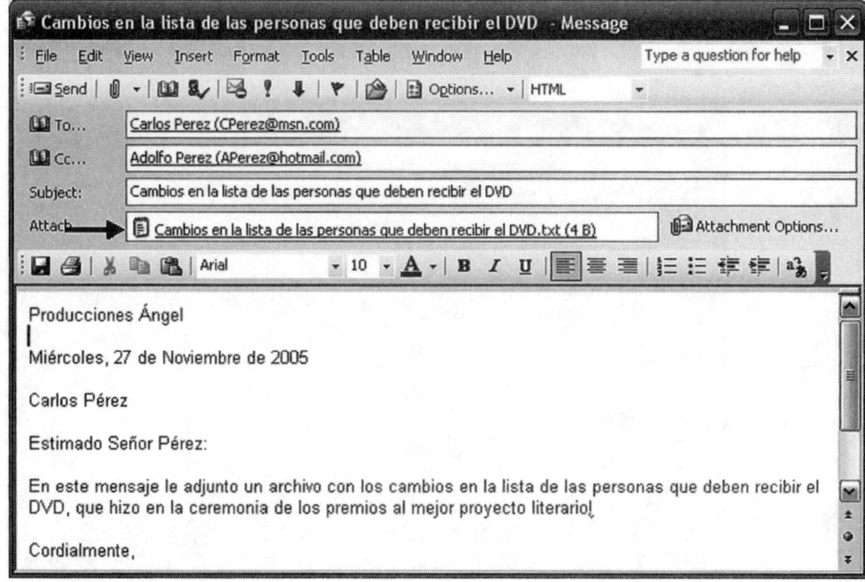

Una vez que esté seguro de que desea enviar este mensaje, haga clic sobre "Send".

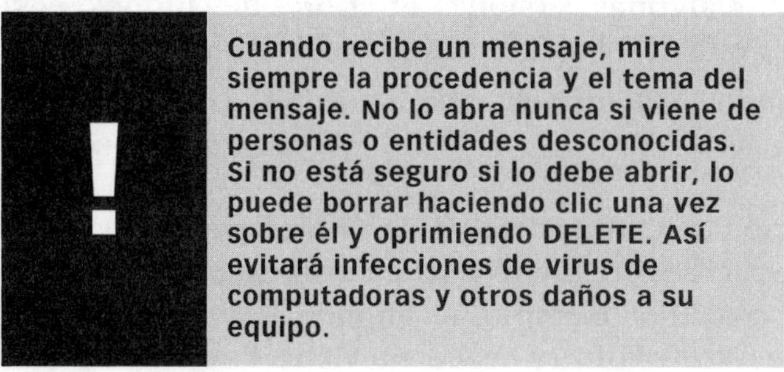

Cuando recibe un mensaje, mire siempre la procedencia y el tema del mensaje. No lo abra nunca si viene de personas o entidades desconocidas. Si no está seguro si lo debe abrir, lo puede borrar haciendo clic una vez sobre él y oprimiendo DELETE. Así evitará infecciones de virus de computadoras y otros daños a su equipo.

Cómo recibir mensajes de correo electrónico o "E-mail"

Esta es una de las funciones principales de un cliente de correo electrónico y es muy fácil de hacer en Outlook 2007/2003. Por lo general, los mensajes de correo electrónico siempre llegan a la carpeta llamada "Inbox", la cual se encuentra en la lista principal de carpetas en Outlook 2007/2003.

La siguiente gráfica muestra el área de trabajo de Outlook 2007/2003.

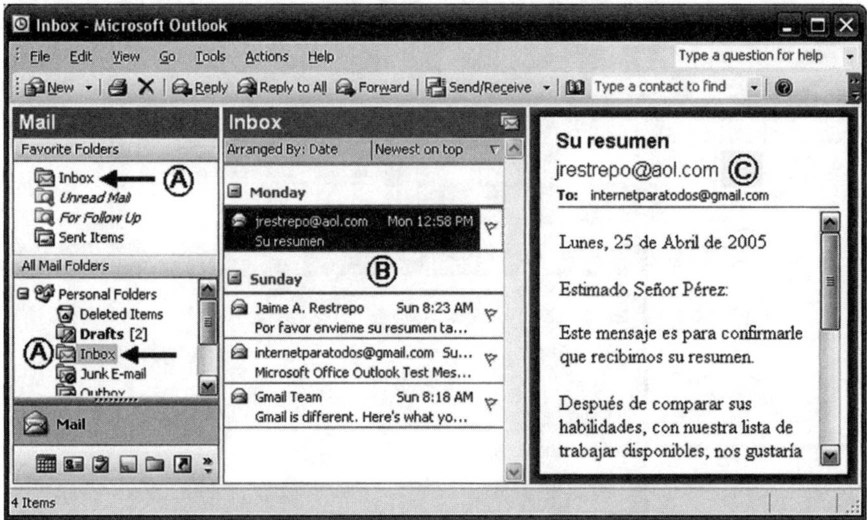

Esta es la manera de recibir un mensaje de correo electrónico en Outlook 2007/2003 o en una versión anterior del programa, como por ejemplo Outlook 2000:

- **A** **Haga clic sobre "Inbox" en uno de los dos sitios indicados por las flechas. En versiones anteriores de Outlook, el panel de carpetas favoritas o "Favorite Folders" no está disponible.**
- **B** **Estos son los mensajes que recibió. Si el panel de lectura está habilitado, dependiendo de su preferencia, le será posible leer el mensaje en el panel de la derecha o en el de abajo con sólo hacer clic una vez sobre él.**
- **C** **En la cabecera del mensaje podrá leer la dirección de correo electrónico de la persona que le envió el mensaje.**

Si prefiere, también puede leer sus mensajes en una ventana completa. Cuando termine de leer el mensaje, cierre la ventana de éste y regrese a Outlook para leer otro mensaje.

Las siguiente dos gráficas muestran la manera de leer mensajes de correo electrónico en ventanas independientes.

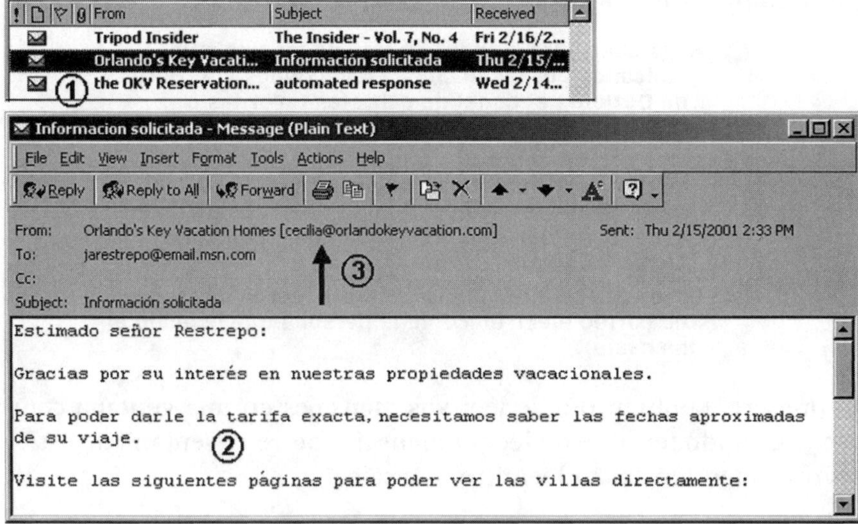

Esta es la manera de abrir sus mensajes de correo electrónico en Outlook, Outlook Express o Windows Mail.

1. Seleccione el mensaje que desea ver haciendo doble clic sobre él.
2. Este es el mensaje que recibió.
3. Esta es la dirección de la persona que le envió el mensaje.

Cómo responder a mensajes de correo electrónico

Una vez que halla leído un mensaje de correo electrónico, puede borrarlo o redactar una respuesta. Para borrar un mensaje, haga clic sobre él, y después haga clic sobre la *X* en la barra de herramientas.

La siguiente gráfica muestra el proceso de contestar un mensaje en Outlook 2007/2003, el cual es el mismo en versiones anteriores del programa.

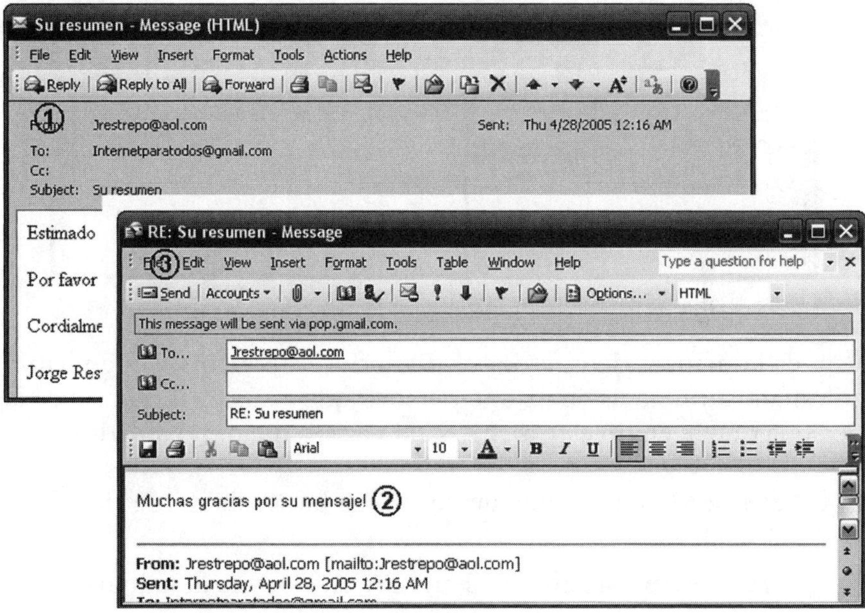

Así se contesta un mensaje de correo electrónico en Outlook:

1. Cuando halla leído el mensaje, haga clic sobre "Reply".
2. Redacte la respuesta al mensaje que recibió.
3. Haga clic sobre "Send" para enviar su respuesta.

Cómo guardar un archivo que recibió en un mensaje

El proceso de guardar un archivo que recibió adjuntado a un mensaje es muy similar al proceso de recibir un mensaje. Los mensajes que contienen archivos se reconocen por tener un sujetapapeles al lado del mensaje.

En la siguiente gráfica se puede ver que el mensaje en negritas tiene un sujetapapeles.

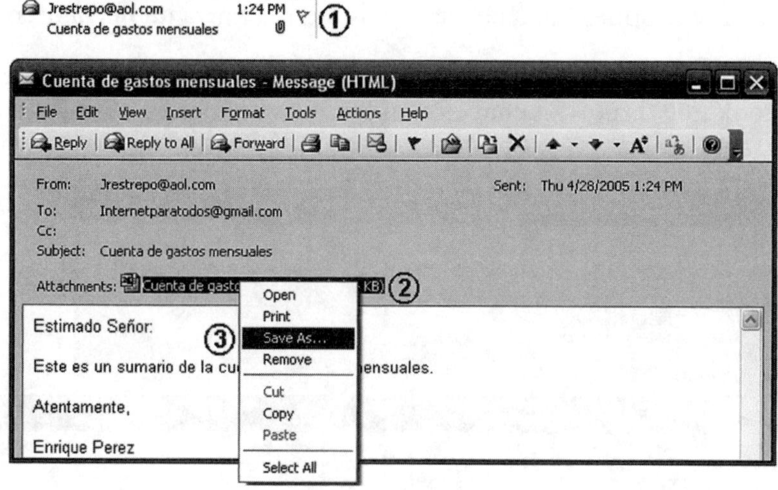

Esta es la manera de guardar al disco duro un archivo que recibió adjuntado a un mensaje de una persona que conoce (si no conoce la persona que le envió este archivo, tal vez sea mejor no abrirlo):

1. Seleccione el mensaje que desea ver, haciendo doble clic sobre él.
2. Para guardar este archivo haga clic en el icono al lado de "Attachments" con el botón derecho del ratón.
3. Haga clic sobre "Save As". Si no desea guardarlo, haga doble clic sobre el archivo para abrirlo.

Cuando la ventana de guardar archivos se abra, es necesario indicarle a su computadora dónde desea guardar este archivo, sea en su disco duro o bien en otra unidad de almacenamiento.

Esta es la manera de guardar un archivo que recibió en un mensaje de correo electrónico a su disco duro o a otra unidad de almacenamiento:

- **Ⓐ Primero elija la carpeta donde desea guardar este archivo.**
- **Ⓑ Este es el nombre del archivo. Si gusta, puede darle otro nombre.**
- **Ⓒ Finalmente, haga clic sobre "Save" para guardarlo al disco duro o a otra unidad de almacenamiento.**

Por lo general nunca abra archivos que recibe a través de su correo electrónico a menos que sepa exactamente quién se lo envió. De otra manera su computadora puede resultar comprometida con un virus que dañe sus archivos, o peor aún, con un programa que usará su computadora para propagar virus a las personas que estén en su libreta de direcciones.

La libreta de direcciones o "Address Book" de Microsoft Outlook 2007/2003

La libreta de direcciones o "Address Book" de Outlook 2007/2003 le puede ahorrar mucho tiempo al añadir direcciones de correo electrónico que usa a menudo a sus mensajes con sólo usar el ratón.

Esta se puede abrir al oprimir la combinación de teclas CTRL + SHIFT + B o al hacer clic en el icono de ésta en la barra de herramientas de Outlook 2007/2003.

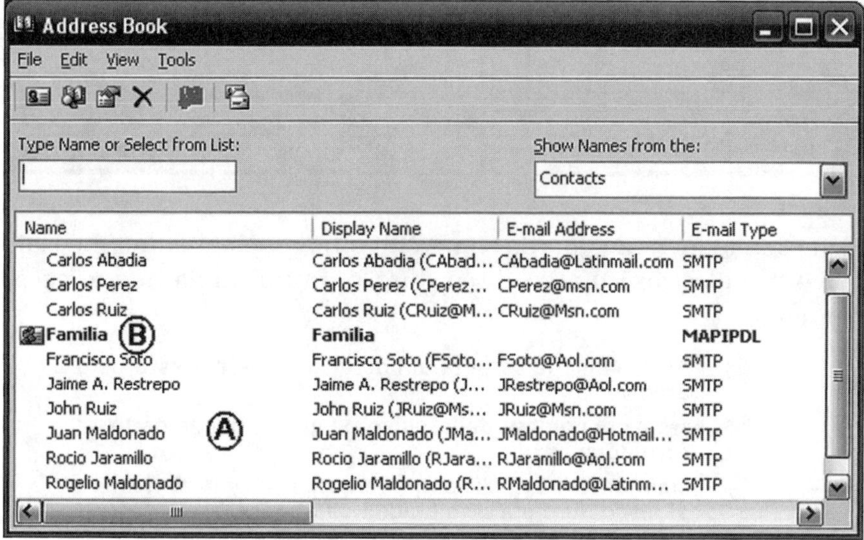

En esta libreta de direcciones puede ver los siguientes objetos que puede usar para añadir direcciones de su correo electrónico a sus mensajes:

- **A** **Nombres de contactos individuales.**
- **B** **Grupos de contactos.**

Cada una de las direcciones en la libreta de direcciones o "Address Book" de Outlook es considerado un "contacto". Esto se debe a que usted puede guardar mucha información acerca de una persona o acerca de una compañía. Esta libreta también puede extraer contactos de otros programas o enviar sus contactos a otros usuarios de Outlook.

Cómo añadir un contacto a la libreta de direcciones o "Address Book" en Microsoft Outlook

La libreta de direcciones de Outlook 2007/2003 le permite guardar todas las direcciones de correo electrónico que necesite usar a menudo. De esta manera es posible llenar la información acerca de las personas a quienes desea enviarles mensajes de correo electrónico con sólo hacer doble clic con el ratón.

A continuación, aprenderá a añadir un contacto a esta libreta de direcciones después de abrir Outlook y hacer clic en el icono de la libreta de direcciones (en la barra de herramientas), o usando la combinación de teclas CTRL + SHIFT + B.

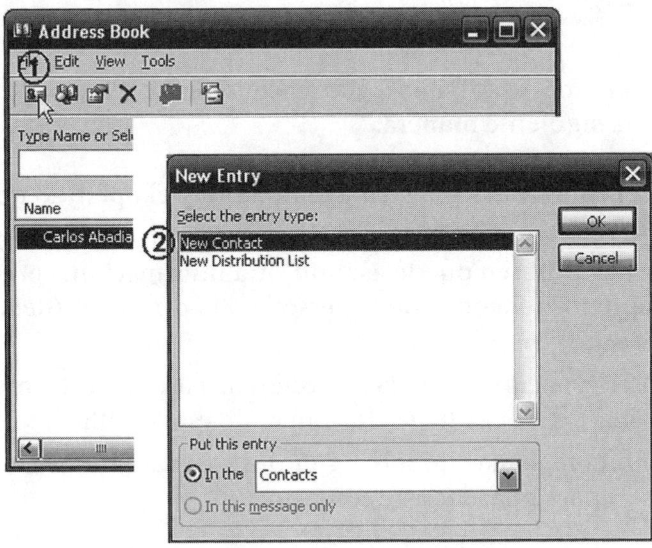

Esta es la manera de abrir el recuadro para añadir una dirección de correo electrónico después de abrir la libreta de direcciones:

1. Haga clic sobre "File" y después sobre "New Entry". En Outlook 2003, puede hacer clic sobre este dibujo.
2. Ahora haga doble clic sobre "New Contact".

Finalmente, puede ver en la gráfica de abajo la ventana con que se añade una dirección de correo electrónico a la libreta de direcciones.

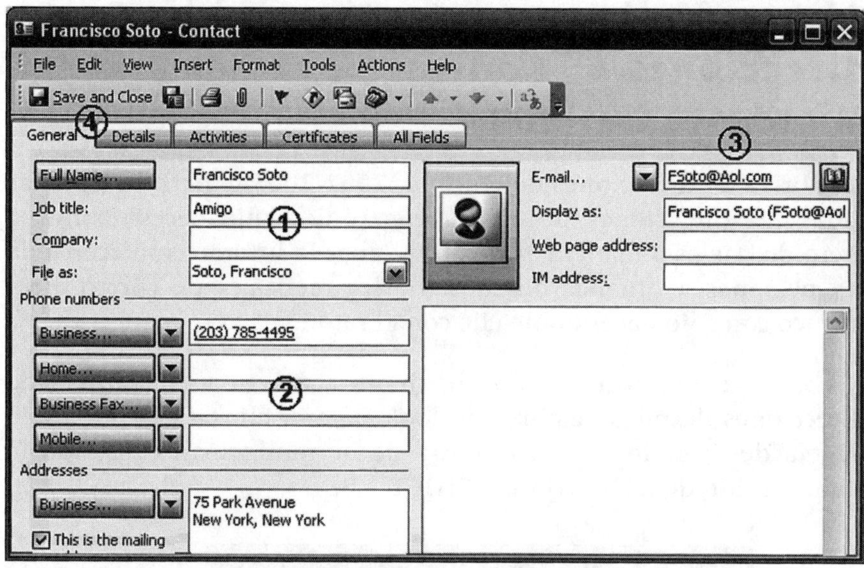

En esta ventana escriba la información del contacto que desea añadir de la siguiente manera:

1. En el primer espacio escriba el nombre y el apellido de la persona.
2. Si desea también puede escribir otra información, como por ejemplo los teléfonos de la persona o la dirección (debajo de "Addresses").
3. En este espacio escriba la dirección de correo electrónico de la persona y después haga clic afuera de esta casilla.
4. Finalmente, haga clic sobre guardar y cerrar, o "Save and Close", para guardar este contacto.

Para escribir información en una casilla distinta a la cual acaba de escribir algo, puede hacerlo de dos maneras: a) lleve el indicador sobre la casilla en la cual desee trabajar y hágale clic, o b) use la tecla TAB para saltar de una casilla a otra.

Cómo crear un grupo de contactos en la libreta de direcciones o "Address Book" de Microsoft Outlook 2007/2003

Si tiene una lista de personas a quienes de vez en cuando les manda el mismo mensaje de correo electrónico, tal vez sería buena idea crear un grupo de contactos (por ejemplo, usando direcciones de miembros de su familia). De esta manera puede redactar y enviar un mensaje a todas las personas en este grupo con sólo añadir el nombre del grupo (como el destinatario), en frente de "To:".

Para comenzar este proceso regrese a Outlook. Si esta cerrado, ábralo de nuevo, y después haga clic en el icono de la libreta de direcciones (en la barra de herramientas), o use la combinación de teclas CTRL + SHIFT + B para abrirla.

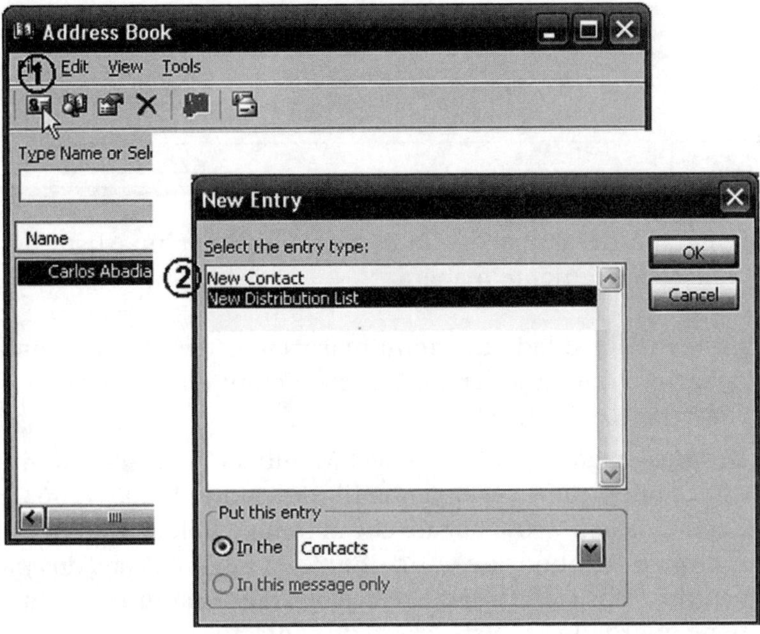

Esta es la manera de crear una lista de distribución después de abrir la libreta de direcciones:

1. Haga clic sobre "File", y después sobre "New Entry". En Outlook 2003, puede hacer clic sobre este dibujo.
2. Haga doble clic sobre "New Distribution List" para empezar a crear una lista de distribución.

Ahora puede comenzar el proceso de crear una lista de distribución en la libreta de direcciones de Outlook 2007/2003. A ésta puede añadir las direcciones de correo electrónico de personas a quienes con frecuencia desea enviarles el mismo mensaje.

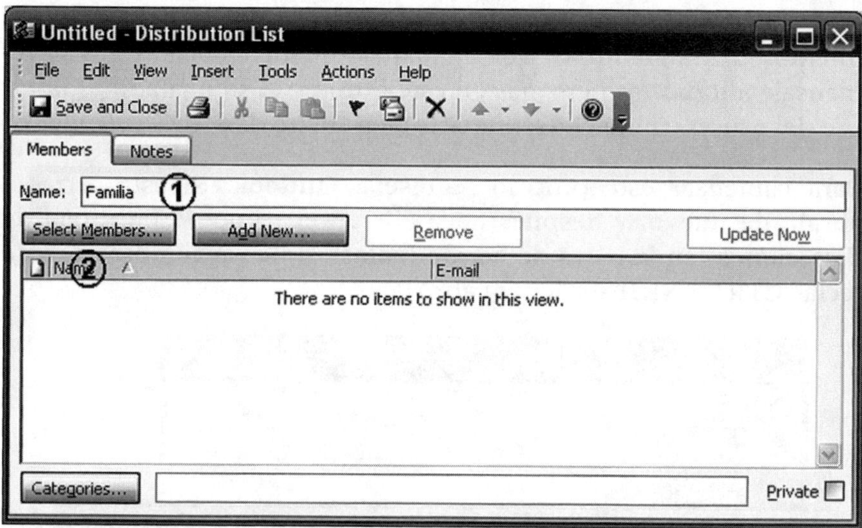

En la ventana de arriba puede comenzar a crear una lista de distribución de la siguiente manera:

1. En la casilla al lado del nombre o "Name", escriba el nombre del grupo que desea crear. En este ejemplo puede usar "Familia" o "Amigos".
2. Después haga clic sobre "Select Members" si desea añadir direcciones que ya están en la libreta Outlook 2007/2003. Si tiene Outlook 2007, hágale clic al botón "Select Members" en la cinta o "Ribbon" de Office 2007. En las próximas dos páginas verá más información acerca de cómo añadir contactos que tiene guardados en este grupo de contactos.

Por favor tenga en cuenta que hoy en día muchas compañías proveedoras de servicio al Internet o "ISPs", están regulando más estrictamente el movimiento de los mensajes de correo electrónico que son enviados usando sus servicios. Por lo tanto, trate de no añadir muchos contactos a una lista de distribución. Por ejemplo, el límite de recipientes dentro de la red de Cablevision en Connecticut es de 50 por cada lista de distribución.

Ahora puede escoger los nombres de los contactos que desea añadir a esta lista de distribución.

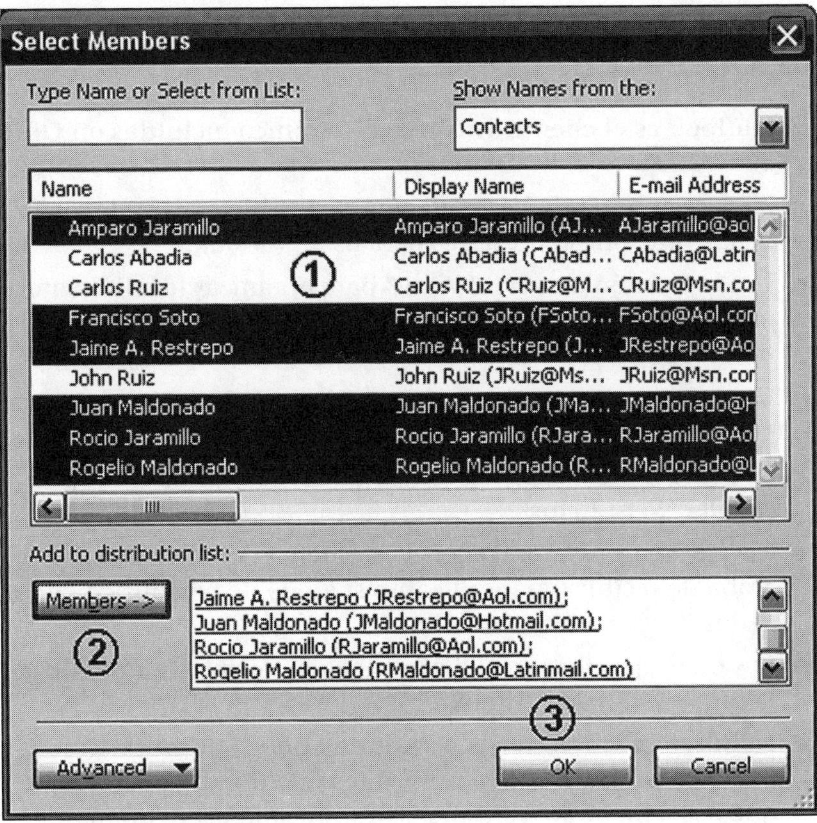

Siga los siguientes pasos para añadir contactos de su libreta de direcciones a esta lista de distribución:

1. Haga clic mientras mantiene oprimido el botón CTRL sobre los nombres de los contactos que desea añadir a esta lista.
2. Ahora haga clic sobre "Members" para añadirlos a esta lista de distribución que creó en la página anterior.
3. Finalmente, haga clic sobre "OK" y después sobre guardar y cerrar, o "Save and Close", para guardar esta lista.

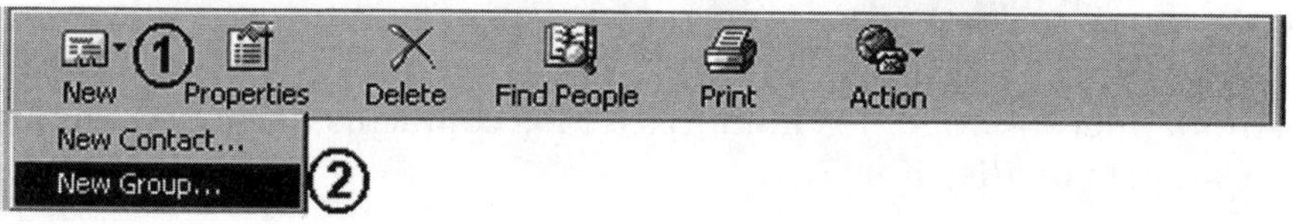

Para recordar

- Outlook es el cliente de correo electrónico incluido con Office 2007/2003.
- Al usar la barra de herramientas es posible realizar la mayoría de las funciones necesarias para usar Outlook.
- Use la función de ver o "View" para organizar los diferentes paneles que componen este cliente de correo electrónico de la manera que más le agrade.
- Una vez que termine de redactar un mensaje, lo puede enviar o lo puede guardar para enviarlo más tarde.
- Si Outlook tuvo éxito en enviar un mensaje, lo copiará a la carpeta "Sent Items".
- Revise siempre la procedencia y el tema del mensaje que acaba de recibir y nunca lo abra si viene de personas o entidades desconocidas.
- Los mensajes de correo electrónico que recibe siempre llegan a la carpeta llamada "Inbox".
- La libreta de direcciones o "Address Book" de Outlook le puede ahorrar mucho tiempo, pues puede copiar direcciones que usa a menudo a sus mensajes con sólo usar el ratón.

La función de imprimir o "Print"

Cómo imprimir o "Print" documentos

La función de poder presentar una copia fiel de un documento que haya creado en la computadora es tal vez una de las funciones más útiles que se puede realizar con una computadora. En este capítulo aprenderá diferentes maneras de imprimir un documento.

La gráfica de abajo muestra la manera más común de imprimir en el sistema operativo Windows.

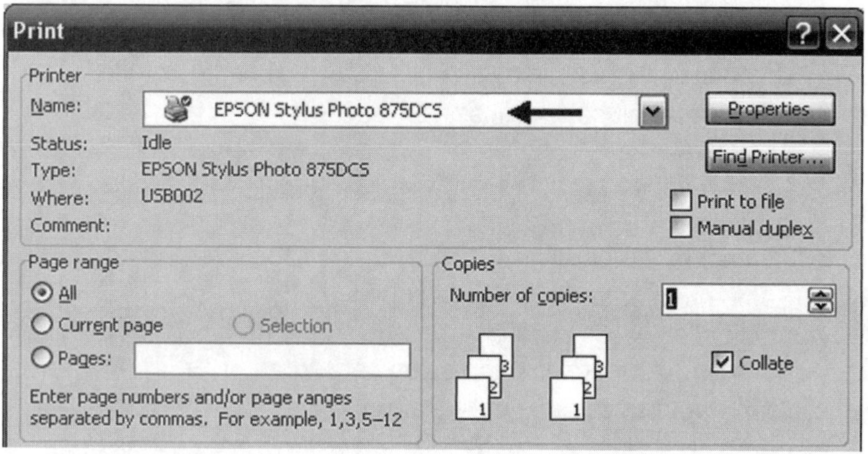

Cuando desee imprimir, lo puede hacer de la siguiente manera:

1. Haga clic sobre "File", jale el indicador hacia abajo y haga clic sobre "Print".
2. Cuando la ventana se abra, oprima la tecla ENTER. Ahora la impresora (indicada por la flecha) comenzará a imprimir su trabajo.

Como puede ver en la gráfica anterior, cuando elige imprimir, el programa envía el documento a la impresora EPSON Stylus Photo 875DCS. Esta es la impresora de sistema. Si tiene otra impresora y desea usarla, es necesario indicarle al programa que desea imprimir con una impresora diferente.

Cómo usar la impresión preliminar o "Preview"

Esta es una función muy útil, ya que le permite revisar un documento antes de enviarlo a la impresora. También le ayuda a ahorrar papel, ya que le permite una oportunidad de revisar su documento antes de imprimirlo. Está disponible en la mayoría de los programas para Windows.

La siguiente gráfica muestra la barra de herramientas de Microsoft Word 2003.

Para ver la impresión preliminar en un documento, haga clic sobre este icono (con el dibujo de una lupa sobre una página).

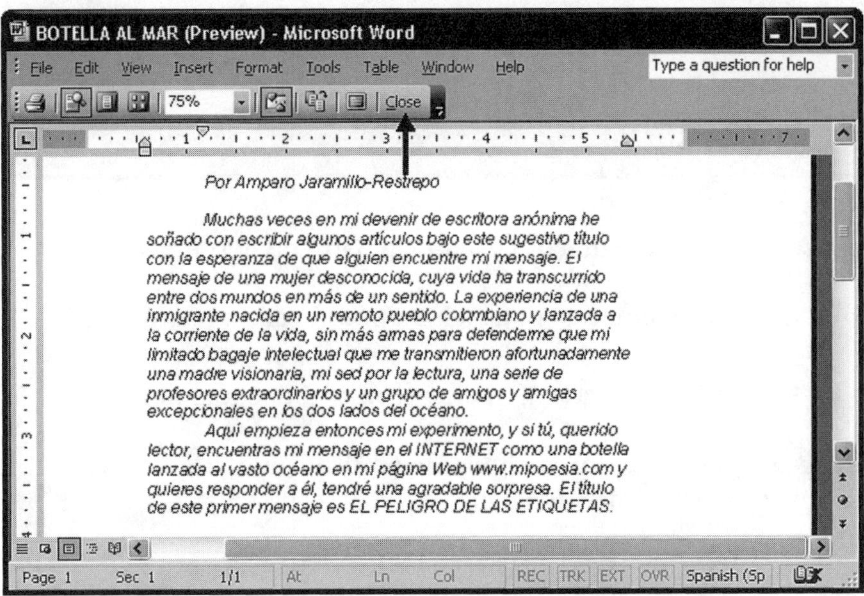

En la gráfica anterior se puede ver la impresión preliminar. Esta le dará una idea de cómo se verá su documento una vez que lo imprima. Para cerrar la vista preliminar y regresar a su documento, haga clic sobre cerrar o "Close".

En algunos casos cuando se escoge la impresión preliminar, ésta sólo muestra una copia reducida del documento que desea ver. Si desea, lo puede ampliar muy fácilmente.

En la siguiente gráfica se puede ver la impresión preliminar de un documento reducido al 50% (la mitad) de su tamaño.

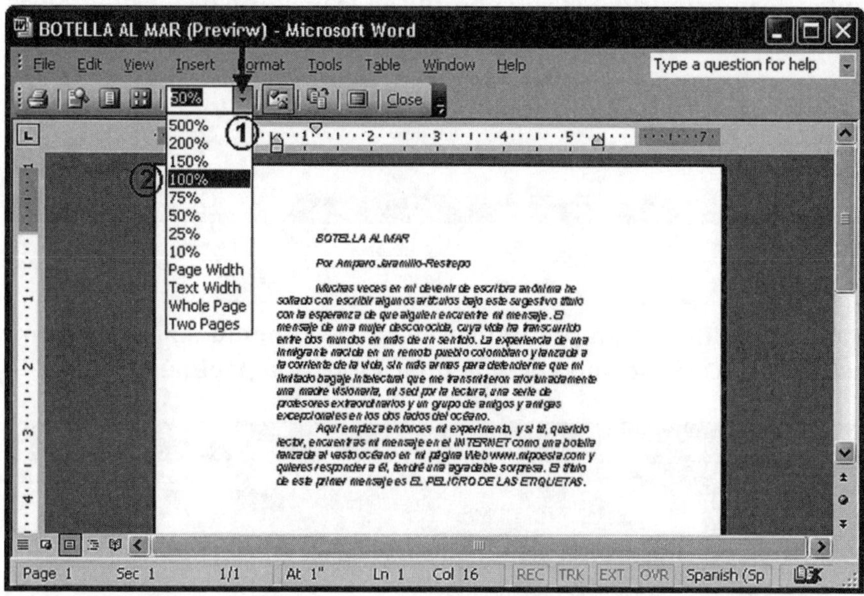

Así se amplía el documento usando la barra de herramientas:

1. Haga clic sobre esta guía. Ahora podrá ver un menú desplegable.
2. Haga clic sobre "100%" para ampliar el documento.

Ahora se puede ver en la siguiente gráfica cómo el documento fue ampliado al 100% de su tamaño.

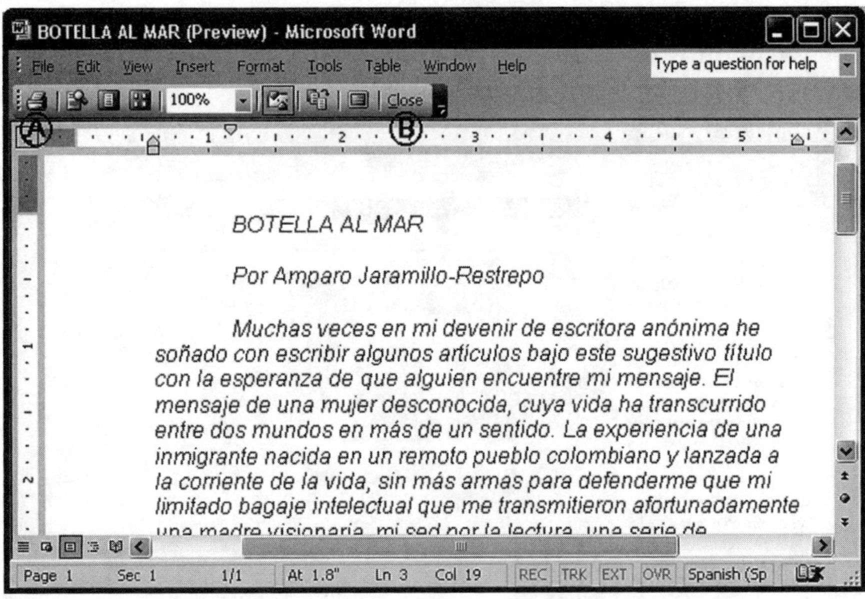

Ahora puede trabajar con este documento de la siguiente manera:

- **Ⓐ Si quiere imprimirlo, haga clic sobre el icono de imprimir.**
- **Ⓑ Para regresar a trabajar en él, haga clic sobre "Close".**

Si hace clic sobre el icono de imprimir en la barra de herramientas, todas las páginas de un documento serán enviadas a la impresora, incluso si el documento tiene más de 100 páginas. En las páginas siguientes aprenderá a imprimir sólo la página que está en la pantalla o páginas especificas de un documento.

Cómo imprimir sólo la página que está en la pantalla

Esta función puede ahorrar mucho papel, ya que le permite imprimir sólo la página que está en la pantalla.

La siguiente gráfica muestra en la pantalla la tercera página de un documento que tiene muchas páginas.

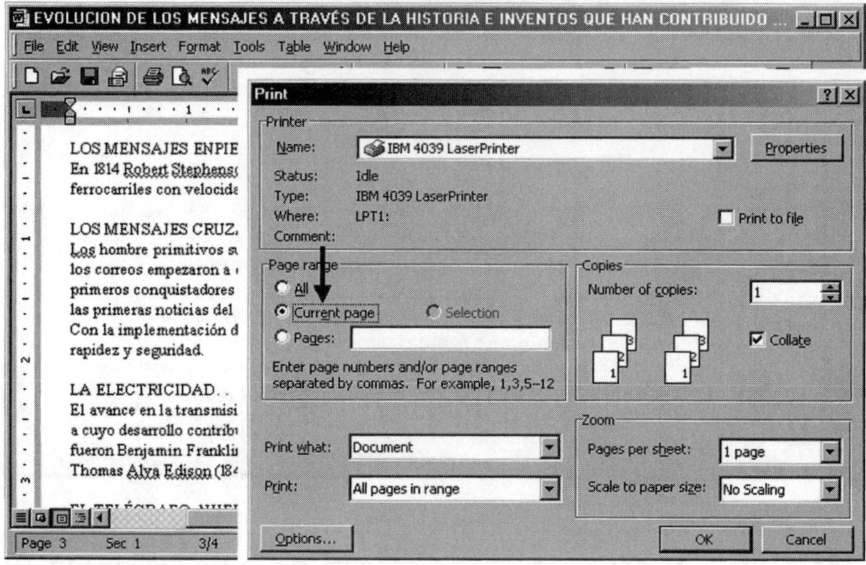

Siga los siguientes pasos para imprimir la página que está en la pantalla:

1. Coloque el indicador en "File".
2. Ahora jálelo hacia abajo, y después haga clic sobre "Print".
3. En la ventana de "Print" haga clic sobre "Current page". Para imprimir sólo esta página, oprima la tecla ENTER.

Cómo imprimir sólo páginas específicas de un documento

Esta función le permite imprimir sólo ciertas páginas de un documento que tenga muchas. Así puede ahorrar papel y también tinta, sobre todo si tiene una impresora de color.

La gráfica en la siguiente página muestra el límite de impresión o "Page Range" en el menú de imprimir.

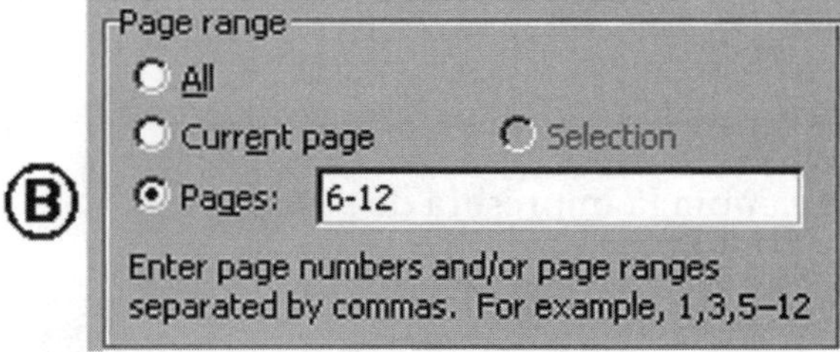

Así se le indica a la impresora qué páginas debe imprimir:

Ⓐ Imprimir todas las páginas de este documento, o "All", es la opción de sistema cuando se elige usar la función de imprimir.

Ⓑ Haga clic sobre "Pages" si desea imprimir sólo ciertas páginas. Después escriba el primer y el último número de las páginas que desea imprimir (separados con un guión). Para imprimir, oprima la tecla ENTER.

Cómo cambiar la impresora predeterminada

La impresora predeterminada o "Default Printer" es la primera impresora que aparece en el menú cuando elige imprimir un documento. Si tiene acceso a dos impresoras, una de color y una láser de blanco y negro, es buena idea usar la impresora láser como la impresora predeterminada.

La gráfica de abajo muestra que en esta computadora la impresora de sistema es una IBM 4039 LaserPrinter.

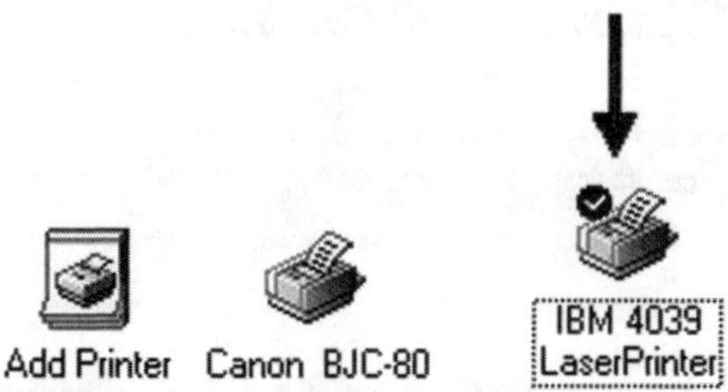

Si desea, puede elegir otra impresora, como la impresora de sistema.

Así se cambia la impresora de sistema:

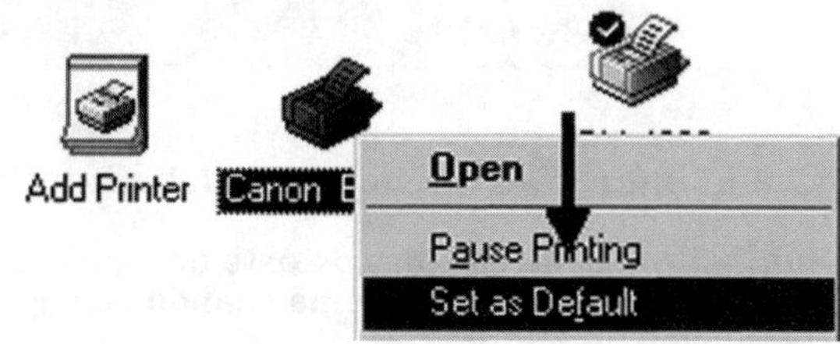

Esta es la manera de cambiar la impresora de sistema en una computadora con el sistema operativo Windows:

1. Lleve el indicador sobre "Start" y haga clic una vez.
2. Ahora jale el indicador hacia arriba hasta llegar a "Settings", después hacia la derecha y haga clic sobre "Printers".

En la ventana de las impresoras, haga clic con el botón derecho del ratón sobre la impresora que desea designar como la de sistema y después haga clic sobre "Set as default". Más adelante, si cambia de opinión, puede deshacer este cambio siguiendo estos mismos pasos y eligiendo la impresora que estaba seleccionada originalmente.

Cómo usar una impresora diferente de manera temporal

Una de las ventajas del sistema operativo Windows es la de poder usar muchas impresoras diferentes que estén conectadas localmente a su computadora o a la red en la cual trabaja.

Las siguientes gráficas muestran cómo usar una impresora diferente de manera temporal.

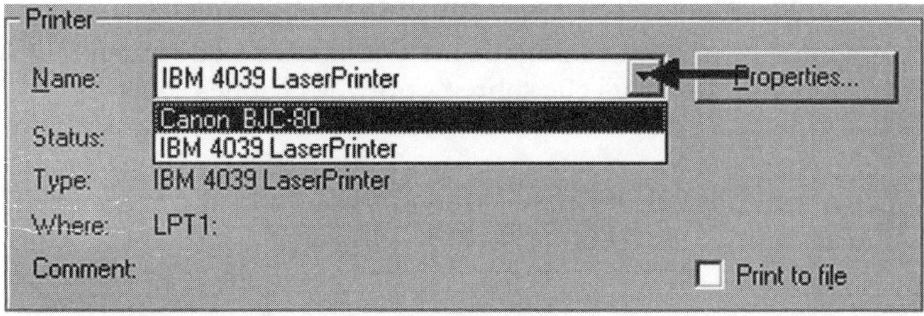

Si tiene dos impresoras (una láser y una de color) y la impresora de sistema es la impresora láser, puede usar la impresora de color de la siguiente manera.

1. Coloque el indicador sobre "File" y después haga clic sobre "Print" para abrir la ventana de imprimir.
2. Haga clic sobre esta guía y después haga clic sobre la impresora que desea usar.

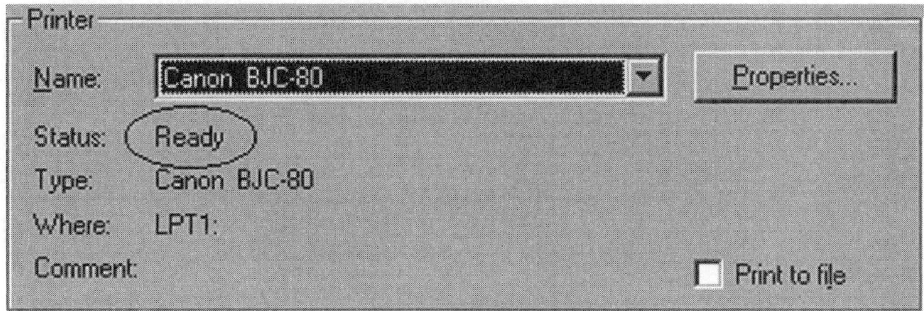

En la gráfica anterior se puede ver claramente que la Canon BJC-80 está lista para imprimir.

Cómo mejorar la impresión del texto en algunas impresoras

Esta es la manera de mejorar la calidad de la impresión de texto en algunas impresoras láser:

1. Lleve el indicador sobre "File" y después haga clic sobre "Print". Después haga clic sobre "Properties".
2. Haga clic sobre "Fonts" para ver la página de abajo.
3. Entonces haga clic sobre "Print TrueType as graphics".
4. Para efectuar este cambio de mejorar la calidad de la impresión de texto, haga clic sobre "Apply" y después sobre ENTER.

La siguiente pantalla muestra el menú para cambiar opciones de la impresora.

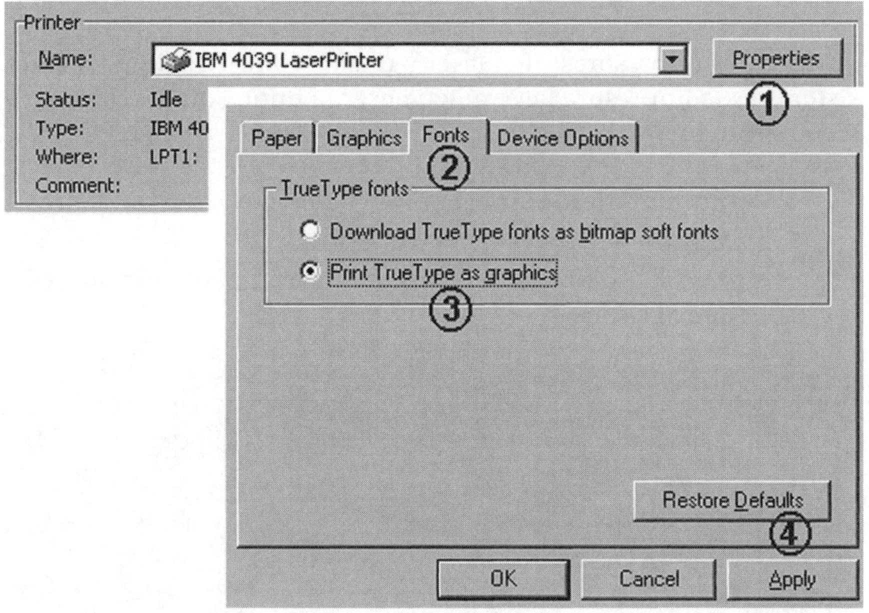

Cómo imprimir con la orientación horizontal

Esta función sirve para imprimir algo que tiene en la pantalla, como por ejemplo una fotografía, a lo largo de la hoja. De esta manera, la impresora hará mejor uso del papel, en algunos casos imprimiendo al usar el 90% de la página.

La siguiente gráfica muestra la manera de cambiar la orientación del papel.

Así se cambia la orientación del papel en el panel de imprimir en algunas impresoras:

1. Coloque el indicador sobre "File" y después haga clic sobre "Print". Ahora haga clic sobre "Properties".
2. Entonces haga clic sobre la pestaña "Paper" o "Layout" y después haga clic sobre "Landscape". Para terminar, haga clic sobre "Apply" en la parte inferior de la página y después sobre "OK".

Cómo cambiar la calidad de la impresión

Esta es una función muy útil en las impresoras nuevas de tinta a color. Sobre todo es muy útil para cambiar la resolución de la impresión hasta la máxima calidad que permita una impresora. Por lo general, las impresoras usan una resolución baja con el propósito de ahorrar tinta.

En la siguiente gráfica se puede ver el panel de configurar de una impresora de tinta a color.

Así se cambia la calidad de la impresión:

1. Abra el panel de configurar la impresora de la misma manera que en la página anterior. Después haga clic sobre "Graphics".
2. En este ejemplo se mejora la impresión haciendo clic sobre "High".

3. En la parte de abajo, donde dice "Print Model", haga clic sobre "Photo" para que ésta imprima a la máxima resolución. Entonces haga clic sobre "Apply" y después sobre "OK".

Cómo especificar qué tipo de papel desea usar

Como pudo ver en la página anterior, algunas impresoras a color pueden imprimir fotos cuya calidad puede hacerlas difíciles de distinguir de las que se revelan con equipos profesionales.

Pero esto sólo es posible si usa un papel especial, o el que se recomienda para el tipo de uso que le está dando a la impresora.

La gráfica de abajo muestra el panel de controles de una impresora.

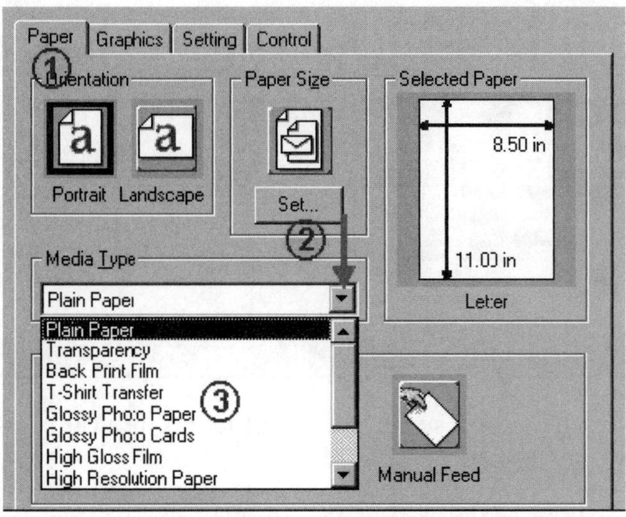

Este es un ejemplo de la manera de cambiar el tipo de papel que usará para imprimir (en su propia impresora, puede ser un poco diferente hacer este cambio):

1. Abra el panel de configurar la impresora como se indicó en las páginas anteriores. Ahora haga clic sobre "Paper".
2. Haga clic sobre esta guía debajo de "Media Type" para ver los diferentes tipos de papel con los cuales su impresora puede imprimir.

3. Seleccione el tipo de papel que desea usar de esta lista. Por ejemplo, si tiene que imprimir una fotografía, use "High Gloss Film".

Cómo cancelar un trabajo que ya no desee imprimir

Si desea cancelar la impresión de un trabajo que acaba de enviar a la impresora, puede hacerlo usando el icono de la impresora que está en la barra de tareas principal.

Una impresora también dejará de imprimir si se apaga, pero en algunas impresoras esto puede causar que el papel se trabe.

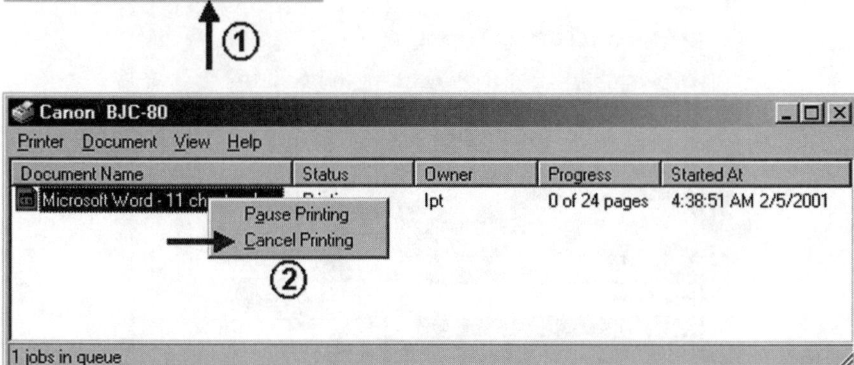

En la gráfica de arriba se puede ver el icono de la impresora y los comandos.

Así se cancela la orden de imprimir un documento ya enviado a la impresora:

1. Haga clic sobre el icono que se encuentra en la barra de herramientas de Windows. Si no ve el icono, puede ser que el trabajo ya fue recibido por la impresora, y por ende, no se puede cancelar.
2. En este recuadro, seleccione el trabajo que desea cancelar. Después haga clic sobre él con el botón derecho del ratón y seleccione "Cancel Printing".

Los diferentes tipos de papel para impresoras

Con la gran popularidad y bajo costo de las impresoras, también han salido al mercado muchos tipos diferentes de papel para todos tipos de impresoras. Cuando se escoge el tipo de papel adecuado para la impresora, se pueden evitar muchos problemas.

La gráfica anterior muestra el tipo de papel que se recomienda para las impresoras de tinta a color.

Este papel es para uso general y sólo dice "Color Inkjet". Si necesita imprimir fotografías y tiene una impresora de color, debe usar papel especial, como el "High Gloss Paper".

La gráfica anterior muestra el tipo de papel que se recomienda para las impresoras láser.

Este papel fue diseñado específicamente para soportar las altas temperaturas que se encuentran en una impresora láser. Cuando use este tipo de papel, siempre revise que las hojas no estén pegadas antes de ponerlas en la impresora.

Para recordar

- La impresión preliminar le permite revisar un documento antes de enviarlo a la impresora.
- Si hace clic sobre el icono de imprimir en la barra de herramientas, todas las páginas de un documento serán enviadas a la impresora.
- Use la opción de imprimir "Current Page" para imprimir sólo la hoja que está en la pantalla.
- La impresora de sistema o "Default Printer" es la primera impresora que aparece en el menú cuando se elige imprimir un documento.
- Use la orientación horizontal para imprimir una fotografía a lo largo de la hoja.
- Seleccione el tipo de papel que corresponda al tipo de trabajo.

Guía para usar cámaras y escáneres en Windows

17

Información general acerca de cómo usar dispositivos para digitalizar imágenes

Si alguna vez se ha preguntado en qué manera le puede beneficiar usar una computadora personal con Windows, una de las respuestas es que la puede usar, junto con una cámara digital, para guardar y documentar los diferentes aspectos de su vida. Y una vez que estas fotos estén guardadas en su computadora, usted las puede editar, añadir a mensajes de correo electrónico o imprimir.

Una de las ventajas de usar una cámara digital, en comparación con una normal, es que puede escoger las fotos que quiere guardar, suprimir o imprimir. Además, una vez que éstas estén copiadas a su computadora, puede editarlas, como por ejemplo ajustar su claridad o su contraste.

Si desea comprar una cámara digital, considere la Nikon Coolpix P5000, que encontré en el sitio Web de Nikon, y que por sus especificaciones y su precio ($399) es una cámara excelente para tomar fotos digitales.

Pero tenga en cuenta que si usted es un fotógrafo profesional y está pensando reemplazar su cámara SLR por una digital, debería comprar una de tipo DSLR, como por ejemplo, la Nikon D60 Digital SLR.

Un escáner (como por ejemplo este Epson Perfection 4490 Photo) es una buena adición a una computadora personal, ya que una vez que sea conectado a su computadora le permitirá hacer copias en papel de cualquier documento o foto que usted coloque sobre la superficie copiadora o el cristal del escáner. Su uso principal es el de permitirle cargar cualquier foto que fue impresa en un laboratorio de revelado de rollos, o aun copias de facturas (para, por ejemplo, enviarle una copia a una compañía de una tarjeta de crédito por correo electrónico o E-mail) a su computadora, para ser guardada en ella.

El proceso básico para crear un archivo digital que pueda ser usado en una computadora personal

El proceso que es usado por escáneres y cámaras digitales para cargar imágenes a una computadora se llama digitalizar imágenes. Y, una vez que la imagen es digitalizada y cargada a su computadora como un archivo de computadora, la puede usar para completar el trabajo que hace con su computadora.

Estos son los dos tipos de dispositivos más comunes usados para digitalizar imágenes:

- Los escáneres, que pueden digitalizar copias en papel de cualquier cosa que usted puede poner sobre la superficie o el cristal del escáner.
- Las cámaras digitales, que le permiten tomar fotos que la cámara automáticamente convierte a archivos digitales.

Este es el proceso general para digitalizar y transferir o copiar una

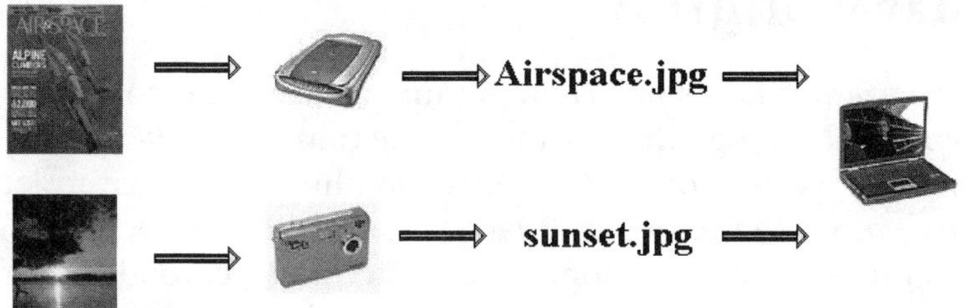

imagen, el cual es muy similar cuando usa un escáner o una cámara, para que pueda ser usada en una computadora personal:

1. En un escáner conectado a su computadora, escanee una copia en papel de un documento, como por ejemplo, una página de

una revista. Si está usando una cámara digital, tome una foto de cualquier cosa que usted puede ver a través de su visor, como por ejemplo, la puesta de sol.

2. Ahora la foto es digitalizada, o cambiada a una forma con la cual una computadora pueda trabajar, y se le da un nombre (por usted o por la cámara o el escáner). En el ejemplo de la página anterior, el escáner creó el archivo "Airspace.jpg" de la cubierta de una revista, y la cámara creó el archivo "Sunset.jpg" de una puesta de sol.
3. Ahora la imagen digitalizada es cargada a una computadora como un archivo. Fíjese en el nombre "JPEG", de cuatro letras, o el "apellido del archivo". Ahora, la mayoría de cámaras y escáners automáticamente generan archivos de imagen de tipo JPEG, el tipo de archivos para gráficas más compatible en uso hoy en día, lo que asegura que casi cualquier programa podrá abrirlo.

Una vez que una imagen sea guardada en su computadora en la forma de un archivo, ésta permanecerá allí hasta que usted la suprima. Mientras tanto, usted puede usarla en una tarea para la escuela, enviarla con un mensaje de correo electrónico o imprimirla.

Introducción a cómo usar cámaras digitales

Una cámara digital es básicamente una cámara que no utiliza rollo convencional para guardar las fotos que toma. En una cámara digital, en vez de estos rollos, sus fotos son almacenadas en tarjetas de memoria no volátiles tipo "Flash" (las cuáles pueden ser reutilizadas miles de veces), donde permanecerán guardadas, a menos que usted las borre, listas para ser importadas o copiadas a su computadora.

Si usted está pensando en comprar una cámara digital, debe saber que éstas vienen en muchos tamaños diferentes y gamas de precios. Una de las consideraciones que debe tener antes de comprar una es con cuántos megapíxeles cuenta: mientras más megapíxeles tenga la cámara, como 9 ó 10, mucho mejor, porque este tipo de cámara puede producir fotos de más alta resolución. La desventaja, si así se puede llamar, es que las fotos tomadas con una cámara con muchos megapíxeles ocuparan más espacio en las tarjetas de memoria. Sin embargo, la mayoría de las cámaras de altos megapíxeles le permiten bajar su resolución para tomar fotos que requieren menos espacio en estas tarjetas de memoria tipo "Flash".

Estas son mis sugerencias, para evitar inconvenientes, cuando esté usando una cámara digital:

- Sujete la cámara firmemente, sin moverla, antes de tomar una foto. Una de las desventajas de la fotografía digital con casi todas las cámaras que no sean profesionales es el tiempo que se puede tomar desde que usted apretó su obturador al momento en que su foto digital es tomada. Si usted no mantiene la cámara firmemente nivelada, sus fotos podrían verse un poco borrosas.
- Aprenda los pasos específicos para apagar el "flash" en su cámara, porque en muchas ocasiones usarlo causa el efecto de "ojo rojo". Es más fácil ajustar la claridad y el contraste de una foto usando un programa de editar fotos que eliminar el efecto de "ojo rojo".
- Siempre lleve una tarjeta adicional de memoria con usted, aunque sea una de menos capacidad (como por ejemplo una de 256 megabytes), por si acaso necesita tomar 20 ó 30 fotos adicionales y no tenga el espacio en la cámara o el tiempo para buscar fotos en la cámara que pueda borrar y que no quiere conservar.
- Aprenda a borrar y formatear la tarjeta de memoria interna de la cámara para que tan pronto como usted esté seguro de que éstas ya fueron transferidas a una carpeta en la unidad de disco duro de su computadora, las pueda borrar.
- Conserve sus baterías cargadas, y mantenga una de repuesto en la misma bolsa donde carga la cámara.

En este capítulo revisaremos el uso de las herramientas de *software* incluidas en Windows Vista y Windows XP para importar o copiar las fotos que toma con su cámara digital a su computadora, si prefiere usar este *software* al que puede haber sido incluido con su cámara. Es su decisión.

Los pasos generales para importar o copiar sus fotos digitales a una computadora personal

Una vez que usted ha tomado fotos con su cámara digital, usted puede: a) copiarlas a una unidad de disco duro en una computadora personal o b) llevar la tarjeta de memoria de la cámara a un lugar de autoservicio para fotos, como por ejemplo una farmacia, e imprimirlas de inmediato.

Estos son los pasos generales que debe seguir para importar las fotos que tomó con su cámara digital a una computadora personal:

1. Primero conecte su cámara a la computadora usando su cable (éste por lo general puede ser del tipo USB), o si la computadora tiene un puerto para ésta, retire la tarjeta de memoria "Flash" de la cámara e introdúzcala a este puerto en la computadora.
2. Si conectó la cámara directamente, préndala. Si ésta requiere que usted mueva una ruedita u oprima un botón, hágalo ahora.
3. Ahora puede importar sus fotos en una de estas formas:
   - Usando el *software* que vino con su cámara.
   - Utilizando el *software* de Windows (en las páginas que siguen verá los pasos que debe seguir para hacer esto).
   - Usando el Explorador de Windows o "Computer" (Windows Vista) o "My Computer" (Windows XP), para buscar y seleccionar las fotos en su tarjeta interna de memoria (dependiendo de la configuración de su computadora, puede haber recibido la letra E:, F: u otra) y finalmente cargarlas a una carpeta en su computadora.

Por favor tenga en cuenta que la mayoría de las cámaras digitales almacenan las fotos que usted toma con un nombre descriptivo, seguido por el número de foto. Por ejemplo, los archivos que mi cámara Nikon crea siguen este patrón: DSCN más un número. Ahora, en la mayoría de los casos, si usted usa el *software* incluido con su cámara particular, los archivos de las fotos retendrán esos nombres una vez que los importe a su computadora.

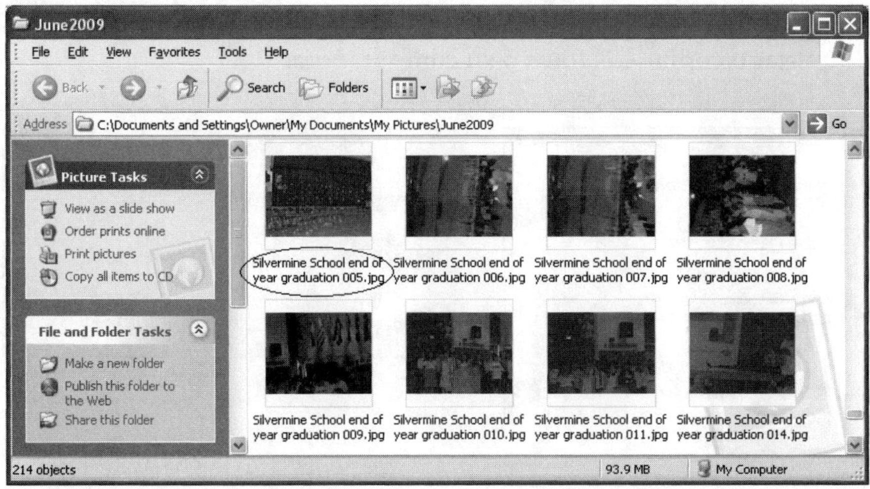

Si usted elige usar Windows (Vista o XP) para importarlas o copiarlas a su computadora, éstas recibirán un nombre que usted o el sistema escogió. En el ejemplo de arriba, el nombre que escogí fue "graduación de fin de año de la escuela Silvermine", por eso estos archivos recibieron el nombre "SilvermineSchoolendofyeargraduation.001", et cétera.

Cómo importar o copiar las fotos que tomó con su cámara digital a su computadora en Windows Vista

Como pudo ver anteriormente en este libro, Vista es la más reciente versión del sistema operativo Windows, y ésta, al igual que en Windows XP, también cuenta con un programa que le asistirá a importar y copiar fotos de su cámara o tarjeta de memoria a una unidad de almacenamiento permanente (como por ejemplo el disco duro C:).

Si decide usar el programa incluido en Windows Vista en vez del que vino incluido con su cámara para importar o copiar sus fotos, comience conectándola a su computadora usando su cable, o introduzca su tarjeta de memoria al puerto correspondiente (por lo general la etiqueta de este puerto puede decir "SD") en su computadora. Ahora la ventanita que ve en la gráfica de abajo (izquierda) se debe abrir para ayudarle a terminar esta tarea. Si instaló el programa que vino con su cámara y éste se abre primero, entonces úselo para importar o copiar sus fotos a su computadora.

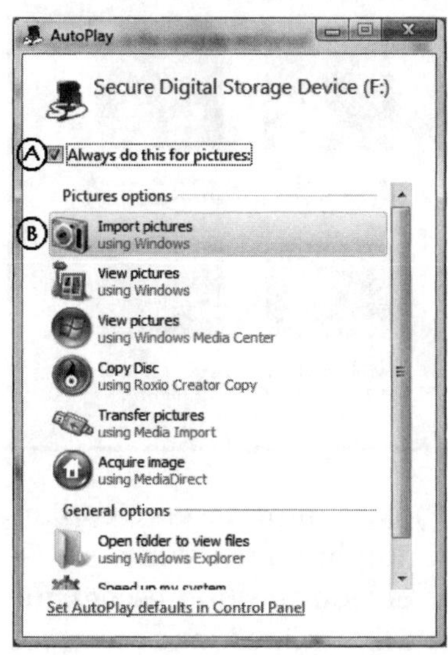

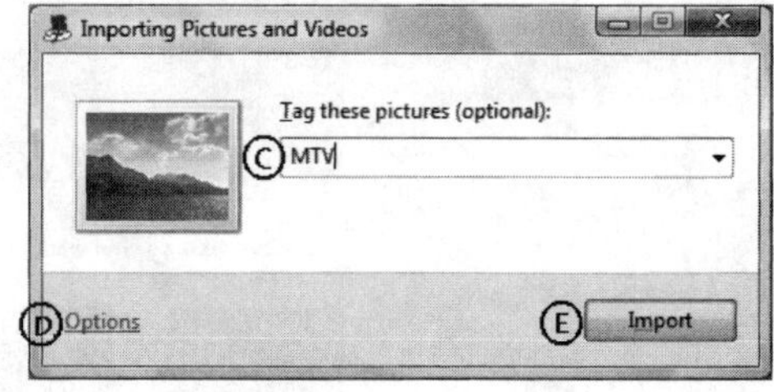

Ahora use la ventanita "Autoplay", si la ve, para comenzar este proceso:

A **Si no desea ver esta ventana, cada vez que quiera importar o copiar fotos a su computadora entonces haga clic aquí para seleccionar "Always do this...".**

B **Enseguida, haga doble clic sobre "Import pictures".**

C **Finalmente, cuando vea la ventana de nombrar sus fotos, escriba el nombre que desea usar para éstas, como por ejemplo, "Miami 2009". Si ha usado este programa antes y hace clic sobre el nombre que ve aquí, podrá ver una lista de nombres que ha usado anteriormente. Si desea usar uno de estos nombres, hágale clic. Este paso de nombrar sus fotos es opcional.**

D **Haga clic sobre "Options" para trabajar con las diferentes opciones disponibles en este programa**

para decirle al sistema operativo dónde desea copiarlas, si desea borrarlas de su cámara o cómo quiere que las carpetas en las que las copia sean nombradas una vez que éstas sean copiadas a su computadora. En las siguientes páginas, aprenderá a cómo hacer esto.

E Enseguida haga clic sobre "Import" (importar). Por favor note en la ventana de información que sigue, en frente de "Erase alter importing", o borrar después de importar, que si esta opción está seleccionada (con una marquita al lado de este nombre) este programa borrará las fotos de su cámara después de terminar de copiarlas a su computadora. Si no está seleccionada y las desea borrar, entonces hágale clic para seleccionarla.

Finalmente, la foto o las nuevas fotos que tenía en la cámara son copiadas a su computadora, y Windows Photo Library o el Explorador de Windows se abrirán mostrándoselas. De ahora en adelante éstas estarán disponibles para ser imprimidas, enviadas a sus familiares o amigos o simplemente para que usted las vea.

Pero si, cuando conecta su camera o inserta la tarjeta de memoria en un puerto en su computadora, no ve la ventanita "AutoPlay" o la del programa que vino incluido con su cámara, entonces tome los siguientes pasos:

1. Haga clic sobre el botón de comienzo o "Start" y escriba "Windows Photo Gallery". Oprima la tecla de confirmar o ENTER.
2. Cuando este programa se abra, haga clic sobre "File" y después sobre "Import from Camera or Scanner".
3. En la ventana que se abre, haga doble clic sobre el nombre de su cámara o sobre el nombre de la tarjeta de memoria que usted introdujo en su computadora, la cual puede tener la etiqueta "Secure Digital Storage Device (F:)". Pero si sólo hizo clic una vez sobre su nombre para seleccionarlo, entonces haga clic sobre "Import" o importar.

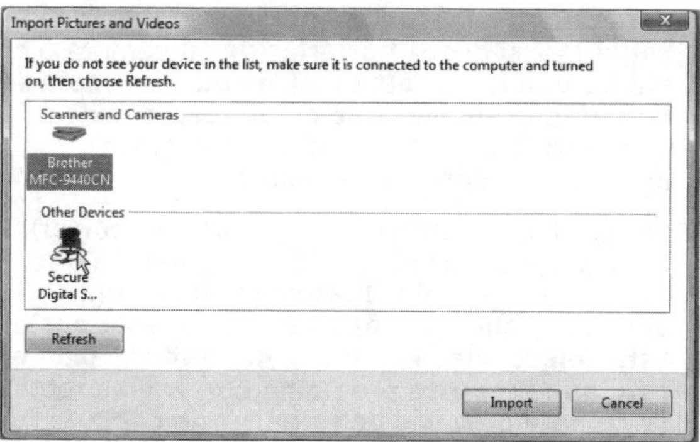

Por favor note en la gráfica de arriba que a veces, dependiendo de la configuración de su computadora, también podrá ver el nombre de otros dispositivos que están listos para que usted los use, como en este ejemplo, un escáner (Brother MFC-9440CN).

Cómo importar o copiar documentos, papeles y fotos que colocó en el cristal de su escáner a su computadora con Windows Vista

El proceso de importar o copiar una hoja, un documento o una foto que colocó en el cristal de su escáner a su computadora es bastante parecido al proceso de importar o copiar archivos de su cámara digital a su computadora. La diferencia principal es que usando un escáner de tipo para uso en la casa, por lo general, solo podrá importar o copiar una imagen o foto a la vez, a diferencia de todas las fotos que haya tomado en una cámara y que se pueden importar o copiar a la computadora en un par de minutos.

Estos son los pasos para escanear una hoja, un documento o una foto que colocó en el cristal de su escáner en Windows Vista:

1. Haga clic sobre el botón de comienzo o "Start" y escriba "Windows Photo Gallery". Después oprima la tecla de confirmar o ENTER.
2. Cuando este programa se abra, haga clic sobre "File" y después sobre "Import from Camera or Scanner".

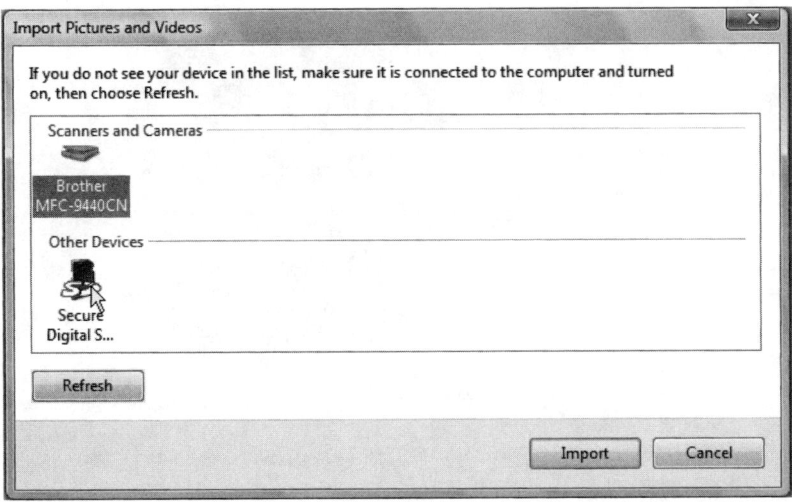

3. En la ventana que se abre, haga doble clic sobre el modelo del escáner que usted conectó a su computadora. En el ejemplo de arriba es Brother MFC-9440CN. Pero si sólo hizo clic una vez sobre su nombre para seleccionarlo, entonces haga clic sobre "Import" o importar.

En la mayoría de los casos, un escáner conectado a su computadora también se puede usar directamente desde algunos programas, como por ejemplo, Adobe Photoshop, pero los pasos para hacer esto pueden cambiar de programa a programa; y por lo general casi siempre lo que necesita hacer para comenzar a usarlos es hacer clic sobre "File" en el programa mismo y después sobre "Import" o importar.

Ahora tiene que abrir otra ventana para completar este proceso. Por favor recuerde que si este escáner no es compatible con el *software* incluido con Windows Vista tendrá que usar el propio *software* que vino incluido con éste para trabajar con él.

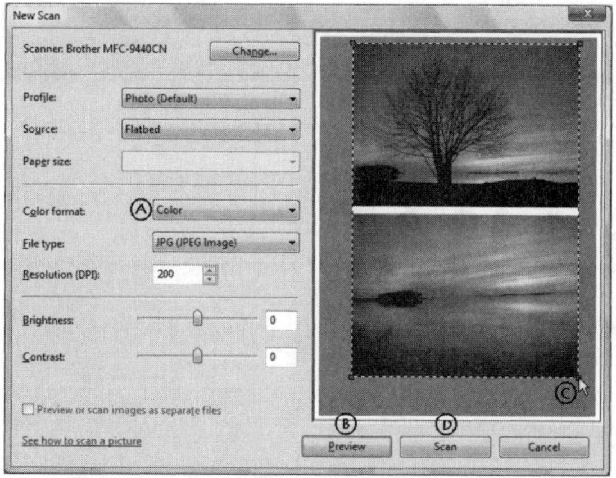

A Empiece haciendo clic sobre el nombre (al lado de "Color Format") que describa el tipo de documento, hoja o foto que colocó en el cristal del escáner (en el ejemplo de arriba dice "Color"). Las elecciones válidas son:

- ***Color:*** **la selección de sistema que siempre aparece seleccionada.**
- ***Grayscale:*** **para trabajar con fotos de tonos grises.**
- ***Black and white:*** **para fotos o texto a blanco y negro.**

B Haga clic sobre "Preview" para ver una vista preliminar de lo que colocó en el cristal del escáner antes de pedirle a éste que lo escanee. Ahora, esta ventanita le mostrará una vista preliminar del documento que quiere copiar a su computadora.

C Si desea trabajar con su tamaño, lleve el indicador del ratón sobre cualquiera de las esquinas de la gráfica que ve en esta ventana hasta que éste cambie a una flechita doble. Ahora oprima y sostenga el botón izquierdo del ratón mientras lo jala para seleccionar sólo la parte de esta gráfica que desea traer a su computadora. Cuando termine, retire sus dedos del ratón.

D Finalmente, para escanear esta gráfica, haga clic sobre "Scan" o escanear.

Por favor siempre mantenga el cristal del escáner limpio, de otra manera cuando está en el proceso de importar o copiar hojas, documentos o fotos podrá notar manchas en la superficie del cristal una vez que estas imágenes sean copiadas y convertidas a archivos en su computadora.

Inmediatamente, otra ventana se abrirá para ayudarle a terminar el proceso de cargar la hoja, el documento o la foto que colocó en el cristal del escáner a su computadora para poderla usar en uno de sus archivos, imprimirla o sólo verla.

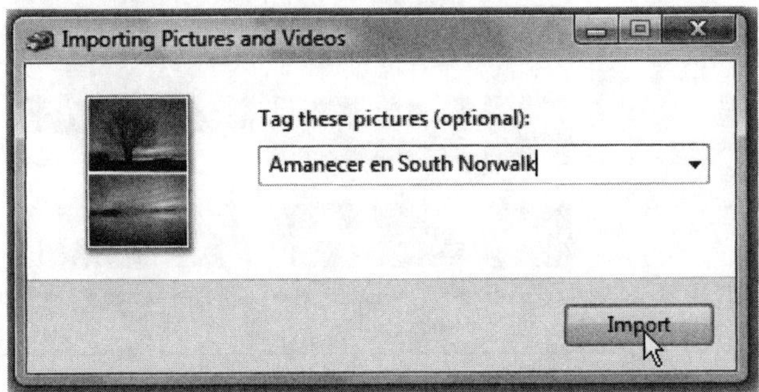

Ahora, escriba el nombre que desee darle a esta gráfica que está importando o copiando a su computadora. Aunque este paso es opcional, yo le recomiendo que le dé un nombre, ya que de esta manera le será mas fácil hallar esta gráfica en su computadora. Fíjese que si ha usado este programa antes y hace clic sobre el nombre que ve aquí, podrá ver una lista de nombres que ha usado anteriormente. Si desea usar uno de estos nombres, hágale clic. Finalmente, haga clic sobre "Import" o importar.

Enseguida, la ventana de Windows Photo Gallery se debe abrir, mostrándole las fotos más recientes que importó o copió a su computadora siguiendo las pautas de sistema (por ejemplo, si la configuración de sistema era copiar las fotos, usando como nombre de carpeta la fecha cuando las copió). Si usted no cambio ésto, entonces las podrá encontrar, buscándolas por la fecha, en esta galería o haciendo clic sobre "Pictures", y después sobre el nombre de la carpeta.

Note lo siguiente en la ventana de la galería de fotos: a) si está buscando las fotos que ha tomado recientemente haga clic en la etiqueta "Recently imported", b) debajo de "Tags" verá los nombres de las carpetas que usó para guardar las fotos o gráficas que ha importado o copiado a su computadora y, por último, c) si lleva el indicador del ratón sobre cualquier foto que ve aquí, ésta será resaltada un poco, tomando como al menos 50% más de su tamaño.

Cómo regresar a ver las imágenes y fotos que importó o copió a su computadora

Como pudo ver en las páginas anteriores, Windows Photo Gallery es un programa que le ayudará a mantener las fotos que ha importado o copiado con su cámara digital o escaneado a su computadora.

Para abrir este programa y trabajar con sus fotos, haga clic sobre el botón de comienzo o "Start" y escriba "Windows Photo Gallery". Después oprima la tecla de confirmar o ENTER. Cuando esta galería se abra, haga doble clic sobre la foto con la cual desea trabajar.

Estos son los pasos, como puede ver en esta captura de pantalla, para hacer algunos cambios a una foto o gráfica en el programa Windows Photo Gallery:

1. Para empezar haga clic sobre arreglar o "Fix".
2. Ahora note en el lado derecho de esta ventana que una serie de ajustes están disponibles. Por ejemplo, haga clic sobre "Auto Adjust" para dejar que el programa automáticamente ajuste la foto. O haga clic sobre "Adjust Exposure" y después use las guías llevando el indicador del ratón sobre ellas y oprimiendo y sosteniendo el botón izquierdo del ratón y después jalándolas de esta manera: hacia la izquierda para disminuir un valor, y hacia la derecha para aumentarlo.
3. Cuando termine de hacer cambios y desee guardarlos, sólo es necesario avanzar a la próxima foto haciendo clic sobre este guía de avanzar, o usando las flechas en el teclado (← o →).

Cómo cambiar la configuración de sistema del programa para importar o copiar las fotos que tomó con su cámara digital o las imágenes que puso en el cristal de su escáner en Windows Vista

Como pudo ver anteriormente, crear archivos para computadoras es muy fácil: abra un programa, escoja guardar el documento que creó, déle un nombre y haga clic sobre "Save". Pero si después de un tiempo de haber usado la computadora no organiza sus archivos bien en carpetas separadas por fecha o propósito, puede terminar con muchos archivos con nombres parecidos en la misma carpeta "Documents".

Esta situación es agudizada con el uso de cámaras digitales, de las cuales usted puede copiar o importar miles de fotos a la vez a su computadora. Por este motivo, si desea que las fotos que tomó con una cámara digital, o las imágenes que escaneó, que quiere importar o copiar en Windows Vista sean mejor organizadas por éste en el momento que sean importadas o copiadas a su computadora, entonces use las opciones disponibles en la ventanita de hacer estos cambios en el programa de Windows Photo Gallery.

Esta ventana se puede abrir de dos maneras:

- Haciendo clic sobre la línea de opciones (señalada con el indicador en la gráfica en la siguiente página) en la ventana que ve cuando está importando o copiando fotos de su cámara o tarjeta de memoria.
- Haciendo clic sobre el botón de comienzo o "Start" e inmediatamente escribiendo "Windows Photo Gallery". Después oprima la tecla de confirmar o ENTER, y cuando este programa se abra, haga clic sobre "File" y después sobre "Options". En la ventana que se abre, haga clic sobre la pestaña "Import".

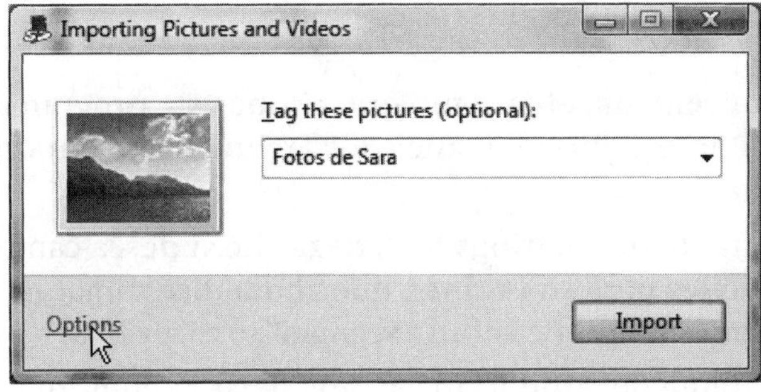

En Windows Vista, a diferencia del programa que viene incluido con Windows XP, no hay manera de preseleccionar las fotos que usted desea importar o copiar a su computadora porque Windows Vista sólo importará o copiará las fotos nuevas guardadas en la cámara que no han sido copiadas anteriormente a su computadora, y dejará en la cámara las que ya han sido copiadas a su computadora.

Ahora, cuando la ventana que puede ver en la próxima gráfica se abra, le será posible trabajar con las diferentes opciones para asegurarse de que las fotos que toma, o las gráficas que escanea, sean mejor organizadas por el sistema operativo en el momento que las importa o copia a su computadora. De esta manera, le será mas fácil hallarlas cuando las necesite más tarde para completar su trabajo.

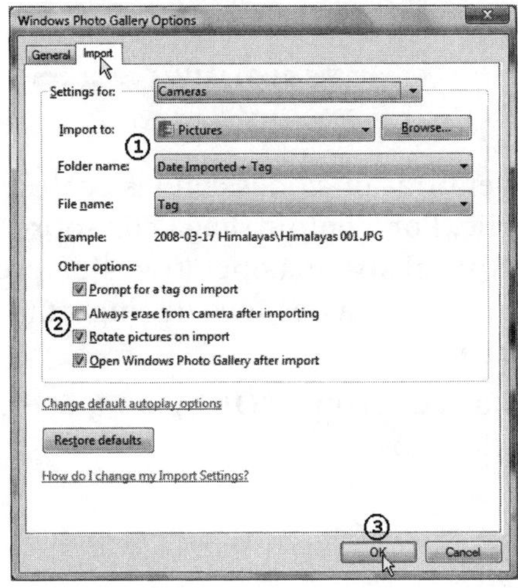

Esta es la manera de hacer estos cambios:

1. En esta ventana, elija cómo quiere que este programa (Windows Photo Gallery), maneje los archivos que importa o copia usando:
   - En frente de "Settings for", haga clic si desea cambiar las opciones para su escáner, que ahora dice cámaras, y después haga clic sobre "Scaners", o viceversa.
   - En frente de "Import to", puede dejar el nombre del archivo que ve ahí o escoger uno diferente, haciendo clic primero sobre "Browse..." o buscar.
   - En frente de "Folder name" encontrará un sinnúmero de opciones, a escoger, que le indicará a este programa cómo debe nombrar las carpetas a las cuales desea importar o copiar sus fotos o imágenes que está escaneando.

     Por ejemplo, si escogió "Date Imported and Tag" (haciéndole clic) o la fecha en que las importó y nombre, y si por ejemplo, usted eligió el nombre "MTV" para sus fotos y la fecha del día en que las copió es el 20 de abril del 2008, entonces cuando las busque en Explorer o en Windows Photo Gallery, estas fotos estarán debajo de la carpeta "2008-04-20 MTV". Para ver (en el panel de la derecha) los archivos guardados en esta carpeta, hágales clic una vez.

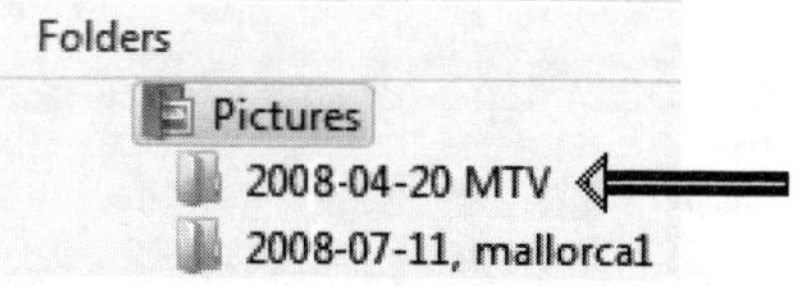

2. Aquí puede ver otras opciones con las cuales puede trabajar haciéndoles clic. Por ejemplo, haga clic sobre "Always erase..." para que el sistema operativo siempre borre las fotos guardadas en su cámara después de importarlas o copiarlas a su computadora.
3. Finalmente, haga clic sobre "OK" para que este programa guarde estos cambios.

Cómo importar o copiar fotos que tomó con su cámara digital a su computadora en Windows XP

Una de las maneras más fáciles para copiar sus fotos digitales a su computadora en Windows XP es usando el programa incorporado a éste, llamado "Scanner and Camera Wizard" o asistente para usar escáneres y cámaras. En las páginas que siguen a continuación aprenderá, paso a paso, cómo usar este programa para importar o copiar fotos de su cámara a su computadora.

Estos son los pasos para utilizar el "Scanner and Camera Wizard" o asistente para usar escáneres y cámaras:

1. Para comenzar, conecte la cámara a su computadora usando su cable, o introduzca su tarjeta de memoria al puerto correspondiente (por lo general la etiqueta de este puerto será "SD") en su computadora.

   Esta es la forma de trabajar en la ventana que debe abrirse a continuación:

   Ⓐ Haga clic sobre el nombre apropiado para la acción que usted quiere completar. Por ejemplo, para importar sus fotos, haga clic sobre "Copy pictures to a folder in my computer using Microsoft...". Adicionalmente, si usted hace clic en frente de "Always do the...", entonces la próxima vez que usted conecte su cámara o inserte la tarjeta de memoria al puerto correspondiente en su computadora, esta ventanita no se abrirá.

   Ⓑ Ahora haga clic sobre "OK" o presione la tecla ENTER (o si prefiere haga clic sobre "Cancel" para cerrar esta ventana y no importar ni copiar las fotos). Si usted seleccionó "Copy pictures to a folder in my computer using Microsoft...", ahora otra ventanita se abrirá. Para continuar, haga clic sobre "Next".

Pero si en lugar del "Scanner and Camera Wizard" o asistente para usar escáneres y cámaras abre otro programa, como por ejemplo el del *software* que vino incluido con la cámara, entonces úselo, siguiendo sus instrucciones.

2. Por favor note en la próxima ventana que se abre ("Choose Pictures to Copy"), que todas las fotos guardadas en la tarjeta de memoria de la cámara están seleccionadas (note la marquita en la esquina superior de cada foto) para ser importadas o copiadas a su computadora.

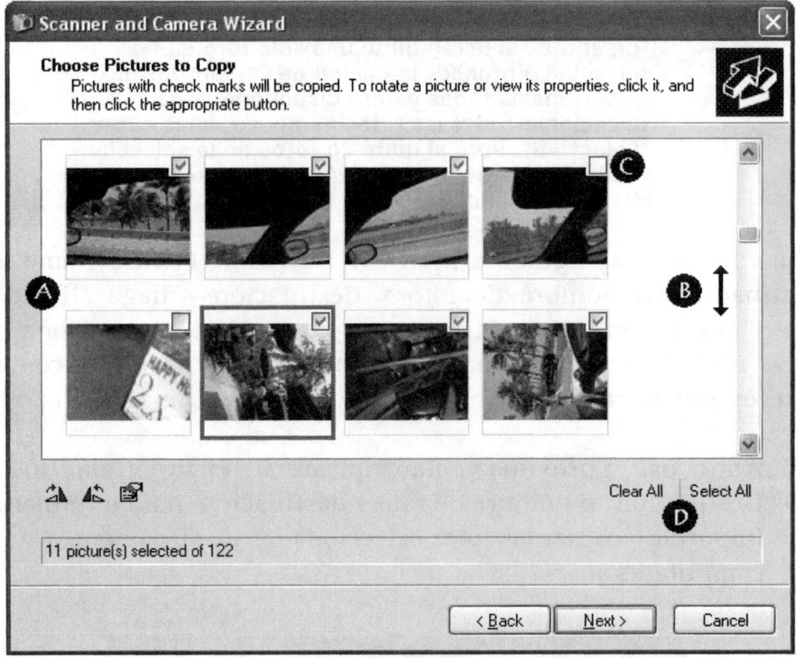

Esta es la manera de trabajar, como puede ver en esta pantalla, con la ventana "Choose Pictures to Copy" o elija las fotos que desea copiar, para quitar o añadir fotos a esta selección de las fotos que quiere importar o copiar a su computadora:

- **Ⓐ En el área de trabajo de esta ventana usted podrá ver las vistas previas o "Thumbnails" de las fotos que usted tomó y que ahora están guardadas en su cámara.**
- **Ⓑ Por favor note que en esta ventanita solo podrá ver algunas de las fotos (ocho a la vez) guardadas en su cámara. Para ver el resto de las fotos (en este ejemplo hay 22, de las cuales 11 están seleccionadas) use la barra de desplazamiento (a la derecha) para subir o bajar entre este grupo de fotos, o use las teclas PAGE UP y PAGE DOWN para saltar de página a página de fotos.**
- **Ⓒ Ahora usted puede hacer: 1) nada (para dejar todas las fotos guardadas en la cámara seleccionada para ser copiadas) o 2) deseleccionar las fotos que usted no quiere importar o copiar a su computadora haciendo clic en el cuadrito donde ahora ve una marquita o "Checkmark".**

Ⓓ **Para deseleccionar todas las fotos, haga clic sobre "Clear all". Si usted quita una sóla foto de la selección, entonces la opción de "Select All" o selecciónelas todas estará disponible. Para seleccionar todas las fotos de nuevo, haga clic a "Select All". Pero si quitó 20 fotos de la selección y ahora sólo quiere añadir una sola, entonces haga clic en la esquina izquierda de ésta.**

Para continuar al siguiente paso —la ventana "Picture Name and Destination" o nombre de foto y destinación— haga clic sobre "Next" o siguiente. Tenga en cuenta que si usted deselecciona una foto y no la borra de la cámara, ésta aparecerá lista para ser copiada a su computadora la próxima vez que conecte su cámara a ella.

3. Ahora use la próxima ventana que abre, "Picture Name and Destination" o nombre de foto y destinación, para terminar de importar o copiar las fotos seleccionadas de su cámara, a su computadora.

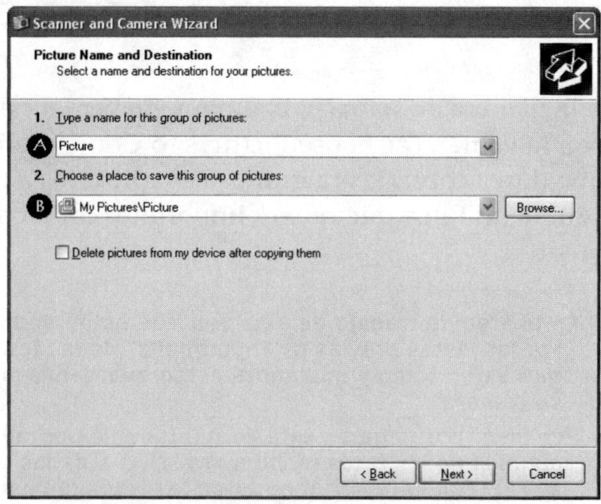

Esta es la forma de nombrar y seleccionar un lugar (disco duro y carpeta) antes de importar o copiar sus fotos:

Ⓐ **Primero usted debe decidir qué nombre quiere usar para la serie de fotos que está a punto de importar o copiar a su computadora. Para usar el nombre sugerido (que puede ver debajo de "Type a Name..."), que en este ejemplo es "Pictures",** (este nombre casi siempre será "Picture" o el último nombre que usó cuando usó el escáner), no cambie nada aquí. Ahora los nombres de los archivos de las fotos importados o copiados seguirán la secuencia "Picture 01", "Picture 02", et cétera. (Si usted usó este mismo nombre antes de copiar fotos a la misma carpeta, el número de serie pudiera ser más alto.). Para usar un nombre diferente, como por ejemplo, "Summer Vacation", haga clic sobre el nombre que ve ahí y use la tecla BACKSPACE o retroceso, y después escriba el nuevo nombre. O sólo añádale una letra al final del nombre que ve ahí.

B Por favor note la dirección virtual debajo de "Choose a place...". Si la última parte de la dirección virtual corresponde al nombre que usted escogió en el paso "A" (por ejemplo, si usted termina de escribir la palabra "Summer" y este programa de Scanner and Camera Wizard le sugiere que use la carpeta "MyPictures\Summer"), entonces usted también está escogiendo crear una carpeta usando como referencia el nombre que usted escogió para las imágenes que está importando o copiando de su cámara. Para usar el nombre de la carpeta que ve debajo de "Choose a place...", no cambie nada aquí. Para guardar sus fotos a una carpeta diferente de la sugerida, haga clic sobre el nombre que ve ahí; ahora puede escoger usar una carpeta que usted ha usado para guardar fotos antes, e inclusive puede hacer clic sobre una de estas sugerencias, por ejemplo, una que le sugiere crear una carpeta usando la fecha del día en que la esta copiando. Para hacer una selección aquí, hágale clic. Para continuar este proceso haga clic sobre "Next" o siguiente.

Para suprimir fotos de la cámara o de la tarjeta de memoria de su cámara, haga clic en frente de "Delete Pictures from My Device..." para seleccionar esta opción. Finalmente, haga clic sobre "Next" para pedirle a este programa que comience a importar o copiar sus fotos al disco duro y la carpeta que escogió.

4. Ahora escoja, cuándo la ventana de "Other options" se abra, qué desea hacer con las fotos que le pidió a este programa que importara o copiara a su computadora. Si usted sólo quiere verlas, haga clic sobre "Next", o siguiente.

   Finalmente, otra ventana de diálogo se abrirá informándole de

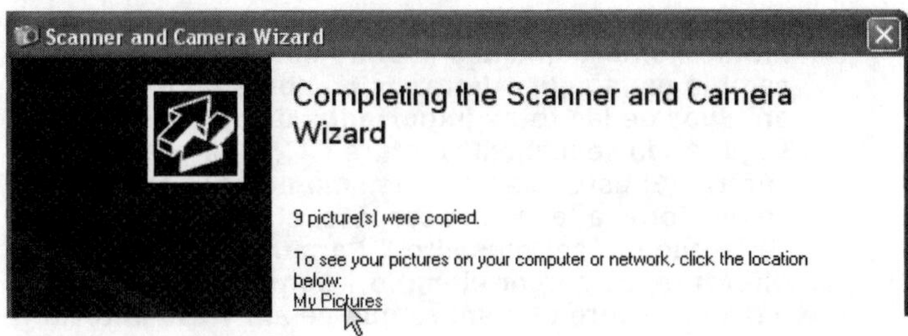

cuántas fotos fueron importadas o copiadas (en este ejemplo, 9 fotos) a su computadora. Para verla, lleve el indicador del ratón sobre su dirección virtual, fíjese que se cambie a una manita y haga clic sobre ésta, o alternativamente haga clic sobre "Finish" o terminar. Ahora espere unos segundos, hasta que la ventana que ve en la próxima gráfica se abra, y antes de comenzar a trabajar con ellas haga clic sobre cualquier parte al lado de una de las fotos que ve ahí para deseleccionarlas.

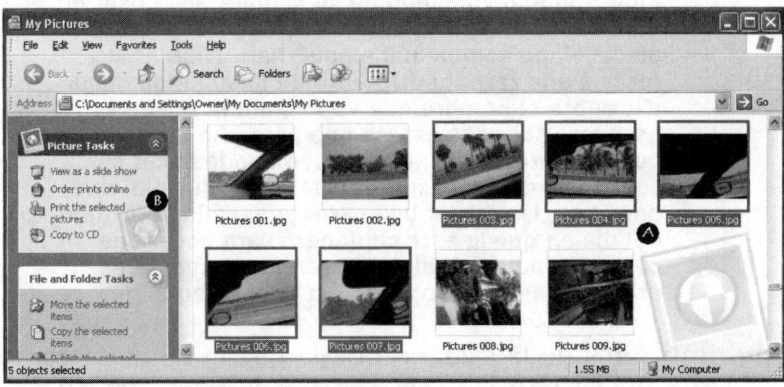

Esta es la forma de trabajar con las fotos que importó o copió a su computadora:

Ⓐ Para abrir una, simplemente haga doble clic sobre ella. Si el programa de "Windows Picture and Fax..." se abre, entonces use las flechitas (← o →) para cambiar entre ellas. Para editar una, es decir, cambiarles el brillo o el contraste, hágale clic con el botón derecho del ratón, y en el menú que se abre jale el indicador sobre "Open with" y después hacia la derecha. Después haga clic sobre el nombre de cualquier programa para trabajar con gráficas que tenga instalado en su computadora. Si desea seleccionar un grupo de fotos, haga clic sobre la primera, sostenga la tecla

SHIFT y después haga clic sobre la última que desea seleccionar. Para quitar una o unas fotos de esta selección, sostenga la tecla CTRL y haga clic sobre las fotos que no desea en esta selección. Por último, retire sus dedos del teclado.

B En el panel izquierdo, haga clic para seleccionar una acción que usted quiere aplicarle a las fotos que seleccionó. Por ejemplo, haga clic sobre "Copy to CD" para comenzar el proceso de guardarlas a un CD.

Más adelante, para regresar a trabajar con las fotos que usted importó o copió, haga doble clic doble sobre la carpeta "My Documents" y después sobre "My Pictures", y por último sobre el nombre de la carpeta a la cual le pidió al "Scanner and Camera Wizard" o asistente para usar escáneres y cámaras que copiara.

Cómo importar o copiar documentos, papeles o fotos que colocó en el cristal de su escáner a su computadora en Windows XP usando el asistente para usar escáneres y cámaras o "Scanner and Camera Wizard"

En las páginas que siguen a continuación usted aprenderá a utilizar el "Scanner and Camera Wizard" o asistente para usar escáneres y cámaras. Es un programa incluido con Windows XP que le ayudará a importar o copiar documentos, papeles o fotos que usted necesita usar en su computadora.

Para usar este programa, siga estos pasos:

1. Para empezar, asegúrese de que el escáner esté prendido y que su cable esté conectado a la computadora.
2. Ahora haga clic sobre el botón de "Start", jale el indicador del ratón un poco hacia la derecha y después haga clic sobre "Run" para ver la ventanita que ve arriba. Ahora use la tecla BACKSPACE o retroceso para quitar cualquier palabra que vea allí, y después escriba "wiaacmgr.exe —SelectDevice". Por último, oprima la tecla de confirmar, o ENTER.

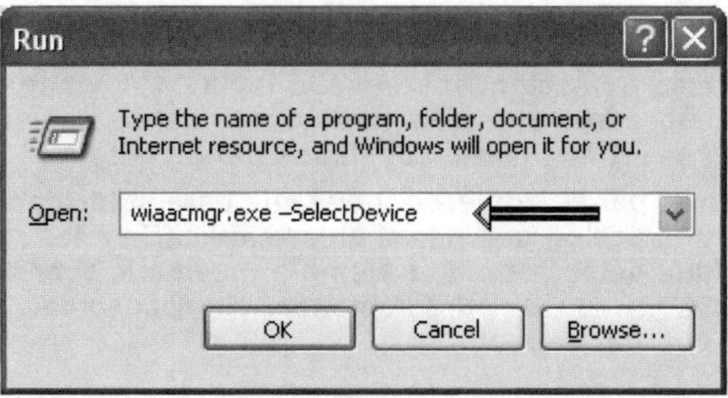

Welcome to the Scanner and Camera Wizard

Epson Perfection 4990 Photo

This wizard helps you copy pictures from your camera, scanner, or other device to your computer, your network, or the Web.

3. Ahora puede ver la primera ventana que el programa "Scanner and Camera Wizard" o asistente para usar escáneres y cámaras usa para ayudarle a completar esta tarea. Para continuar con el siguiente paso, haga clic sobre "Next" o siguiente.

   Usted también puede abrir el "Scanner and Camera Wizard" o asistente para usar escáneres y cámaras haciendo clic sobre el botón "Start", llevando el indicador del ratón sobre "All Programs" y después sobre el grupo de programas "Accesories" y después jalando el indicador del ratón hacia la derecha y hacia abajo. Por último, haga clic sobre "Scanner and Camera Wizard" para abrir este programa. Pero si este programa no se abre —es decir si le da un error— trate lo siguiente: apague la computadora y el escáner y prenda el escáner y después la computadora.

   Ahora, siga los pasos de la página anterior para ver si el "Scanner and Camera Wizard" se abre. Si este programa no se abre, entonces puede ser que su escáner no es compatible con él, en cuyo caso use el *software* que vino incluido con el escáner para importar o copiar las gráficas con las cuales necesita trabajar.

4. Cuando vea la próxima ventana, debe seleccionar el tipo de imagen que usted quiere traer a su computadora.

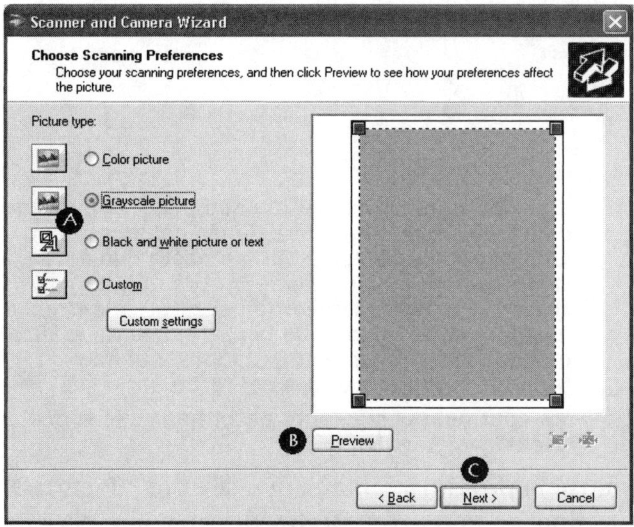

Ⓐ Haga clic sobre el nombre (debajo del tipo de foto) que corresponde al tipo de documento que usted colocó en el cristal del escáner. Las opciones que puede escoger son:

- *Color picture:* la selección de sistema que siempre aparece seleccionada.
- *Grayscale picture:* para fotos de tonos grises.
- *Black and white:* para fotos o texto a blanco y negro.
- *Custom:* para definir el tipo de documento con el cual desea trabajar.

Ⓑ Haga clic sobre "Preview" para ver una vista preliminar de lo que colocó en el cristal del escáner antes de pedirle a éste que lo escanee. Ahora, esta ventanita le mostrará una vista preliminar del documento que quiere copiar a su computadora.

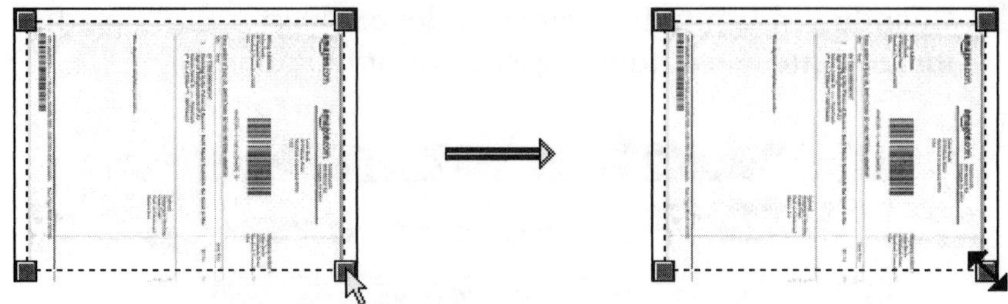

Si desea trabajar con su tamaño, lleve el indicador del ratón sobre cualquiera de las esquinas de la gráfica que ve en esta ventana hasta que éste cambie a una flechita doble. Ahora oprima y sostenga el botón izquierdo del ratón mientras lo jala para seleccionar sólo la parte de esta gráfica que desea traer a su computadora. Cuando termine, retire sus dedos del ratón.

C Para continuar al siguiente paso, haga clic sobre "Next" o siguiente.

5. Ahora use la próxima ventana que se abre, "Picture Name and Destination", o nombre de foto y destinación, para terminar de importar o copiar el documento, el papel o la foto que colocó en el cristal de su escáner a su computadora.

   Esta es la forma de terminar de importar o copiar el documento, papel o foto que colocó en el cristal de su escáner:

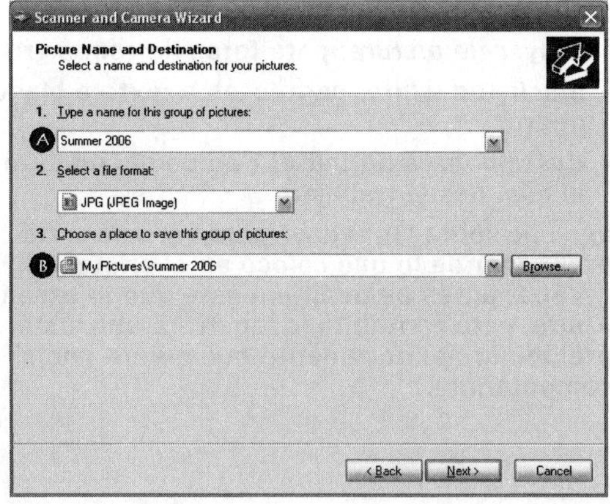

A Primero usted debe decidir qué nombre quiere usar para la imagen que está a punto de importar o copiar a su computadora. Para usar el nombre sugerido (que puede ver debajo de "Type a Name..."), que en este ejemplo es "Summer 2006"

(este nombre casi siempre será "Picture" o el último nombre que usó cuando uso el escáner), no cambie nada aquí. Ahora, en este ejemplo, el nombre de la imagen recibirá el nombre "Summer 2006 01" (aunque, si usted había usado el nombre que ve ahí antes, el número de serie pudiera ser más alto). Para usar un nombre diferente, como por ejemplo "Summer Vacation", haga clic sobre elnombre que ve ahí y use la tecla BACKSPACE o retroceso, y después escriba el nuevo nombre. O sólo añádale una letra al final del nombre que ve ahí para cambiarlo.

Ⓑ Por favor note la dirección virtual debajo de "Choose a place...". Si la última parte de la dirección virtual que ve aquí corresponde al nombre que usted escogió en el paso "A" (por ejemplo, si usted termina de escribir la palabra "Summer", y este programa de "Scanner and Camera Wizard" le sugiere que use la carpeta "MyPictures\Summer"), entonces usted también está escogiendo crear una carpeta usando como referencia el nombre que usted escogió para la imagen que está escaneando. Para usar el nombre de la carpeta que ve debajo de "Choose a place...", no cambie nada aquí. Para guardar su imagen a una carpeta diferente de la sugerida, haga clic sobre el nombre que ve ahí. Ahora puede escoger usar una carpeta que usted ha usado para guardar imágenes antes, e inclusive puede hacer clic sobre una de estas sugerencias, por ejemplo, la que le sugiere crear una carpeta usando la fecha del día en que la está copiando. Para hacer una selección aquí, hágale clic. Para continuar este proceso, haga clic sobre "Next" o siguiente.

Por favor no cambie el ajuste debajo de Select File Format (ahora mismo dice JPEG), el cual es uno de los tipos de archivo gráfico más compatibles, a menos que sea un formato diferente para la imagen que desea escanear, por ejemplo: BMP.

6. Cuando la ventana "Other options" se abra, escoja qué desea hacer con la imagen que le pidió a este programa que importará o copiará a su computadora. Si usted sólo quiere verla, haga clic sobre "Next" o siguiente.

Finalmente, otra ventana de diálogo se abrirá, informándole de que una imagen fue importada o copiada a su computadora. Para verla, lleve el indicador del ratón sobre su dirección virtual hasta que cambie a una manita y haga clic sobre ésta, o alternativamente haga clic sobre "Finish" o terminar.

Ahora usted puede escoger algunas opciones para trabajar con la imagen que acaba de escanear:

Ⓐ La imagen que usted acaba de escanear debe ser visible aquí. Por favor note que si hay más de una imagen guardada en esta carpeta que comienza con el mismo nombre que acaba de usar la imagen que usted acaba de importar o copiar a su computadora será la que tiene el número mas alto. Para sólo abrirla, haga doble clic sobre su nombre o vista preliminar. Para editarla, por ejemplo, para cambiarle el brillo a la foto, haga clic con el botón derecho del ratón, después lleve el indicador a la derecha o a la izquierda del menú que se abre hacia abajo sobre el menú de "Open with" y después haga clic sobre cualquier programa gráfico que vea en esta lista para abrirla.

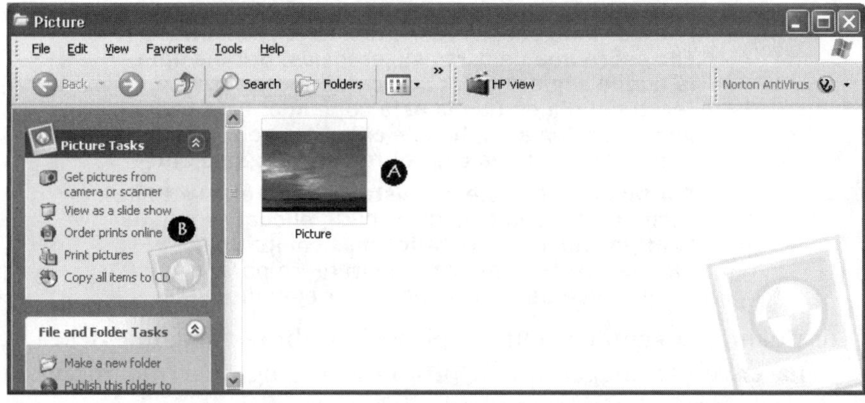

Ⓑ En el panel izquierdo, usted puede hacer clic para seleccionar la acción que usted quiere aplicar a esta imagen o a una selección de imágenes. Por ejemplo, haga clic sobre "Copy to CD" si quiere comenzar el proceso de guardarlas a un CD.

Más adelante, para regresar a trabajar con la imagen que importó o copió a su computadora, haga doble clic sobre la carpeta "My Documents" y después sobre "My Pictures" y por último sobre

el nombre de la carpeta a la cual le pidió al "Scanner and Camera Wizard" o asistente para usar escáneres y cámaras que copiara.

Pero si le pidió a este programa que importara o copiara una imagen a una unidad de almacenamiento tipo "Flash" USB externa, use el Explorador de Windows para hallarla de esta manera:

1. Haga clic con el botón derecho del ratón sobre el botón de comienzo o "Start".
2. Después haga clic sobre "Explore".
3. Ahora haga clic sobre "My Computer".
4. En seguida haga clic sobre la letra que corresponde a la unidad del tipo Flash USB, donde guardo sus archivos, por ejemplo, la letra *J*.
5. Finalmente, haga clic sobre el nombre de la carpeta dónde los guardó para verlos en el lado derecho de la pantalla del Explorador de Windows.

Para recordar

- Las cámaras y los escáneres son los dos tipos de dispositivos de más uso para digitalizar imágenes.
- Windows Vista y Windows XP tienen *software* que puede usar para trabajar con sus fotos o las imágenes que desea escanear.
- Una vez que copió una imagen de su cámara escáner a su computadora, la puede imprimir, enviarla a sus familiares o amigos o simplemente verla.
- Un escáner que fue conectado a su computadora en la mayoría de los casos también se pude usar directamente desde algunos programas, como por ejemplo Adobe Photoshop.
- Use Windows Photo Gallery para importar o copiar las fotos de su cámara o las imágenes que puso en el cristal del escáner a su computadora.
- Use el Explorador de Windows para encontrar las imágenes que importó o copió a su computadora.

Guía al mundo de multimedios en Windows

Introducción a la experiencia de multimedios en Microsoft Windows

Un sistema de computadora idóneo para permitirle la experiencia de multimedios es el tipo que está equipado con los dispositivos de *hardware* y *software* necesarios para permitir a sus usuarios recibir la experiencia de ver películas o escuchar sonido sin ninguna dificultad.

En una computadora equipada para multimedios, usted podrá ver imágenes, escuchar sonido y ver vídeos de casi cualquier formato de los archivos guardados en su computadora, de sus CDs o de sus DVDs, así como también de sitios Web (como por ejemplo, *www.YouTube.com*) que usted visita en el Internet.

Estos son algunos de los requisitos básicos con los cuales una computadora personal debe contar para permitirle aprovechar de esta experiencia:

Hardware:

- Una buena tarjeta de vídeo.
- Una buena tarjeta de sonido.
- Unos buenos parlantes.
- Suficiente memoria RAM—al menos 2 gigabytes si tiene Windows Vista.
- Una unidad de CD o DVD.

Software:

- Un programa de *software* reproductor de multimedios, como por ejemplo, el Media Player para Windows versión 10 ó 11, de Microsoft.
- La más reciente actualización del *software* DirectX, el cual es ofrecido sin precio alguno por la compañía Microsoft. Si tiene una computadora que ha tenido por varios años y tiene dudas de si ésta tiene la última versión de DirectX, visite el sitio Web de Microsoft en esta dirección virtual o URL: *http://www.microsoft.com/downloads* y una vez que esté allí siga los enlaces para conseguir el "DirectX End-User Runtime".

- El "codec" o archivo de *software* apropiado para poder usar el tipo de archivo de vídeo que está tratando de ver.
- Decodificador de *software* para DVDs, a fin de que usted pueda reproducir sus películas de DVD en su computadora. Algunas tarjetas de vídeo de alto rendimiento también ofrecen esta opción, la cual está incluida en el *hardware* de éstas.

Pero, generalmente hablando, cualquier computadora que usted compre hoy en día reunirá los requisitos necesarios para que usted pueda recibir los beneficios que le ofrece usar un *software* reproductor de multimedios en Windows, y una vez que la tenga, sólo será necesario conectarle parlantes o bocinas y poner un CD de música en la unidad de CD o DVD para poder comenzar a escucharlo.

Introducción al Media Player de Windows

El Media Player de Windows de Microsoft es el programa para usar archivos de multimedios incluido con Windows Vista y Windows XP. Este también puede ser descargado o bajado del sitio Web de Microsoft sin costo alguno.

La gráfica en la siguiente página es de una captura de pantalla que hice en mi computadora puede ver la ventana principal del Windows Media Player 11, una de las versiones más recientes de este programa. Por favor note en la gráfica: a) la pestaña seleccionada es la de "Now Playing" y b) en el área del Media Player hay un clip de vídeo del lanzamiento de la misión STS-116 a la Estación Espacial Internacional que encontré y bajé del sitio Web de la NASA.

Usando este *software* reproductor de multimedios en Windows, usted podrá:

- Escuchar archivos de sonido o lo que se conoce como "wav" files, por ejemplo, la música que fue importada o copiada de sus CDs.
- Ver cortos de películas de vídeo de diferentes formatos, como por ejemplo, Avi y MP2.
- Copiar música de sus CDs a su computadora usando un proceso llamado "rip"; que le permitirá escuchar esta música una vez que esté guardada en su computadora sin tener que producir el CD en que vino originalmente.
- Quemar sus propios CDs de música usando archivos de música que usted previamente importó o copió a su computadora.
- Escuchar estaciones de radio que encontró en el Internet.

Para seguir este capítulo puede usar cualquiera de las últimas dos versiones de este Media Player, la 10 y la 11. Y a través de este capítulo verá indicado cuando un proceso es muy diferente de una versión comparada al proceso que verá en la otra. Si tiene duda de qué versión tiene instalada en su computadora, fíjese en lo siguiente: la versión número 11 dice "Media Guide" en la esquina superior derecha de su pantalla, y en la versión 10 dice "Vídeo".

Cómo abrir el Media Player de Windows

En este capítulo aprenderá algunas de las funciones más básicas del Media Player de Windows, el cual es una parte intrínseca del grupo de programas de entretenimiento de Windows. Se encuentra debajo del grupo de programas "Accesories", por ejemplo, añadir música a éste, hacer listas de sus canciones y quemar CDs.

Estos son los pasos que debe seguir para abrir el Media Player de Windows para escuchar un CD de música:

- Para comenzar, abra la unidad de CD o DVD en su computadora, coloque el CD de música que desea escuchar en ésta y después ciérrela. Si el menú de "AutoPlay" se abre, esta acción debe abrir la ventana que ve arriba. Es un poquito diferente si tiene Windows XP, pero la idea es la misma. Ahora hágale doble clic al icono correspondiente. Por ejemplo, si este es un CD de música que desea escuchar, haga clic sobre "Play music CD".

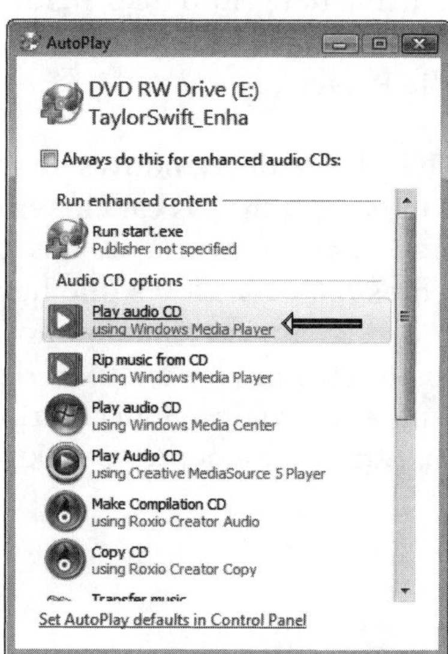

- Si usted ve el icono del Media Player de Windows en su "Desktop" o escritorio virtual de Windows, haga doble clic sobre él para abrir este programa.

- Usted también puede abrir el Media Player de Windows desde el menú de comienzo o "Start", de la siguiente manera:

En Windows Vista:

- Haga clic sobre el botón de comienzo o "Start" e inmediatamente escriba "Windows Media Player". Después oprima la tecla ENTER para abrirlo.

En Windows XP:

- Haga clic sobre el botón de "Start", jale el indicador del ratón sobre "All Programs" y espere unos segundos. Ahora jálelo hacia arriba y hacia la derecha sobre el grupo de programas "Accesories" y llévelo hacia la derecha y después hacia abajo hasta que esté encima del grupo de programas de "Entertainment". Finalmente, cuando vea su icono, haga clic sobre "Windows Media Player".

Una vez que el Media Player de Windows se abra le será posible escuchar sus CDs de música, como las canciones que haya guardado en su computadora, y ver la mayoría de los tipos diferentes de archivos de multimedios para Windows que haya encontrado en el Internet o que alguien le envío, excepto algunos que tienen un formato diferente, como por ejemplo los archivos de tipo Quicktime de la compañía Apple, para los cuales es necesario usar un programa diferente que se llama, apropiadamente, Quicktime Player.

Si tiene dudas acerca de qué versión de Windows —Vista o XP— está instalada en su computadora, entonces fíjese en el botón de comienzo o "Start"; si es redondo, su computadora tiene Windows Vista, pero si es rectangular, su computadora tiene el sistema operativo Windows XP.

La barra de tareas o "Features" del Media Player de Windows

La barra de tareas o "Features" consiste en una serie de diferentes etiquetas o pestañas que podrá ver en la parte superior de las últimas versiones de Windows Media Player, la versión 11 y la 10. La manera de trabajar con una diferente a la que está resaltada es haciendo clic sobre su nombre.

Por ejemplo, si está trabajando en la pestaña "Now Playing" y hace clic sobre la pestaña de "Library", se abrirá una nueva página con una cantidad de opciones completamente diferentes que usted puede usar para trabajar con la música que importó o copió a su computadora.

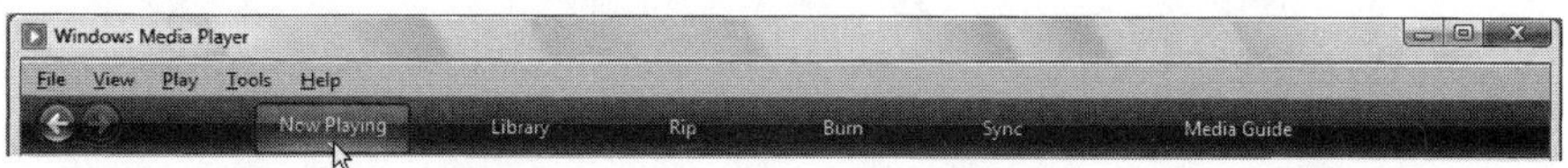

Por ejemplo, como puede ver en la gráfica de arriba, puede hacer clic sobre:

- *"Now Playing"*: para ver un archivo de vídeo que abrió.
- *"Library"*: para trabajar con todos los archivos de música que usted o un programa copió a su computadora a la carpeta predeterminada para este tipo de archivos.
- *"Burn"*: para quemar CDs con la música que usted añadió a la computadora.
- *"Sync"*: para sincronizar reproductores de multimedios portátiles del tipo MP3 con la música que usted copió a la

computadora, usando este *software* reproductor de multimedios.

- *"Media Guide"*: que a su vez está dividido en las siguientes pestañas: Music, Movies, TV/Celebs/Radio, Games y Site Index.

En la versión 10 del Media Player, verá las siguientes etiquetas adicionales:

- *"Música":* haga clic aquí para comprar música en línea.
- *"Radio":* haga clic para ver una lista de estaciones de radio en el Internet.
- *"Vídeo":* haga clic aquí para comprar vídeos en el Internet.

En este libro verá muchas funciones comunes a ambas versiones, 10 y 11, del Media Player de Windows. Si tiene una computadora de varios años con Windows XP y Media Player 10, y éste le está funcionando muy bien y desea actualizarla a esta nueva versión (la 11), entonces le recomiendo que sea prudente y que espere hasta cuando compre una nueva computadora con Windows Vista.

Cómo trabajar con los controles de vídeo, reproducción y volumen en el Media Player de Windows

En este programa usted encontrará y podrá usar un sinnúmero de controles que le ayudarán a cambiar la manera de escuchar su música o verá archivos de vídeos. Para darle una idea de lo útiles que son, considere el siguiente ejemplo: si un día, en su trabajo, está viendo un clip de vídeo de muchos minutos y necesita ver una parte específica que no aparece hasta muchos minutos después del principio, puede usar estos controles para ir al punto exacto que desea ver.

Esta es la forma de trabajar con estos controles en el Media Player de Windows:

- **A** ***"Enhancements" o mejoras:*** **hágale clic a estas flechitas (la izquierda y la derecha) para trabajar con diferentes grupos de controles, como por ejemplo el de "Vídeo Settings", el cual le permite cambiar el brillo o el contraste de un archivo de vídeo que esté viendo.**
- **B** ***"Playback Controls" o controles de reproducción "Play", "Pause", "Stop", "Rewind" y "Fast Forward":*** **podrá usarlos para trabajar con sus archivos de audio o de vídeo. Al lado de estos controles también verá el ajuste del volumen de Media Player de Windows.**
- **C** ***"Playlist" o compilación de música:*** **verá los nombres de las canciones en ésta a la derecha de la ventana. Para escuchar una canción diferente de la que está escuchando ahora, haga doble clic sobre su nombre. Para suprimir una canción que ve en esta lista, selecciónela haciéndole clic una vez y después oprima la tecla DELETE.**

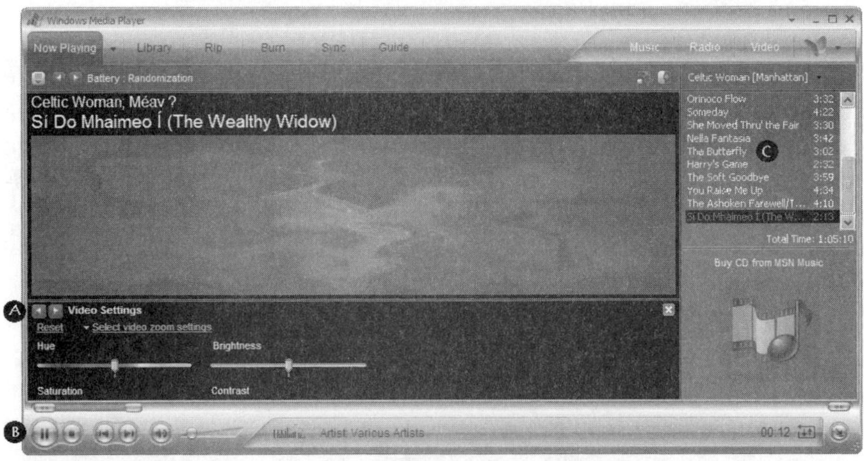

Para este ejemplo usé el Media Player 10, porque en realidad la diferencia entre este, para hacer funciones básicas como importar o copiar música y quemar CDs, y la versión 11 del Media Player de Windows, no es grande. Por ejemplo, note en la gráfica en la siguiente página que los controles del Media Player 11, donde puede ver que la diferencia entre los controles de reproducción de audio y vídeo entre este Media Player y los de la versión 11 es muy pequeña. La mayor diferencia es que en la versión 11 los botones de reproducción de audio y sonido son las grandes.

Siguiendo la próxima gráfica aprenderá a trabajar con los controles tipo "Slider" o deslizantes.

Por ejemplo, para hacer cambios al brillo en vídeos o fotos o el volumen de un archivo de vídeo: 1) lleve el indicador o la flechita del ratón sobre la guía del control con el que necesita trabajar (en este ejemplo puede ver el indicador sobre el control de brillo), y 2) oprima y sujete el botón izquierdo del ratón y después jálelo hacia la izquierda para reducir el valor de la configuración con la cual esté trabajando (por ejemplo el sonido), y hacia la derecha para aumentarlo.

Si a primera vista al abrir Media Player no puede ver el grupo de controles con el cual necesita trabajar para hacer ajustes a la manera de ver sus archivos de vídeo o escuchar los de audio, entonces siga los siguientes pasos de acuerdo con la siguiente gráfica de una captura de pantalla que hice en mi computadora.

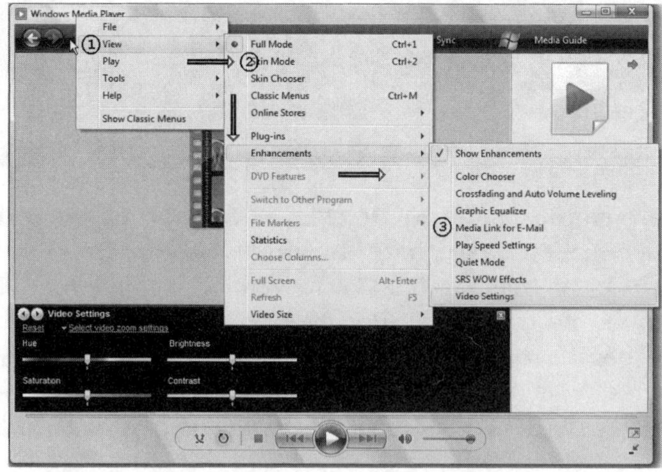

Estos son los pasos, como puede ver en la gráfica en la página 434 de una captura de pantalla del Media Player 11, para ver o quitar diferentes controles en el Media Player de Windows:

1. Para comenzar, haga clic con el botón derecho del ratón sobre el lado extremo izquierdo de la barra "Features", y después lleve el indicador del ratón sobre "View".
2. A continuación jale el indicador del ratón, primero hacia la derecha y después hacia abajo, hasta llegar a "Enhancements", y después hacia la derecha.
3. Finalmente, haga clic sobre el nombre del control que desea ver en la parte de inferior de la ventana del Media Player.

Este es un cambio que puede hacer muchas veces hasta que encuentre todos los controles que desea usar, o inclusive para quitar un control que no desea ver en la parte inferior del Media Player, siguiendo estos pasos y haciendo clic otra vez sobre su nombre.

Si en algún momento, de manera temporal, desea cerrar este panel de controles, hágale clic a la *X* roja que ve en la esquina superior derecha. Más tarde, si cambia de opinión, puede añadirlos a su Media Player de nuevo, usando las instrucciones en esta página.

Cómo digitalizar la música de sus CDs en el Media Player de Windows usando el proceso "rip"

Si las canciones guardadas en sus CDs fueran copiadas directamente a su computadora (para no tener que producir los CDs originales cada vez que quiera escuchar su música), tomarían mucho espacio en el disco duro de su computadora; por este motivo es mejor usar un programa como el Media Player de Windows para reducirlas de tamaño usando un proceso llamado "Ripping" que las convierte en un formato con una huella más pequeña en su disco duro. Y una vez que termine este proceso, usted podrá escuchar su música e inclusive —una vez que esté guardada en su computadora— la puede sincronizar con reproductores de multimedios portátiles o MP3 Players utilizando un proceso llamado "Sync".

Para comenzar a digitalizar su música, abra el Media Player de Windows de acuerdo al sistema operativo que tenga.

En Windows Vista:

- Haga clic sobre el botón de comienzo o "Start" y escriba "Windows Media Player". Después oprima la tecla ENTER para abrirlo.

En Windows XP:

- Haga clic sobre "Start", jale el indicador del ratón sobre "All Programs" y espere unos segundos. Ahora jálelo hacia arriba y hacia la derecha sobre el grupo de programas "Accesories", y después llévelo hacia la derecha y después hacia abajo hasta que esté encima del grupo de programas "Entertainment". Finalmente, cuando vea su icono, haga clic sobre Windows Media Player.

Esta manera es preferible a abrir la unidad de CD o DVD en su computadora primero, si colocar el CD de música que desea digitalizar. Después clic en el menú de "AutoPlay" sobre "Rip music from CD", lo cual abre inmediatamente su Media Player, y tal vez no le dé tiempo a seleccionar las canciones que no quiera digitalizar. Esto lo aprenderá a hacer en la próxima pagina.

Le quiero recordar que si tiene un iPod, las canciones que quiera escuchar en éste deben ser digitalizadas usando un programa llamado iTunes. Aprenderá a hacer esto más adelante en este capítulo.

Si abrió el Media Player de Windows primero, continúe este proceso abriendo la unidad de CD o DVD en su computadora. Ahora coloque el CD de música que desea digitalizar en ésta, ciérrela y espere un momento. A continuación verá los pasos para terminar este proceso de digitalizar su música en el Media Player de Windows 10 y 11, que son un poco diferentes. Por ejemplo, en el Media Player 10, el botón de comenzar el proceso "rip" está arriba en el centro.

Por favor guíese por esta gráfica para terminar este proceso:

1. Para comenzar este proceso, haga clic sobre la pestaña "rip".
2. Por favor empiece haciendo clic en el cuadradito sobre el nombre de cualquier canción que usted no quiera digitalizar. Pero si hace clic al mismo nivel de "Title", todas las canciones serán deseleccionadas. Esto tal vez tiene sentido si necesita digitalizar una **sola canción** de un CD. Haga clic en el cuadrito, y después escoga la única canción que desea añadir a su biblioteca de Media Player.
3. Finalmente, haga clic sobre "Rip Music". En el Media Player 10, si el programa le pregunta qué formato quiere escoger, seleccione "Keep my current format settings".

Como vimos anteriormente, si usted colocó el CD de música antes de abrir Media Player de Windows e hizo doble clic en el menú de

"Autoplay" sobre "Rip Music From CD", entonces este proceso comenzará automáticamente. Pero esto, siempre y cuando una canción no haya sido digitalizada, le da un poquito de tiempo para deseleccionarla, como pudo ver en la página anterior. Por esto es preferible abrir el Media Player de Windows primero, ya que en este caso el programa esperará hasta que usted haga clic sobre "Rip Music".

Si los nombres de las canciones no aparecen correctamente, es decir, sólo puede leer "Track1", "Track2", et cétera en Media Player 10 y está conectado al Internet, haga clic delante de "Find Album info" (al lado del botón de "Rip Music") para buscar los nombres de las canciones. En el Media Player 11, esto se debe solucionar automáticamente la próxima vez que esté conectado al Internet.

Cómo crear una compilación de música o "Playlist" en el Media Player de Windows

Una de las ventajas de usar este programa es la facilidad con la cual le será posible crear diferentes compilaciones de música de diferentes géneros para cada situación, por ejemplo, para una cena íntima o un cumpleaños. Para comenzar, abra el Media Player de Windows siguiendo los pasos que corresponden a la versión de Windows instalada en su computadora. Después siga las instrucciones que siguen a continuación de acuerdo con la versión del Media Player instalado en su computadora.

Si tiene duda sobre qué versión tiene instalada en su computadora, fíjese en lo siguiente: la versión número 11 dice "Media Guide" en la esquina superior derecha de su pantalla, y en la versión 10 dice "Vídeo".

En Windows Media Player 11:

Siga estos pasos, como puede ver en esta gráfica de una pantalla del Windows Media Player 11, para crear una nueva compilación o "Playlist":

1. Para comenzar, una vez que el Media Player de Windows se abra, oprima y sostenga la tecla CTRL y después la *N*. Ahora retire las manos de su teclado. Enseguida escriba el nombre que desea usar para esta combinación, como por ejemplo, "*Cumpleaños*", y después oprima la tecla ENTER.
2. Ahora haga clic sobre "Album" y después use las barras de desplazamiento de la derecha para buscar el álbum del cual quiere añadir canciones a esta compilación o "Playlist". Cuando lo encuentre, hágale doble clic.
3. Ahora puede añadir todas la canciones en este álbum a su compilación haciendo clic con el botón derecho del ratón sobre la cubierta de éste, y despues haciendo clic sobre "Add to Cumpleaños". Inclusive puede añadirlo a una compilación que haya creado anteriormente haciendo clic sobre la tercera opción: "Add to...", jalando el indicador del ratón hacia la derecha o la izquierda (si éste se abre de este lado) sobre el nombre de la compilación a la cual desea añadir todas la canciones en este álbum, y haciendo clic.

Pero si sólo quiere añadir ciertas canciones a su compilación o "Playlist" de este álbum, hágalo de esta manera:

- Para seleccionar una sola canción, hágale clic.
- Para seleccionar canciones que están adyacentes, como en la gráfica de la página anterior, en la cual las primeras tres canciones están juntas, haga clic sobre el nombre de de la primera mientras sostiene la tecla SHIFT, y después haga clic sobre la última. Ahora retire sus manos del teclado.
- También puede seleccionar las tres primeras canciones (como vio en el primer ejemplo) y una más que no esté adyacente oprimiendo la tecla CTRL y haciendo clic sobre la canción que desea añadir. Ahora retire sus manos del teclado.

4. Finalmente, haga clic sobre "Save Playlist" para guardar esta compilación. Aquí también, debajo de "Library", puede ver otras categorías que puede usar para buscar música que desea añadir a su compilación, como por ejemplo "Artist" o artista y "Genre" o género.

Y si prefiere escuchar su música sin hacer compilaciones o "Playlists", busque el nombre del álbum cuya canción desee escuchar y hágale clic. Después, cuando vea sus canciones, haga clic una vez con el botón derecho del ratón y después haga clic sobre "Play". La canción debe empezar a tocar casi inmediatamente.

En el Windows Media Player 10:

En este reproductor de *software* de multimedios, antes de comenzar a crear una compilación de música y después de abrir Media Player haga clic en la pestaña de "Library" o biblioteca. Ahora haga clic en el botón de "Now playing list" (en el lado derecho de esta ventana) y después haga clic sobre la etiqueta "Clear list". Adicionalmente, haga clic sobre "Library Options" (situado en la parte de arriba de esta ventana), y después haga clic sobre "Add to List on Double Click."

Siga los pasos que puede ver en esta gráfica de una pantalla del Windows Media 10 para crear una nueva compilación o "Playlist":

Ⓐ Para buscar la música que desea añadir haga clic sobre el símbolo "+" en "Album Artist" (debajo de "All Music") o cualquier otra categoría que usted quiera usar para buscar música. Si habilita la función de añadir canciones haciendo doble clic sobre "Add to List on Double Click", entonces puede añadir álbumes completos a su compilación o "Playlist" haciendo doble clic sobre su nombre.

Ⓑ Ahora usted podrá ver, en el panel del medio, la música correspondiendo a la selección que usted hizo en el panel izquierdo. Para añadir una sola canción simplemente haga doble clic sobre su nombre. Para seleccionar varias canciones que están contiguas, como en la gráfica de arriba en la cual las primeras tres canciones están juntas, haga clic sobre el nombre de la primera mientras sostiene la tecla SHIFT, y después haga clic en la última. Ahora retire su mano del teclado. Inclusive puede seleccionar, como en el ejemplo de arriba, las primeras canciones de un álbum y una más que no esté adyacente, oprimiendo la tecla CTRL, y después haciendo clic sobre la canción adicional que desea añadir. Ahora retire su mano del teclado. Ahora haga clic sobre una de estas canciones mientras oprime y sujeta el botón izquierdo del ratón y finalmente jálelas sobre el panel derecho. Ahora retire su mano del ratón.

Ⓒ Finalmente, en el panel derecho, podrá ver el nombre de las canciones que agregó a esta compilación o "Playlist".

Para guardarla, lleve el indicador del ratón sobre "Now Playing List", y después haga clic sobre "Save Playlist As" en el menú que se abre. En la próxima ventana que se abre escriba el nombre en frente de "File Name" que desea usar para su compilación o "Playlist", y después haga clic sobre "Save". Ahora su compilación o "Playlist" está lista.

Cómo escuchar una compilación de su música o "Playlist" en el Media Player de Windows

Cuando tenga una compilación de música puede regresar al Media Player de Windows y pedirle que la empiece a tocar con sólo un par de clics del ratón. Para comenzar, abra el Media Player de Windows, siguiendo los pasos que corresponden a la versión de Windows instalada en su computadora. Después siga las instrucciones que siguen a continuación de acuerdo con la versión del Media Player, instalado en su computadora.

En Windows Media Player 11:

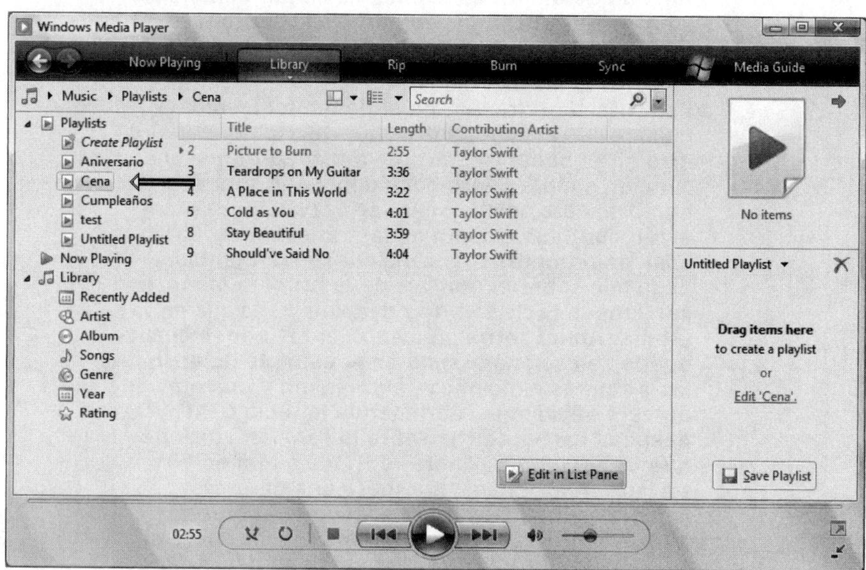

Esta es la forma de escuchar una de sus compilaciones o "Playlists":

1. Comience haciendo clic sobre la pestaña de "Library" o biblioteca.
2. Ahora, debajo de la lista de "Playlists", busque la compilación que desea escuchar.
3. Cuando la encuentre, haga doble clic sobre su nombre para escucharla.

Si desea, más adelante, añadirle canciones a una de sus compilaciones o "Playlists", 1) elíjala de la misma manera que acaba de ver, 2) haga clic sobre "Edit in List Panel", 3) añádale canciones de la misma manera que hizo cuando la creó originalmente y 4) por último, guárdela haciendo clic sobre "Save Playlist". Para quitar una canción de una de sus compilaciones, hágale clic con el botón derecho del ratón, y elija "Remove from list".

En Windows Media Player 10:

Esta es la forma de escuchar una de sus compilaciones o "Playlists":

1. Para comenzar, haga clic sobre la pestaña de "Now Playing".
2. En este ejemplo dice "Dinner music". Si, por ejemplo, ha estado escuchando una de sus compilaciones y ahora quiere escuchar una diferente, haga clic sobre el nombré que ve ahí y jale el indicador del ratón sobre "Open Playlist".
3. Finalmente, mueva el indicador del ratón, dependiendo de a qué lado se abre este menú, hacia la izquierda o la derecha. Ahora verá los nombres de las compilaciones que guardó.
4. Cuando halle la que desea escuchar, hágale clic una vez.

Cuando esta compilación termine de tocar todas las canciones en ella, parará a menos que usted haga clic sobre el botón de "Stop" o parar antes de que termine de reproducir todas las canciones que usted le añadió. Para quitar una canción de sus compilaciones o "Playlists" mientras la está escuchando, en la pestaña de "Now Playing", simplemente haga clic con el botón derecho del ratón sobre el nombre de la canción en el panel derecho superior, y después haga clic sobre "Remove from list". Cuando vea la pregunta "Delete from library only" o borrar esta canción de la biblioteca, o "Delete from library and from My Computer" o borrar de la biblioteca y de la computadora, hágale clic a la opción apropiada, y después haga clic sobre "OK". Para añadirle canciones adicionales a una compilación o "Playlist", haga clic sobre la pestaña de "Library" y después haga clic sobre "Now Playing list". Ahora jale el indicador del ratón hasta "Edit Playlists" y hágale clic al nombre de la compilación con la cual quiere trabajar. Siga los mismos pasos que usó para añadirle canciones a esta compilación o "Playlist".

Cómo quemar sus propios CDs de música de las canciones que usted digitalizó usando el proceso "rip"

Una vez que usted haya importado o copiado canciones de su colección de CDs, entonces podrá hacer sus propios CDs con la música que ahora está guardada en su computadora. Por ejemplo, si usted importó o copió música a su computadora de varios CDs, entonces puede hacer un CD que incluya la canción número 2 de uno, la canción número 4 de otro, et cétera, hasta que tenga un CD completo. Por lo general, un CD acepta hasta 74 minutos de música.

Para comenzar, abra el Media Player de Windows siguiendo los pasos que corresponden a la versión de Windows instalada en su computadora. Después siga las instrucciones que siguen a continuación de acuerdo con la versión del Media Player instalado en su computadora. Y después meta, dependiendo de qué tipo de unidad de CD-RW o DVD-RW tenga, un nuevo CD del tipo CD-R o CD-RW.

En el Windows Media Player 11:

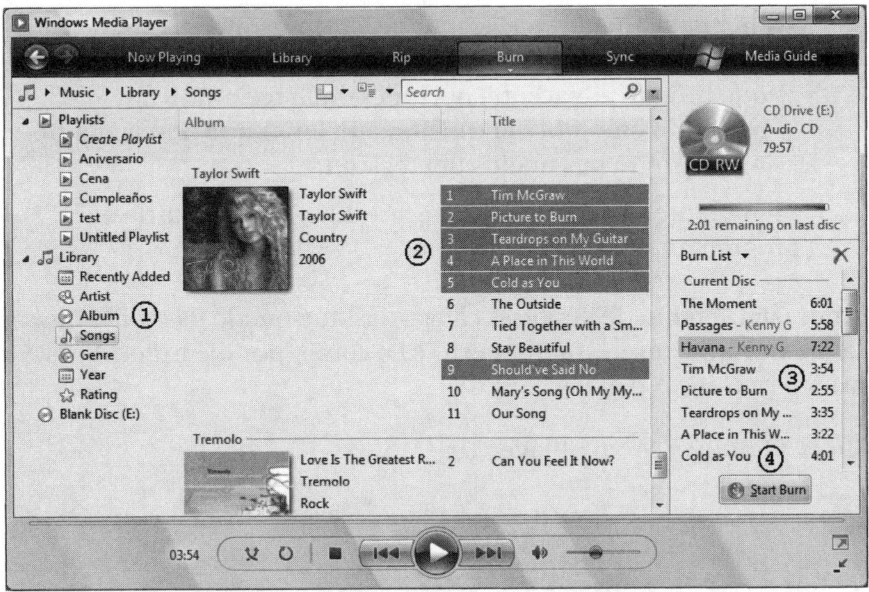

Siga los pasos que puede ver en esta gráfica de una pantalla del Windows Media 11 para quemar un CD de la música que guardó a su computadora con Windows Media Player:

1. Para comenzar, haga clic sobre "Album", y después use las barras de desplazamiento de la derecha (si hay muchos álbumes que no puede ver), para buscar el álbum del cual quiere añadir canciones a este CD que desea crear. Cuando lo encuentre, hágale doble clic para comenzar a añadir las canciones guardadas en él.
2. Ahora puede añadir todas la canciones en este álbum a su CD haciendo clic con el botón derecho del ratón sobre la cubierta de éste y después haciendo clic sobre "Add to burn list". Pero si sólo quiere añadir varias canciones de este álbum, entonces hágalo de esta manera:
   - Para seleccionar una sola canción, hágale clic.
   - Para seleccionar varias canciones que están contiguas, como en la gráfica de arriba, en la cual las primeras cinco canciones están juntas, haga clic sobre el nombre de la primera,

mientras sostiene la tecla SHIFT, y después haga clic sobre la última. Ahora retire sus manos del teclado.

- Inclusive puede seleccionar las cinco primeras canciones (como vió en el primer ejemplo) de un álbum, y una más que no esté adyacente, oprimiendo la tecla CTRL, y haciendo clic sobre la canción adicional que desea añadir. Ahora retire sus manos del teclado.

3. Finalmente, haga clic sobre "Start Burn" para pedirle a este programa que cree su CD.

Aquí también puede ver otras categorías que puede usar para buscar la música que desea añadir a este CD, como, por ejemplo "Artist" o artista y "Genre" o género.

En el Windows Media Player 10:

Estos son los pasos, como usted puede ver en esta gráfica de una captura de pantalla, para quemar sus CDs:

1. Para empezar, haga clic sobre la pestaña de "Library".
2. Ahora haga clic sobre el símbolo de "+" debajo de "All Music" para buscar las canciones que desea añadir a este CD, y haga clic sobre "Album", "Artist", et cétera, para ver las canciones guardadas en cada una de estas categorías.

3. En este ejemplo, hice clic al símbolo de "+" al lado de "Album" para ver la lista de todos los álbumes guardados allí.
4. Si "Album" fue la categoría que eligió, haga clic sobre el nombre del álbum que tiene las canciones que usted quiere seleccionar. Para escoger todo un álbum, haga clic sobre su nombre con el botón derecho y después sobre "Add to burn list".
5. Para añadir una sola canción, hágale clic con el botón derecho del ratón, y después lleve el indicador del ratón sobre "Add to".
6. Finalmente, lleve el indicador del ratón sobre "Burn list" para añadir esta canción a la lista que desea añadir a este CD.

Alternativamente, usted también puede hacer clic con el botón derecho del ratón sobre un compilación o "Playlist" particular, a la cual usted añadió muchas canciones, y hacer clic sobre "Add to burn list". Repita este proceso hasta que haya seleccionado todas las canciones que usted quiere grabar a su CD. Pero tenga en cuenta que si el mensaje "Will not fit" aparece junto a cualquiera de las canciones que usted ha seleccionado, esas canciones no serán añadidas al CD.

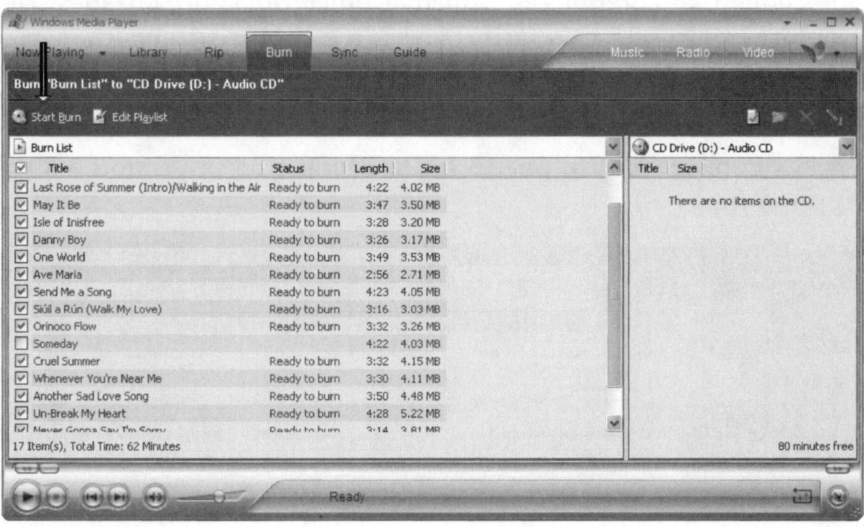

Para comenzar a quemar su CD, simplemente haga clic sobre la etiqueta de "Start Burn". Cuando este programa termine su disco, deberá abrirse automáticamente la puerta de la unidad de CD-RW o DVD-RW de su computadora, y ahora lo podrá usar en la mayoría de los reproductores de CD que tenga, como por ejemplo el que está instalado en su auto —siempre y cuando sea de modelo reciente— y el que tenga en su casa.

Si usted añade más música que la que cabe en un sólo CD, el Media Player 11 calculará cuántos CDs adicionales necesita, y cuando termine con el primero, le pedirá el segundo, y así sucesivamente.

El *software* reproductor de multimedios Apple iTunes

Apple iTunes es hoy en día el programa de *software* reproductor de multimedios más popular en el mundo, y usándolo podrá organizar la música y vídeo que haya importado o copiado a su computadora de sus CDs o del Internet. La ventaja de usar este tipo de programa en vez de copiar manualmente disco por disco es que las canciones que copia a su computadora quedan mucho mas organizadas. De esta manera, le será más fácil regresar a escuchar su música, hacer una selección de canciones para hacer un CD de música o simplemente sincronizar el contenido de su biblioteca con un Apple iPod®.

En la siguiente gráfica, puede ver la ventana de la versión 7.6 de Apple iTunes.

Por favor note, en el panel de la izquierda, los nombres de las carpetas o de las acciones que puede elegir con sólo hacerles clic. Por ejemplo, haga clic sobre la carpeta "Music" o "Movies" para ver su contenido en el panel de la derecha.

En esta sección del capítulo de multimedios, aprenderá a usar iTunes, para:

- Importar o copiar la música de sus CDs a la biblioteca de música de iTunes.
- Escuchar la música que tiene guardada en su biblioteca de música.
- Sincronizar esta biblioteca de música con su Apple iPod.

Este programa es gratis, y si no lo tiene todavía lo puede descargar del sitio Web de Apple, el cual está en la siguiente dirección virtual o URL *http://www.apple.com/itunes/*. Si visita el sitio Web de iTunes y desea bajar este programa a su computadora, haga clic sobre "Download Now", y después responda a todos los mensajes que verá a continuación (que por lo general le pedirán que haga clic sobre "Agree" o "Next") para terminar de instalar este programa en su computadora.

Cómo importar o copiar la música de sus CDs a la biblioteca de iTunes

Una de las ventajas que tiene el manejar su colección de música usando una computadora personal y un programa como iTunes, es que usándolo podrá bajar y organizar todos sus CDs para poder escucharlos más tarde en el orden que usted quiera. El punto más importante es que lo hará sin necesidad de producir los CDs originales en que vinieron. Y aunque la fidelidad de éstos no sea la misma, una vez que sean copiados a su computadora, a no ser que sea un experto en música, le será muy difícil notar la parte del sonido que se perdió cuando esté escuchando una canción que fue digitalizada para poder ser usada en su computadora personal.

Para comenzar el proceso de importar o copiar su música a la biblioteca de iTunes, debe abrir este programa siguiendo los pasos que corresponden al sistema operativo con el cual cuenta su computadora.

En Windows Vista:

- Para comenzar, abra la unidad de CD o DVD en su computadora y coloque el CD de música que quiere importar o copiar a la biblioteca de iTunes. Después ciérrela. Si el menú de "AutoPlay" se abre, haga clic sobre el botón "Import songs, using iTunes". Ahora iTunes se debe abrir, y cuando vea el mensaje "Would you like to import...?", haga clic sobre "Yes" para empezar a importar o copiar estas canciones.

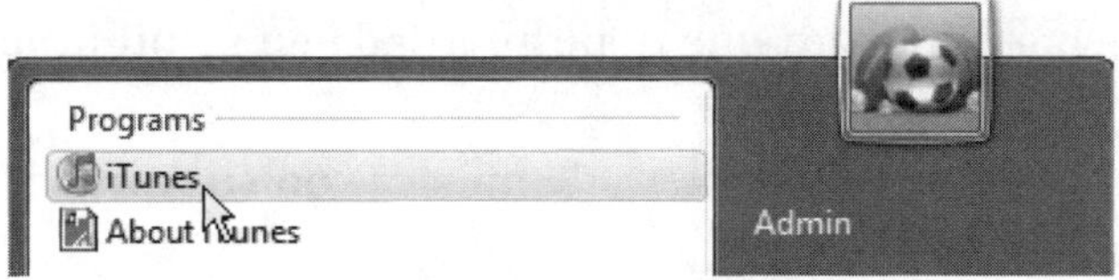

- Si después de poner el CD en su unidad de CD o DVD nada pasa (es decir, una ventanita no se abre pidiendo que haga clic en una selección dentro de un menú), entonces abra el programa de iTunes primero haciendo clic sobre "Start", e inmediatamente escribiendo "iTunes", y después busque su nombre en la lista que ve debajo de "Programs". Cuando lo encuentre, hágale clic para abrirlo.

En Windows XP:

Para comenzar, abra la unidad de CD o DVD en su computadora y coloque el CD de música que quiere importar o copiar a la biblioteca de iTunes. Después ciérrela. Si el menú de "AutoPlay" se abre, haga clic sobre el botón "Import songs, using iTunes".

Si después de colocar el CD en su unidad de CD o DVD y cerrarla nada pasa (es decir, una ventanita no se abre pidiendo que haga clic en una selección dentro de un menú), entonces abra el programa de iTunes primero haciendo clic sobre el botón de "Start". Ahora lleve el indicador del ratón sobre "All Programs" y después jálelo hacia la derecha y hacia arriba hasta llegar al grupo de programas iTunes. Después jálelo hacia la derecha sobre el icono de iTunes y haga clic para abrir este programa.

Por favor note que a veces en Windows XP, si nunca ha usado el programa de iTunes, éste puede pedirle, como puede ver en la siguiente gráfica, que elija manualmente a qué carpeta desea guardar la nueva música que ahora quiere añadir a la biblioteca de iTunes.

La manera de trabajar en esta ventana es: 1) buscando la carpeta de "iTunes Music" y haciéndole clic, y después 2) haciendo clic sobre "OK" para confirmar que ésta es la carpeta que desea usar. Ahora, iTunes se debe abrir, y cuando vea el mensaje "Would you like to import...?", haga clic sobre "Yes" para comenzar a importar o copiar estas canciones a su computadora.

De ahora en adelante, cuando desee importar o copiar otro CD a su computadora, no le será necesario elegir de nuevo a qué carpeta desea guardar la música que desea importar o copiar a su computadora de sus CDs de música, y sólo verá de nuevo la ventanita pequeña que le preguntará "Would you like to import...?".

Ahora, en Windows Vista o Windows XP, iTunes se debe abrir, e inmediatamente en el panel de la derecha podrá ver la lista de la música que comenzó a importar o copiar a este *software* reproductor de multimedios.

En esta gráfica de una captura de pantalla de iTunes que hice en mi computadora, puede ver lo siguiente:

- **Ⓐ En la parte de arriba, puede leer el nombre de la canción que está siendo importada a la carpeta de "Music" en iTunes.**
- **Ⓑ Ahora note, debajo de la columna de "Names", a) la lista de todas las canciones que vienen en el CD, y b) que todas estas canciones son automáticamente seleccionadas (tienen una marquita al lado de sus nombres) para ser importadas o copiadas a su biblioteca de iTunes. Si no desea copiar una de las canciones en esta lista, hágale clic antes de que ésta sea importada o copiada sobre el cuadrito (señalado con el indicador del ratón) al lado de su nombre para quitarle la marquita y removerla de esta selección.**

Si la computadora que está usando para importar música de CDs no tiene una conexión al Internet, las canciones que usted desea importar o copiar a su computadora aparecerán en la ventana principal de iTunes como "Track01", "Track02", et cétera. Más adelante, cuando tenga una conexión al Internet, haga clic sobre la carpeta de "Music", después sobre cualquiera de las canciones en el panel de la derecha y en seguida sobre "Advance". Finalmente, haga clic sobre "Get CD Track Names" para que este programa busque sus nombres.

Cómo escuchar, organizar y hacer CDs con la música que importó o copió a iTunes

Ahora, la música que importó o copió a su computadora, y que fue organizada por el *software* de iTunes, estará disponible para ser escuchada en su computadora, quemada a CDs o bajada a un Apple iPod.

Para comenzar el proceso de escuchar la música guardada en la biblioteca de iTunes, debe abrir este programa siguiendo los pasos que corresponden al sistema operativo con el cual cuente su computadora.

En Windows Vista:

Haga clic sobre "Start" y escriba "iTunes". Después busque su nombre en la lista que ve debajo de "Programs", y haga clic.

En Windows XP:

Haga clic sobre "Start", lleve el indicador del ratón sobre "All Programs" y jálelo hacia la derecha y hacia arriba hasta llegar al grupo de programas iTunes. Después jálelo hacia la derecha sobre el icono de iTunes y haga clic.

Una vez que iTunes se abra, podrá comenzar a escuchar la música que guardó a su biblioteca de esta manera: haga clic sobre la carpeta "Music", y después haga doble clic sobre el nombre de cualquier canción en el panel a la derecha para comenzar a escuchar todas las canciones guardadas en ella. Por favor note que los botones que usará para trabajar con su música, en la parte superior izquierda de esta ventana, son parecidos a los controles que encontrará en un reproductor de CDs regular.

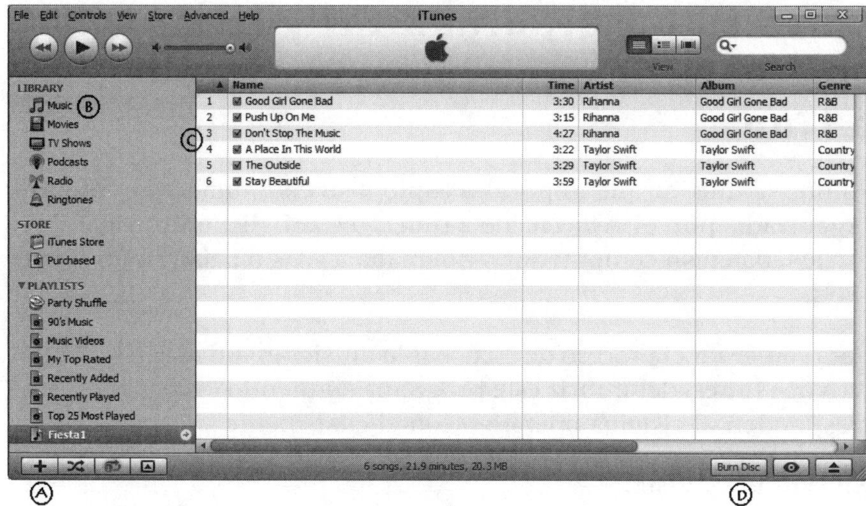

Cuando iTunes se abra, como puede ver en esta captura de pantalla que hice en mi computadora, le será posible escuchar su música, crear listas de sus canciones e inclusive quemar CDs con las canciones que creó en estas listas, de la siguiente manera:

Ⓐ Para crear una lista de canciones, comience haciendo clic sobre el símbolo "+" en la parte inferior de la pantalla de iTunes. Inmediatamente, escriba un nombre para éste en la casilla que aparece resaltada. Por último, haga clic en la ventana de la derecha.

Ⓑ Ahora haga clic sobre la carpeta de "Music" para ver la música que importó o copió a la biblioteca de iTunes. Después lleve el indicador del ratón sobre la lista de canciones y selecciónelas de esta manera:

- **Para seleccionar una sola canción, hágale clic.**
- **Para seleccionar varias canciones que están contiguas, como en la gráfica de arriba en la cual las primeras cinco canciones están juntas, haga clic sobre el nombre de la primera mientras sostiene la tecla SHIFT, y después haga clic sobre la última. Ahora retire sus manos del teclado.**
- **Inclusive puede seleccionar, como en el ejemplo de arriba, las cinco primeras canciones de un álbum y una más que no esté adyacente oprimiendo la tecla CTRL y haciendo clic sobre la canción adicional que desea añadir. Ahora retire sus manos del teclado.**

Ahora haga clic con el botón derecho del ratón sobre cualquiera de las canciones que seleccionó, y después jale el indicador del ratón hasta llegar a "Add to Playlist", y después un poco hacia la derecha o la izquierda (si la ve en este lado) y finalmente haga clic sobre el nombre de la compilación o "Playlist" a la cual quiere añadir esta(s) canción(es).

Ⓒ Si desea quemar un CD con la música que añadió a una de sus compilaciones o "Playlists", lo puede hacer de la siguiente manera: 1) haga clic sobre la lista debajo de "Playlist" cuya música quiere grabar a un CD, y 2) abra su unidad de CD o DVD, coloque un disco del tipo CD-R o CD-RW en ella, cierre su puerta y 3) haga clic sobre el botón de "Burn Disc" para grabar esta compilación o "Playlist".

Note, por favor, las marquitas al lado del nombre de cada canción. Si no desea quemar una de las canciones en esta lista, hágale clic antes de que esta sea quemada sobre el cuadrito al lado izquierdo de su nombre para quitarle la marquita, y removerla de esta selección.

NOTA

Este CD que quemó usando una selección de música que encontró en iTunes debe ser compatible con la mayoría de las unidades de CD que haya comprado recientemente.

Cómo usar iTunes con un iPod

El Apple iPod es sin lugar a duda el reproductor de multimedios de más popularidad en todo el mundo, y sirve tanto para guardar su música, como para ver —si tiene el modelo de iPod que le permite hacerlo— películas comerciales que compró en el Internet. En las páginas que siguen aprenderá a sincronizar la música y las películas que bajó a su biblioteca de iTunes a su iPod para que así la pueda escuchar o verlas directamente en el iPod. Y, por supuesto, iTunes es definitivamente el programa de preferencia para copiar música y películas a su iPod.

Sincronizar su iPod, como el iPod Nano que puede ver en la captura de pantalla de una página Web que encontré cuando estaba visitando la tienda virtual de la compañía Apple, es muy fácil de hacer siempre y cuando tenga el programa iTunes instalado en su computadora.

Pero antes de comenzar a trabajar con su iPod y iTunes, tenga muy en cuenta que un iPod sólo puede ser sincronizado con una sola biblioteca de iTunes a la vez, es decir, que si por cualquier motivo lo conecta a la computadora de un amigo o pariente, aunque sea por equivocación, y la computadora a la cual lo conectó tiene iTunes, entonces es muy importante que lea los mensajes que le da este programa para no sobrescribir las canciones que tenga guardadas en éste. Si no tiene cuidado y hace clic sobre uno de estos mensajes, es posible que reemplace cualquier cantidad de canciones (que pueden llegar a los miles) con, por ejemplo, 100 canciones que su amigo tiene en su computadora.

Por ejemplo, mire el próximo mensaje en la gráfica de adebajo que apareció en mi computadora cuando conecté el iPod de mi hija a ésta para añadirle unas canciones.

El mensaje es simple: iTunes me está avisando de que el iPod de Sara ésta sincronizado con otra biblioteca de iTunes, y que éste sólo puede ser sincronizado con una biblioteca al mismo tiempo. Por esto ahora me pregunta si deseo "Erase and Sync" o borrar y sincronizarlo con esta nueva biblioteca, haciendo clic sobre esta opción.

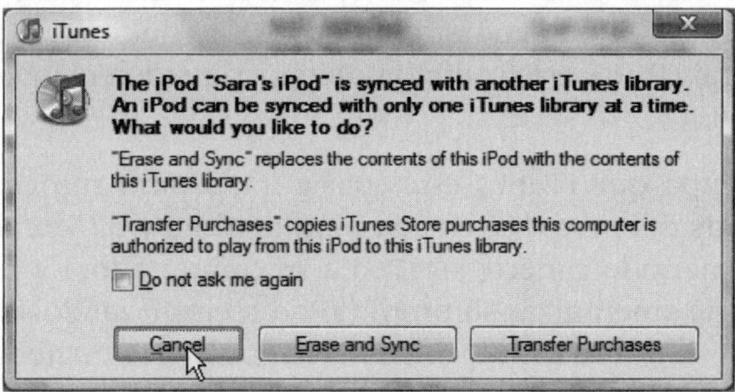

En este caso hice clic sobre "Cancel" para parar esta operación. Pero si en su caso usted quiere reemplazar los contenidos de este iPod con las canciones guardadas en la computadora donde acaba de conectar el iPod, entonces haga clic sobre "Erase and Sync" o borrar y sincronizar, lo que reemplazará las canciones que están guardadas en el iPod con las canciones guardadas en las carpetas de esta computadora asociadas con iTunes.

Cómo sincronizar la música que tiene en iTunes con un Apple iPod

Hay dos maneras de sincronizar la música y los vídeos guardados en su computadora y cuyos nombres aparecen en la lista de "Music" o "Vídeos" en iTunes, después de conectar un Apple iPod: automáticamente, y manualmente.

Es fácil de saber si su *software* de iTunes está configurado para ser automáticamente sincronizado para copiar las canciones o vídeos guardados en éste a cualquier iPod que sea conectado a la computadora:

- Cuando conecta un iPod nuevo a la computadora una ventana sale pidiéndole permiso para sincronizarlo.

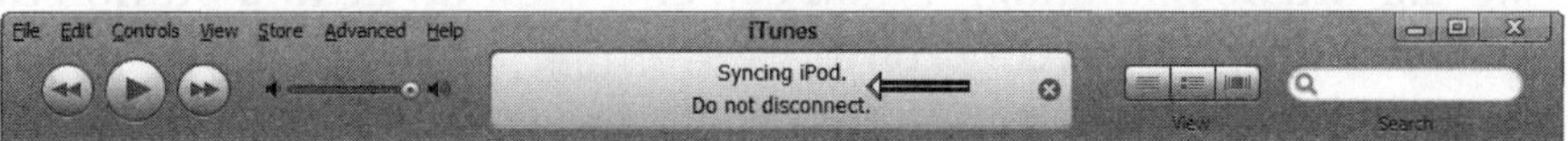

- Cuando conecta su iPod a la computadora, en la parte superior de la mitad de iTunes puede ver el mensaje "Syncing iPod, Do not disconnect". Cuando esta operación termine, le mostrará el mensaje "iPod Sync is complete, OK to disconnect". De otra manera, iTunes está configurado para ser sincronizado manualmente.

Si le preocupa que iTunes esté configurado para autosincronizarse con los iPods que se conecten a la computadora y tal vez alguien que lo visita a menudo conecte su iPod a su computadora y por equivocación acepte sincronizar su propio iPod reemplazando su selección, entonces deshabilite la autosincronización de esta manera:

1. Después de abrir iTunes, haga clic sobre "Edit" y después sobre "Preferences".
2. Ahora, haga clic sobre "Syncing" y finalmente, en la pestaña de opciones, haga clic sobre "Disable automatic syncing for all iPhone and iPods".

Cuando cambie la configuración de iTunes para ser sincronizado sólo manualmente con los iPods que conecta a la computadora, entonces tendrá que hacer clic sobre "Sync", como podrá ver el la próxima página, para sincronizarlos.

Esta es la manera de sincronizar manualmente, como puede ver en esta captura de pantalla, un iPod con el contenido de una biblioteca de iTunes después de conectarlo:

Ⓐ Para comenzar, fíjese en el nombre del iPod que está conectado a la computadora. Si éste no es el correcto, haga clic sobre el símbolo al lado derecho de la batería, escoja "Eject", quítelo y después conecte el que desea sincronizar.

Ⓑ Ahora, para empezar a sincronizar este iPod, haga clic sobre "Sync". Cuando este proceso termine, verá el mensaje "iPod Sync is complete, OK to disconnect."

Al final, es su decisión cual configuración para sincronizar los iPods que sean conectados a su computadora le conviene más escoger, si la automática o la manual. Mi recomendación es que, si tiene un iPod que no comparte con nadie, elija que éste sea sincronizado automáticamente cada vez que lo conecte a su computadora, para que así no tenga que preocuparse si su iPod tiene la última música que importó o copió de sus CDs o bajó del Internet a su computadora usando iTunes. Pero si a menudo tiene visitantes que tienen iPods, es preferible que iTunes sea configurado para sincronizar su música manualmente.

Cómo ajustar el volumen de la tarjeta de sonido en su computadora

Si usted no puede escuchar el sonido en los parlantes que le conectó a su computadora, se puede deber a que el volumen está muy bajo, o que el volumen de los parlantes está muy bajito. Esto es fácil de arreglar ajustando el volumen de su tarjeta de sonido desde el control que verá en la extrema derecha de la barra de tareas, en lo que se llama la bandeja de sistema o "System Tray".

Esta es la manera de ajustar el volumen, como puede ver en esta captura de pantalla, de su tarjeta de sonido:

1. Comience haciendo clic sobre el icono del parlante para abrir el ajuste de volumen.
2. Ahora una pequeña ventanita se abre. Para cambiar el volumen, lleve el indicador del ratón sobre el guía, y oprima y sostenga el botón izquierdo del ratón mientras lo jala hacia arriba para aumentar el volumen o para abajo para disminuirlo.

Para terminar, haga clic afuera de esta ventanita. Si esto no funciona, es decir, todavía no puede escuchar su música, entonces trate de ver si tiene algún problema con los parlantes que conectó a la salida de audio de la tarjeta de sonido de la computadora.

Para recordar

- En una computadora equipada para multimedios usted podrá ver imágenes, escuchar sonido y ver vídeos de casi cualquier formato de los archivos guardados en su computadora, de sus CDs o de sus DVDs, así como también de sitios Web (como por ejemplo www.YouTube.com) que usted visita en el Internet.
- El Media Player de Windows es el programa para usar archivos de multimedios incluido con Windows Vista y Windows XP.
- Si tiene dudas acerca de qué versión de Windows, Vista o XP, está instalada en su computadora, fíjese en el botón de comienzo o "Start": si es redondo, su computadora tiene Windows Vista, pero si es rectangular, su computadora tiene el sistema operativo Windows XP.
- Para importar o copiar la música que tiene en sus CDs, use el proceso "rip". Una de las ventajas de usar este programa es la facilidad con la cual le será posible crear diferentes compilaciones de música, de diferentes géneros, para cada situación, por ejemplo, para una cena íntima o un cumpleaños.
- Cuando una compilación o "Playlist" termine de tocar todas las canciones en ella, parará a menos que usted haga clic sobre el botón "Stop" o parar antes de que termine de reproducir todas las canciones que usted le añadió.
- Si usted no puede escuchar el sonido en los parlantes que le conectó a su computadora, esto se puede deber a que el volumen está muy bajo, o que el volumen de los parlantes —si estos están prendidos— está muy bajito.
- iTunes es el programa de preferencia para copiar música y películas a su iPod.

Introducción al Internet

El Internet

"Internet" es tal vez una de las palabras de más uso en casi todas las conversaciones que tienen que ver con computadoras hoy en día. Esta palabra se refiere al sistema de interconexión de computadoras que se ha venido efectuando durante los últimos años alrededor del mundo a través de líneas de teléfono o cables de fibra óptica. Esta red de computadoras, que ha causado una verdadera revolución en las comunicaciones mundiales, funciona casi de la misma manera que una red local de computadoras (LAN), con la diferencia de que el Internet opera a nivel mundial.

Si a veces usted ha tenido una pregunta acerca del Internet y no ha podido encontrar la respuesta a ella, recuerde lo siguiente:

- El Internet no le pertenece a ningún gobierno ni persona en particular.
- Las líneas de teléfono usadas para llevar la información pertenecen a su compañía local, o a una internacional, como por ejemplo AT&T. Pero no por esta razón se considera que estas compañías sean dueñas del Internet.
- La mayoría de la información en el Internet es gratuita; si alguien le quiere cobrar por la información, trate de buscar un servidor Web que no le cobre.
- El Internet está regulado por una asociación que también decide la asignación de territorios virtuales o "Domain Names", como por ejemplo *www.IBM.com.*

Hoy en día la gran mayoría de las compañías que pretenden hacer negocios alrededor del mundo tienen una presencia en el Internet. Desde bancos hasta floristerías, las personas de negocios se afanan por colocar el nombre de sus compañías en una página de entrada o "Home Page".

Historia abreviada del Internet

El Internet tuvo su comienzo en un proyecto del Ministerio de Defensa de los Estados Unidos en 1969 para crear una red de computadoras que no tuviera un sólo punto de falla en el caso de un ataque nuclear. A esta red de computadoras se le llamó "ARPA-Net". Fue la precursora del Internet, y a través de los años entidades y personas en diferentes países fueron conectándose a esta red que hoy conocemos como el Internet.

Al principio esta tecnología nueva llamada el Internet sólo fue usada por un número limitado de investigadores en sus sitios de trabajo como medio ideal para intercambiar ideas con sus colegas.

El Internet comenzó su auge en 1987, cuando, gracias a un protocolo de comunicaciones llamado TCP/IP o "Transfer Control Protocol/ Internet Protocol", la Fundación Nacional de Ciencias de los Estados Unidos permitió que muchas universidades y compañías se conectaran a sus super-computadoras.

Al principio usar el Internet era una hazaña de las comunicaciones debido a la baja velocidad de los módem (los dispositivos electrónicos que convierten la información de las computadoras en información que pueda ser enviada por la línea de teléfono y viceversa). Al principio sólamente podían enviar y recibir menos de una página de texto por segundo. Hoy en día un módem (de Internet por cable) puede enviar cerca de 500 páginas por segundo.

El número de usuarios que tiene actualmente el Internet ha permitido que compañías de mucho prestigio, como AT&T, se comprometan a mejorar las vías por las cuales circula la mayoría de la información que se puede enviar por el Internet.

El éxito del Internet ha sido tan extraordinario que en menos de ocho años, después de la salida al mercado de un obscuro producto para usar el Internet (el precursor de todos los navegadores, llamado Mosaic), existen hoy en día más de dos billones de usuarios de Internet que usan Internet Explorer o Mozilla Firefox.

El protocolo TCP/IP

Todos anhelamos por una sociedad ideal en que los individuos pueden disfrutar de una mayor libertad para pensar y comunicarse entre sí, a pesar de sus diferencias de idioma y de cultura. En el mundo de las computadoras sucede otro tanto, ya que un sistema ideal debe ser capaz de comunicarse con otro, aunque sea de diferente plataforma (por ejemplo, UNIX™, Macintosh y PC).

Al principio de los atños 80, un proyecto del Centro Europeo de Alta Energía (CERN) se avocó a resolver este problema, conectando diferentes computadoras con distintos sistemas operativos por medio de un protocolo llamado TCP/IP.

Un protocolo como TCP/IP funciona de la siguiente manera: imagine usted una ciudad donde existe gente de muchos países y donde se ha adoptado una regla de oro: no importa de qué país vengan, o qué idioma hablen; cuando se acerquen a la casa del Señor Sánchez deben tocar la puerta de la misma manera e identificarse ante él con un número único.

Por este motivo, se creó el TCP/IP. Sin él, las comunicaciones entre tantas computadoras diferentes serían tan difíciles como el problema de las lenguas que existió en la Torre de Babel. A este protocolo se le debe que el Internet sea uno de los medios de intercambio de información más importantes.

TCP/IP facilita que computadoras conectadas al Internet en diferentes partes del mundo puedan intercambiar información con la misma facilidad que computadoras conectadas a redes locales en un mismo edificio de oficinas.

La gráfica en la siguiente página ilustra la manera en que TCP/IP, sin intervención directa de los usuarios, le permite a dos personas en distintas partes del mundo, con sistemas distintos, enviar y recibir diferentes tipos de archivos con un margen de error muy pequeño.

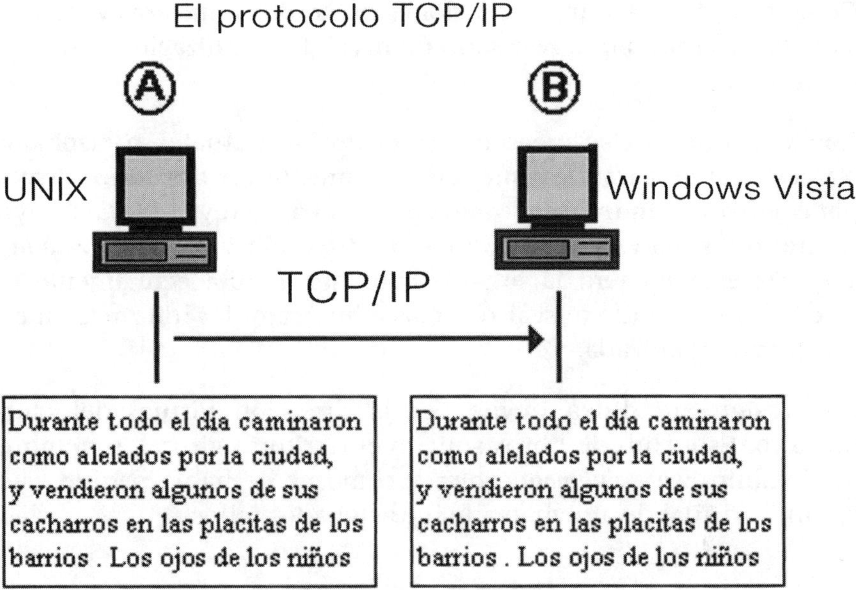
El protocolo TCP/IP
A
B
UNIX
Windows Vista
TCP/IP
Durante todo el día caminaron como alelados por la ciudad, y vendieron algunos de sus cacharros en las placitas de los barrios . Los ojos de los niños
Durante todo el día caminaron como alelados por la ciudad, y vendieron algunos de sus cacharros en las placitas de los barrios . Los ojos de los niños

Se puede observar lo siguiente:

- **A** Esta computadora con base en Francia (usando el sistema operativo UNIX™) y conectada al Internet por medio de un servicio en línea francés, envía un mensaje a una computadora conectada al Internet en los Estados Unidos.
- **B** Esta computadora en los Estados Unidos (usando Windows Vista), conectada al servidor de Internet America Online, recibe sin ningún problema la carta enviada por la computadora en Francia.

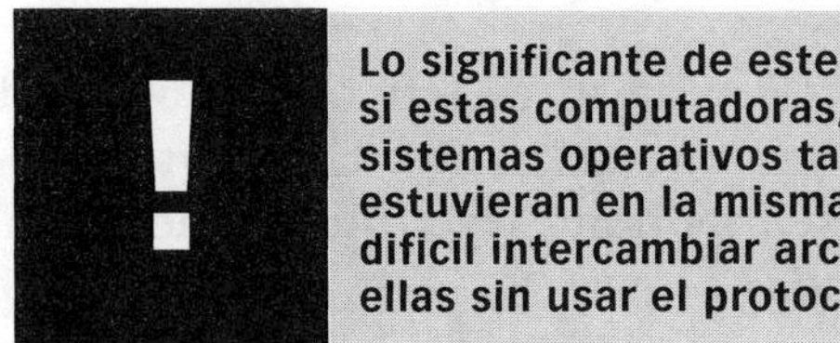

Lo significante de este hecho es que si estas computadoras, corriendo dos sistemas operativos tan diferentes, estuvieran en la misma mesa, sería difícil intercambiar archivos entre ellas sin usar el protocolo TCP/IP.

El concepto de los territorios virtuales o "Domain Names"

El Internet es un mundo virtual. Es decir, que no existe físicamente en un lugar determinado, sino que está compuesto por los millones de computadoras que lo usan todos los días.

Como en todas las demás situaciones que rodean nuestras vidas, ha sido desde el principio necesario un nivel de organización para evitar el caos.

Con este objetivo se crearon los territorios virtuales o "Domain Names"; así se garantiza que haya solamente un territorio virtual por compañía o individuo, como en el caso de la revista *Latina,* cuyo territorio virtual está señalado con la dirección virtual: *www.latina .com.* De esta manera la organización que regula actualmente el Internet nos permite buscar recursos e intercambiar información en una forma organizada.

En la siguiente línea puede ver la dirección virtual del club Mosaico. Este club de libros solicitó el territorio virtual, o nombre de dominio, *www.clubmosaico.com,* y como nadie había pedido este dominio virtual de antemano, le fue asignado a ellos.

www.clubmosaico.com

Esta dirección virtual es única, por esto cuando la escriba en la casilla de direcciones de un navegador en cualquier país del mundo donde se encuentre, a menos que el dominio virtual sea vendido y dejado de mantener, siempre visitará el mismo sitio Web.

Las direcciones Web o URLs

Una dirección Web o URL es la dirección virtual asignada a una página Web por la persona que la diseñó. Cada dirección Web es única; por esta razón es importante escribirla exactamente de la manera como le fue dictada.

Una vez que escriba la dirección Web y oprima la tecla de confirmar o ENTER, si esta es la dirección correcta, su navegador recibirá la orden de cargar esta página en el área de trabajo.

http://www.internetparatodos.com

Ⓐ Ⓑ Ⓒ Ⓓ

Siguiendo esta gráfica aprenderá a reconocer las diferentes partes de una dirección Web:

Ⓐ La primera parte es el protocolo, como por ejemplo "http", "https" o "ftp".

Ⓑ Este abreviativo denota que está buscando información en la red mundial, pero a veces esta parte de una dirección puede que no sea necesaria. Es decir, si escribe *http://internetparatodos.com,* sin el "www", el navegador abrirá la misma página.

Ⓒ Este es el nombre registrado del dominio.

Ⓓ Este es el nombre del sufijo que identifica el tipo de entidad a la que le pertenece este sitio Web. En el caso de *internetparatodos.com,* es ".com" que es el sufijo asignado a sitios comerciales.

Esta información le puede parecer muy técnica, pero es importante porque la dirección que aparece en la casilla de direcciones corresponde a la página Web que aparece en el área de trabajo de su navegador. Recuerde que esta dirección tiene que ser escrita exactamente de la manera como le fue dada. Por ejemplo, nunca asuma que la dirección virtual que le dieron termina con ".com", ya que muchas direcciones terminan con ".gov" u otros nombres.

¿Por qué le llaman al Internet "La autopista de la información"?

Este término se debe a una frase que usó el antiguo vicepresidente de los Estados Unidos Albert Gore, al referirse al Internet como una vía de comunicaciones virtual por medio de la cual sería mas rápido diseminar información.

Hoy en día el Internet es la fuente de información y de intercambio de ideas más importante creada por la humanidad.

Esta red fue usada al principio sólo por las universidades y centros de investigación. Y en algunos países latinoamericanos se han firmado acuerdos entre distintas organizaciones gubernamentales con el fín de que aún las escuelas de los sectores marginados tengan acceso al Internet.

Hoy en día esta "autopista de la información" está más congestionada todos los días. Mientras que pasaron 38 años hasta que la radio llegara a 50 millones de usuarios y 13 años para la televisión, el Internet sólo tomó 5 años para llegar a ese número de usuarios.

Recuerde que, aquí en los Estados Unidos, si no tiene servicio de Internet en su casa usando un proveedor de servicio al Internet o Internet Service Provider (ISP) casi todas las ciudades tienen en sus bibliotecas computadoras que le permiten usar el Internet con la misma facilidad que si tuviera una computadora en la casa.

NOTA

A pesar de que el Internet no tiene dueño, varias asociaciones sin fines de lucro están luchando para influenciar en forma positiva las decisiones que afectan la implementación de protocolos para el Internet. En esta forma esperan que el Internet siga siendo la fuente de conocimientos que es hoy, sin que se salga totalmente de control.

El modelo cliente-servidor y el Internet

El modelo en el cual se basa el Internet se llama el modelo cliente-servidor. Esto quiere decir que en el sistema algunas computadoras actúan como servidores (computadoras que permiten acceso a la información que está en sus discos duros) y otras computadoras actúan como clientes (las computadoras que buscan información en los diferentes servidores).

El Internet funciona de esta misma manera, sólo que con una cobertura más amplia. Hoy en día casi todas las compañías y los países del mundo tienen una presencia en el Internet.

Por ejemplo, la siguiente gráfica ilustra el proceso de obtener información con America Online sobre temas de interés a los hispanos.

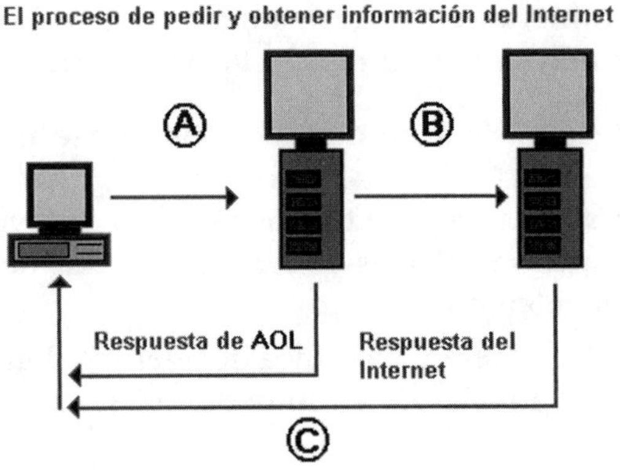

El proceso de pedir y obtener información del Internet

Ⓐ Ⓑ

Respuesta de AOL

Respuesta del Internet

Ⓒ

El proceso de obtener información funciona de la siguiente manera:

Ⓐ Una computadora (que llamaremos cliente) establece una conexión al proveedor de servicio al Internet (que llamaremos el servidor); a continuación el cliente abre un navegador y pide información.

Ⓑ En este momento el servidor comienza a recibir pedidos de información del cliente.

Ⓒ El servidor localiza la información que se le pide y la envía al cliente. Si la información no está al nivel del servidor de AOL éste seguirá buscándola hasta encontrarla en otro servidor. Por último, si la información no puede ser localizada por el servidor de AOL, éste enviará un mensaje de error indicando que no pudo encontrar la información y pedirá al cliente que localice algún posible error en la información de la solicitud inicial.

Las diferentes maneras de conectarse al Internet

Para usar el Internet debe conseguir acceso directo usando su propia cuenta o indirecto compartiendo una cuenta con los otros usuarios en su oficina. Después de un tiempo de usar el Internet, también se dará cuenta que la consideración más importante es la velocidad con la que recibe la información que solicite de páginas Web que esté visitando.

La manera más común de conseguir este servicio es usando un ISP. La mayoría de los ISP no le ofrecen mucho contenido. La excepción es America Online, que le ofrece mucho contenido personalizado, para lo cual es necesario usar el *software* de America Online.

Estas son las maneras más comunes de conectarse al Internet:

- *Dial-Up:* Usa una línea de teléfono regular y un módem. Este tipo de conexión, además de ser la más lenta, también ocupa su línea de teléfono.
- *DSL:* Usa un módem y una línea de teléfono digital. Este tipo de conexión, además de ser muy rápida, no ocupa su línea de teléfono.
- *Cable:* Necesita un módem y el mismo cable que trae la señal de la televisión.
- *Internet inalámbrico o "Wi-Fi":* Disponible en algunas bibliotecas o sitios en los cuales se encuentran puntos calientes o *hot spots,* los cuales le permiten entrar al Internet con su computadora portátil.

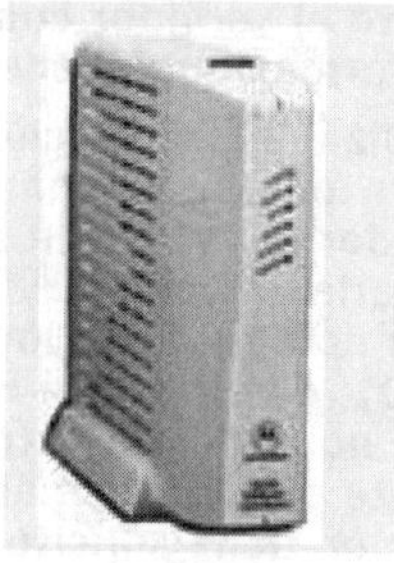

Una de las maneras más rápidas de conectarse al Internet es subscribiéndose al servicio de Internet por cable o DSL. Para conseguir este servicio es necesario usar un módem de cable o DSL, como el de esta gráfica.

En qué forma puede beneficiarle a usted el uso del Internet

Algunas personas pueden preguntarse: ¿cómo me puedo beneficiar con el Internet?

Las respuestas a esta pregunta tienen una variedad infinita. Uno de los ejemplos más simples es la oportunidad de hacer por Internet muchas tareas que antes implicaban colocarse en una fila y esperar su turno por minutos u horas.

A continuación encontrará algunos ejemplos de los múltiples usos para los cuales puede usted usar el Internet:

- Buscar trabajo, no sólo en el sitio en donde vive, sino en otros lugares.
- Balancear su chequera (conciliar su cuenta bancaria).
- Comprar pasajes de avión o comprar libros, juguetes, ropa, etc.
- Leer el periódico o la revista favorita de su país de origen.
- Buscar el mejor restaurante de la ciudad en la que vive o la ciudad que piensa visitar.
- Comunicarse con parientes y amigos en diferentes puntos del planeta.
- Averiguar el estado del tiempo y la tasa de cambio en el país que piensa visitar.
- Tomar cursos en varias universidades de su país o del exterior.
- Usar mapas y obtener indicaciones de cómo llegar de un lugar a otro.
- Bajar canciones a su reproductor de música (por ejemplo, su iPod o MP3).

Al principio el Internet parecía más una novelería de jóvenes y de cientificos excéntricos. Hoy en día es muy posible usar el Internet para trabajar desde su casa y usar la computadora de su trabajo sin salir de su alcoba.

Consideraciones de seguridad mientras usa el Internet

El Internet es uno de los medios de comunicación e intercambio de ideas con más usos en el mundo, y desde un par de años para acá muchas compañías han decidido hacer negocios en el Internet.

En un principio, el comercio en el Internet se limitaba a un monto de 500 millones de dólares; hoy en día esa figura es mucho más alta. Debido a la rapidez con la que se ha desarrollado el Internet, es explicable que se hubieran dejado de lado algunas consideraciones muy importantes de seguridad y que no fuera hasta que empezaron a aparecer problemas que las distintas compañías comenzaran a tomar medidas para asegurarse de que sus computadoras no fueran objeto de intrusiones por usuarios malintencionados.

Por eso hoy en día tenemos que estar conscientes sobre las diferentes precauciones que necesitamos tomar cuando usamos un navegador, como por ejemplo:

1. No haga clic sobre ninguna ventana del tipo *pop-up* —el tipo de ventana secundaria que se abre cuando está visitando un sitio Web— a menos que entienda qué es lo que le están ofreciendo.
2. Si tiene que hacer una compra a través del Internet, asegúrese que la dirección de la página que está visitando empiece con "https". De lo contrario puede ser que la página, por ejemplo la aplicación en la cual le piden que escriba su información personal, no sea completamente segura.

Nunca divulgue información personal acerca de usted o de su familia inmediata a nadie en el Internet a menos de que usted ya haya tenido experiencia con una compañía o tratos comerciales con ella en el pasado.

Para recordar

- El Internet no le pertenece a nadie, ni a ningún gobierno ni ninguna entidad en particular.
- El Internet tuvo sus comienzos en un proyecto del Ministerio de Defensa de los Estados Unidos en 1969.
- El protocolo TCP/IP ha sido uno de los factores más decisivos en que el Internet adquiriera el auge que tiene hoy.
- Para usar el Internet es necesario ser miembro de un servicio en línea, de un proveedor de servicio al Internet o usar una conexión a través de la red de su compañía o universidad.
- Nunca divulgue información personal a compañías, entidades o individuos que no le sean conocidos por experiencia personal o recomendados por alguien de confianza.

Cómo usar el Internet

Cómo conectar una computadora personal al Internet

Como pudo ver en el capítulo anterior, hoy en día existen varias maneras para conectarse al Internet. Si su computadora todavía no cuenta con acceso al Internet, la puede conectar al Internet usando un proveedor de servicio al Internet o ISP.

Siga estos pasos para conectar su computadora al Internet, usando una línea de teléfono:

1. Solicite el programa que le permite abrir una cuenta "Dial-Up" en el área donde vive, como por ejemplo America Online.
2. Una vez que reciba el programa, instálelo en su computadora siguiendo las instrucciones de éste. En este punto es muy importante que guarde la contraseña que eligió, ya que más tarde la puede necesitar.
3. Una vez que termine este proceso, le será posible entrar al Internet con sólo abrir el programa, escribir su contraseña y hacer clic sobre el botón "Sign On".

Si necesita que su computadora esté conectada al Internet a todo momento, inscríbase a un servicio de Internet por cable o uno de DSL de esta manera:

1. Llame a su compañía de cable, y pregúnteles qué clase de ofertas tienen para Internet por cable. Después haga lo mismo con su compañía de teléfono, y pregúnteles el costo del servicio DSL. Decida cuál de estos servicios le es más favorable, y por último solicite que la compañía que eligió le envíe el equipo para conectar su computadora al Internet.
2. Una vez que reciba el módem, siga las instrucciones que vienen con el equipo para conectarlo al Internet. Una vez que haya terminado de conectar el módem y de configurar su computadora, ésta permanecerá conectada al Internet mientras esté prendida, sin ningún paso adicional.

La diferencia consiste en que si elige una conexión de Internet por cable, su conexión va a ser mucho más rápida que si elige una conexión por línea de teléfono o "Dial-Up" a través de la línea de teléfono.

El lenguaje HTML

Texto resaltado de marcadores o "HTML" es un lenguaje usado para crear páginas en la Web. Estas páginas se pueden observar con un navegador, como por ejemplo Internet Explorer o Firefox.

La mayoría de los documentos publicados en la Web son escritos en este lenguaje. Esta clase de documentos se puede reconocer por la extensión HTM o HTML. Este lenguaje les permite a los diseñadores de páginas Web a crear enlaces de información, las cuales son archivadas en una computadora diferente situada en el mismo sitio de trabajo, o inclusive en un país remoto.

Source of: http://www.hisp.com/ - Netscape

```
<html>
<head>
<!-- Copyright 1996 -->
<!-- Copyright 1997 -->
<!-- Copyright 1998 -->
<BASE HREF="http://www.hisp.com/">
<font face="TIMES NEW ROMAN, TIMES, ARIAL, HELVETICA">
<title>HISPANIC Online</title>
<body background="images/back7.gif" BGCOLOR="#FFCD62" LI
</head>
<center>
<table border="0" cellpadding="0" cellspacing="0" width=
 <tr>
 <td align="center" valign="top" width="60">
 <font size="1"><A HREF="table.html"><img src="images/ta
 Issue!" BORDER=0 width="48" height="48"></A><p>This Mon
 <p><A HREF="chat.html"><img src="images/chat.gif" ALT="
 height="48"></A></p>
```

La gráfica de arriba muestra el código necesario para crear la página Web de entrada al sitio Web de *Internet para todos*. Para el usuario normal, todo esto sucede *automáticamente,* y usted no tiene que preocuparse en pensar cómo fue creada esta página.

¿Qué es "http"?

"Http" es la sigla del protocolo de control de hipertexto o "Hyper Text Control Protocol". Este es un protocolo de bajo rendimiento que se basa en el hecho de que toda la información necesaria para localizar documentos está contenida directamente en los mismos documentos. La idea no es nueva, por supuesto; para un usuario de una computadora equivale a la operación de consultar un libro con diferentes capítulos y encontrar en él referencias a otros capítulos del libro que está leyendo o de otros libros.

La Web se basa en la operación de "http" como medio de comunicarse con los usuarios de los navegadores. Técnicamente se puede decir que "http" es lo mismo que texto, con una diferencia importante: éste contiene la información acerca de cómo conectarse con otros archivos.

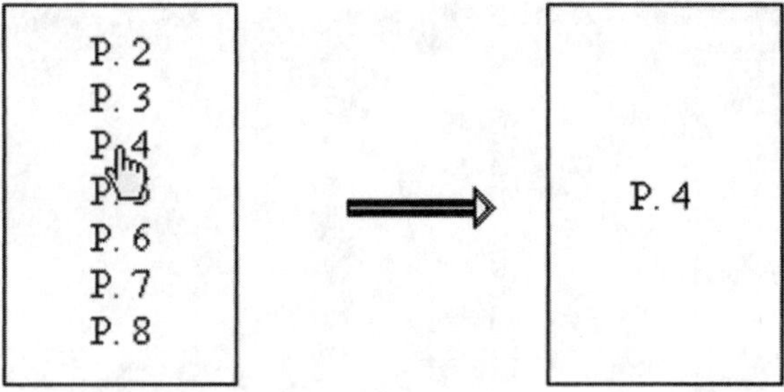

En un navegador, esta operación funciona en forma tan sencilla como voltear una página en el libro que está leyendo. Y así como al leer el libro verá algunas veces referencias a otra páginas, "Hypertext" hace lo mismo, pues le ordena al navegador ir a otra dirección virtual cuando usted elija el enlace que está escondido debajo del texto.

Esta página y la anterior acerca del HTML sólo se incluyen de manera informativa, ya que la manera como funciona este protocolo es casi transparente para el usuario de un navegador.

Cómo reconocer el hipertexto o "hypertext"

La manera de distinguir el texto común del hipertexto en una página Web es pasando el indicador del ratón por encima del texto. Usted puede observar por ejemplo que si pasa el indicador del ratón por encima del texto, el símbolo que representa el ratón no cambia. Si pasa éste encima de hipertexto en cambio, el indicador del ratón cambiará a una mano. En esta forma se dará cuenta claramente que detrás de este texto existe un enlace o *link* a una dirección virtual que podrá visitar si elige este nombre o símbolo.

Por ejemplo, si ordena a su navegador a visitar la dirección *http://gort.ucsd.edu/news/hc.html#other,* le será posible ver una lista de recursos de medios de información latinos, como puede ver en la siguiente gráfica. Si pasa el indicador del ratón encima del título "Latin American News Links", la flechita (que indica la posición del ratón en la pantalla) cambia a una pequeña mano. Esta es una señal de que si escoge este enlace, haciendo clic sobre él, visitará un sitio Web diferente.

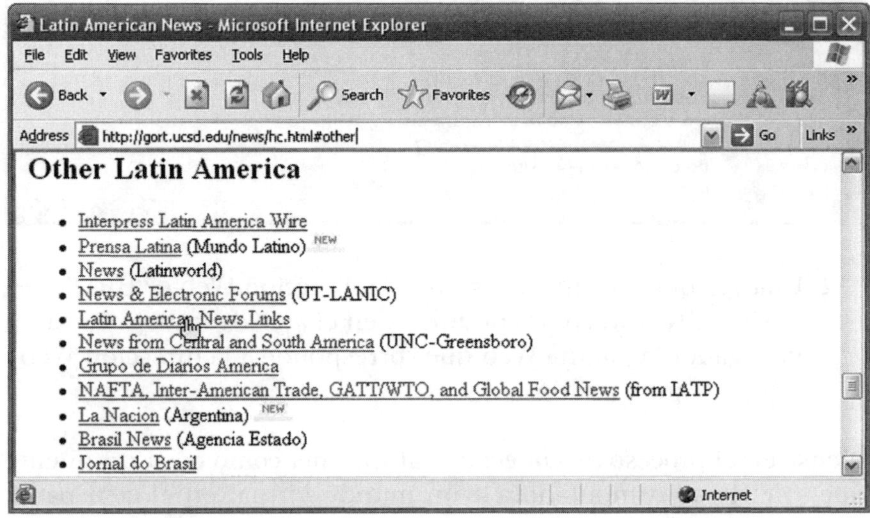

¿Qué es una dirección Web o "URL"?

Una dirección Web o URL es el localizador uniforme de recursos en el Internet o URL en la cual puede encontrar un sitio o una página

Web. Esta también se puede definir como la dirección virtual de un recurso, o sea de un individuo o de una compañía, en el Internet.

Por ejemplo, si desea buscar información en el sitio Web de Vintage Books, cuando escriba en la casilla para la dirección Web: *http://www.randomhouse.com/vintage/,* el navegador abrirá la página de entrada a este sitio Web.

Estos son los pasos para visitar sitios y páginas Web, escribiendo la dirección virtual de éstas directamente en la casilla de direcciones del navegador:

1. En un navegador, haga clic en la casilla de direcciones. Después escriba la dirección Web que desea visitar. Por ejemplo: *http://www.randomhouse.com/vintage/read/espanol.html.*

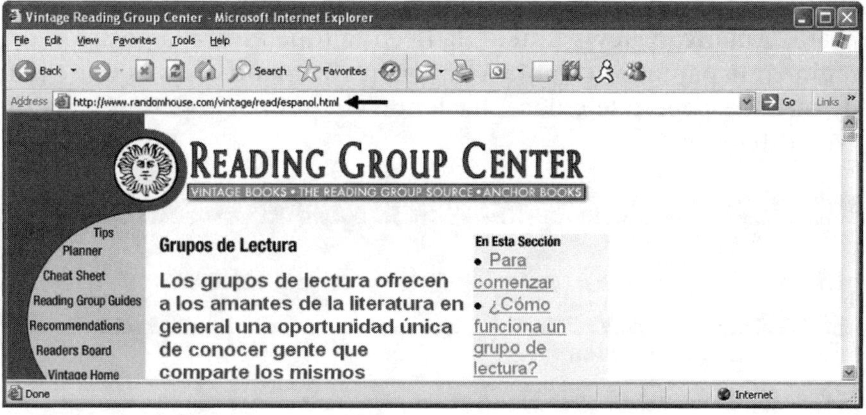

2. Una vez que termine de escribir la dirección Web o "URL", oprima ENTER. Ahora podrá ver en el área de trabajo de su navegador la página Web que corresponde a la dirección Web o "URL" que escribió.

Piense en el proceso de conectarse al Internet como crear un puente que sale de su computadora a un mundo virtual en el cual usted puede recibir noticias, aprender o comunicarse con sus seres queridos.

Cómo encontrar y usar redes WiFi de *hot spots* para conectarse al Internet

Usted tal vez habrá notado anuncios en hoteles y aeropuertos ofreciéndole "Free Wi-Fi" o cafés que tienen *hot spots,* que le permiten conectarse al Internet sin cargo alguno si tiene una computadora portátil con una tarjeta del tipo inalámbrico compatible o "Wireless". Esto puede ser especialmente útil si viaja muy a menudo y quiere revisar su correo mientras está viajando. Para conectarse a este tipo de red inalámbrica, si es abierta, sólo tiene que hacer un par de clics en su computadora.

Las instrucciones que siguen a continuación sólo le ayudarán si su computadora está configurada para que el sistema operativo Windows Vista o Windows XP administre sus conexiones inalámbricas. Pero si su tarjeta inalámbrica tiene su propio *software* y usted o la computadora vino configurada de esta manera para que este *software* administre la tarjeta inalámbrica, entonces use las instrucciones de ésta para conectarse a un *hot spot.*

Para comenzar este proceso de conectarse a una red Wi-Fi de un *hot spot,* siga los pasos de acuerdo a la versión del sistema operativo Windows que su computadora tenga.

En Windows Vista:

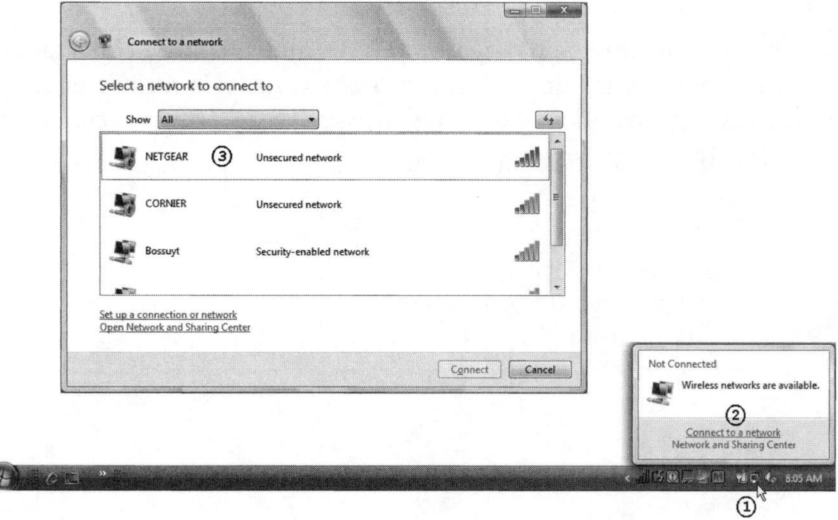

Si después de prender la computadora y esperar unos minutos todavía no puede conectarse al Internet (es decir, abre su navegador y sólo ve una página en blanco), entonces siga los siguientes pasos para conectarse a un *hot spot:*

1. Lleve el indicador sobre el icono de su conexión inalámbrica (éste se encuentra en la parte derecha de la barra de tareas o "Taskbar", y si todavía no está conectado al Internet, verá una *X* sobre él) y haga doble clic sobre él.
2. Ahora haga clic sobre "Connect to a network".
3. En la lista que se abre de *hot spots* que están disponibles, haga doble clic sobre el nombre al cual desea conectarse (por ejemplo, en Starbucks el servicio inalámbrico es proveído por la compañía T-Mobile). Si esta lista es larga y usted no sabe el nombre exacto del *hot spot* al cual debe conectarse, pregúntele a alguien que trabaja en el lugar que está visitando (por ejemplo, un café), que le averigüe su nombre. Por favor note en la gráfica de la página anterior que los *hot spots* que no están abiertos, y para los cuales necesita saber una combinación de letras o palabras, tienen una gráfica de un candadito al lado de su nombre. Ahora haga clic cuando vea el próximo mensaje que le avisa que ésta no es una conexión segura sobre "Connect anyway" (si la conexión es segura, usted necesitará escribir la contraseña de este *hot spot* antes de que le permita usarlo) y por último sobre "Close" o cerrar.

Ahora, cuando abra su navegador de Internet y trate de conectarse al Internet, debe tener una conexión. Pero si todavía no la tiene, siga los mismos pasos que vió en estas páginas, y trate de conectarse a un *hot spot* diferente para ver si si le funciona.

En Windows XP:

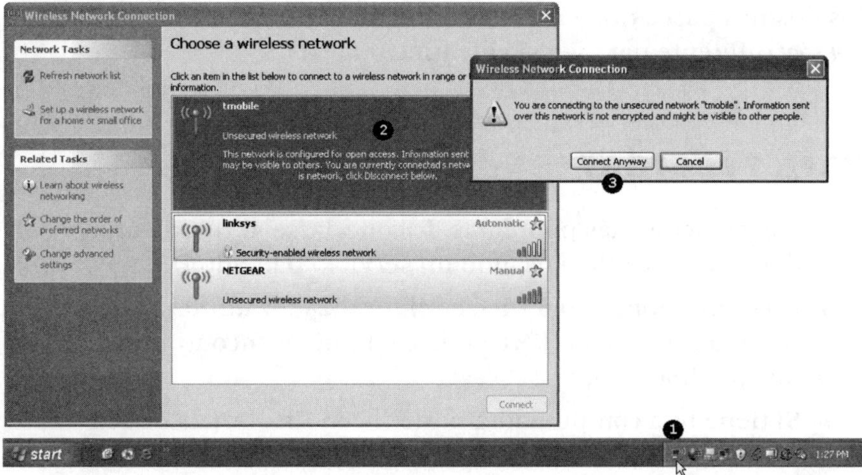

Si después de prender la computadora y esperar unos minutos todavía no puede conectarse al Internet (es decir, abre su navegador y sólo ve una página en blanco), entonces siga los siguientes pasos para conectarse a un *hot spot:*

1. Lleve el indicador sobre el icono de su conexión inalámbrica (este icono se encuentra en la parte derecha de la barra de tareas o "Taskbar" y si todavía no esta conectado al Internet, tendrá una *X* sobre él) y haga doble clic sobre él.
2. En la lista que se abre de *hot spots* que están disponibles, haga doble clic sobre el nombre al cual desea conectarse (por ejemplo, en Starbucks el servicio inalámbrico es proveído por la compañía T-Mobile). Si esta lista es larga y usted no sabe el nombre exacto del *hot spot* al cual debe conectarse, pregúntele a alguien que trabaja en el lugar que está visitando (por ejemplo, un café) que le averigüe su nombre. Por favor note en esta gráfica que los *hot spots* seguros, y para los cuales necesita saber una combinación de letras o palabras, tienen una gráfica de un candadito al lado de su nombre.
3. Ahora haga clic cuando vea el próximo mensaje que le avisa que ésta no es una conexión segura sobre "Connect anyway" (si la conexión es segura, usted necesitará escribir la contraseña de este *hot spot* antes de que le permita usarlo).

Ahora cuando abra su navegador de Internet y trate de conectarse al Internet debe tener una conexión. Pero si todavía no la tiene, siga los mismos pasos que vió en estas páginas, y trate de conectarse a un *hot spot* diferente para ver si si le funciona.

Para recordar

- Las maneras más populares de conectarse al Internet hoy en día son por cable o usando un servicio llamado DSL.
- Una dirección Web o URL es el localizador uniforme de recursos en el Internet o URL en la cual puede encontrar un sitio o una página Web.
- Si tiene una computadora portatil con una tarjeta de red inalámbrica y está de viaje, busque un *hot spot* que le de acceso al Internet de manera gratis.

21 Los navegadores

La red mundial o "World Wide Web"

La red mundial o "World Wide Web", que también se conoce como la "Web", tuvo su origen en marzo de 1989, cuando Tim Berners-Lee del CERN propuso un medio a través del cual se pudiera intercambiar información más eficientemente entre los distintos miembros de la organización, los cuales vivían y trabajaban en diferentes países.

El mayor instrumento para que la Web fuera una realidad es un protocolo llamado TCP/IP. Gracias a éste se pueden efectuar las transmisiones de información necesarias para hacer de la Web esta asombrosa red mundial de computadoras que tenemos hoy en día. Otro de los factores que han contribuido al éxito de la Web es el lenguaje de enlaces HTML; éste permite la combinación de todos los elementos que son visibles en un navegador.

Para usar la Web es necesario tener un programa llamado un navegador, como por ejemplo Mozilla Firefox 2.0 o Internet Explorer 7.0; éstos descifran todo el texto, el sonido y el vídeo enviados a través del Internet y los presentan al usuario en un formato parecido al de los demás programas para Windows.

La gráfica de abajo muestra los iconos que representan estos dos excelentes navegadores:

Para abrir uno de estos navegadores es suficiente hacer doble clic sobre el icono que lo representa, si está en el escritorio virtual o "Desktop", o sólo un clic si está en el menú de comienzo o "Start".

La diferencia entre un sitio Web y una página Web

A través de este libro usaré muchos términos que pueden ser nuevos para usted. Dos de estos términos que pueden confundirle fácilmente son "sitio Web" y "página Web".

¿Qué es un sitio Web? Por lo general un "sitio Web" se entiende como una o varias computadoras conectadas al Internet cuya función es administrar un dominio virtual asignado (como por ejemplo el dominio de *Internetparatodos.com*) y atender pedidos de información de computadoras de todas partes del mundo.

Una página Web es una de las páginas guardadas en una de las computadoras en un sitio Web. Un sitio Web, como por ejemplo *www.Microsoft.com,* puede tener miles de páginas Web.

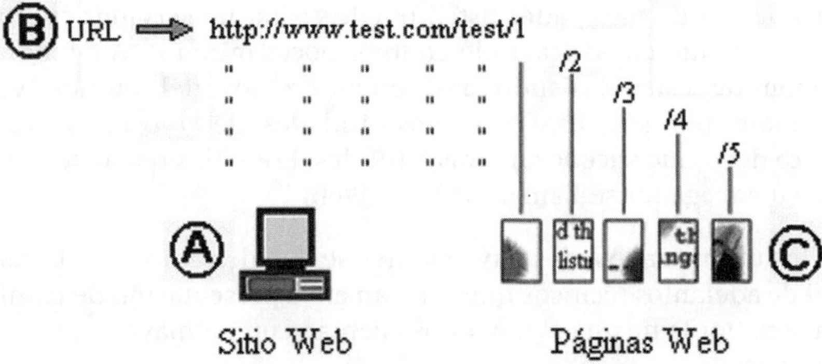

Siga la gráfica de arriba para entender mejor la diferencia entre un sitio Web y una página Web:

- **A** **Este es el sitio Web con la dirección Web o URL** ***http://www.test.com.*** **Este sitio Web consiste de cinco páginas Web.**
- **B** **Ahora note que la dirección Web de cada una de estas cinco páginas es parecida, y la única parte de la dirección Web que cambia en cada una es el último número.**
- **C** **Estas son las cinco páginas Web con direcciones virtuales desde** ***http://www.test.com/test/1*** **hasta** ***http://www.test.com/test/5.***

¿Qué es un navegador o "Browser"?

Un navegador o "Browser" es un programa que le permite hallar, bajar y mostrar archivos con texto, vídeo, sonido y todas la gráficas que comprenden una página virtual.

El navegador descifra internamente todas las instrucciones que recibe su computadora a través del Internet y las presenta en su pantalla como texto y gráficas.

El primer navegador que salió al mercado se llamó Mosaic, y fue el producto de un centro de investigación de la Universidad de Illinois. El éxito de este programa consistió en que tenía una plataforma gráfica que le permitía usar el indicador para buscar documentos en el Internet.

Hoy en día también existen compañías que usan navegadores para distribuir información internamente; las redes de este tipo se llaman "intranets".

Cuando usa un navegador usted puede visitar un servidor en Rusia y después otro en África, todo en unos pocos minutos. Así tendrá la ilusión de estar viajando a diferentes sitios del mundo y de expandir, por supuesto, sus posibilidades de informarse mejor acerca de lo que sucede en otras latitudes. Los sitios que usted visita con su navegador se llaman páginas Web.

En los últimos años, dos navegadores se han destacado por la cantidad de adelantos técnicos que utilizan en la presentación de la información. Por la misma razón, ellos cuentan con un mayor número de usuarios:

- Internet Explorer, de la compañía Microsoft.
- Firefox, de la fundación Mozilla.

En realidad ambos son tan buenos que hoy en día la mayoría de los usuarios del Internet prefieren usar uno de ellos.

Algunas de las cosas que puede hacer con un navegador

Hoy en día millones de personas entran al Internet para buscar noticias, comprar acciones, obtener información acerca de las vacaciones que piensan tomar y comunicarse con parientes, amigos o asociados alrededor del mundo. Todo esto, sorprendentemente, sin abandonar la casa u oficina.

Un navegador le permitirá efectuar un número indefinido de diligencias que en el pasado casi siempre le hubieran significado hacer un viaje y tal vez esperar en línea, o hacer cola, como decimos algunos latinos.

Un navegador tiene la ventaja adicional de ofrecer al usuario la posibilidad de buscar información en otras partes del mismo servidor, o de otros alrededor del mundo, los cuales son accesibles con sólo oprimir el botón izquierdo del indicador sobre el enlace.

En el futuro, muchas más funciones que todavía requieren su presencia podrán hacerse a través del Internet; la imaginación es el único límite real de los usos prácticos de esta nueva tecnología que promete cambiar en forma dramática el mundo en que vivimos.

Las siguientes son algunas de las funciones o diligencias que usted puede efectuar usando su navegador:

- Buscar un trabajo nuevo.
- Estudiar y tomar exámenes en línea.
- Leer los periódicos y revistas favoritos de su país de origen desde la casa u oficina.
- Buscar información acerca de casi todos los temas: empleo, aviación, cultura general, historia y muchos más.
- Conocer gente con intereses afines a los suyos.
- Comprar artículos, pasajes de avión y mercancía de casi todo tipo.
- Consultar reportes del tiempo.
- Planear sus próximas vacaciones.

El navegador Internet Explorer 6.0 de la compañía Microsoft

Internet Explorer 6.0 es distribuido en forma gratuita por la compañía Microsoft, como parte del sistema operativo Windows XP. Si tiene una versión anterior de este programa, como por ejemplo Internet Explorer 5.0, puede visitar el servidor Web de Microsoft y bajar una versión más reciente de este programa.

Si desea usar el navegador Internet Explorer 6.0 para navegar en la Web, es necesario que primero abra una conexión al Internet, usando su proveedor de servicio al Internet o ISP. Si dispone de una conexión al Internet con un módem de cable, esta conexión al Internet estará disponible sin ningún paso adicional, mientras la computadora esté prendida.

La gráfica de arriba ilustra la manera en que funciona una conexión al Internet. En un sentido, viajan los pedidos de información de su computadora y la respuesta regresa de un sitio Web a su computadora.

Internet Explorer

Una vez que establezca una conexión al Internet, haga clic sobre el símbolo de Internet Explorer en su escritorio virtual o "Desktop". Si el símbolo de Internet Explorer no está en su escritorio virtual, búsquelo llevando el indicador del ratón sobre el menú de comienzo o "Start", luego sobre "All Programs" y finalmente haga clic sobre el icono de Internet Explorer.

El navegador Internet Explorer 7.0 de la compañía Microsoft

La nueva versión 7.0 de Internet Explorer es la actualización más importante en cinco años que este programa ha recibido, y la diferencia principal que usted notará con versiones anteriores de este programa (como por ejemplo con el de Internet Explorer 6.0), es el uso de pestañas de página o "Page Tabs".

Las pestañas de página o "Page Tabs", como usted puede ver en esta captura de pantalla que hice en mi propia computadora, se abren al lado de la primera página que abrió en este navegador (en este ejemplo puede ver cuatro pestañas de páginas), para ayudarle a mantener las páginas que usted ha abierto disponibles. Por favor note que la pestaña de página o "Page Tab" seleccionada en esta a pantalla (vea la flecha) es la que lee "Welcome...", cuyo contenido llena el área principal de este navegador. Por ejemplo, si usted está en la página de entrada de un periódico en línea y ve un enlace que le interesa y le gustaría fácilmente regresar a su página de entrada, oprima y sujete la tecla CTRL.

Ahora, con muy pocas excepciones (por ejemplo, cuando está trabajando con su correo de AOL en el Internet, que se abrirá en una ventana nueva), una nueva pestaña de página o "Page Tab" será creada al lado de la que contiene este periódico en línea. Para ver la información en esta nueva pestaña de página o "Page Tab", sólo es necesario hacer clic sobre ella. Recuerde que si hace clic sobre un enlace, pero no presiona y sujeta la tecla CTRL, esta página nueva puede abrirse normalmente debajo de la misma pestaña de página o "Page Tab" en la que ha estado trabajando.

Ahora, si más tarde abre una sesión completamente nueva del navegador Internet Explorer 7.0 haciendo clic a su icono, una nueva copia del programa se abrirá en ventana separada.

Los nuevos botones de Internet Explorer 7.0

La mayoría de los botones en este navegador de Internet no han cambiado mucho con respecto a la versión anterior de este programa (la versión 6.0), aunque algunos de sus botones ahora están en diferentes partes de su barra de herramientas.

Esta es la descripción de algunos de los botones pertinentes en este nuevo navegador del Internet:

Ⓐ Las flechas de navegación (adelantar y regresar) le ayudarán a navegar entre las páginas que usted ya ha visitado (en la pestaña de página o "Page Tab" en el que usted está trabajando). Estas flechas están disponibles para realizar estas funciones sólo cuando están azuladas. Haga clic a la flecha de la izquierda para regresar una página y en el de la derecha para adelantar una página.

Ⓑ Esta es la barra de menús. Para habilitarla (si no la ve), haga clic con el botón derecho del ratón sobre el espacio debajo de la casilla de direcciones y después haga clic sobre "File Menu" para verla debajo de esta.

Ⓒ Haga clic sobre la *X* para parar de cargar una página Web que está tardando mucho en aparecer en su navegador, y después en el símbolo junto a ella (cargar de nuevo o "Refresh") o oprima la tecla F5 para volver a cargar una página.

Ⓓ Estas son las nuevas pestañas de página o "Page Tabs". Los contenidos de la pestaña de página o "Page Tab" más prominente (cuyo contenido usted ve en la página de entrada del navegador o "Home Page") serán de un color más azulado que las otras que usted ha abierto.

Ⓔ Haga clic sobre el botón de la página de entrada (Home) en la pestaña de página o "Page Tab" en la cual usted está trabajando para regresar a la página que usted ha designado como la página predeterminada (es decir, la página que usted ve cada vez que abre su navegador) en su navegador.

F Si hace clic en el botón de favoritos o "Favorites" (este tiene un símbolo de estrella) verá un panel que le muestra todos los sitios Web que usted ha guardado para regresar a ellos de una manera mas fácil. Para regresar a un sitio Web cuyo nombre usted ve en esta lista, haga clic sobre él. Para añadir un sitio Web a esta lista, haga clic sobre el signo de estrella y después en el menú que se abre clic haga clic sobre añadir a favoritos o "Add a Favorite" y después haga clic sobre añadir o "Add". Si usted añadió el menú de archivos o "File Menu" a este navegador, también puede hacer clic sobre las opciones del menú de favoritos para trabajar con esta función de la misma manera que lo hace en Internet Explorer 6.0.

Si usted es un usuario de Internet por cable o DSL y su cliente de correo electrónico es Outlook o Outlook Express, haga clic en el botón de página o "Page" y verá algunas opciones disponibles. Haciendo clic sobre ellas, usted conducirá algunas opciones que le son disponibles, como por ejemplo hacer clic sobre enviar página por correo electrónico o "Send Page by E-mail" o enviar enlace por correo electrónico o "Send Link by E-mail". Haga clic sobre el icono de imprimir o "Print" para imprimir todas las páginas de la página Web con la cual está trabajando.

Cómo trabajar con la nueva función de pestañas de página o "Page Tabs" en Internet Explorer 7.0

Para trabajar con una nueva pestaña de página o "Page Tab" o una que usted ha abierto antes, simplemente haga clic sobre su título. Si usted no está seguro de cuál de las pestañas o "Tabs" corresponde a la página a la cual desea regresar, entonces lentamente lleve el indicador del ratón sobre las pestañas de página, y esta información será exhibida.

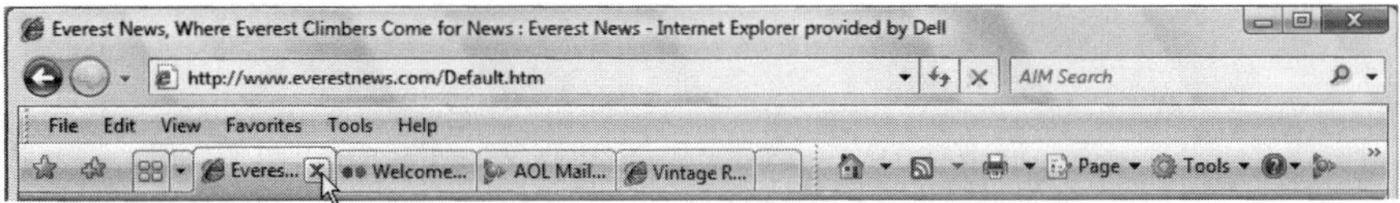

Para cerrar una sola pestaña de página o "Page Tab", haga clic sobre la *X* junto a su nombre.

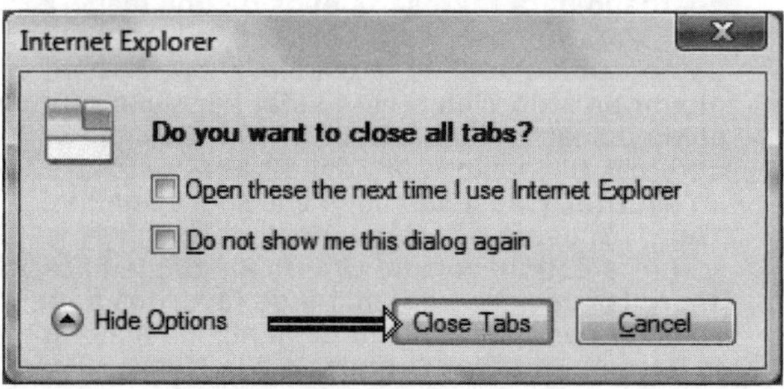

Adicionalmente, cuando usted intenta cerrar este navegador de Internet haciendo clic sobre la *X* en la esquina superior derecha de la ventana del navegador, verá una ventana de diálogo que le pregunta: "¿quiere cerrar todas las pestañas de página?" o "Do you want to close all tabs?" Si usted hace clic sobre cerrar pestañas o "Close Tabs" cerrará todas las pestañas. De otra manera, haga clic sobre mostrar más opciones o "Show Options" y después haga clic sobre la selección "Open these the next time..." o "Abra estas páginas la próxima vez...", para que estas se abran automáticamente la próxima vez que abra el navegador.

La página de entrada o "Home Page" de Internet Explorer 6.0

En la siguiente gráfica puede ver la ventana del navegador Internet Explorer 6.0. En este momento el navegador está recibiendo información del servidor Web de la compañía Vintage.

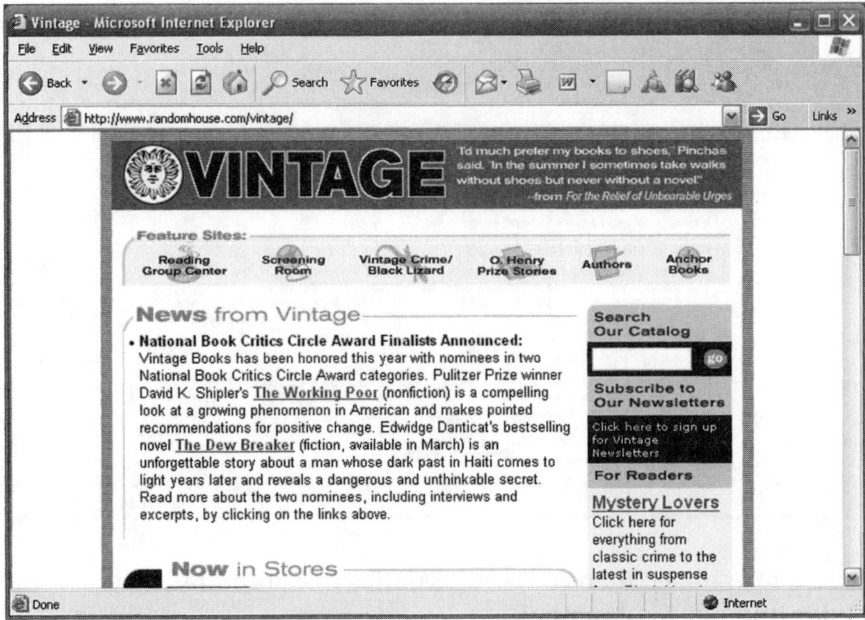

La versión 6.0 de este navegador, que viene incluida con el sistema operativo Windows XP, es mucho más segura que versiones anteriores, como la version 5.0.

Estas son las partes principales con las cuales es útil familiarizarse para aprender a trabajar con el navegador Internet Explorer 6.0. Recuerde que visitar sitios Web con la versión 6.0 de este navegador se realiza de casi la misma manera a como se trabajaba en versiones anteriores, como por ejemplo la versión 5.0 de Internet Explorer.

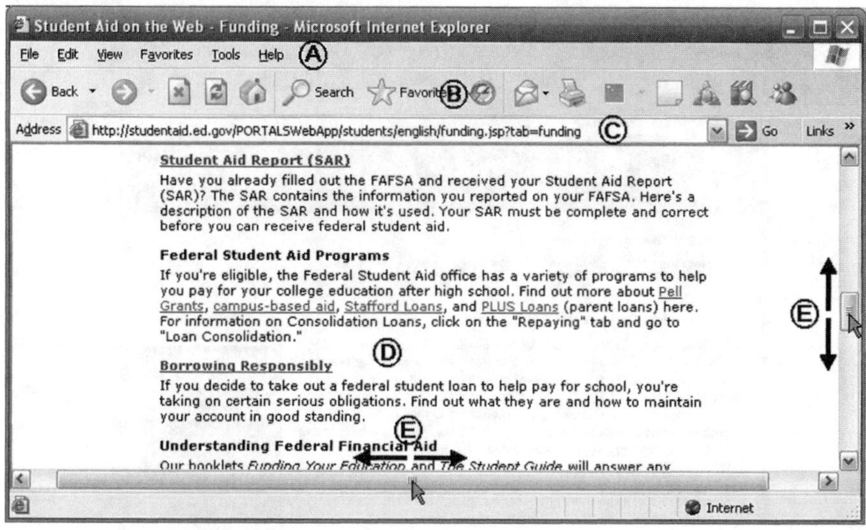

Siga esta gráfica para reconocer las partes más importantes del navegador Internet Explorer 6.0:

- **A** **Esta es la barra de menús.**
- **B** **Esta es la barra de herramientas.**
- **C** **Esta es la casilla para escribir la dirección de la página Web que desea visitar.**
- **D** **Este es el área de trabajo.**
- **E** **Haga clic sobre estas guías (al lado de las flechas), mientras mantiene el botón izquierdo del ratón oprimido. Por ejemplo, mueva la guía horizontal de un lado a otro para revelar partes de una página Web que parecen estar escondidas en su navegador. Mueva la guía verticalmente, de arriba abajo, si desea adelantarse una página o regresar a la página anterior.**

Por ejemplo, si está mirando una página Web de 30 hojas, también le será posible adelantarse o regresar a una página Web usando las teclas HOME, PAGE DOWN o PAGE UP.

Los menús de funciones en Internet Explorer 6.0

Usando la barra de menús es posible realizar la mayoría de funciones necesarias para usar este navegador. La barra de menús se puede usar con el ratón o con el teclado. Con el ratón es suficiente hacer clic sobre el nombre del menú con el cual desea trabajar, y con el teclado presione la tecla ALT, y después oprima la letra que está subrayada en el menú con el cual desea trabajar.

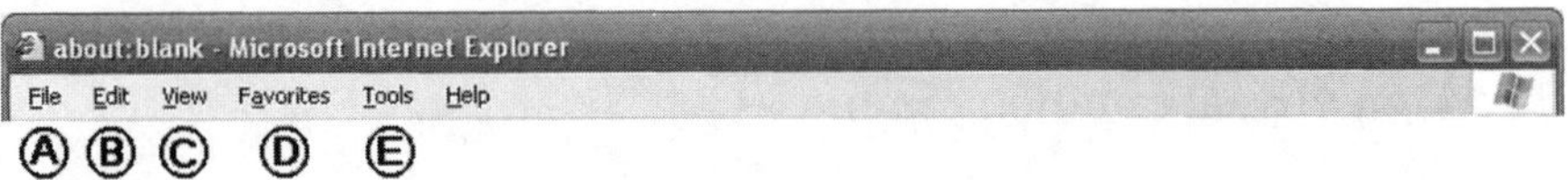

Siga estos ejemplos para familiarizarse con la barra de menús en este navegador, haciendo clic una vez sobre el nombre del menú con el cual desea trabajar. Después un menú desplegable se abrirá revelándole más opciones, en las cuales también puede hacer selecciones con sólo hacer clic sobre el nombre de la selección que desea usar:

Ⓐ Por ejemplo, haga clic sobre "File" para encontrar el menú de imprimir una página Web, y después clic sobre "Print". Si desea usar el teclado para abrir este menú, sostenga la tecla ALT y después la tecla F.

Ⓑ Si hace clic sobre "Edit", verá la opción para seleccionar todas las páginas o para buscar información en una sola página haciendo clic sobre "Find".

Ⓒ Cuando hace clic sobre "View", aparecen más opciones útiles para cambiar la manera como el navegador le presenta información. Por ejemplo, si hace clic sobre "View", y después sobre "Text Size", puede cambiar el tamaño de las letras que aparecen en su navegador.

Ⓓ Cuando hace clic sobre sus sitios favoritos o "Favorites", el navegador le presenta varias opciones para trabajar con la lista de los sitios Web que visita a menudo.

Ⓔ Cuando hace clic sobre el menú de herramientas o "Tools", tendrá acceso a varias opciones, como por ejemplo la opción para limitar las ventanitas o *pop-ups*.

Recuerde que una de las ventajas de usar el sistema operativo de Microsoft Windows es que muchos programas funcionan de manera similar; por este motivo si aprende a usar los comandos básicos en un programa, como imprimir y buscar texto, es muy posible que este conocimiento le sirva cuando usa otro programa, como por ejemplo este navegador.

La casilla de direcciones o "Address" en Internet Explorer 6.0

La casilla de direcciones es el espacio en el navegador donde va la dirección virtual o URL de las páginas Web que desee visitar. Note que cuando está navegando el Internet y cambia de página Web, la dirección virtual también cambia.

Si quiere, piense en esta acción, la de escribir la dirección de una página Web en esta casilla y de oprimir la tecla de confirmar o ENTER, como tocar a la puerta en una casa. A veces alguien abrirá la puerta, y a veces puede que no encuentre a nadie. Si por equivocación entra a un lugar diferente y algo desagradable aparece en su pantalla, cierre el navegador haciendo clic en la *X* en la esquina superior derecha.

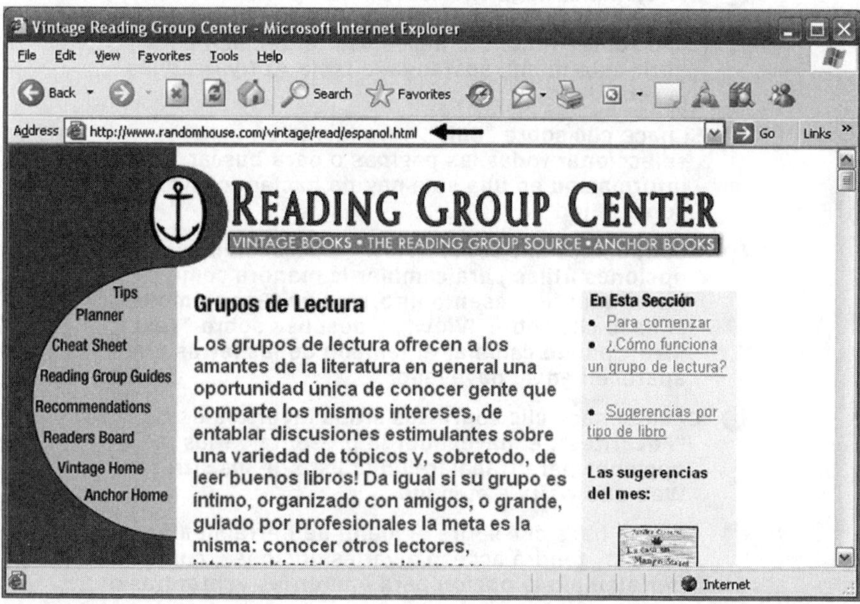

En la gráfica de arriba puede ver la casilla de direcciones, señalada por la flecha, en Internet Explorer 6.0. El contenido en el área de trabajo (la página del Grupo de Lectura de Vintage Books), corresponde a la dirección en la casilla de direcciones (*http://www.randomhouse.com/vintage/read/espanol.html*).

La barra de herramientas o "Toolbar" en Internet Explorer 6.0

Como casi todos los programas para el sistema operativo Windows, este navegador cuenta con lo que se llaman barras de herramientas o "Toolbars". Estas están compuestas de iconos o símbolos que, cuando usted hace clic sobre ellos, le permiten efectuar un número de funciones usando solamente el ratón.

Para usar la barra de herramientas, lleve el indicador encima del icono con el cual desea trabajar, y haga clic sobre él (oprimiendo el botón izquierdo una vez). Estos son los iconos más útiles, y su función, en esta barra de herramientas:

Ⓐ Haga clic sobre estas flechas para avanzar o regresar a páginas que haya visitado previamente en un sitio Web. Por ejemplo, si hace clic sobre la flecha de la izquierda ("Back"), regresará a la página que visitó anteriormente, y si hace clic sobre la flecha de la derecha ("Forward") se adelantará a una página que ya visitó previamente.

Ⓑ Haga clic sobre el símbolo de *X* si una página está tomándose mucho tiempo en cargar; a veces es necesario llevar el ratón a este símbolo y después a "Refresh" para entrar a una página virtual.

Ⓒ Haga clic sobre el símbolo "Refresh" para intentar cargar de nuevo la página virtual que está tratando de ver.

Ⓓ Haga clic sobre el símbolo de "Home" para regresar a la página de entrada ("Home Page") que el navegador abre al principio.

Ⓔ Haga clic sobre el símbolo de "Print" si desea imprimir.

La mayoría de las funciones que se realizan haciendo clic sobre estos iconos, como por ejemplo imprimir, también se pueden realizar desde el menú de archivos o "File Menu".

El área de trabajo o "Workspace" en Internet Explorer 6.0

El área de trabajo en un navegador se puede considerar como la ventana al resto del mundo cibernético, pues no importa dónde esté usando este navegador, usted podrá tener acceso (si el Internet no está filtrado) a casi todos los recursos que el Internet ofrece.

Por ejemplo, en la gráfica de abajo puede ver la página de entrada al sitio Web de Vintage Books:

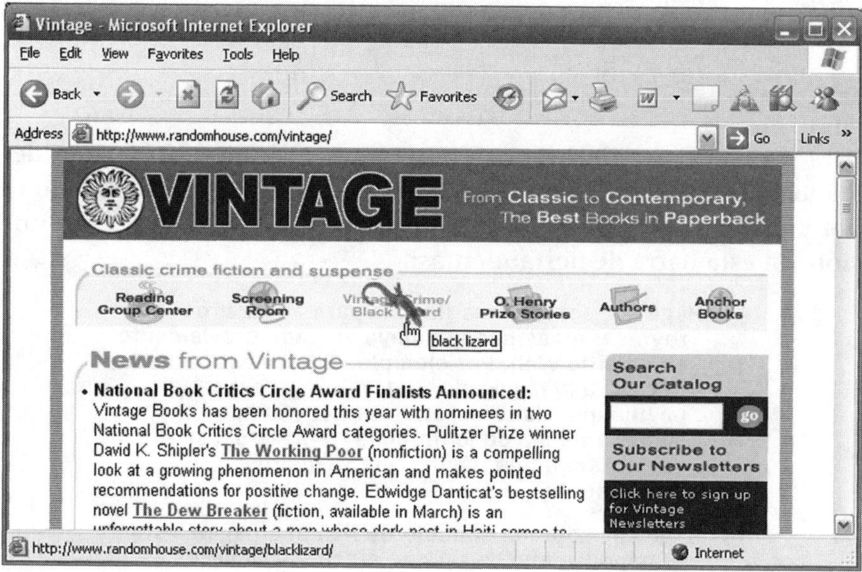

Desde esta ventana es de donde usted envía y recibe la información que le permite ser un ciudadano virtual de esta gran comunidad de usuarios del Internet.

Note que cuando mueve el indicador del ratón por esta ventana, el símbolo de la flecha va a cambiar algunas veces a una pequeña mano; esto le indica que éste es un enlace, y si hace clic sobre él, el navegador le mostrará una página Web en el mismo sitio Web que está visitando u otra página Web en otro sitio Web en otra parte del mundo.

Cómo regresar a las páginas Web que visitó recientemente con Internet Explorer 6.0

En este navegador es muy fácil regresar a sitios Web sin necesidad de recordar y escribir las direcciones Web o URLs que visitó recientemente, ya que puede exhibir su dirección virtual o URL en la casilla de direcciones, siempre y cuando su navegador esté configurado para guardarlos.

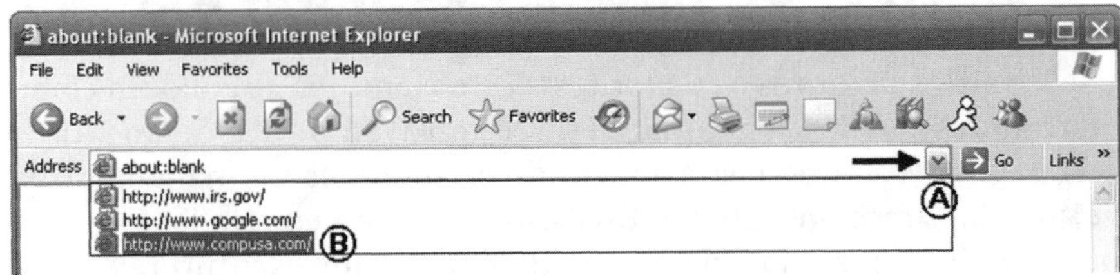

Siga estos pasos para regresar a un sitio Web que haya visitado recientemente, sin necesidad de tener que escribir la dirección virtual o URL de éste:

Ⓐ Primero haga clic sobre este símbolo, indicado por la flecha, para ver la lista de los sitios Web que ha visitado en los últimos días.

Ⓑ Esta es la lista de las direcciones Web o URLs de los sitios que ha visitado en los últimos días. Si desea regresar a un sitio determinado, lleve el ratón sobre el enlace y oprima el botón izquierdo una vez.

Esta lista cambia de acuerdo a la cantidad de sitios Web que visita. Si casi nunca ve los sitios que ha visitado el día anterior, puede ser que su navegador esté configurado para borrar en vez de guardar estas direcciones después de un número determinado de días.

Para pedirle a su navegador que las guarde por más tiempo, haga clic sobre el menú de herramientas o "Tools", y después "Internet Options":

1. En esta ventana de herramientas, revise debajo de historia o "History" el número de días que su navegador guarda las direcciones de los sitios Web que visita.

2. Para cambiar el número de días, escríbalo o haga clic sobre las guías al lado del número. Si desea borrar esta lista haga clic sobre borrar lista o "Clear List".

Para cerrar esta ventana haga clic sobre "OK", u oprima la tecla ENTER. En Windows XP la lista de los sitios Web que visita es privada para cada usuario de la computadora.

Cómo trabajar con los sitios favoritos o "Favorites" en Internet Explorer 6.0

Use los sitios favoritos o "Favorites" (estos también se conocen como marcadores), si desea guardar la dirección Web o URL de un sitio o una página Web que visita a menudo en una lista permanente. Una vez que la dirección virtual o URL esté guardada en esta lista, le será posible regresar a ella sin necesidad de tener que escribirla.

Siga el siguiente ejemplo para aprender a usar los marcadores en Internet Explorer 6.0:

1. Haga doble clic sobre el icono de Internet Explorer 6.0 para abrirlo en su escritorio virtual o "Desktop", o sólo un clic sobre el icono de éste en el menú de comienzo o "Start".

2. Ahora haga clic en frente de "Address" y después escriba la dirección virtual del servidor Web que desea visitar. En este ejemplo visitaremos el servidor de la NASA con dirección virtual *http://www.Nasa.gov.* Cuando termine de escribir esta dirección, oprima la tecla de confirmar o ENTER para ordenarle al navegador que cargue el contenido de esta página Web en el área de trabajo de este navegador.

Note cómo la dirección que escribió en la casilla de direcciones, después de que oprimió ENTER, cambió a: *http://www.nasa.gov/externalflash/Anniversary_VisMar/index_noaccess.html.* Los servidores Web a veces hacen eso para dirigir el tráfico a una página que han diseñado mejor. Mientras la nueva dirección empiece con *http://www.nasa.gov/* no hay problema.

3. Ahora si desea guardar esta dirección virtual o URL para regresar a visitar este servidor Web en otra oportunidad, haga clic sobre favoritos o "Favorites", y después sobre añada a favoritos o "Add to Favorites".

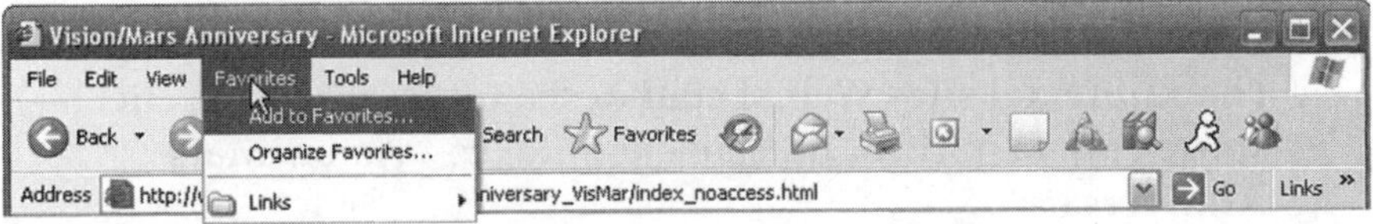

Ahora otra ventana se abre, pidiéndole que confirme que desea guardar esta dirección virtual en su lista de favoritos.

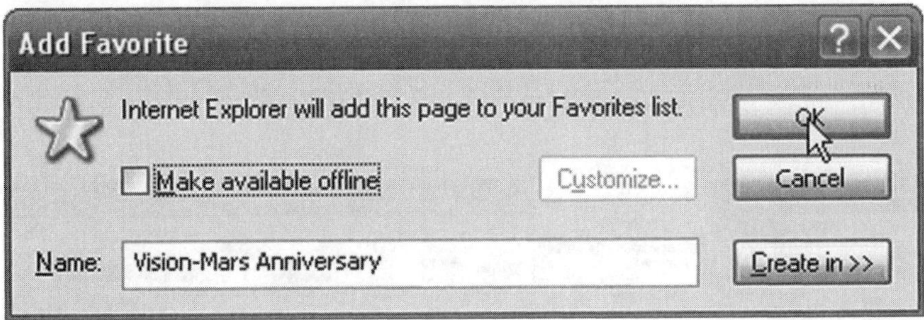

4. Finalmente haga clic sobre "OK" para guardar esta dirección Web. Ahora esta dirección Web permanecerá disponible hasta el momento en que la borre.

Recuerde que cuando guarde la dirección virtual o URL de un sitio Web al cual desea regresar en otra oportunidad, y usa Windows 98, ésta también estará disponible para cualquier otra persona que use la computara. Si usa Windows XP, la lista de favoritos o "Favorites" no estará disponible para otros usuarios que entren a la computadora con nombres de usuarios diferentes.

Si en un futuro desea regresar a este sitio Web lo puede hacer muy fácilmente, de esta manera:

1. Abra Internet Explorer, si este navegador no está abierto ya, y haga clic sobre su lista de favoritos o "Favorites".

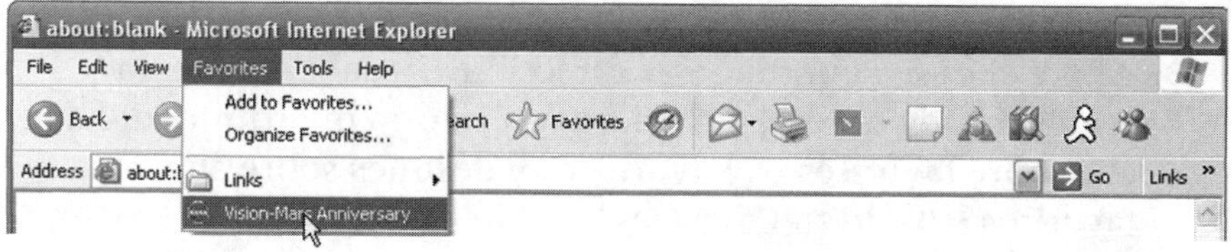

2. Ahora busque, en la lista que aparece en el menú desplegable, el nombre del sitio Web al cual desea regresar, y haga clic sobre él para abrirlo. En este ejemplo, es "Vision-Mars Anniversary".

Para borrar permanentemente una dirección Web que haya guardado previamente en la lista de favoritos en este navegador, haga clic sobre el menú desplegable de "Favorites".

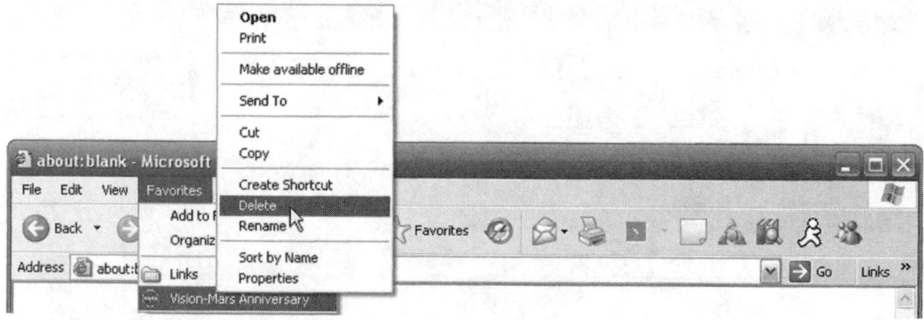

Después haga clic con el botón derecho del ratón sobre la dirección Web que desea borrar de esta lista, en este caso "Vision-Mars Anniversary", y después en el próximo menú que aparece haga clic sobre "Delete" para borrarla, y por último oprima la tecla de confirmar o ENTER.

Para recordar

- La Web es la plataforma de trabajo de más uso en el Internet.
- Los navegadores son las herramientas de trabajo más importantes para usar la Web.
- Usando un navegador, puede realizar un número indefinido de operaciones o diligencias que antes le exigían hacer un viaje fuera de su casa y muchas veces esperar en línea.
- Los dos navegadores de más uso hoy en día son Internet Explorer y Firefox.
- El área de trabajo de un navegador conectado al Internet es como una ventana al resto del mundo virtual.
- Si desea visitar un servidor Web de nuevo, añádalo a su lista de favoritos.
- Cuando pase el indicador en un navegador por encima de "Hypertext", el símbolo del indicador cambiará a una mano para indicar un enlace o *link*.

Cómo navegar la Web

Cómo navegar la Web o "Surf the Web"

No se sabe con seguridad quién fue el primero que utilizó el término "surf the Web". Pero lo importante es que se usa actualmente en diferentes idiomas, y en casi todos los países del mundo, para describir las distintas operaciones que efectuamos a través del Internet o para localizar diferentes clases de información utilizando este medio.

Recordemos que cuando Cristóbal Colón descubrió el nuevo mundo, su viaje le tomó más de dos meses. Pues bien, hoy en día es posible visitar todavía más países desde la comodidad de su casa sin tener que seguir la ruta de Colón y subirse en una carabela.

Las reglas básicas para la navegación en la Web son las siguientes:

- Disponer de una computadora personal o un sistema que le permita acceso al Internet.
- Usar un navegador.
- Contar con una conexión directa o indirecta al Internet.

En las próximas páginas aprenderá a navegar la Web, lo que podrá hacer con su navegador de preferencia, ya sea Internet Explorer 6.0 o Firefox.

En la gráfica de arriba puede ver los iconos de Internet Explorer y Mozilla Firefox. La manita que aparece cuando mueve el indicador del ratón sobre una página Web le avisa que éste es un enlace o *link*, y que cuando haga clic sobre él, el navegador cambiará de página Web en el mismo sitio Web, o en otro externo (que puede inclusive estar en otro país); a esto se debe el dicho de que está "navegando la Web". Todo esto, por supuesto, sin necesidad de salir de su casa o usar el pequeño velero.

Cómo navegar la Web usando las direcciones virtuales o URLs

La manera más común de visitar un sitio, o una página Web, es escribiendo directamente la dirección virtual o URL en la casilla de direcciones del propio navegador.

Las instrucciones que siguen funcionan de la misma manera en todos los programas diseñados para navegar la Web.

En la gráfica de abajo puede ver la casilla de direcciones virtuales del navegador Internet Explorer 6.0.

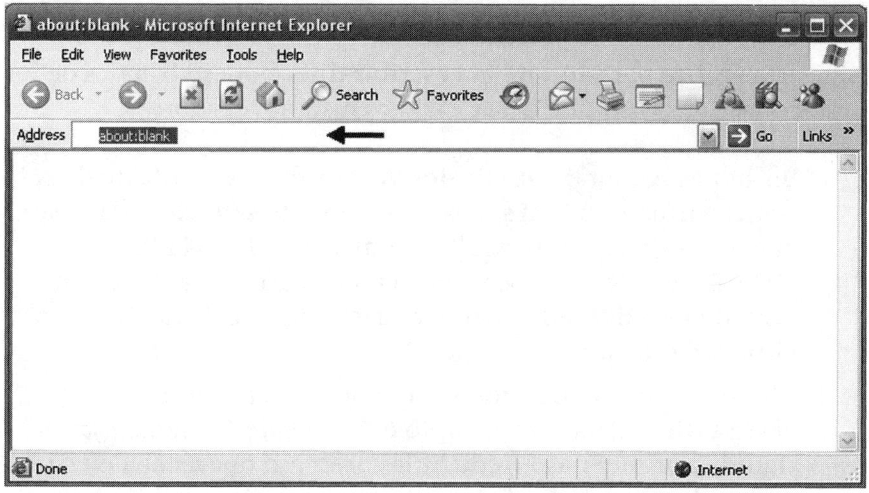

En la casilla, indicada por la flecha, escriba la dirección virtual o URL del sitio o la página Web que desea visitar. En este ejemplo, el navegador no tiene ninguna página cargada en el área de trabajo, y la dirección virtual sólo lee "about:blank".

El ejemplo que sigue le ayudará a aprender a escribir la dirección del sitio Web que desea visitar en la casilla de direcciones de un navegador.

Primero abra una conexión al Internet (si tiene Internet por cable esta conexión está abierta todo el tiempo). Una vez que tenga una conexión al Internet, abra su navegador.

Siga esta gráfica para aprender a escribir direcciones virtuales de los sitios o páginas Web que desee visitar en su navegador:

1. En su navegador, haga clic dos veces sobre la casilla de direcciones virtuales o URLs, hasta que no esté seleccionada, o sea, que tenga una sombra azul. Ahora oprima la tecla BACKSPACE (retroceder) poco a poco para acortar esta dirección virtual hasta que sólo quede la primera parte de la dirección virtual, o sea, *http://*.
2. Ahora escriba la dirección virtual del sitio o página Web que desea visitar. Para este ejemplo escriba *http://www.nasa.gov.* Si siguió el primer paso (reducir la dirección que estaba en su navegador cuando lo abrió) sólo es necesario escribir el resto de la dirección, o sea, *www.nasa.gov.* También funciona escribir solamente *www.nasa.gov,* ya que su navegador añade automáticamente el *http://* que va al principio de la dirección virtual.
3. Por último, oprima la tecla ENTER para confirmarle al navegador que cargue el sitio o la página Web.

Qué hacer si la dirección virtual o URL le indica un error

Una de las situaciones más frustrantes cuando usa el Internet es la de no poder abrir una página virtual porque cuando trata de visitarla el navegador le muestra un error.

Este ejemplo le enseñará qué hacer si, por ejemplo, alguien le da la dirección virtual de un servidor Web para buscar noticias y cuando trata de usarla recibe un mensaje de error, como el de la siguiente gráfica.

El URL para este ejemplo es: *http://www.latimes.com/HOME/ARCHIVES/power3.htm.*

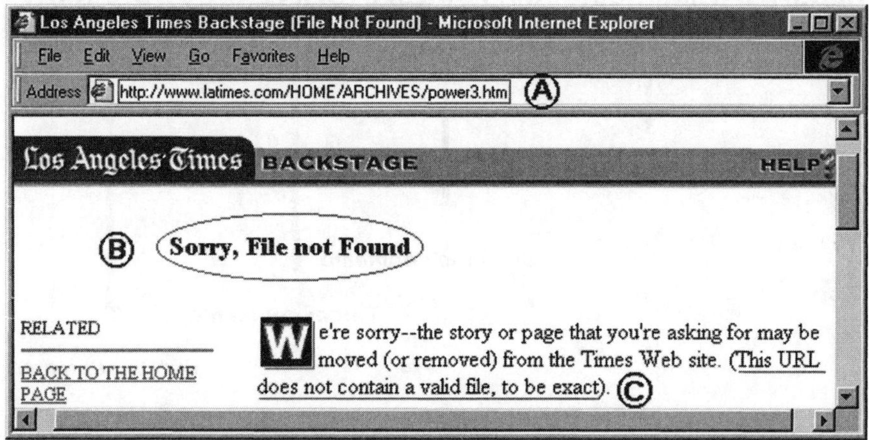

En el recuadro anterior puede ver lo siguiente:

- **Ⓐ Esta es la dirección virtual o URL que está tratando de visitar.**
- **Ⓑ Este es el mensaje que el servidor Web del periódico *Los Angeles Times* le devuelve cuando trata de visitar esta página virtual: "Sorry, File not Found", o sea, "Perdón, pero no puedo encontrar el archivo que busca".**
- **Ⓒ En esta línea subrayada en rojo puede ver todavía un mensaje más definitivo: "This URL does not contain a valid file, to be exact", o sea, "Para ser más exactos, esta dirección virtual no contiene un archivo válido".**

Si tiene problemas hallando una página en un sitio Web, trate de reducir segmento por segmento la dirección virtual; de esta manera tal vez pueda encontrar que el recurso fue cambiado de sitio en el mismo servidor Web.

En la siguiente gráfica puede ver claramente los diferentes segmentos de la dirección virtual de la página anterior. Por el error que devolvió el servidor Web del periódico *Los Angeles Times,* es fácil deducir que el último segmento de esta dirección virtual no corresponde a un archivo en ese servidor Web. Si desea insistir en esta dirección virtual, redúzcala segmento por segmento.

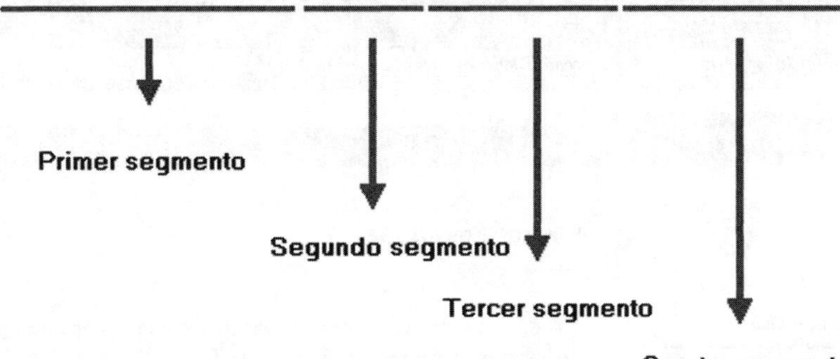

La gráfica anterior representa los diferentes segmentos de una dirección virtual o URL.

Cuando siga este ejemplo es importante recordar que si el servidor Web ha cambiado de lugar o por algún motivo lo han clausurado temporal o permanentemente, el navegador le mostrará un error en la pantalla diciendo que no se pudo comunicar con el servidor Web.

Si desea seguir este ejemplo, visite el servidor Web del periódico *Los Angeles Times* en la dirección virtual: *http://www.latimes.com/HOME/ARCHIVES/power3.htm.*

Este ejemplo es excelente por el hecho de que este servidor Web le da más información acerca del porqué usted no puede encontrar la página virtual que está buscando.

Recuerde cuando siga este ejemplo que cada página virtual tiene una dirección única; es decir, que si escribe mal la dirección virtual o esta página ya no existe, el servidor Web que está tratando de visitar le mostrará un error como en la página anterior.

Cómo reducir una dirección virtual segmento por segmento

La manera de reducir una dirección virtual es removiendo el último segmento, o sea, la parte antes del divisor, que es el símbolo "/". Si después de quitar el último segmento todavía no aparece una dirección real, siga quitando segmentos hasta que encuentre una página que funcione.

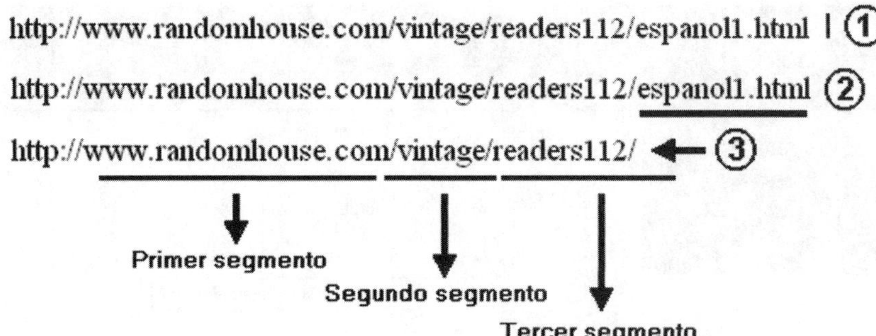

Siga estos pasos para quitar uno o varios segmentos de una dirección virtual:

1. Primero haga clic sobre el final de la dirección virtual. Si la dirección queda selecciona, o sombreada, haga clic de nuevo, hasta que ya no esté sombreada y pueda ver el indicador (|) destellando.
2. Después oprima, poco a poco, la tecla de retroceso o BACK-SPACE para remover el último segmento de la dirección que aparece en la casilla de direcciones (los segmentos están separados por el símbolo "/"). Este es el segmento "*espanol1.html*".
3. Ahora puede ver la nueva dirección virtual *http://www.randomhouse.com/vintage/readers112.*

Ahora trate de cargar esta dirección virtual oprimiendo la tecla de confirmar o ENTER. Si esta dirección es válida, cargará la información que ofrece en el área de trabajo del navegador, y desde aquí puede continuar la búsqueda de la información que necesite. Si no es válida, siga quitando segmentos hasta que llegue a una dirección virtual que funcione o llegue a la página de entrada del sitio Web.

Cómo usar los enlaces o *links* para navegar la Web

En la siguiente gráfica aparece el área de trabajo de un navegador. Cada vez que pasa el indicador por encima de un enlace o *link,* una mano le indica que detrás de esa palabra o esa gráfica existe un enlace que puede perseguir para visitar otra página virtual u otro servidor Web totalmente nuevo.

Como puede ver en la gráfica de arriba, cuando lleva el indicador del ratón sobre un enlace (en el ejemplo de arriba la frase "Sucursales de la Biblioteca Pública de Los Angeles"), el indicador cambia a una manita. Esto le indica que éste es un enlace o *link.* Para cargar la información que este enlace le ofrece en el área de trabajo de su navegador, sólo es necesario hacer clic sobre él. Después, el navegador cargará en el área de trabajo la página Web correspondiente a este enlace.

De manera invisible a los usuarios de navegadores, cada enlace tiene detrás del nombre que usted puede ver su propia dirección virtual, en este caso *http://www.lapl.org/branches/index.html,* la cual su navegador cargará en el área de trabajo.

El ejemplo que sigue le ayudará a entender cómo utilizar enlaces para navegar en un sitio Web, y también como buscar información en él:

1. Primero abra su navegador, y después escriba la dirección virtual o "URL" *http://www.lapl.org/espanol/* en la casilla de direcciones para visitar el servidor Web de la biblioteca pública de

la ciudad de Los Angeles, California. Después oprima la tecla ENTER para cargar esta página Web en el área de trabajo del navegador.

2. Por ejemplo, digamos que desea buscar un libro. Para comenzar, lleve el ratón en frente de "Search For" y haga clic una vez en el espacio en blanco. Cuando vea el símbolo del indicador (|) destellando, escriba "Vivir para contarla" (el libro autobiográfico de Gabriel García Márquez).

3. Ahora haga clic sobre la flechita, indicada por la manita, para ordenarle a este sitio Web que busque en su catálogo si tiene este libro en su colección.

También es importante recordar que puede que de vez en cuando un enlace o *link* no funcione (o sea, cuando hace clic sobre el enlace, una página errónea se abre debido a que a veces las personas que administran sitios Web se olvidan de cambiar la referencia a enlaces).

Finalmente, este sitio Web le muestra los cuatro resultados que encontró con la descripción anterior, "Vivir para contarla", en varias de las bibliotecas del sistema de bibliotecas públicas de la ciudad de Los Angeles, California.

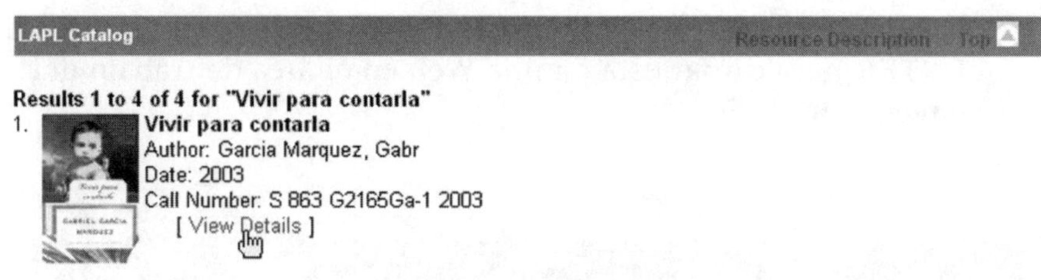

4. Por ejemplo, en el resultado número uno en la gráfica de arriba, haga clic sobre "View Details" (note como la flecha del indicador del ratón cambia a una mano cuando la lleva encima de "View Details") para ver los detalles de éste.

Ahora el navegador cargará otra página con información adicional acerca de la sucursal en donde puede encontrar este libro, y su disponibilidad.

Where to find it

Agency	Availability	Call Number	Status
Will & Ariel Durant Branch	CIRC	S 863 G2165Ga-1 2003	Checked out
Edendale Branch Library	CIRC	S 863 G2165Ga-1 2003	Checked out
El Sereno Branch	CIRC	S 863 G2165Ga-1 2003	Checked out
Felipe De Neve Branch	CIRC	S 863 G2165Ga-1 2003	Checked out
Granada Hills Branch	CIRC	S 863 G2165Ga-1 2003	Not Checked Out

En esta ventana busque debajo de "Where to find it" hasta que encuentre una sucursal donde tengan el libro ("Not Checked Out"). Si es necesario, lleve el indicador del ratón sobre la guía (indicada por la fecha) y sostenga el botón izquierdo del ratón mientras lo jala hacia abajo para ver más resultados, u oprima la tecla PAGE DOWN.

Cómo usar el ratón para navegar la Web

En un navegador es posible usar ambos botones del ratón: el izquierdo se utiliza más que todo para efectuar selecciones, y el de la derecha es útil para efectuar funciones como, por ejemplo, ver menús sobre los cuales puede hacer selecciones para navegar en páginas Web.

Siga estos ejemplos para aprender a adelantar una página y regresar a otra página que haya abierto anteriormente al navegar la Web:

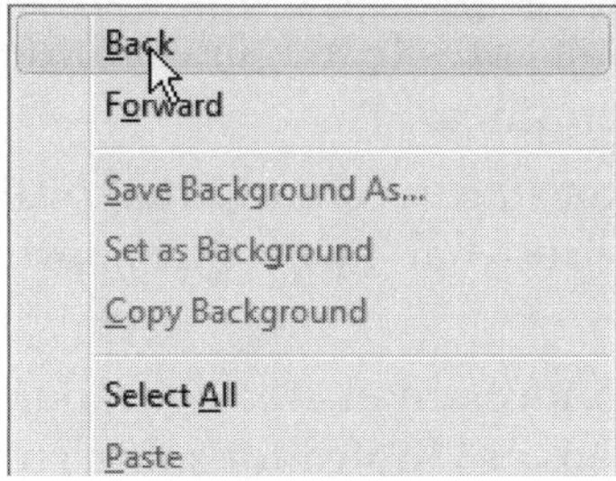

Internet Explorer 7

Mozilla Firefox

Ⓐ Si tiene Internet Explorer 7.0, haga clic con el botón derecho sobre una parte libre de texto o gráficas hasta ver el menú Ⓐ de arriba; después oprima el botón izquierdo del ratón sobre la primera opción "Back" para regresar a la página anterior, o "Forward" para adelantarse una página.

Ⓑ Si tiene Mozilla Firefox haga clic con el botón derecho sobre una parte libre de texto o gráficas hasta ver el menú Ⓑ de arriba; después oprima el botón izquierdo del ratón sobre "Back" para regresar a la página anterior o "Forward" para adelantarse una página.

Si los menús de "Back" o "Forward" no están disponibles, se debe a que acaba de entrar a este sitio Web y todavía no ha abierto suficientes páginas como para usar esta función. Recuerde que también puede adelantarse o regresar a la última página que abrió usando la barra de herramientas, haciendo clic sobre la flecha de regresar (←) o sobre la de adelantar (→).

Para recordar

- La Web es la plataforma de trabajo de mayor uso en el Internet.
- Para navegar la Web use un navegador como Internet Explorer o Mozilla Firefox.

- El área de trabajo de un navegador conectado al Internet es como una ventana virtual al mundo.
- Usando un navegador se puede realizar un número ilimitado de operaciones o diligencias que antes le exigían salir de su casa y, muchas veces, esperar en línea
- Para visitar un sitio Web escriba su dirección virtual o URL en la casilla de direcciones o "Address bar", y después oprima la tecla ENTER.
- Un enlace o *link* es fácil de reconocer en el área de trabajo de un navegador porque cuando pasa el indicador sobre su texto o gráfica, el símbolo del indicador cambia de una flecha a una mano.
- Navegar la Web es el proceso de seguir enlaces hasta encontrar la información que se busca.
- Si la información en la página Web que está tratando de visitar no se carga, puede ser que no tiene una conexión al Internet o que la dirección virtual o URL no es la correcta.

Cómo usar el correo electrónico o “E-mail” en Windows

Introducción al correo electrónico o "E-mail"

El correo electrónico convierte a su computadora personal en un mensajero de servicio postal virtual. Es decir, que su buzón de correo no estará en la puerta de su casa, sino en algún lugar del espacio; que su computadora puede recibir y enviar mensajes electrónicos a pesar de la lluvia, la nieve y la distancia, donde quiera que tenga disponible una conexión al Internet; y que lo único que puede interrumpir la transmisión de sus mensajes es una suspensión del servicio de Internet o una falla en el suministro de energía eléctrica.

Es improbable que el correo electrónico reemplace totalmente al servicio postal, pero es un hecho que este invento ha incrementado la cantidad de mensajes que los seres humanos se envían entre sí.

El Buzón de Correo Electrónico (E-Mail)

Esta gráfica ilustra cómo una computadora personal se puede convertir en un buzón virtual desde el cual se pueden enviar y recibir todo tipo de mensajes y documentos 365 días al año y 24 horas al día. Hoy en día inclusive hay algunos programas que le permiten enviar y recibir faxes o e-faxes desde su cuenta de correo electrónico usando un servicio llamado eFax.

Cómo usar el correo electrónico o "E-mail"

Hoy en día tener un buzón de correo electrónico, aunque no reemplaza, por supuesto, el correo postal, se ha convertido casi en una necesidad, especialmente en el mundo de los negocios y en el campo académico.

Pero aun si usted no es un científico ni el presidente de una corporación financiera, sino simplemente un abuelo tratando de comunicarse con sus nietos en el otro extremo del planeta o un joven enamorado que envía poemas y cartas de amor, usar el correo electrónico se ha convertido en el medio de comunicación más rápido y económico que se conoce hasta hoy. Para usar el correo electrónico sólo es necesario tener una dirección de correo electrónico y acceso a una computadora con el *software* apropiado y una conexión al Internet.

Esta son las dos principales maneras de usar el correo electrónico que aprenderá a usar en este capítulo:

- Usando un programa para Windows, como por ejemplo Windows Mail u Outlook Express, si su proveedor de servicio al Internet le suministró una cuenta de correo del tipo POP3 o IMAP, que es el tipo de correo electrónico que se puede usar con este tipo de cliente de correo electrónico.
- Usando un navegador Web, como por ejemplo, Internet Explorer 7.0 o Mozilla Firefox, para llegar a la página Web de un servicio de correo electrónico basado en la Web o "Web-based", como por ejemplo America Online.

Ambos tipos de cuenta de correo electrónico le ofrecen sus ventajas. Por ejemplo, si usted tiene que compartir muy a menudo archivos con sus compañeros de trabajo y tiene una cuenta del tipo POP3 o IMAP, es casi obligatorio que use Windows Mail u Outlook Express. Pero si no tiene su propia computadora todavía y desea comunicarse con sus familiares y amigos, entonces puede ir a su biblioteca local y abrir una cuenta de correo electrónico basada en la Web de America Online. Esta la podrá usar desde cualquier computadora que tenga una conexión al Internet y un navegador, como por ejemplo Internet Explorer 7.0.

Introducción a enviar y recibir mensajes de correo electrónico o "E-mail"

En las siguientes páginas aprenderá el proceso de enviar y recibir mensajes de correo electrónico usando Windows Mail (que viene incluido con Windows Vista y es muy similar a Outlook Express, que a su vez es incluido con Windows XP), Outlook Express o con el que es ofrecido por la compañía —America Online— que le ofrece este servicio en el Internet (es decir usando lo que se conoce como correo electrónico basado en la Web o "Web-based E-mail").

Aunque la mecánica es un poquito diferente para los ejemplos que verá en las páginas que siguen a continuación, el concepto general siempre es el mismo para empezar a enviar y recibir mensajes de correo electrónico.

Para enviar:

1. Primero, en una computadora que está conectada al Internet, abra su programa de cliente de correo electrónico —ya sea Windows Mail o Outlook Express— o un navegador del Internet (si, por ejemplo, tiene una cuenta de Hotmail.com), como por ejemplo, Internet Explorer 7.0.
2. Ahora haga clic sobre "New Message" o "Write", redáctelo, añada las direcciones de correo electrónico de las personas o entidades a las cuales se lo desea enviar y después haga clic sobre "Send" para enviarlo. En los servidores de correo electrónicos basados en la Web, haga clic sobre el botón de "Compose" o "New Message", y después haga clic sobre "Send" para enviarlo.

Para recibir y responder a un mensaje:

1. Primero, en una computadora que está conectada al Internet, abra su programa de cliente de correo electrónico —ya sea Windows Mail o Outlook Express— o un navegador del Internet (si, por ejemplo, tiene una cuenta de *www.Hotmail.com*), como por ejemplo Internet Explorer 7.0.
2. Inmediatamente después de abrir su cliente de correo electrónico, los mensajes de correo electrónico que le enviaron

deben comenzar a aparecer en su carpeta de entrada o "Inbox", o si no los ve, haga clic sobre el botón de "Send/Receive messages" o enviar y recibir mensajes. En los servidores de correo electrónicos basados en la Web, haga clic sobre el botón de "Check Mail".

3. Ahora haga doble clic sobre el mensaje que desea ver para abrirlo. Para responder a un mensaje, haga clic sobre "Reply", escriba su respuesta y después haga clic sobre "Send" para enviarlo.

También es importante añadir que hoy en día mucha gente y compañías inescrupulosas están enviando muchos mensajes de correo electrónico no deseado, que también se conoce como "Spam". Desgraciadamente, esto le puede traer muchos problemas si recibe uno de estos mensajes y su computadora no está bien protegida con un buen programa de *antivirus,* y usted elije abrirlo. Por esto le recomiendo que si no reconoce la dirección de correo electrónico de la persona que se lo envío, mire las casillas "From" y "Subject" del mensaje y no lo abra; selecciónelo *haciéndo clic una sola vez* y bórrelo haciendo clic sobre la *X* en la barra de herramientas u oprimiendo la tecla DELETE o suprimir.

Cómo enviar mensajes de correo electrónico usando Windows Mail o Outlook Express

Windows Mail es el nuevo cliente/programa de correo electrónico incluido con el sistema operativo Windows Vista, y puede usarlo con cuentas de correo electrónico para buzones del tipo POP3 o IMAP (como el proveído por compañías que ofrecen servicio de Internet por cable, como por ejemplo Optimum Online).

En la próxima gráfica puede ver una captura de pantalla de Windows Mail. Este es el reemplazo a Outlook Express (que era el cliente de correo electrónico incluido con Windows XP). Afortunadamente para aquellos usuarios que se acostumbraron a usar Outlook Express, casi todas las funciones para enviar y recibir mensajes de correo electrónico se hacen de la misma manera.

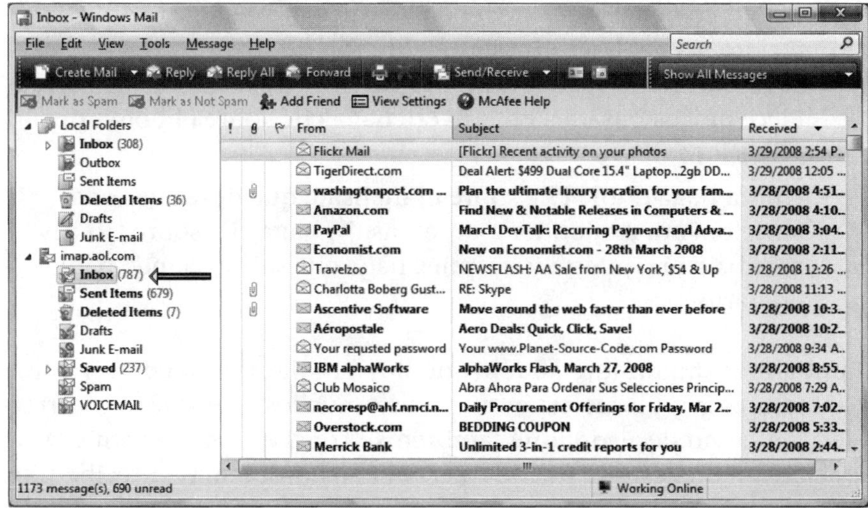

En la gráfica de arriba puede ver la pantalla de entrada a Windows Mail. Algunos de los ejemplos que siguen a continuación fueron creados usando la versión 6.0 de Windows Mail, y otros usando Outlook Express. Lo importante es que puede usar los ejemplos si tiene cualquiera de estos dos clientes de correo electrónico, ya que son muy similares.

Estos son los pasos para abrir su cliente de correo electrónico o "E-mail Client" para comenzar a componer un mensaje de correo electrónico, si éste ya está configurado con una cuenta del tipo de correo POP3 o IMAP (éste es ofrecido por su proveedor de servicio al Internet o ISP).

En Windows Vista:

Comience haciendo clic sobre el botón de "Start", inmediatamente escriba "Windows Mail". Después oprima la tecla ENTER para abrir este programa.

En Windows XP:

1. Primero haga doble clic sobre el icono de Outlook Express si está en el escritorio virtual o "Desktop" (si no ve el "Desktop", esconda los programas que tiene abiertos), o solamente un clic si lo tiene que abrir desde el menú de comienzo o "Start Menu".

2. Cuando Outlook Express se abra, haga clic sobre crear correo o "Create Mail". Cuando la ventanita de redactar un nuevo mensaje se abra, siga las instrucciones que siguen a continuación para crear un nuevo mensaje de correo electrónico y enviarlo.

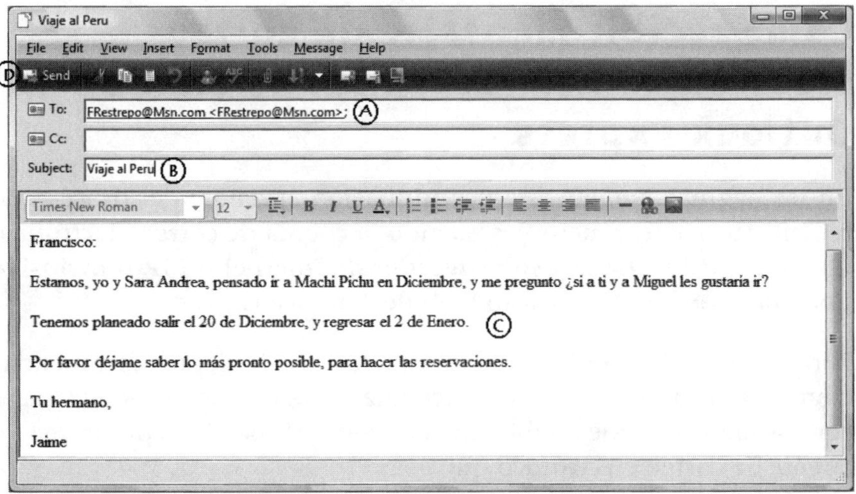

Siga los siguientes pasos ilustrados por esta gráfica para crear mensajes de correo electrónico en Windows Mail u Outlook Express:

- **A** **En esta casilla escriba la dirección electrónica de la persona que recibirá el mensaje electrónico; si desea enviar este mensaje a más de una persona, escriba una coma y después la dirección de la segunda persona que recibirá el mensaje.**
- **B** **En esta casilla escriba el tema del mensaje.**
- **C** **En el recuadro principal, escriba el mensaje.**
- **D** **Finalmente haga clic sobre enviar o "Send". Ahora este mensaje será copiado a la carpeta de salida o "Outbox", y será enviado al intervalo de tiempo que Outlook Express envía y recibe mensajes. Si no desea esperar, oprima la tecla F5.**

Para enviar y recibir mensajes de correo electrónico es necesario que su computadora tenga una conexión abierta al Internet. Por ejemplo, si tiene servicio de Internet por cable, esta conexión siempre debe estar abierta mientras el módem de cable está prendido y conectado a su computadora. Si tiene una conexión por línea de teléfono o "Dial-up", es preciso que se conecte al Internet antes de usar su cliente de correo electrónico, de lo contrario no podrá enviar o recibir mensajes.

Cómo recibir mensajes de correo electrónico usando Windows Mail o Outlook Express

En las páginas que siguen a continuación aprenderá el proceso de recibir, abrir y leer mensajes usando la cuenta de correo electrónico que le fue asignada por su proveedor de Internet o ISP, o inclusive una que consiguió en el sitio Web de America Online.

Pero primero es muy importante que lea las siguientes recomendaciones, las cuales debe tener en cuenta antes de comenzar a trabajar con los mensajes que recibió en el buzón o "Inbox" del programa de cliente de correo electrónico que usa.

Para trabajar con cualquier mensaje de correo electrónico o "E-mail" que le enviaron y que recibió usted puede:

- Seleccionarlo con un sólo clic y borrarlo sin abrirlo inmediatamente, haciendo clic sobre la *X* en la barra de herramientas u oprimiendo la tecla DELETE o suprimir.
- Leer el mensaje y después contestarlo, haciendo clic sobre contestar o "Reply" o sobre "Forward".
- Leer el mensaje y después cerrarlo. Ahora éste permanecerá guardado debajo del buzón de correo o "Inbox" hasta que decida borrarlo.
- Leer el mensaje y después borrarlo, haciendo clic en la *X* en la barra de tareas.

Para comenzar este proceso, abra su cliente de correo electrónico guiándose por las instrucciones de las páginas anteriores para revisar si recibió nuevos mensajes en su buzón de correo electrónico.

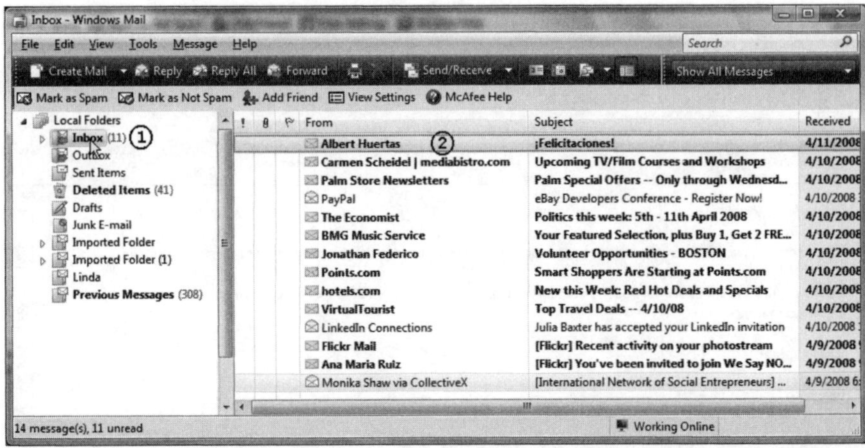

Una vez que su cliente de correo electrónico se abra le será muy fácil abrir y leer los mensajes de correo electrónico, de la siguiente manera:

1. Primero haga clic sobre la carpeta de entrada a su buzón de correo electrónico o "Inbox".
2. En el panel de la derecha verá los mensajes que recibió. Para abrir el mensaje que desee leer haga doble clic sobre él.

Si ve en este buzón de correo electrónico un mensaje de alguien que no conoce o uno con un encabezamiento ofensivo, lo puede borrar inmediatamente —sin abrirlo primero— haciendo clic *una sola vez* sobre él (si hace doble clic lo abrirá), y después haciendo clic sobre la *X* en la barra de herramientas.

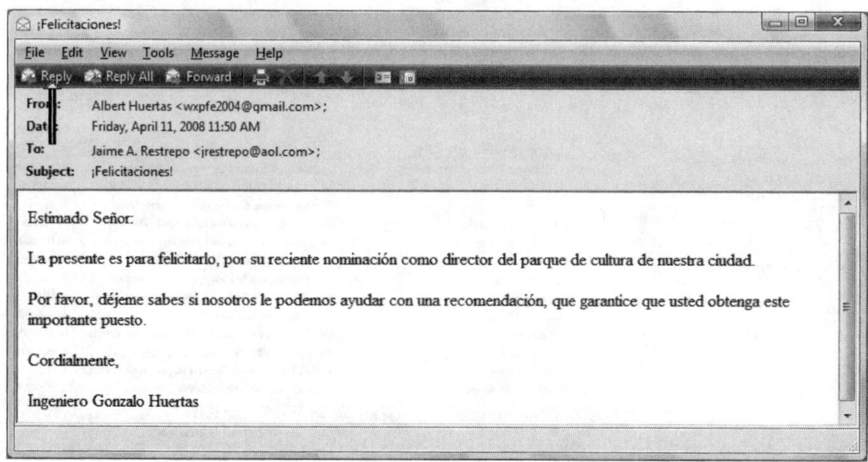

En este ejemplo hice clic sobre contestar o "Reply", y después la próxima ventana se abrió. En su caso, si necesita hacerlo, puede hacer clic sobre "Forward" para enviarle una copia de un mensaje que acaba de recibir a otra persona, pero en este último caso —a diferencia cuando usted elije "Reply", que rellena esta información automáticamente— le será preciso añadir la dirección de correo electrónico de la persona o entidad a la que quiere enviarle una copia de este mensaje.

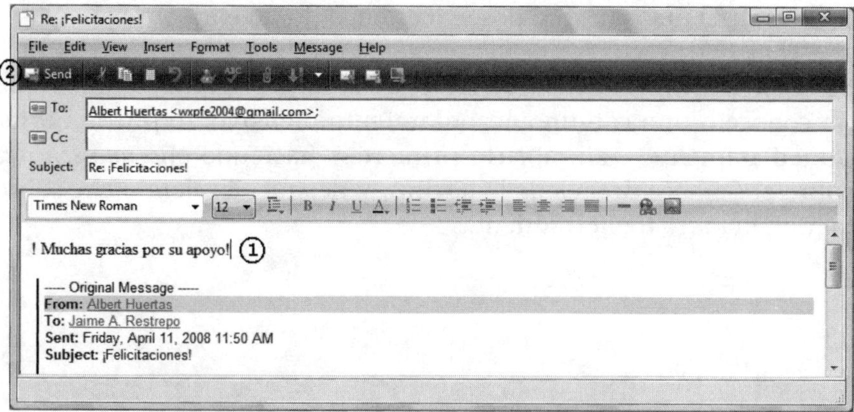

Esta es la manera de contestar a un mensaje de correo electrónico que recibió y ahora ve en su buzón de correo o "Inbox":

1. En el área de trabajo de esta ventana escriba su contestación.
2. Cuando termine de redactar su mensaje haga clic sobre enviar o "Send".

Si desea también puede esconder este mensaje haciendo clic en el símbolo de menos (–) para regresar a la pantalla de entrada en Outlook Express. También se puede hacer haciendo clic sobre el icono de Outlook Express en la barra de tareas o "Taskbar".

Una vez que termine de enviar y recibir sus mensajes, puede o dejar el programa abierto o cerrarlo haciendo clic sobre la *X* en la esquina superior derecha de la ventana del programa.

El correo electrónico de America Online basado en la Web o "Web-based"

Si está de viaje, o inclusive en su propia casa, y desea usar su dirección de correo electrónico de America Online (AOL) desde una computadora que no tiene el programa de America Online instalado, es suficiente tener una computadora con acceso al Internet y un navegador Web, como por ejemplo, el navegador Internet Explorer 7.0.

Para comenzar a usar la versión Web de correo electrónico de America Online, abra su navegador y después escriba en la casilla de direcciones o "Address Bar" la dirección virtual o URL *http://webmail.aol.com,* y enseguida oprima la tecla ENTER.

Cuando vea la siguiente página Web de entrada a la versión Web para usar su cuenta de correo electrónico de America Online, podrá comenzar a enviar y recibir mensajes. Y si no tiene una cuenta AOL la puede conseguir desde esta misma página Web.

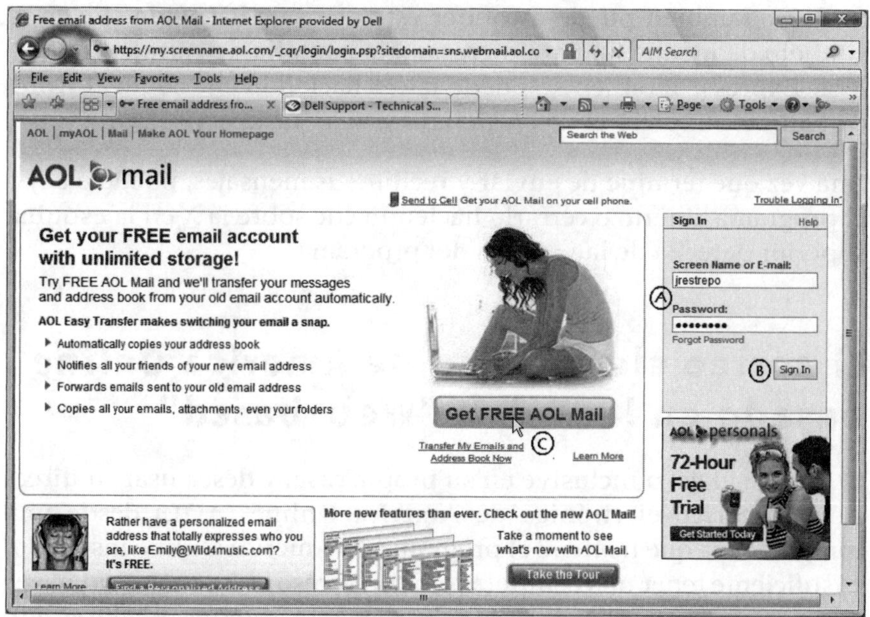

Estos son los pasos para usar su dirección de correo electrónico de America Online usando un navegador Web:

- **Ⓐ Escriba su nombre de usuario debajo de "Enter Screen Name", y su contraseña debajo de "Password".**
- **Ⓑ Después haga clic sobre "Sign In" para entrar a su cuenta de correo electrónico. Si aparece otro recuadro preguntándole si desea guardar su contraseña, haga clic sobre "No" si está usando una computadora a la cual más personas pueden entrar. Haga clic sobre "Yes" sobre el mensaje —si lo ve— que le indica que está saliendo de un servidor Web seguro.**
- **Ⓒ Si todavía no tiene una cuenta de correo electrónico y le interesa conseguir una cuenta gratis de correo electrónico con AOL, haga clic sobre "Get FREE AOL Mail", y siga los pasos que muestran ahí para abrirla. Cuando termine de llenar la información que le piden en esta página, haga clic sobre "Submit" o enviar.**

Cómo redactar y enviar mensajes de correo electrónico en la versión basada en la Web o "Web-based" de America Online

Una vez que el navegador Web se abra mostrándole en su área de trabajo la página Web de su buzón de correo electrónico de America Online, le será posible enviar y recibir mensajes de correo electrónico a sus familiares y amigos con sólo hacer unos pocos clics del ratón.

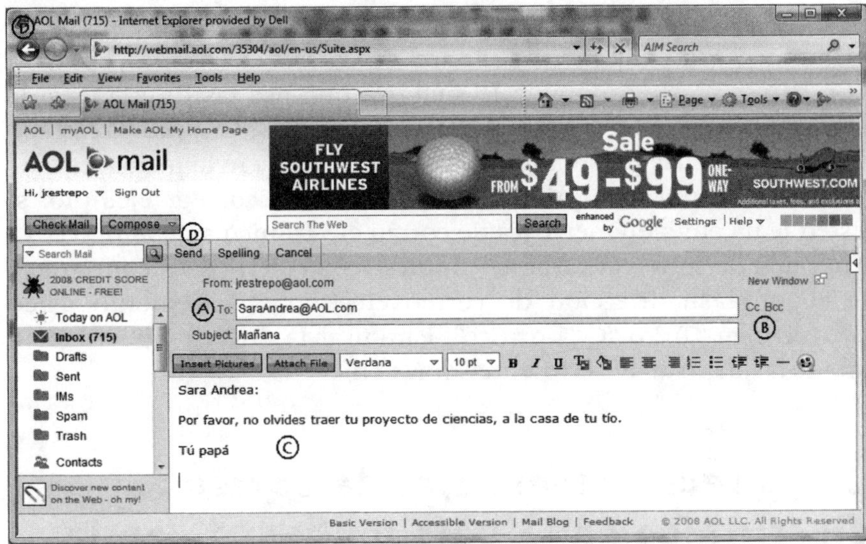

Enviar un mensaje de correo electrónico es muy sencillo. Haga clic sobre "Compose" o componer, y después:

Ⓐ En frente de "To" escriba la dirección de correo electrónico de la persona o entidad a la cual desea enviar este mensaje. Si tiene otro nombre al cual le desea enviar este mensaje escriba una coma "," después de la primera dirección de correo electrónico y así sucesivamente. Y en frente de "Subject" o propósito, escriba, aunque no es obligatorio, el motivo de su mensaje.

Ⓑ Si quiere, también puede hacer clic sobre "Cc" en la extrema derecha de esta línea, la casilla de copiar, en donde también puede añadir direcciones de

correo electrónico de la gente a la cual le desea enviar una copia del mensaje. Inclusive, si desea, también puede hacer clic sobre "Bcc", la casilla de "Blind Copy", en la cual puede añadir direcciones de correo electrónico de aquellas personas a las cuales también desea enviarles este mensaje, pero que no quiere que vean las otras personas a las cuales usted les está enviando este mensaje.

Ⓒ Haga clic en el área de trabajo de su mensaje y escriba lo que quiere decir.

Ⓓ Cuando termine de redactar su mensaje, haga clic sobre "Send" o envíe para que sea enviado a las direcciones de correo electrónico que usted añadió en "To", "Cc" o "Bcc".

Por favor note que después de varias veces de haber usado la versión basada en la Web del correo electrónico de America Online, en el momento de añadir direcciones de correo electrónico en "To", "Cc" o "Bcc" este programa le sugerirá que use las direcciones de correo electrónico en una lista que America Online ha estado guardando de las personas a las cuales usted le envía mensajes o de las cuales recibe mensajes de correo electrónico. Por ejemplo, si usted le ha enviado mensajes de correo electrónico a un amigo cuya dirección de correo electrónico empieza con la letra *C*, este programa le sugerirá su dirección de correo electrónico tan pronto usted escribe *C* en "To" o "Cc", o "Bcc". Para usar la dirección guardada y añadirla a la lista de recipientes, haga clic.

Cómo recibir mensajes de correo electrónico en la versión basada en la Web o "Web-based" de America Online

Para comenzar a abrir y leer los mensajes de correo electrónico que le enviaron, regrese al la página Web del correo electrónico de America Online, de la manera que vio anteriormente. Pero antes de hacer ésto debe recordar que si recibe un mensaje de correo electrónico de alguien que no conoce y piensa que éste puede ser pernicioso o dañino para su computadora, debe borrarlo de esta manera: haga clic sobre el cuadrito al lado izquierdo del mensaje para seleccionarlo poniendole una marquita o "checkmark". Después bórrelo haciendo clic sobre "Delete" o suprimir.

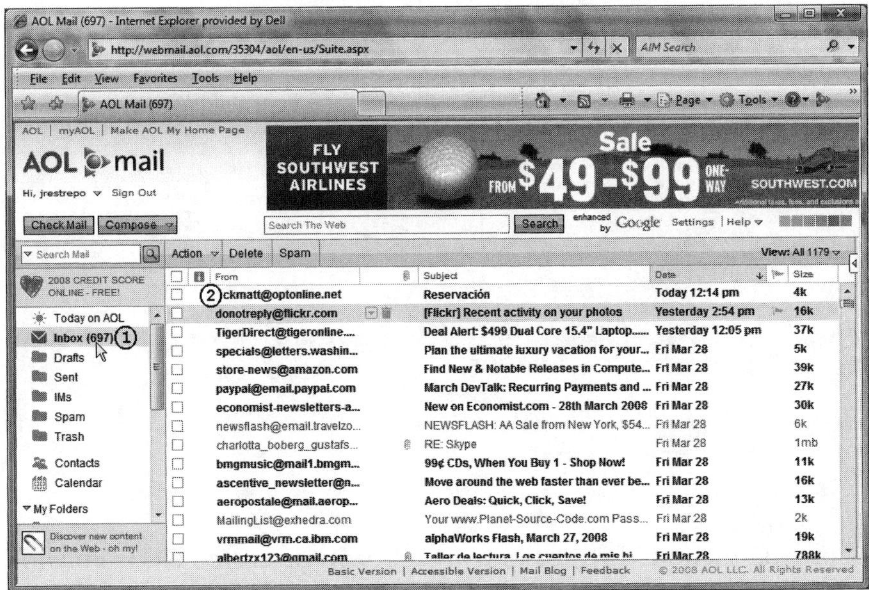

Esta es la manera de trabajar con su buzón de correo electrónico de America Online para recibir y abrir sus mensajes de correo electrónico usando un navegador:

1. Para comenzar, haga clic sobre el buzón de correo electrónico "Inbox" para ver los mensajes que recibió.
2. Estos son los mensajes que recibió. Si desea abrir un mensaje, haga doble clic sobre él.

Si ha estado usando su correo electrónico de America Online y alguien le llamó para avisarle que le acaba de enviar un mensaje de correo electrónico, haga clic sobre el botón de "Check Mail" para ver si ya lo recibió.

Ahora su mensaje se debe abrir, y si desea puede contestarle a la persona que le escribió o solamente borrar el mensaje haciendo clic sobre "Delete" o suprimir.

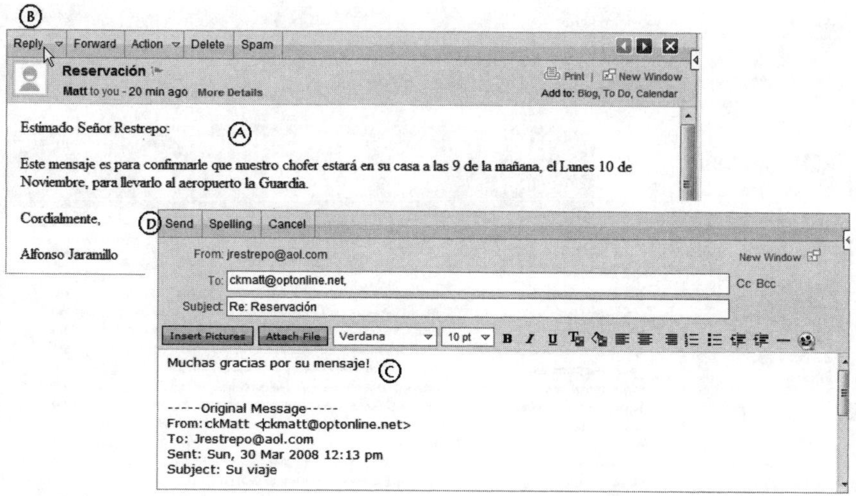

Esta es la manera de trabajar con su buzón de correo electrónico de America Online, como puede ver arriba en la captura de pantalla, para contestar a un mensaje de correo electrónico usando un navegador:

- **A Este es el mensaje original.**
- **B Para contestar a un mensaje, haga clic sobre "Reply" o contestar. O también puede hacer clic sobre "Forward" para enviarle una copia de un mensaje que acaba de recibir a otra persona. En este último caso, a diferencia de cuando usted elije "Reply" (que llena esta información automáticamente), le será preciso añadir las direcciones de correo electrónico a las cuales les quiere enviar una copia de este mensaje.**
- **C En este espacio escriba la respuesta al mensaje original.**
- **D Por último, para enviarlo, haga clic sobre "Send" o envíe.**

Por favor note como, cuando usted elije contestar a un mensaje que recibió, la dirección de la persona que le envío el mensaje es copiada automáticamente en "To": como alguien que recibirá este mensaje. Y si desea, antes de enviarlo, puede añadir más direcciones de correo electrónico siguiendo las mismas reglas que pudo ver anteriormente, en la sección de cómo crear un nuevo mensaje de correo electrónico.

Para recordar

- El correo electrónico o "E-mail" convierte a su computadora en un mensajero de servicio postal virtual.
- Para usar el correo electrónico, es necesario tener una dirección de correo, acceso a una computadora conectada al Internet y el *software* apropiado para el tipo de cuenta de correo electrónico que tiene.
- Si su cuenta de correo electrónico le fue proveída por su compañía de cable o DSL, debe usar un cliente de correo electrónico, como por ejemplo Windows Mail (Windows Vista) o Outlook Express (Windows XP).
- No abra nunca un mensaje si viene de personas o entidades desconocidas.
- Si no tiene su propia computadora puede conseguir una cuenta de correo electrónico basada en la Web o Web-based en su biblioteca.

Algunos usos prácticos del Internet

Cómo sacarle el mayor provecho al Internet usando su computadora personal

El Internet, a pesar de ser una tecnología relativamente nueva comparada, por ejemplo, con el sistema de transporte, cambia mucho todos los días. Por esto es difícil predecir exactamente lo que estará de moda mañana, o aún predecir qué estará de moda cuando salga este libro al mercado.

Pero, basado en el pasado, no es difícil predecir que el correo electrónico sobrevivirá a cualquier cambio que haya en el Internet en persona.

Con esto en mente, en este capítulo veremos cómo visitar y usar algunos servicios o sitios Web que tal vez usted pueda encontrar agradables o útiles, para sacarle más provecho a su computadora personal conectada al Internet.

Estos son:

Sitios Web para relacionarse con otra gente o *Networking sites:*

- *Facebook:* el sitio Web para relacionarse con usuarios de gustos similares más frecuentado en el mundo.

Programas de hacer llamadas de teléfono de computadora a computadora:

- *Skype:* uno de los programas mas populares para hablar con sus familiares o amigos.

Sitios Web para buscar empleo:

- *www.Monster.com:* sin lugar a dudas, este es el sitio Web con más ofertas de trabajo en el mundo.

Programas de mensajes instantáneos o "Instant Messenger":

- America Online Instant Messenger o AIM.

Sitios Web de tiendas virtuales:

- *www.Amazon.com:* la tienda virtual con más volumen de ventas en el mundo.

Sitios Web para buscar direcciones de manejo:

- *Yahoo Maps:* direcciones puerta a puerta, con mapas, en todos los Estados Unidos.

Y si todavía no tiene una cuenta de correo electrónico, por favor lea el capítulo de correo electrónico, en el cual verá cómo abrir una cuenta de correo electrónico, ya que muchos de estos sitios le requerirán que se registre con ellos usando una cuenta de correo electrónico.

La red social virtual o *networking Web site* de Facebook

Facebook, una red social virtual, es hoy en día uno de los sitios Web más populares en el Internet, y su propósito principal es el de permitirle conectarse con gente que usted conoce personalmente o con otra que nunca ha conocido con el objeto de intercambiar información con ellos, que idealmente tienen intereses similares, acerca de su vida y para que idealmente usted también aprenda acerca de la vida de ellos.

Para usar Facebook sin costo alguno usted necesita abrir una cuenta de usuario en este sitio Web, y después lo único que tiene que hacer es buscar a gente que conoce que ya tiene una cuenta de Facebook para pedirles que lo añadan a su lista de amigos. También puede esperar a que alguien lo encuentre a usted y le pida que lo añada a su lista de amigos.

Para comenzar a usar este sitio Web, escriba su dirección virtual o URL en la casilla de direcciones de su navegador, *www.facebook.com,* y después oprima la tecla de confirmar o ENTER.

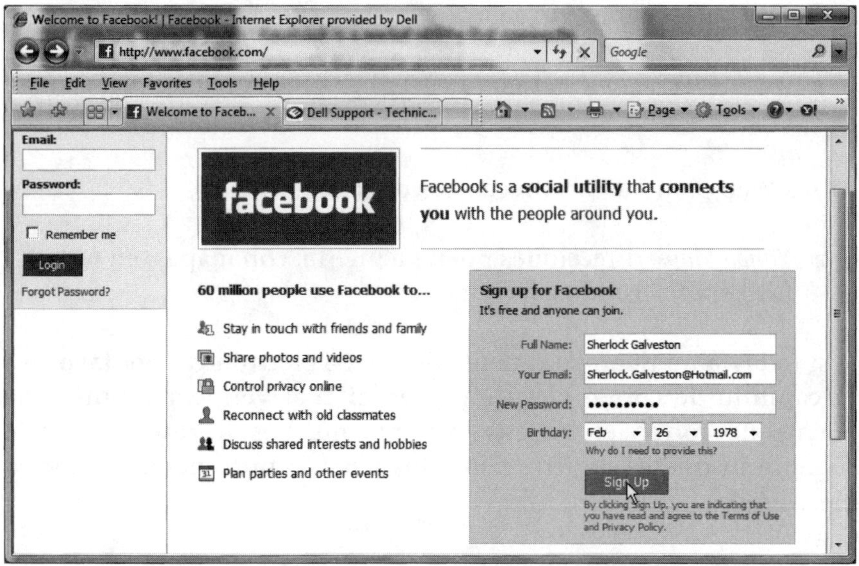

Cuando la página Web de entrada de Facebook, que puede ver en la gráfica de arriba, se abra, rellene la información que se le pide haciendo clic sobre cada línea y después haga clic sobre inscribirse o "Sign Up" para comenzar el proceso de conseguir una membresía en este sitio Web sin costo alguno. Después, en la siguiente página Web que se abre, escriba, haciendo clic primero sobre cada línea en la que va a proveer información (por ejemplo, haga clic sobre la línea que le pide su nombre hasta que vea el cursor destellante), toda la información que se le pide, incluyendo la contraseña que usará cuando desee regresar a este sitio Web. Para terminar, haga clic en la casilla al lado de "I have read...", y después sobre "Sign Up Now".

Es necesario que abra su programa de correo electrónico para leer y responder al mensaje de correo electrónico que este sitio Web le envió con el propósito de certificar que en realidad es usted, y no otra persona, la que dio la dirección de correo electrónico a Facebook para abrir una membresía con ellos, con sólo hacer clic sobre el enlace en el mensaje de correo electrónico que le enviaron.

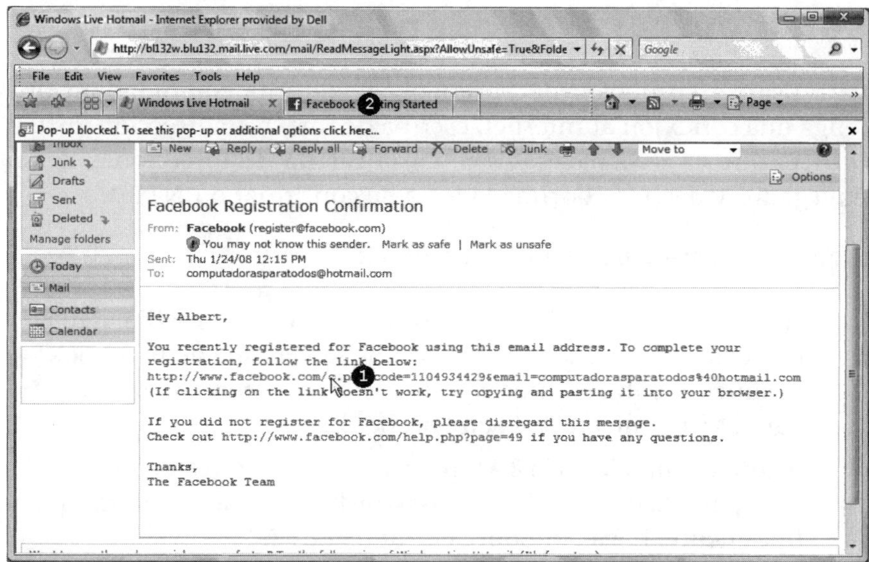

Este es el proceso para terminar de abrir una membresía en Facebook, lo que también es similar cuando trate de abrir una membresía en otros sitios Web:

1. Para terminar el proceso de conseguir una membresía en este sitio Web, abra el mensaje de correo electrónico que le enviaron (note que viene de *www.Facebook.com*), oprima y sostenga la tecla CTRL y después haga clic sobre la línea señalada con la flechita.
2. Recuerde que si su navegador es la versión de Internet Explorer 7.0, es necesario hacerle clic a la siguiente pestaña en este navegador (en este ejemplo, "Facebook getting Started"); de otra manera (si por ejemplo tiene Internet Explorer 6.0), cuando le haga clic a este enlace una nueva página Web se abrirá en una ventana diferente, anunciándole que su cuenta fue aceptada.

Ahora, cuando vea la pantalla que dice que su cuenta fue aceptada, le será posible regresar a Facebook cuantas veces quiera para escribir acerca de sus proyectos en su "Wall" o pared virtual, añadir más amigos o escribir comentarios en las fotos de éstos.

Cómo entrar a su cuenta de Facebook

Para usar el sitio Web de Facebook desde una computadora que tenga una conexión al Internet, escriba de nuevo su dirección virtual o URL, que es *www.facebook.com,* en la casilla de direcciones de su navegador y después oprima la tecla de confirmar o ENTER.

Siga estos pasos para entrar a Facebook:

1. Haga clic, si el cursor no está destellando en la casilla, debajo de "E-mail" en el lado izquierdo de la ventana de Facebook, y después escriba la dirección de correo electrónico que usó para abrir la membresía en Facebook.
2. Ahora oprima la tecla TAB para ver el cursor destellante debajo de la contraseña o "Password". Escriba su contraseña, y finalmente, haga clic sobre entrar o "Log in".

Si siguió todos estos pasos fielmente, la página de su perfil o "Profile" se abrirá, cómo puede ver en la próxima gráfica, mostrándole alguna información que usted puede usar para configurar más lo que las personas que lo buscan pueden ver.

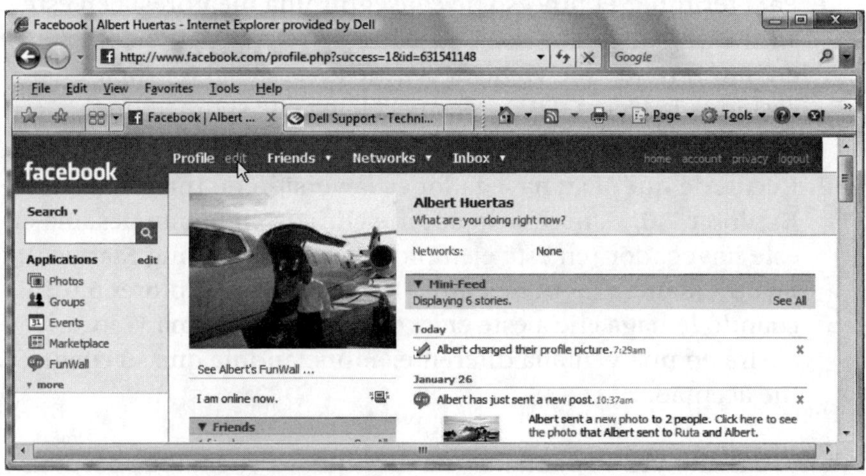

Para añadirle una foto a su perfil, haga clic sobre editar o "Edit", al lado de perfil o "Profile", y después haga clic sobre foto o "Picture". Después haga clic en buscar o "Browse" en el lado derecho de esta ventana. Ahora use la casilla que se abre para buscar una foto en su disco duro, y cuando la encuentre hágale clic dos veces. Finalmente, haga clic en el cuadradito al lado de "I certify...", y después sobre cargar foto o "Upload Picture". Ahora cuando sus amigos encuentren su nombre en Facebook, verán, dependiendo de si su perfil es privado o no, esta foto.

Cómo crear un álbum de fotos en Facebook

Como leyó anteriormente, uno de los propósitos principales de este sitio social virtual es el de compartir sus experiencias, y para hacer esto usted puede cargar fotos o vídeos a su espacio de Facebook para que sus amigos las puedan ver y comentar sobre ellas.

Estos son los pasos que debe seguir para crear un álbum de fotos en Facebook:

1. Para comenzar, haga clic sobre "Photos" en el lado izquierdo de su ventana.
2. Después haga clic sobre crear un álbum de fotos o "Create a Photo Album".
3. En la próxima pagina Web que se abre haga clic en frente de "Name", y si quiere añadir una localidad, haga clic en frente de "Location".
4. Para crear este álbum de fotos, haga clic sobre crear álbum o "Create Album".

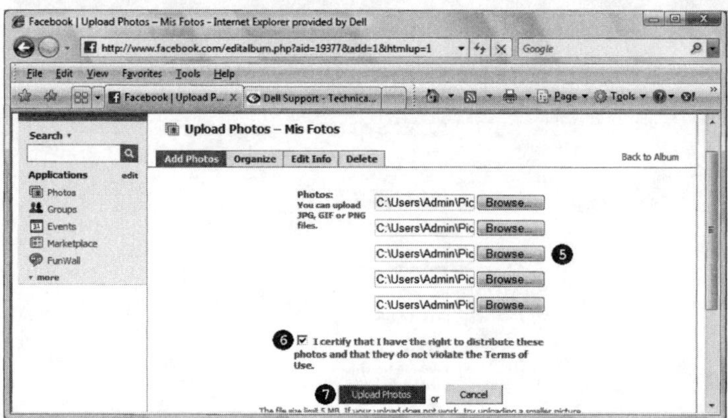

5. Haga clic sobre "Browse" para buscar la foto que desea añadir a este álbum. Cuando la encuentre, haga clic dos veces. Usted puede añadir hasta cinco a vez.
6. Ahora es necesario que haga clic en la casilla al lado de "I certify..." para indicarle a este sitio Web que usted tiene derecho a cargar estas fotos.
7. Por último, haga clic sobre subir fotos o "Upload Photos".

Estas fotos aparecerán debajo del nombre del álbum que escogió para ellas, después de hacer clic sobre "Photos" en el lado izquierdo de su ventana y después, a la derecha, sobre el nombre del álbum. De esta manera, cuando sus amigos visiten su perfil podrán, si usted no ha cambiado la configuración de privacidad, verlas y dejar comentarios sobre ellas.

Cómo añadir amigos a su red en Facebook

Para comenzar a crear su red de amigos, haga clic sobre amigos o "Friends", y después sobre encontrar amigos o "Find Friends". En la próxima ventana que se abre, haga clic sobre más maneras de encontrar sus amigos o "More ways to find your friends".

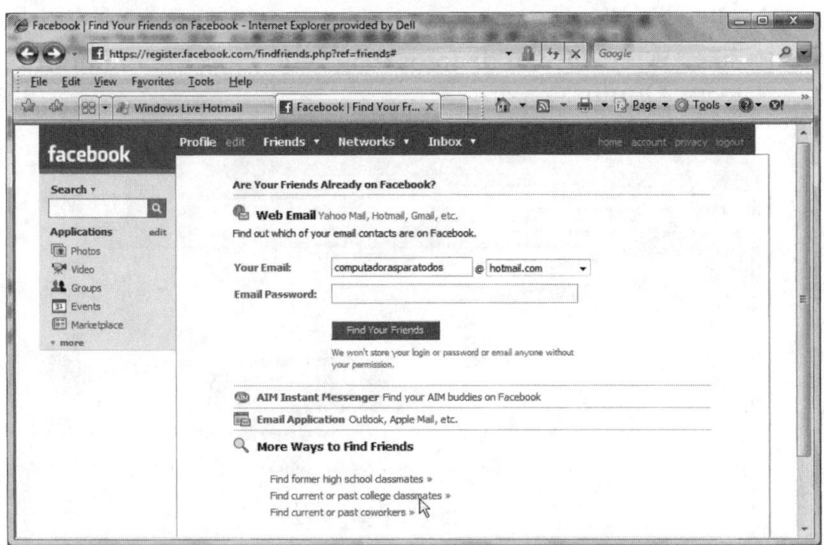

Ahora, debajo de más maneras de encontrar sus amigos o "More ways to find your friends", escoja la opción que cree que le puede dar más resultados entre las tres que ve.

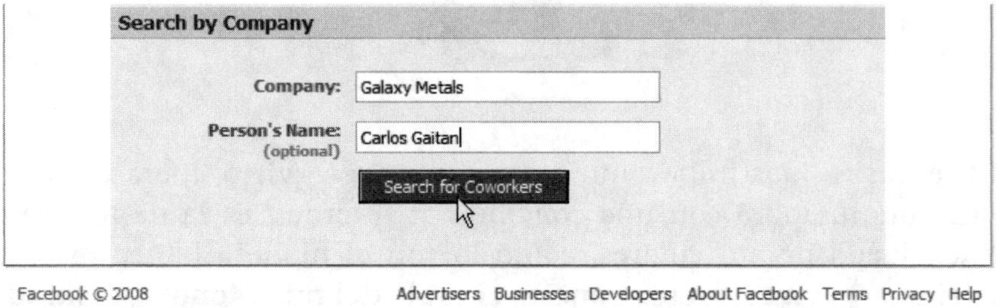

Search by Company

Company: Galaxy Metals

Person's Name: (optional) Carlos Gaitan

Search for Coworkers

Facebook © 2008 Advertisers Businesses Developers About Facebook Terms Privacy Help

Por ejemplo, si escogió hallar una persona con la cual usted haya trabajado anteriormente, haciendo clic sobre encuentre compañeros que trabajan o que trabajaron conmigo o "Find current or past coworkers", entonces otra ventana se abrirá. Haga clic en la sección de buscar por compañía o "Search by Company" en frente de compañía o "Company", y después escriba en nombre de la compañía en la cual esta persona trabaja. Después oprima la tecla TAB para saltar a la siguiente casilla y escriba su nombre. Haga clic sobre buscar mi compañero de trabajo o "Search for Coworkers" para pedirle a este sitio Web que busque si ya hay una persona con el nombre que usted le proporcionó. Si la encuentra, haga clic sobre añadir a amigos o "Add to Friends". Ahora esta persona recibirá un mensaje en su buzón de correo electrónico indicándole que usted desea ser su amigo, y, si el o ella están de acuerdo y contestan este mensaje, su nombre será añadido a su lista de amigos.

El servicio de llamadas por Internet Skype

Skype es un servicio muy popular que le permitirá hacer llamadas usando una computadora con conexión al Internet a otros usuarios de Skype de manera gratis e inclusive a teléfonos regulares (por un cargo adicional). Este servicio también le permite tener conversaciones instantáneas o *chats,* transferir archivos y vídeo-conferenciar con otros usuarios de Skype.

El requisito más importante para usar este servicio, fuera de tener una computadora con una conexión al Internet, es la de tener un buen juego de auriculares, cómo lo son el modelo labtec® stereo 242, que ve en esta foto. Conecte el cable del micrófono a la entrada del micrófono en la tarjeta de sonido de su computadora y el de las bocinas del auricular a la salida de sonido de la computadora.

Si le interesa averiguar cuánto le costará hacer llamadas desde su computadora a teléfonos regulares para ver cuanto puede ahorrar sólo tiene que abrir su navegador y visitar esta página Web la dirección virtual o URL: *http://www.skype.com/prices/callrates.* Como puede ver, las tarifas varían mucho, desde $0.031 por minutos a Guadalajara, México, a $0.095 a Medellín, Colombia.

Estos auriculares también le servirán para usar otros servicios para hablar de computadora a computadora, como por ejemplo el servicio de Windows Live Messenger.

Una vez que esté listo para bajar el *software* de Skype, abra su navegador Web y escriba la dirección virtual o URL del sitio Web de Skype en la casilla de direcciones de éste: *http://www.skype.com/intl/es,* y después oprima la tecla ENTER.

Cuando este sitio Web se abra, haga clic, si no puede ver la página de arriba, sobre descargar o "Download", y después oprima y sostenga la tecla CTRL. Enseguida haga clic sobre descargar ahora o "Download Now" para comenzar el proceso de bajar este *software* a su computadora. Cuando la ventanita de descarga se abra, haga clic sobre "Open", y después sobre "Run".

Si su computadora usa el sistema operativo Windows Vista, tal vez sea necesario hacer clic sobre "Continue" si una ventanita abre pidiéndole permiso para instalar el programa Skype.

Usando esta ventana de diálogo podrá instalar este programa de la siguiente manera:

1. Para empezar, haga clic en la casilla indicada por la flechita, y después, si desea, escoja el idioma español para ver los menús de Skype en Español.
2. Ahora haga clic sobre "Si, he leído y acepto...".
3. Finalmente, haga clic sobre "Instalar" para comenzar el proceso de agregar este programa a su computadora.

Por último, haga clic sobre "Finish" o terminar. Ahora, a menos que el programa le dio un error, este programa estará instalado en su computadora y lo puede usar para hacer llamadas a otros usuarios de Skype, o aun a teléfonos regulares.

Cómo abrir Skype

Una vez que Skype esté instalado, ábralo para comenzar a repasar los pasos para establecer llamadas de una computadora a otra usando una computadora con una conexión al Internet. Estos son los pasos que debe seguir para abrir Skype, de acuerdo al sistema operativo con el cual cuente su computadora personal.

En Windows Vista:

- Haga clic sobre "Start" y escriba "Skype". Después oprima la tecla ENTER para abrir este programa. Si éste no se abre, haga clic sobre "All Programs" y busque la carpeta de Skype. Cuando la vea, hágale clic. Ahora, busque el icono de Skype y haga clic para abrirlo.

En Windows XP:

- Haga clic sobre "Start", jale el indicador del ratón hacia arriba hasta llegar a "All Programs" y después jálelo hacia la derecha y busque el grupo de programas de Skype.
- Ahora jálelo hacia la derecha y haga clic sobre el símbolo de Skype para abrir este programa. Este número puede ser diferente de acuerdo a la versión instalada en su computadora.

Cómo registrarse con Skype

Si todavía no tiene una membresía de Skype, es necesario que consiga una para poder usar este servicio. Para comenzar, en la primera ventana que ve después de abrir Skype, haga clic sobre "¿No tienes Nombre de Usuario de Skype?" En la próxima ventana que se abre, escriba lo siguiente: 1) su nombre completo, 2) el nombre de usuario que desea usar (este servicio le sugerirá que use como nombre de usuario su nombre completo). Si desea, lo puede cambiar a otro nombre haciendo clic a esta línea y después oprimiendo la tecla de regresar o BACKSPACE para borrar todo o una parte de su nombre), 3) la contraseña (que debe escribir dos veces). Ahora haga clic sobre "Si, he leído...", y después haga clic sobre "Siguiente".

Ahora es necesario que escriba su dirección de correo electrónico en la primera casilla de la ventana que se abrió, y en la de abajo el nombre de la ciudad donde vive. Por último, haga clic sobre "Conectar". Tenga en cuenta que si el nombre de usuario que desea usar ya está en uso, entonces este servicio le sugerirá uno, o también puede hacer clic sobre la última casilla de esta ventana de diálogo y escoger otro de su propio parecer. Para continuar, haga clic a "Conectar" otra vez.

Cómo añadir otros usuarios de Skype a su lista de contactos

Para empezar a usar este servicio es necesario añadir personas con las cuales quiere comunicarse, lo que se hace de dos maneras: 1) añadiendo el nombre de usuario o buscando el nombre de usuario de la persona con la cual desea conversar, o 2) esperar a que alguien lo llame a usted y aceptar su llamada. Siga el ejemplo a continuación para empezar a añadir contactos a los cuales desea llamar. Si ya sabe su nombre de usuario, haga clic sobre "Añadir" en la página de entrada de Skype. Pero primero debe abrir Skype de la manera que vio en las páginas anteriores.

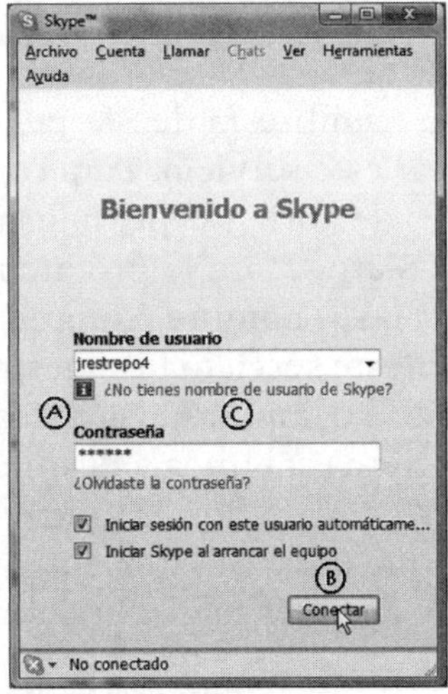

Estos son los pasos que debe seguir cuando vea la ventana de diálogo de entrada a Skype para comenzar el proceso de hacer llamadas de computadora a computadora:

- **Ⓐ Comience escribiendo su nombre de usuario y su contraseña debajo de sus respectivas casillas.**
- **Ⓑ Después haga clic sobre "Conectar".**
- **Ⓒ Si todavía no se ha registrado con Skype, para abrir una cuenta haga clic sobre: "¿No tiene...?"**

A continuación podrá ver la pantalla principal de Skype, y enseguida puede comenzar el proceso de añadir usuarios para hacer llamadas a éstos de computadora a computadora.

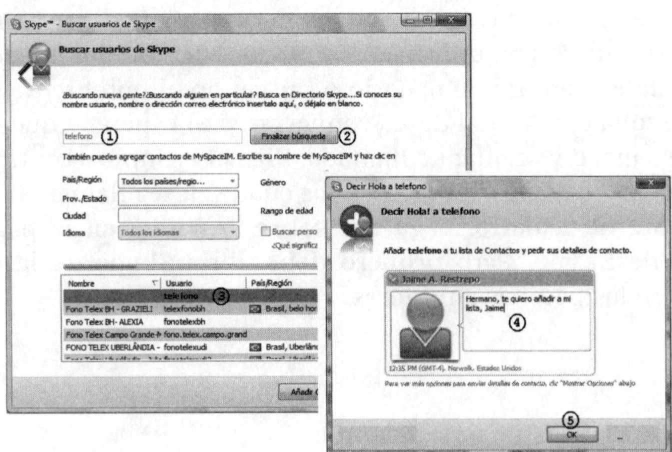

Esta es la manera, como puede ver en esta gráfica que capturé en mi computadora, de añadir un contacto a su lista de teléfonos de Skype:

1. En la ventana que se abre después de hacer clic sobre "Buscar" escriba el nombre de usuario de la persona con la cual se desea conectar.
2. Ahora haga clic sobre "Finalizar Búsqueda".
3. En la lista de resultados, haga clic dos veces sobre el nombre del usuario que estaba buscando para enviarle un mensaje.
4. En la próxima ventana que se abre, escriba el mensaje que desea enviarle a este usuario de Skype para indicarle que lo esta añadiendo a su lista.
5. Por último, haga clic sobre "OK".

A veces la búsqueda de usuarios con los cuales desea hablar puede mostrarle muchos nombres a la vez, y por este motivo no todos cabrán en esta ventana; por esto tal vez sea necesario usar las barras de desplazamiento para ver el resto de los nombres que este programa halló. Cuando vea el que busca, hágale clic.

Cómo hacer llamadas de computadora a computadora en Skype

Una vez que haya añadido el nombre de usuario de otro miembro de Skype, le será posible entablar una conexión con éste, sin cargo alguno, siempre y cuando sea de computadora a computadora. Es decir, usted hablará por el micrófono del juego de auriculares, y la otra persona lo escuchará a través del auricular o de sus parlantes. Cuando la otra persona hable, usted la debe escuchar en los parlantes de la computadora o en el auricular.

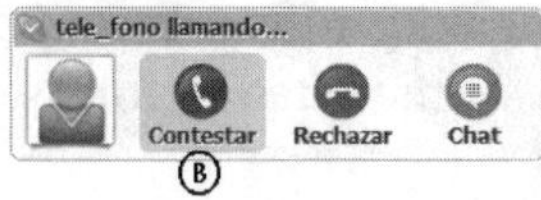

Estas son las dos maneras, como puede ver en esta gráfica, de hacer llamadas de computadora a computadora en Skype:

- **A Haga doble clic al nombre de usuario con el cual desea conversar, o seleccione el nombre del usuario y después haga clic sobre el teléfono rojo que ve en la parte de de abajo de esta ventana.**
- **B Espere que un usuario de Skype le llame, y después haga clic sobre "Contestar" para aceptar su llamada. Una vez que se conecte, puede conversar por el tiempo que quiera. Cuando termine de hablar, puede hacer clic sobre el teléfono colgado para terminar la llamada.**

Después de tratar este servicio, le puedo decir que la calidad es bastante buena, pero teniendo en cuenta que la persona a la cual llamé —mi hermano— como yo, tiene Internet por cable. Por ejemplo, si usted tiene Internet por cable pero la persona a la cual está llamando tiene servicio de conexión telefónica o "Dial-Up", tal vez puede escuchar un eco. La mejor manera es tratarlo para ver cómo le funciona, lo que no le cuesta nada.

Cómo buscar empleo usando el sitio Web de Monster.com

En el Internet existen muchos sitios Web dedicados a ayudarle a buscar un empleo. El más importante es el sitio Web *www.monster .com*. Este le será útil para buscar empleo en los Estados Unidos en casi todas las profesiones.

La siguiente gráfica muestra la página de entrada al sitio Web de *Monster.com*.

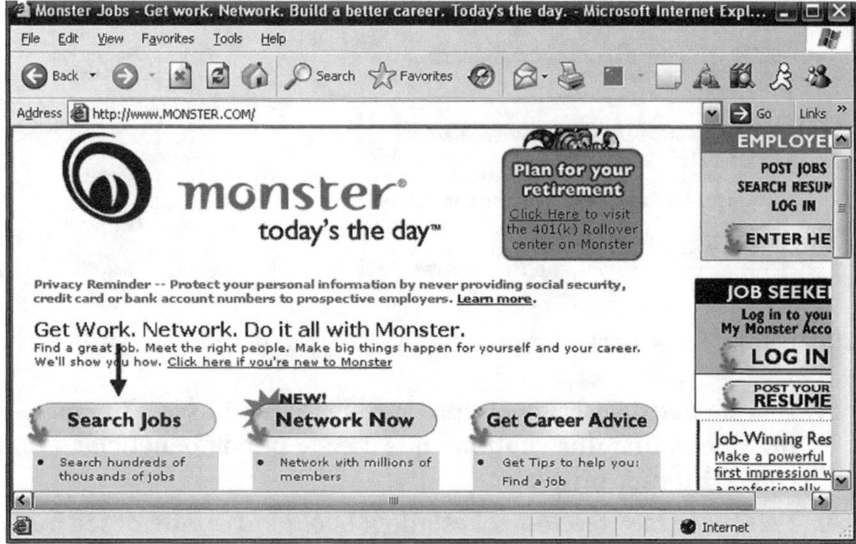

Así se busca trabajo en el sitio *www.monster.com:*

1. Escriba la dirección virtual o URL *http://www.monster.com* en la casilla al lado de "Address" en su navegador. Luego oprima la tecla ENTER.
2. Haga clic sobre "Search Jobs".

Para buscar trabajo en este sitio Web es necesario elegir una ciudad en la cual desea trabajar. De esta manera, el sitio de Monster.com buscará sólo los trabajos disponibles en la industria en la que desea trabajar en una localidad específica.

La gráfica de abajo muestra el menú para seleccionar la ciudad y la profesión en la que desea trabajar.

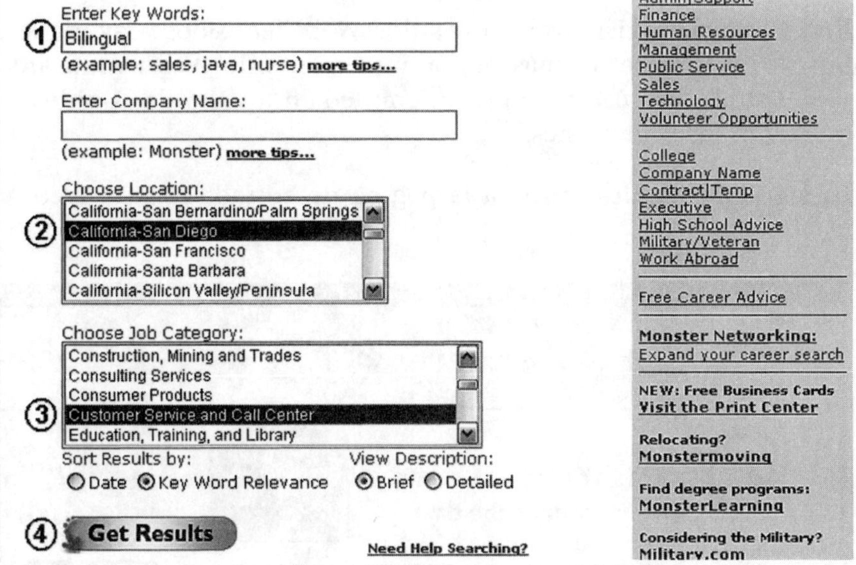

Siga estos pasos para comenzar a buscar trabajo en este sitio Web:

1. En esta casilla escriba el tipo de trabajo que busca o una palabra que defina una cualidad que cree le pueda beneficiar, como la de ser bilingüe.
2. En esta lista seleccione el estado y la ciudad donde desea buscar empleo.
3. En esta lista seleccione la industria en la que quiere trabajar.
4. Finalmente, haga clic sobre "Get Results" para comenzar a buscar empleo.

Si *www.monster.com* no encuentra ningún trabajo en la ciudad que eligió, modifique su búsqueda. Por ejemplo, busque trabajo en una ciudad que sea vecina a la primera que eligió.

En la gráfica de abajo puede ver los resultados de esta búsqueda.

Apr 21	* Customer Service	Kelly Services	US-CA-San Diego
Apr 19	Customer Service Representative - GREAT BENEFITS!	Clopay Corporation	US-CA-San Diego
Apr 19	Customer Service	SELECT Personnel Services	US-CA-San Diego
Apr 19	**Customer Service Representative - technical**	**FreedomVOICE SYSTEMS**	**US-CA-San Diego**
Apr 18	SERVICE/CUSTOMER SUPPORT	Carvin Corp	US-CA-SAN DIEGO
Apr 15	Guest Relations Representative II-Hotline	Jack in the Box - Corporate	US-CA-San Diego
Apr 14	CUSTOMER SERVICE MANAGER	Molecular BioProducts, Inc.	US-CA-San Diego

Monster.com encontró varios trabajos en el campo seleccionado en la página anterior. Si desea ver más información acerca de un trabajo en la lista, haga clic sobre él. Este se abrirá para ocupar toda la pantalla.

NOTA

Este servicio es subsidiado por las compañías que buscan personal calificado. Por lo tanto, no cuesta nada buscar empleo en Monster.com. Este servidor Web cuenta con uno de los bancos de empleos más grandes de los Estados Unidos, el cual sirve a más de 11 millones de personas que se han registrado en Monster.com.

En la siguiente gráfica puede ver una descripción completa del empleo señalado con una flecha en la página anterior.

En esta gráfica puede ver que esta compañía está buscando una persona, preferiblemente bilingüe, para su departamento de servicio al cliente.

SERVICE/CUSTOMER SUPPORT

Company:	Carvin Corp	Location:	SAN DIEGO, CA 92128
Status:	Full Time, Employee	Job Category:	Customer Service and Call Center
Relevant Work Experience:	5+ to 7 Years	Career Level:	Experienced (Non-Manager)
Education Level:	High School or equivalent		

APPLY NOW Monster recommends using Apply Now. Learn more.

Job Description

Carvin Pro Sound and Guitar is looking for a great employee to work in our Service Department. Applicant must have strong customer service background, a professional attitude, 10 years of computer experience, and a minimum of 5 years of experience in musical equipment retail or phones sales / service. Bilingual in Spanish would be helpful. This position is full-time, Monday through Friday, from 7am to 4pm.

Oprima la tecla PAGE DOWN después de leer el encabezamiento de una página para ver la información de contacto para solicitar el empleo (si ésta no aparece en la primera pantalla). En esta parte tal vez den un teléfono o una dirección de correo electrónico para mandar un currículum y una carta de interés.

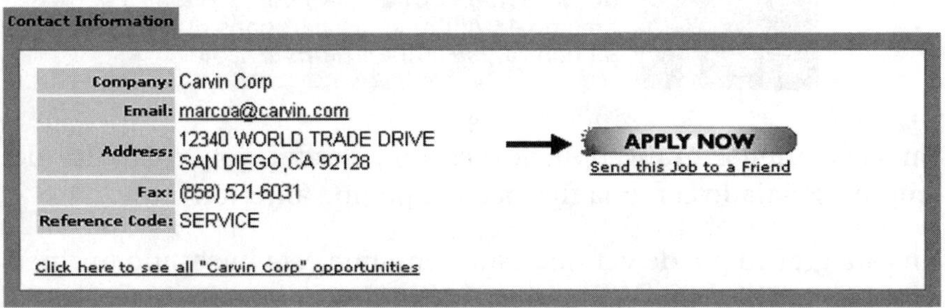

Contact Information
Company: Carvin Corp
Email: marcoa@carvin.com
Address: 12340 WORLD TRADE DRIVE SAN DIEGO,CA 92128
Fax: (858) 521-6031
Reference Code: SERVICE
APPLY NOW
Send this Job to a Friend
Click here to see all "Carvin Corp" opportunities

El mensajero instantáneo o "Instant Messenger" de America Online (AIM)

El mensajero instantáneo ("Instant Messenger") de America Online le permite comunicarse con usuarios de America Online sin costo alguno, usando un programa llamado AIM.

Este programa es ideal para aquellos padres de familia que trabajan hasta tarde y cuyos hijos hacen las tareas usando este servicio en línea.

Este programa le permite enviar mensajes a sus hijos o amigos cuando el teléfono está ocupado porque alguien está usando America Online.

Para obtener una copia del mensajero instantáneo de America Online, visite la dirección virtual o URL: *http://www.aim.com/*.

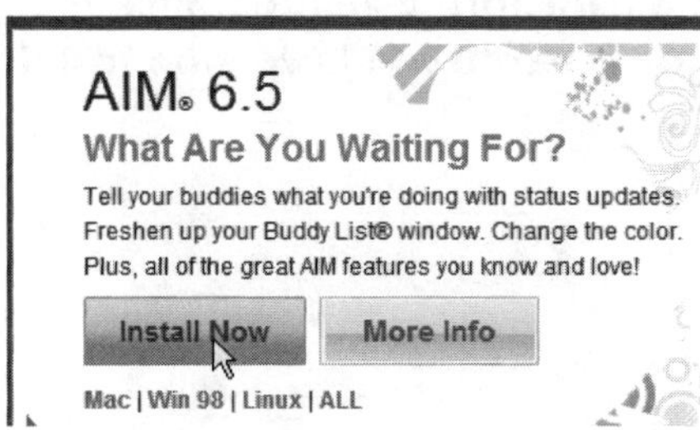

Cuando este sitio Web se abra, haga clic sobre bajar AIM o "Install Now" y después siga las instrucciones para bajar este programa a su disco duro. Por lo general, sólo es necesario hacer clic sobre "Run", y el programa será instalado a su disco duro. Finalmente, haga clic sobre "I Agree" para acceder a los términos de uso de este programa. Después, para terminar de instalarlo, le será necesario hacer clic varias veces sobre la etiqueta "Next" o siguiente.

Cómo usar el mensajero instantáneo o "Instant Messenger" de America Online

Una vez que termine de instalar el mensajero instantáneo de America Online, o AIM, ábralo para comenzar a usarlo, de la siguiente manera:

En Windows Vista:

- Haga clic sobre "Start", inmediatamente escriba "AIM" y después oprima la tecla ENTER para abrir este programa. Si éste no se abre, entonces haga clic sobre "All Programs" y busque la carpeta de AIM. Cuando la vea, hágale clic. Ahora, busque el icono de AIM 6 (este numero puede ser diferente de acuerdo con la versión instalada en su computadora) y hágale clic.

En Windows XP:

1. Haga clic sobre "Start", jale el indicador del ratón hacia arriba hasta llegar a "All Programs", jálelo hacia la derecha y busque el grupo de programas de AIM.
2. Ahora jálelo hacia la derecha y después haga clic sobre el símbolo de AIM 6 para abrir este programa. Este número puede ser diferente de acuerdo con la versión instalada en su computadora.

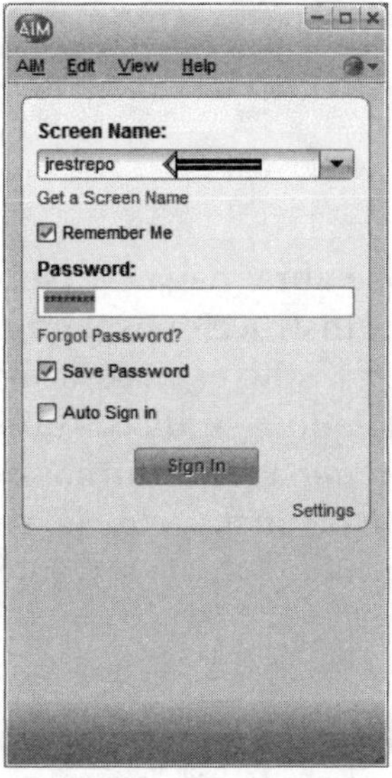

Esta es la manera de conectarse a AIM, como puede ver en la gráfica de arriba, para comenzar a hablar con sus familiares o amigos:

1. Primero haga clic en la casilla debajo de "Screen Name" y escriba su nombre de usuario. Después haga clic debajo de la casilla debajo de "Password" u oprima la tecla TAB.
2. Ahora escriba su contraseña.
3. Por último, haga clic sobre "Sign In" para connectarse a AIM.

Si todavía no tiene una cuenta de AIM, haga clic sobre "Get a Screen Name" o consiga una cuenta de usuario para entrar a la página Web de registarse para conseguir una dirección electrónica gratis de AOL, lo que es necesario para usar AIM. Una vez que esta página se abra, conteste todas las preguntas que se le hace, y después haga clic sobre "Submit". Ahora podrá usar este nombre de usuario para usar el mensajero instantáneo de America Online.

Cómo añadir amigos o "Buddies" a su lista de AIM

Una vez que AIM se abra, le será posible enviar y recibir mensajes instantáneos de sus amigos o allegados conectados al Internet. Pero primero debe añadirlos, o esperar que ellos lo inviten a usted.

Hay dos maneras de usar este programa para añadir a la gente con la cual desea comunicarse en AIM:

- Esperar a que le envíen un mensaje invitándolo a hablar con ellos.
- Añadiendo las personas a las cuales desea enviarles un mensaje, y después iniciando un a conversación con ellos.

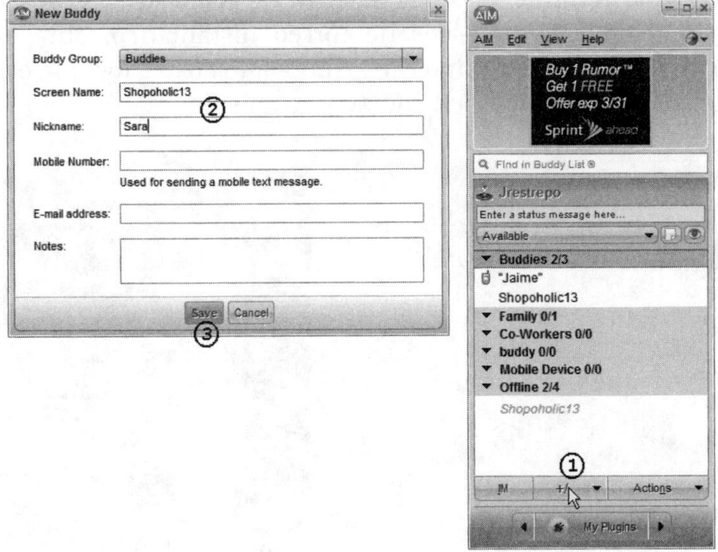

Estos son los pasos para añadir gente con la cual desea comunicarse en AIM a su lista de "Buddies" o amigos:

1. Después de abrir AIM, como aprendió anteriormente, haga clic sobre el símbolo de "+" y después sobre "Add Buddy", u oprima la tecla CTRL y después la D.

2. Ahora escriba primero el nombre del usuario con el cual desea comunicarse, y después el apodo o "Nickname" de éste.
3. Por último, haga clic sobre "Save" para guardarlo.

Ahora cada vez que usted se conecta a la red de AIM, podrá ver —a menos que la persona lo bloquee— si esta persona está en línea o no. Y si recibe una invitación de otro usuario de AIM, esta leerá: "EL NOMBRE DEL USUARIO has sent you 1 IM(s)" o más IM(s)". Si desea comunicarse con esta persona haga clic sobre "Show the IM". Si desea añadir a esta persona a su lista, haga clic sobre "Also add this user...".

Cómo entablar una conversación en el mensajero instantáneo de America Online

Una vez que termine de crear la lista de usuarios con los cuales desea intercambiar mensajes de correo instantáneo, abra el programa de nuevo y elija "Sign on". Ahora a los usuarios que estén en su lista se les hará muy fácil contactarlo a usted.

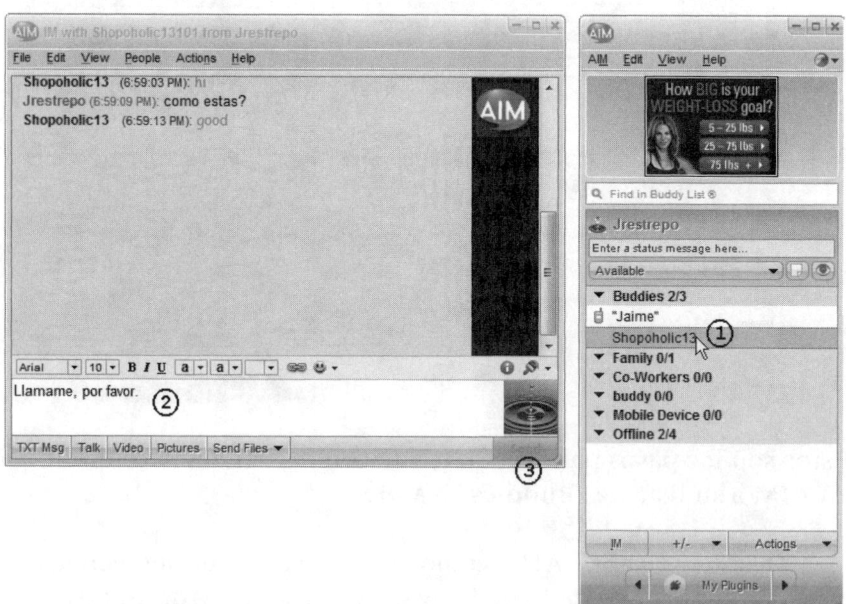

Estos son los pasos para entablar una conversación o "Chat" con alguien en su lista de "Buddies" o amigos:

1. Si el uusario con el cual desea hablar, está en línea (verá su nombre debajo de "Buddies"), haga clic dos veces sobre su nombre de usuario de AIM.
2. Enseguida haga clic sobre este recuadro, y escriba el mensaje que desea enviarle. Si la persona le envía un mensaje de AIM primero, una ventanita igual a ésta se abrirá.
3. Finalmente haga clic sobre "Send" para enviar el texto que escribió en este recuadro. Esto se puede hacer durante muchas horas. Recuerde que usted no tiene que esperar a que le respondan a algo que usted escribió antes de escribir otras líneas que desee que la otra persona vea, y siempre puede seguir escribiendo y después haciendo clic sobre "Send" para que la otra persona vea en su ventanita de mensajes lo que usted escribió.

Para bloquear un usuario con el cual ya no desea tener comunicación, haga clic sobre su nombre con el botón derecho del ratón, y después escoja "Block Buddy".

Cómo buscar libros en el sitio Web de Amazon.com

Amazon.com es la compañía que más libros vende en el Internet. Si tiene problemas consiguiendo un libro, lo más posible es que Amazon.com lo tenga. Para usar este servidor Web lo único que necesita es una tarjeta de crédito y una dirección de correo electrónico.

En la siguiente gráfica puede ver la pantalla de entrada al sitio Web de *Amazon.com*.

Esta es la manera de buscar libros en el sitio Web de *Amazon.com*:

1. Escriba la dirección virtual o URL *http://www.amazon.com* en la casilla de direcciones de su navegador. Después oprima la tecla de confirmación o ENTER.
2. Haga clic sobre este menú y después seleccione "Books".
3. En esta casilla escriba el nombre del libro que busca. Por ejemplo, "Computadoras para todos".
4. Después haga clic sobre el título del libro para ver más información acerca de éste.

Entonces este sitio Web le presentará más información acerca del libro que escogió. Si desea, puede comprarlo o bien seguir buscando otros libros.

Computadoras Para Todos
by JAIME RESTREPO

Look inside this book
Share your own customer images

List Price: ~~$15.95~~
Price: $11.17 & Eligible for FREE Super Saver Shipping on orders over $25. See details
You Save: $4.78 (30%)
Availability: Usually ships within 24 hours from Amazon.com. Sold by Amazon.com.

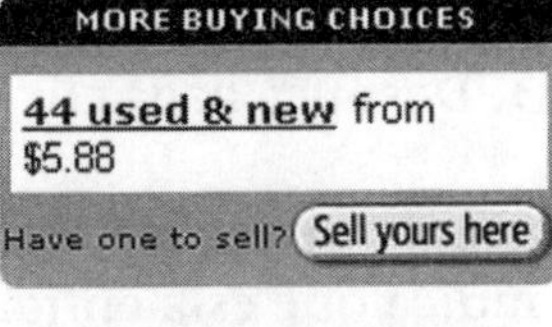

Add to Wish List

Estos son los pasos necesarios para comprar mi libro, *Computadoras para todos,* en el sitio Web de *Amazon.com*:

1. Haga clic sobre "Add to shopping cart".
2. Si no desea comprar más libros, haga clic sobre "Proceed to Checkout".

En la siguiente gráfica se puede ver cómo el navegador le presentará otra pantalla. En ésta el sitio Web le pide su dirección de correo electrónico.

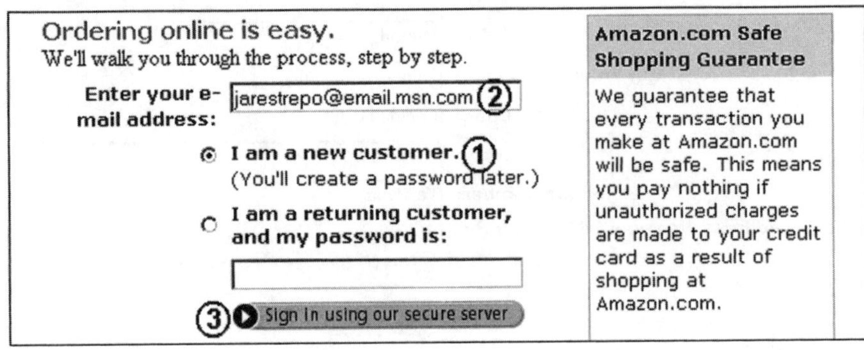

Entonces comienza el proceso de comprar este libro en este sitio Web:

1. Si nunca ha comprado libros de este sitio Web, haga clic sobre "I am a new customer".
2. Escriba su dirección de correo electrónico en la casilla.
3. Después haga clic sobre "Sign in using our secure server".

La siguiente gráfica representa el próximo recuadro que verá, el cual le indica que está entrando a un sitio seguro.

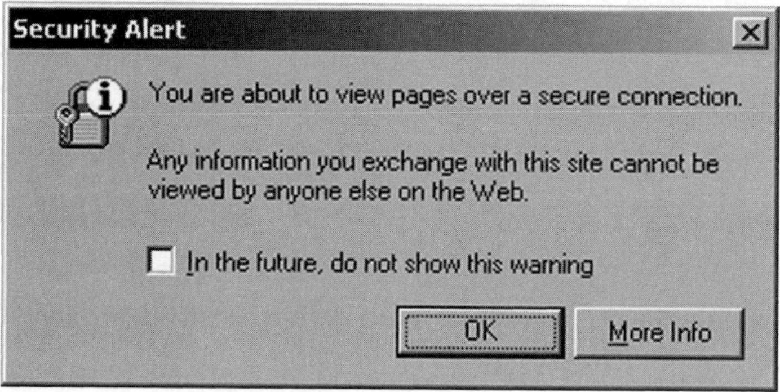

Para continuar, haga clic sobre "OK".

La siguiente gráfica representa el formulario que debe llenar para registrarse en este sitio Web.

Full Name: Su nombre y apellido(s)
Address Line 1 (or company name):
Address Line 2 (optional): Dirección
City: Ciudad
State/Province/Region: Estado
ZIP/Postal Code: Código postal
Country: United States
Phone Number: Teléfono
Is this address also your billing address? Yes
No (If not, we'll ask you for it in a moment.)
Continue

Rellene el formulario. Para proseguir, haga clic sobre "Continue".

En la siguiente gráfica escoja la forma de envío que desea para recibir el libro.

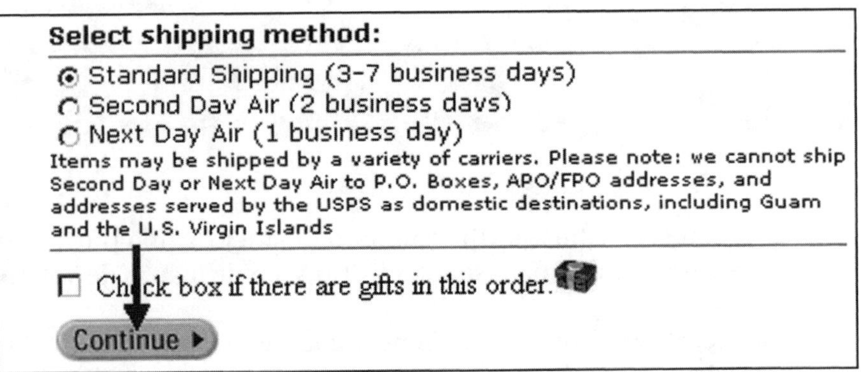

Finalmente, haga clic sobre "Continue". En la siguiente página escriba toda la información acerca de la manera de pago para así finalizar la compra.

Cómo buscar direcciones de manejo usando el sitio Web de Yahoo Maps

Una de las cosas mas útiles que puede hacer en el Internet es la de poder buscar direcciones de manejo usando sitios Web sin costo alguno, que le ofrecen direcciones con mapas detallados para que se pueda guiar con ellos desde que salga de su casa hasta casi la puerta de la casa a donde desea ir. En este ejemplo visitaremos el sitio Web de Yahoo Maps, que pertenece a Yahoo, uno de los motores de búsqueda más conocidos a través del mundo.

Para comenzar a buscar direcciones de manejo abra su navegador y escriba (al lado de la casilla de direcciones o "Address Bar"), la dirección virtual o URL *http://maps.yahoo.com,* y después oprima la tecla ENTER.

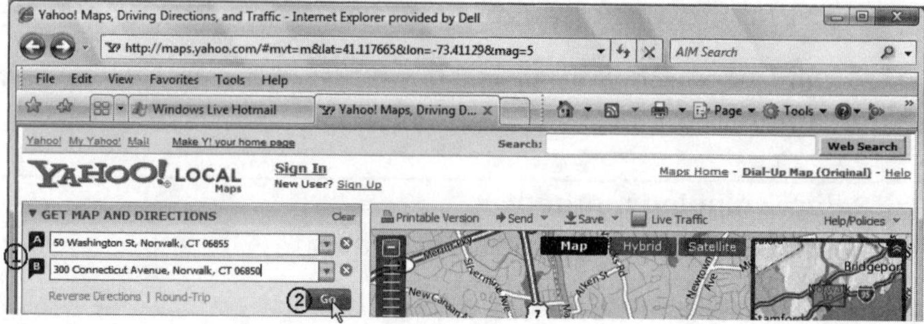

Esta es la manera de buscar direcciones de manejo, como puede ver en esta captura de pantalla, usando el sitio Web de mapas de Yahoo:

1. Para comenzar haga clic en frente de la casilla "A" y escriba la dirección de dónde desea empezar a manejar. Después haga clic en frente de "B" y escriba la dirección de dónde quiere llegar.
2. Finalmente, haga clic sobre "Go".

En algunos casos, este sitio Web, o cualquier otro que esté usando para buscar direcciones, le indicará que no pudo encontrar una dirección exacta a la dirección que usted escribió. Si esto sucede, haga clic sobre la flecha de "Back" en la barra de herramientas y escriba la dirección de manera más detallada. En este sitio Web, puede hacer clic sobre "Clear" para comenzar esta búsqueda de nuevo y modificarla un poco, tal vez escribiendo una calle alterna.

En la siguiente gráfica puede ver el resultado de la búsqueda de ejemplo que le pedí a este sitio Web que encontrara desde mi propia computadora.

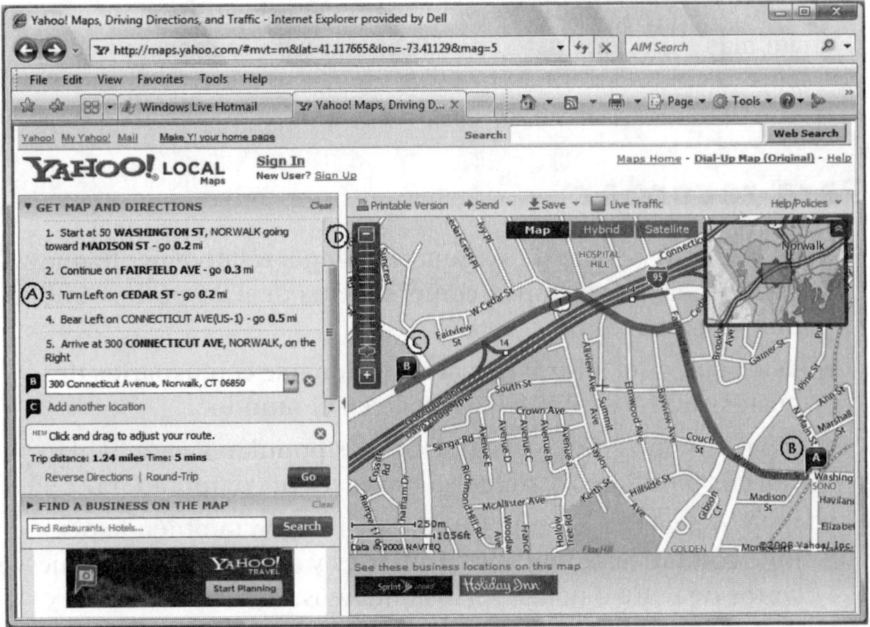

Como puede ver en el ejemplo de arriba, este sitio Web ahora me ofrece la siguiente información:

- **Ⓐ En la casilla de la izquierda encontrará la ruta pormenorizada que debe seguir para viajar desde el sitio de partida al sitio a donde desea llegar.**
- **Ⓑ A la derecha, en el mapa verá una línea del punto de salida al punto de destino. Encuentre el punto de partida.**
- **Ⓒ Como puede ver en el mapa, el punto "B" es el punto de destino.**
- **Ⓓ Use los controles, de esta manera: haga clic sobre la "–", para disminuir los detalles que ve en el mapa (hasta sólo ver los continentes), y sobre el "+", para acercarse a nivel de la calles.**

Por favor tenga en cuenta que si las direcciones de manejo que está buscando, por ejemplo en Nueva York, no caben en esta pantalla, tal vez le sea necesario usar las barras de desplazamiento o "Scroll Bars" para seguirlas desde el principio hasta el final. También le será posible, en la página Web que le muestra los resultados de una búsqueda en particular, oprimir y sostener la tecla CTRL (si tiene la opción de bloquear ventanas automáticas habilitada), y después hacer clic sobre "Printable Version" para ver estas direcciones en un formato más claro, que usted puede enviar a su impresora haciendo clic sobre "Print".

Para recordar

- El Internet, a pesar de ser una tecnología relativamente nueva comparada, por ejemplo, con el sistema de transporte, cambia mucho todos los días.
- Facebook es el sitio Web para relacionarse con usuarios de gustos similares más frecuentado en el mundo.
- Skype es unos de los programas más populares para hablar con sus familiares o amigos a través de su computadora.
- AIM, o America Online Instant Messenger, también le permite comunicarse con sus familiaries y amigos, con mensajes cortos de texto o mensajes instantáneos.

Índice

A

B

C

P

Q

R

W

Y